dtv

W. Daniel Wilson

DER FAUSTISCHE PAKT

Goethe und die Goethe-Gesellschaft
im Dritten Reich

Mit zahlreichen Abbildungen

dtv

Ausführliche Informationen über
unsere Autoren und Bücher
www.dtv.de

Dieses Buch ist auch als E-Book erhältlich.

FSC
www.fsc.org
MIX
Papier aus verantwortungsvollen Quellen
FSC® C014496

Originalausgabe 2018

Die Forschung für dieses Buch wurde von der Alexander von Humboldt-Stiftung
und der British Academy gefördert.

Satz: Fotosatz Amann, Memmingen
Gesetzt aus der Garamond
Druck und Bindung: GGP Media GmbH, Pößneck
Gedruckt auf säurefreiem, chlorfrei gebleichtem Papier
Printed in Germany · ISBN 978-3-423-28166-9

INHALT

ZU DIESEM BUCH

Dieses Buch – das erste umfangreiche zur Goethe-Gesellschaft im Dritten Reich – ist nicht nur für Wissenschaftler, sondern auch für ein allgemein interessiertes Publikum geschrieben. Es setzt nur rudimentäre Kenntnisse der NS-Zeit und auch Goethes voraus, keine zur Goethe-Gesellschaft. Auseinandersetzungen mit der Forschung werden meist in den Anmerkungen geführt.

Immer dann, wenn ich etwas Kritisches zum politischen Goethe publizierte, waren die Meinungen darüber geteilt, dass ein Amerikaner dies geschrieben hatte. Die einen waren empört, dass ein Ausländer, dessen Land so viel Schlimmes zu verantworten hat, ein deutsches Heiligtum angreift; die anderen behaupteten, der Blick von außen würde helfen, die deutsche Kultur mit neuen Augen zu sehen. Eines ist jedenfalls deutlich: Goethe gehört der ganzen Welt. Seine Weltgeltung ist sogar der Punkt, an dem das NS-Regime bei seiner Instrumentalisierung Goethes ansetzte, und deshalb ist es durchaus passend, dass ein Nichtdeutscher sich mit diesem Thema befasst. Freilich kann man heute die Ansicht lesen: »wer nie unter den Bedingungen der Diktatur leben musste, sollte ohnehin schweigen, wenn es darum geht, das Verhalten von Menschen unter solchen Bedingungen zu beurteilen« – das mit Hinblick auf einen der wichtigsten Leiter der Goethe-Gesellschaft im Nationalsozialismus (Hans Wahl). Das wäre ein Rezept für ein absehbares Ende von Forschungen zum Dritten Reich und dieses Buch wäre nicht geschrieben worden. Und doch sind diese Zusammenhänge auch für unser heutiges Verständnis Goethes und damit einer Schlüsselfigur deutscher Identitätsfindung bedeutsam. Einmal mehr belegen sie aber auch eindrücklich, wie hochkultivierte Menschen sich bereitwillig in die Bindung an autoritäre, zynische Machthaber verstricken konnten, und das hat nachhaltige Relevanz.

KAPITEL 1

Goethes Janusgesicht

Wir glauben heute, unseren Goethe zu kennen. Jedenfalls gilt das für seine Ansichten, die Politik und Gesellschaft betreffen. Er war Aufklärer, Weltbürger, Pazifist, ›Judenfreund‹, Freimaurer. Diesen Goethe gab es durchaus im 19. und in der ersten Hälfte des 20. Jahrhunderts, aber er wurde zunehmend von einem anderen Goethe verdrängt, von einem, der in allem das Gegenteil des humanistischen Goethe war: Gegenaufklärer, Nationalist, Kriegsbefürworter, ›Judenfeind‹ und Geheimbundgegner.

Dieser ›Deutsche Goethe‹ – so wurde der angebliche Nationalist damals meist genannt – kam nach dem Ersten Weltkrieg und erst recht seit etwa 1935 zur vollen Blüte. Widerstand gegen diesen Triumphzug leisteten Goethegegner, die die Interpretation Goethes als Aufklärer und Weltbürger akzeptierten, ihn aber als ›Volksfeind‹ ablehnten. Doch den ›Deutschen Goethe‹ setzten seine Parteigänger immer erfolgreicher durch. In beiden Lagern, dem goethefeindlichen und -freundlichen, führten Nationalsozialisten zunehmend das Wort.

So sehr wir heute überzeugt sind, dass das Bild des humanistischen Goethe das richtige ist, müssen wir ernsthaft fragen, was es mit dem sogenannten ›Deutschen Goethe‹ auf sich hat. Schließlich handelt es sich bei den Verfechtern des ›braunen‹ Goethebildes nicht immer um ungebildete Fanatiker, sondern oft um intelligente Menschen, die Goethes Leben und Werk sehr gut kannten. Was bleibt von ihren Ansichten? Führte die nachdrückliche Abwehr mancher ihrer Standpunkte nach 1945 zu einseitigen Gegenpositionen, als das humanistische Goethebild aus dem Schrank geholt und aufpoliert wurde?

Es ist kein Geheimnis – wenn auch selten ausgesprochen –, dass die Äußerungen und Handlungen des Dichters und Staatsmanns nicht immer ins politisch-soziale Konzept der Nachwelt passen. Was die Goethe-Interpreten der ersten Hälfte des 20. Jahrhunderts am meisten echauffierte, waren seine Äußerungen zur Nation, zu Juden und zur Freimaurerei. Goethes Gleichgültigkeit gegenüber der ›nationalen Erhebung‹ des Jahres 1813 und seine Bewunderung Napoleons lösten das heftigste Kopfschütteln aus, aber die nationalistischen Verteidiger Goethes griffen einige markante Bemerkungen heraus, die seinen Eifer für das Deutsche und seine chauvinistische Feindseligkeit zumal gegen die Franzosen zu belegen schienen. Immerhin biederte sich der Napoleon-Bewunderer Goethe nach der Niederlage des französischen Kaisers den Nationalisten opportunistisch an und schrieb ein Theaterstück, *Des Epimenides Erwachen,* das mit einem flammenden Bekenntnis zum Deutschtum schließt.[1] Allerdings mussten Goethes Kritik am Kriegswesen unterschlagen und einige kriegerisch wirkende Passagen arg aus dem Kontext gerissen werden, um den Dichter zum Kriegsbegeisterten zu machen.

Hinsichtlich des ›Judengegners‹ standen die Verteidiger des ›Deutschen Goethe‹ leider auf festerem Boden. Goethes Vorurteil gegen Juden war zunächst sozial geprägt: Jüdische Unterschichten stießen ihn besonders ab, seit er sie als Kind im Frankfurter Ghetto erlebt hatte, wo die Enge und Übervölkerung zu katastrophalen sanitären Zuständen und Elend führten. Bei gebildeten, vor allem assimilierten Juden wie Rahel Levin oder Felix Mendelssohn Bartholdy machte Goethe Ausnahmen; sie nahm er nicht als Juden wahr.[2] Und an den biblischen Juden bewunderte er lediglich ihre Hartnäckigkeit und Ausdauer, also ihr Überleben, das seiner Meinung nach jedoch immer an Betrug und List gekoppelt war.[3]

Drei Mal befürwortete Goethe sogar die Trennung von Juden und Christen. Um 1808, als Bestrebungen zur Judenemanzipation unter der Napoleonischen Herrschaft sich auch in Deutschland ausbreiteten, lehnte Goethe die flehentliche Bitte Bettine von Arnims ab, sich für Reformen in seiner Heimat Frankfurt einzusetzen, wo die Juden abends und sonntags im Ghetto eingesperrt wurden. Den Anführer dieser Bewegung, Israel Jacobsohn, nannte der Dichter spöttisch den »Jacobinischen Israels Sohn«, »Juden Heiland« und »Humanitätssalbader«.[4] Wie Goethes Anspielung auf die revolutionären Jakobiner nahelegt, mögen hier seine politischen Anschauungen im Vordergrund gestanden haben. Einige Jahre später schrieb er zu diesen Forderungen: »ich […] enthalte mich aller Theilnahme an Juden und Judengenossen«.[5] Außerdem förderte Goethe die Berufung des judenfeindlichen Professors Jacob Friedrich Fries nach Jena (im Herzogtum Sachsen-Weimar) und bemerkte: »Die sämmtliche Judenschaft erzittert, da ihr grimmiger Gegner […] nach Thüringen kommt. In Jena darf nach alten Gesetzen kein Jude übernachten. Diese löbliche Anordnung dürfte gewiß künftig hin besser als bisher aufrecht erhalten werden.«[6] Und schließlich goss er 1826 »seinen leidenschaftlichen Zorn« über Weimars »neues Juden-Gesetz« aus, das Ehen zwischen Christen und Juden legalisierte.[7] Goethes Befürwortung der Religionstrennung findet einen erzählerischen Widerhall in *Wilhelm Meisters Wanderjahren*, wo ein Auswanderer sagt: »so dulden wir keinen Juden unter uns; denn wie sollten wir ihm den Anteil an der höchsten Kultur vergönnen, deren Ursprung und Herkommen er verleugnet?«[8] Das spricht zwar nicht Goethe, sondern eine fiktive Figur, aber ihr Argument wird nicht kritisiert oder widerlegt.

Die Nationalsozialisten und andere Verfechter des ›Deutschen Goethe‹ konnten aus dem ›Judenfeind‹ Goethe leicht einen modernen, ›rassisch‹ motivierten Antisemiten konstruieren, wenn sie Goethes freundschaftliche Beziehungen zu Juden und seine (allerdings wenigen, widersprüchlichen) judenfreundlichen Äußerungen ausblendeten.[9] Einer ihrer bevorzugten Texte war Goethes frühes Drama *Das Jahrmarktsfest zu Plundersweilern,* in dem Goethe einen Judenfeind ausführlich zu Wort kommen lässt. Dieser wird eindeutig als Spottfigur gezeichnet, doch geben die völkischen und nationalsozialistischen Interpreten dessen Hasstiraden als Goethes eigene aus.[10]

Überhaupt hingen in der NS-Zeit viele Auseinandersetzungen um den politischen Goethe auf heute kaum mehr verständliche Weise mit der brennenden Frage seiner Haltung zu Juden zusammen. Der Kosmopolitismus beispielsweise galt den Nationalsozialisten als Teil der infamen Weltverschwörung, deren Ziel die Vernichtung von Nationalstaaten und die Weltherrschaft des Judentums war. Nach dieser These lenkte das internationale Judentum auch die Freimaurerei und den Bolschewismus. Hier hatten die Verehrer des ›Deutschen Goethe‹ ein leichtes Spiel: Obwohl Goethe zum Freimaurer und Illuminaten wurde, warnte er in der Tat deutlich vor der politischen Gefahr von Geheimgesellschaften. Hans Wahl, Vizepräsident der Goethe-Gesellschaft, löste diesen Widerspruch 1935 plausibel auf, wenn er sagte, dass Goethes Aufnahme in den politisch brisanten Illuminatenorden »wahrscheinlich auf Wunsch Carl Augusts erfolgte damit man erfahren könne, was in diesem Orden vorginge. Das war ja auch neben den gesellschaftlichen Zielen der Hauptzweck des Eintritts Goethes und Carl Augusts in die [Freimaurer-]Loge Amalia.«[11] Um aus Goethe einen ›Deutschen Goethe‹ zu machen, wurden oft die Quellen manipuliert, aber dass diejenigen, die dieses Bild durchsetzen wollten, in einigen Punkten nicht Unrecht hatten, wird gerne ausgeblendet.

Die Schlüsselrolle im politisierten Streit der 1920er und 1930er Jahre um den deutschen Klassiker spielte die Goethe-Gesellschaft in Weimar. Sie wurde als die quasi offizielle Vertreterin Goethes gesehen, der wiederum Wesentliches zur deutschen Identität beitrug. Daher war sie die wichtigste literarische Vereinigung in Deutschland, eine wahrhaft internationale Gesellschaft mit vielen Mitgliedern und Verbindungen im Ausland. Schon seit ihrer Gründung im Jahr 1885 war ihr ein diplomatischer, außenpolitischer Aspekt eigen, der im Dritten Reich von entscheidender Bedeutung wurde. Paradoxerweise musste sie aus einem ›Defizit‹ – eben der Internationalität, die ihre Gegner mit mangelndem Nationalgefühl verknüpften – Gewinn schlagen. Das sicherte ihr eine ausgesprochen privilegierte Stellung beim NS-Regime, bedeutete aber auch Anpassung und führte letztlich zu Entstellungen der von der Gesellschaft maßgeblich geförderten Goethe-Forschung.

Die Forschung zur Goethe-Gesellschaft im Dritten Reich hat sich im Allgemeinen von apologetischen zu kritischen Analysen gewandelt. Doch leiden die wenigen neueren Aufsätze an einer schmalen Quellenbasis, die oft zu Fehlurteilen und blanken Irrtümern führt.[12] Die immer noch existierenden Rechtfertigungsbemühungen leiten sich aus Legenden ab, die in einer Aussage Hans Wahls im März 1946 verdichtet sind, als es um die Wiederzulassung der Goethe-Gesellschaft bei der Sowjetischen Militäradministration ging: »Ich darf hinzufügen, daß die Goethe-Gesellschaft während der vergangenen Jahre die übliche Gleichschaltung nicht erfahren hat, nach wie vor nach ihren alten Satzungen arbeitet und das Führerprinzip nicht eingeführt hat. Sie hat ferner keinerlei Förderung durch die NSDAP erhalten. Diese hat vielmehr die Gestalt Goethes und sein Lebenswerk als gegnerische Kraft betrachtet und behandelt.«[13] Jede dieser Behauptungen ist eine Unwahrheit oder eine bewusste Halbwahrheit, doch sie sind wegen ihrer Verbreitung ein Maßstab, der die vorliegende Untersuchung leitet, die erste umfangreiche Geschichte der Goethe-Gesellschaft im Dritten Reich. Was Ehrhard Bahr 2005 feststellte, gilt heute noch: »Wieweit die NS-Führung die nationale Bedeutung der Goethe-Gesellschaft für ihre kulturpolitischen Zwecke erkannt hat, ist bisher nicht festgestellt worden.«[14] Es stellt sich überraschenderweise heraus, dass es die *auswärtige* Kulturpolitik war, in die das Regime die Goethe-Gesellschaft einband. Sie bietet das besonders aufschlussreiche Beispiel einer prestigereichen kulturellen Organisation, die sich trotz oder wegen ihrer Bevorzugung anpasste. Ein besonderes Anliegen der Studie besteht darin, die jüdischen Mitglieder (leider nach dem Verfahren des Regimes definiert – nach ›Rasse‹, nicht nach Religion) nicht wie bisher als Zahlen, sondern in ihrem menschlichen Profil darzustellen, soweit das aus den Quellen hervorgeht. Denn die Behandlung der jüdischen Mitglieder ist ein Schlüsselkriterium zur Beurteilung der Goethe-Gesellschaft. Neben dieser Institutionsgeschichte geht es immer auch um die skizzierten Goethebilder in dieser Zeit. Die Goethe-Gesellschaft machte es sich nämlich zur Aufgabe, dem ›Deutschen Goethe‹ zum Triumph zu verhelfen. Dieses Buch ist die Geschichte eines Erfolgs, der aus heutiger Sicht ein Versagen war.

***

Die Situation der Goethe-Gesellschaft vor 1933 ist schnell skizziert. Am 15. April 1885 starb ›der letzte Goethe‹, der kinderlose Walther Wolfgang von Goethe. Er vermachte den literarischen Nachlass seines illustren Großvaters der Großherzogin Sophie von Sachsen-Weimar. Sophie, eine tatkräftige, intelligente Frau, machte als Eckstein ihrer kulturpolitischen Bestrebungen das Goethehaus endlich einem allgemeinen Publikum zugänglich, ließ ein Archiv bauen, stellte Goethes Papiere für die erste wissenschaftliche Goethe-Gesamtausgabe und für weitere Forschungen zur Verfügung – und gründete im Juni, von namhaften Germanisten unterstützt, eine nationale Goethe-Gesellschaft. Zweck der Gesellschaft war neben der Forschung »die Pflege der mit Goethes Namen verknüpften Literatur«, seit 1928 mit zunehmendem Akzent auf Breitenwirkung: »das Wesen und Werk Goethes unserem Volke immer näher zu bringen«. Jährlich berief die Gesellschaft am Wochenende nach Pfingsten ihre Hauptversammlung ein, die sich aus Vorstandssitzung, Mitgliederversammlung, Theatervorstellung, Festvortrag und Ausflug zusammensetzte. Zwischen diesen Tagungen traf ein Geschäftsführender Ausschuss (später: Ortsausschuss), bestehend aus den in Weimar wohnenden Vorstandsmitgliedern und einigen anderen Mitgliedern, die notwendigsten Entscheidungen. Außerdem trat ein erweiterter Vorstand (später: Arbeitsausschuss) regelmäßig zusammen, um grundsätzliche Fragen zu regeln.

Die Gesellschaft betreute das Archiv, das Goethe-Nationalmuseum und später die Dornburger Schlösser. Aber die Weimarer oder ›Sophienausgabe‹ wurde zum vornehmsten Projekt der Gesellschaft vor dem Ersten Weltkrieg; sie beschäftigte Dutzende von Forschern bis zum Erscheinen des letzten der 143 Bände im schicksalhaften Revolutionsjahr 1919. Diese Großleistung und eine Reihe »Schriften der Goethe-Gesellschaft« sowie ihr Jahrbuch, alle mit zahlreichen neu publizierten Texten, ernteten viel Spott und verfestigten den zweifelhaften Ruf der Goethe-Gesellschaft als die Zuflucht weltabgewandter Gelehrter. Doch war die Gesellschaft alles andere als weltabgewandt: Sie war vor allem durch zunehmende Staatsnähe gekennzeichnet. Zu den frühen Mitgliedern zählten Kaiser, Könige und Königinnen. Sogar die Präsidenten waren oft keine Goethe-Forscher, sondern Politiker oder hohe Beamte. Das fing schon mit dem ersten an, Eduard von Simson, Abgeordneter und Präsident der Frankfurter Nationalversammlung, danach Politiker und erster Präsident des Reichsgerichts in Leipzig. Sein Bezug zu Goethe bestand allein darin, dass er ihn verehrte und als junger Mann kennengelernt hatte.

Simson war jüdischer Abstammung, aber getauft, doch zählte für die seit den 1870er Jahren erstarkenden Antisemiten zunehmend das ›Blut‹ und nicht die Religion. Der Rabbinersohn Ludwig Geiger war Herausgeber des *Goethe-Jahrbuchs*, das 1886 von der Goethe-Gesellschaft übernommen wurde. Auch die seit Mitte der 1890er Jahre florierenden Goethebiographien stammten zu einem großen Teil von jüdischen Autoren: Geiger, Eduard Engel, Georg Witkowski, Eugen Wolff, Richard M. Meyer und besonders Albert Bielschowsky, später Friedrich Gundolf. Und die Zahl der jüdischen Mitglieder der Goethe-Gesellschaft war beträchtlich, galt doch schon seit Jahrzehnten die Goethe-Verehrung als Vehikel der Assimilation in die Mehrheitsgesellschaft[15] – weshalb die Goethe-Gesellschaft immer häufiger als ›verjudet‹ bezeichnet wurde.

Schon vor dem Ersten Weltkrieg – den die Goethe-Gesellschaft in ihrem Jahrbuch ausfechten half – war eine nationalistische Wende des Vereins erkennbar.[16] Die Auseinandersetzungen um Nationalismus und Judentum verschärften sich in der Weimarer Republik. In Weimar selbst dominierten Kulturkonzepte, die die traditionsreiche Stadt zum »geheimen Deutschland« im Gegensatz zur realen Demokratie und kulturellen Moderne stilisierten.[17] Der Streit erstreckte sich bis in die Strukturen der Goethe-Gesellschaft. Seit 1917 formierten sich Ortsgruppen; die größte und liberalste war in Berlin. Sie forderte lautstark Mitbestimmung durch die Mitglieder.

Der Amtseintritt des ungeniert antisemitischen und antirepublikanischen Präsidenten Gustav Roethe, Großordinarius in Berlin ohne nennenswerte Leistungen zu Goethe, war 1922 ein verhängnisvoller Wendepunkt. Für den Preußenfanatiker war die Demokratie eine »jüdisch-französische Erfindung«,[18] die Berliner jüdische Kabale wolle »die Goethegesellschaft am liebsten in eine sozialdemokratische Parteiorganisation verwandeln«.[19] Nach Presseberichten herrschten in der Hauptversammlung dieses Jahres üble Zustände, da »die alles niederschreiende Mehrheit« besonders aus Weimar, »roethisch bis in die Fingerspitzen« sei und »jede, auch die geringfügigste Neuerung als den Vorklang einer Vernichtungskatastrophe ablehnt«.[20] Eine »Erfrischung« durch Zuwahl von Männern wie Thomas Mann oder Hugo von Hofmannsthal in den Vorstand wurde durch die »amtierenden Geheimräte« verhindert.[21] Die Berliner überlegten einen Antrag auf Absetzung Roethes, zahlreiche jüdische Mitglieder traten bei seiner Ernennung aus.[22] Dem neuen Präsidenten war der Fall klar: »die Berliner Juden ertragen es nicht, dass sie die Goethegesellschaft noch nicht beherrschen«, sie strebten angeblich »eine radikale Demokratisierung der Goethegesellschaft an«, die Ortsgruppen sollten »eine Art Nebenregierung bilden [...], in der die Berliner Juden sich leichter durchzusetzen hoffen, als im jetzigen Vorstand«.[23] Für den jüdischen Journalisten Fritz Engel aus Berlin – von Roethe bestgehasstes Mitglied – waren die besinnlichen Weimarer Tage vorbei: die Gesellschaft sei »eine Filiale der großen Reaktion geworden, die sich überall einfrißt«, sie bestehe aus Leuten, die »die in Weimar entstandene neue Verfassung des Deutschen Reichs verhöhnen«.[24]

Gustav Roethe

Unter Roethes Führung erregte selbst die Publikation der Mitgliederliste im Jahre 1926 Furore. Man verwendete als Vorlage die letzte Liste aus den Jahren der Monarchie, angeführt von den unveränderten Namen und Titeln von siebenundzwanzig nunmehr abgedankten Hoheiten. Mehrere meist jüdische Mitglieder protestierten, da sie in dieser Bevorzugung »ein[e] bewusst[e] Demonstration gegen die gegenwärtige Staatsform« erblickten; einige erklären ihren Austritt.[25] Der Schriftsteller Alfred Döblin wies in einem bisher unveröffentlichten Brief »nachdrücklich auf diese Irrtümer hin […], die andere ordentliche Mitglieder verletzen müssen«. Wenige Wochen vor seinem Tod im September 1926 bemerkt Roethe kühl: »Wenn es den Herrn Döblin kränkt, dass er hinter dem Kaiser steht, so können wir ihm nicht helfen.«[26] Die Episode schlug Wellen in der Presse.[27] Mitglied Moritz Goldstein seufzte in der *Vossischen Zeitung* resigniert: »Wir sind freilich längst gewöhnt, daß die Generalversammlungen […] den Propaganda-Aktionen der Rechtsparteien immer ähnlicher werden, unter Leitung des rechtsdemagogischen Universitätsprofessors Gustav Roethe.«[28]

Noch im Jenseits sorgte Roethe für einen Skandal, der fast das Ende der Goethe-Gesellschaft herbeigeführt hätte.[29] Im Nachruf auf der Hauptversammlung 1927 zitierte sein Vizepräsident und Alliierter, Victor Michels, Roethes Bonmot, die Gründung der Republik sei der Sieg der »Deserteure und Meuterer« (dies löste beinahe eine Klage des Thüringer Landtags und in ganz Deutschland Zeitungsartikel über die »Politisierung der Goethe-Gesellschaft« aus).[30] Republiktreue Mitglieder verließen aus Protest den Saal.[31] Dann trat der Festredner auf: Max Wundt, Philosophieprofessor in Jena, der die Weimarer Republik ablehnte, völkische und antisemitische Ideen verbreitete und im Jahr zuvor das Buch *Der ewige Jude* veröffentlicht hatte. Fritz Engel meinte, Wundts »staatsphilosophisch[e] Schriften tragen ein Hakenkreuzlein, nicht auf dem Rock, aber auf der Weste«; in seiner Rede sei Wundt allerdings »vorsichtig« gewesen, »das Hakenkreuz verschwand noch unter der Weste.«[32]

Roethes Nachfolger wurde 1927 – nach einem ränkevollen Interregnum – sein Berliner Kollege Julius Petersen, einer der einflussreichsten Germanisten seiner Zeit. Er versuchte diplomatisch die Gemüter zu beruhigen.[33] In seine Amtszeit fällt sogar eine neue Satzung (1928) als Kompromiss mit den Berlinern: Der Vorstand wurde fortan durch die Mitgliederversammlung gewählt. Petersen unterhielt zahllose Verbindungen im Ausland und namentlich nach Amerika, die ihm einen Blick über die enge deutsche Gelehrtenwelt hinaus verschafften. Antisemitische Äußerungen sind von ihm nicht bekannt geworden, vielmehr schützte er jüdische Mitarbeiter an seinem Lehrstuhl in der NS-Zeit.[34] Trotzdem – oder vielleicht gerade deswegen – sollte sich zeigen, dass er am ehesten für einen Faustischen Pakt mit einem starken ›Führer‹ anfällig war, für die Preisgabe der Seele der Goethe-Gesellschaft. Karl-Heinz Hahn, in der DDR-Zeit selbst Präsident, fällt »ein hartes Urteil«: Petersen wurde, »ohne selbst faschistischen Ideologien anzuhängen, doch zum Wegbereiter der Faschisten in Deutschland«.[35] Nach dem Eklat um Michels' Rede wurde er vom Thüringer Staatsministerium gemahnt, die Goethe-Gesellschaft fortan politisch neutral zu halten, was Petersen vor 1933 auch einhielt.

Dennoch kam 1929 ein neuer Skandal. Knapp vereitelten die Weimarer erneut den Versuch der Berliner, den republiktreuen Schriftsteller Thomas Mann in den Vorstand zu wählen.[36] Im Januar 1930 verschärften sich die Gegensätze weiter, als in Thüringen (mit Weimar als Hauptstadt) Wilhelm Frick zum ersten NSDAP-Minister in einer deutschen Regierung wurde und sofort Maßnahmen zur ›Gleichschaltung‹ von Wissenschaft und Kultur ergriff. Gleichsam auf der Linie von Frick wütete der künftige Vizepräsident Hans Wahl, Mitglied des Kuratoriums für den Frankfurter Goethe-Preis, in einem Brief an Petersen, als Sigmund Freud ausgezeichnet wurde.[37] Kurz: In allen Bereichen wurde der Liberalismus bedrängt und die Demokratie ausgehöhlt.

Die Haltung der Größen des aufkommenden Nationalsozialismus zu Goethe und der Goethe-Gesellschaft war zwiespältiger als meist angenommen. Viel zitiert wurde die Ansicht des Literaturwissenschaftlers Hans Robert Mandelkow, »daß die NS-Prominenz die Berufung auf Goethe in einer Mischung aus Gleichgültigkeit, Unkenntnis und Berührungsangst gemieden hat«.[38] Diese Ansicht teilt Dieter Borchmeyer: Goethe sei »kaum je eine Berufungsinstanz der Nationalsozialisten« und »vom braunen Ungeist ungetrübt« gewesen.[39] Doch schon für den ›Führer‹ gilt das nicht uneingeschränkt. 1924 wurde kurz nach dem Tod von Adolf Hitlers geistigem Mentor, Dietrich Eckart, dessen »Zwiegespräch« mit Hitler publiziert. »Noch jederzeit«, soll Hitler gesagt haben, »war der Jude sofort auf dem Plan, wenn es galt, etwas Neues von Bedeutung zu vermanschen. Das ihm Gefährliche witterte er wie ein Schweisshund, und dann sucht er ihm mit allen Listen beizukommen. Verdrehen, etwas anderes daraus machen, oder wenigstens die Spitze umbiegen, ist sein Ziel.« Dann werden Schopenhauer und Kant, nach Hitlers Meinung Antisemiten, angeführt, die von Juden in Schopenhauer- und Kant-Gesellschaften zu Philosemiten umgebogen worden seien. »Dasselbe mit der Göthe-Gesellschaft. ›Wir dulden keinen Juden unter uns‹, sagt Göthe. ›Sie haben einen Glauben, der sie berechtiget, die Fremden zu berauben,‹ dichtet er. ›Und dieses schlaue Volk sieht einen Weg nur offen: solang die Ordnung steht, solang hat's nichts zu hoffen,‹ fährt er fort. Kategorisch betont er: ›Ich enthalte mich aller Teilnahme an Juden und Judengenossen.‹ Umsonst. Die jüdische Göthe-Gesellschaft ist da. Und sie wäre da, auch wenn er sich eine solche ausdrücklich als Lumperei verboten hätte.«[40] Hitler reklamiert den rassistisch verstandenen ›Antisemiten‹ Goethe für sich. Der humanistische Goethe sei eine Erfindung der »jüdischen Göthe-Gesellschaft«, die der Dichter selbst zur »Lumperei« erklärt hätte.

Die Echtheit von Eckarts Text als »Zwiegespräch« mit Hitler wird – anders als damals – heute mit Recht angezweifelt.[41] Unbestritten ist jedoch, dass sich Eckarts Gedanken auffallend oft mit denen Hitlers decken, etwa in den ungefähr gleichzeitig entstandenen Auslassungen in *Mein Kampf* (1925–1926). Dort schreibt Hitler richtig, Goethe sei über die Aufhebung des Verbots der Ehen zwischen Christen und Juden »entsetzt« gewesen, legt dies aber rassistisch aus: »Nun war aber Goethe denn doch, wahrhaftiger Gott, kein Zelot; was aus ihm sprach, war nichts anderes als die Stimme des Blutes und der Vernunft.«[42] Im angeblichen Gespräch mit Eckart trennt er aber Goethe, der für Juden der »Gefährliche« sei, von der »jüdischen Göthe-Gesellschaft«. Das deckt sich mit der Aussage eines späteren Vorstandsmitglieds der Goethe-Gesellschaft, der in diesen frühen Jahren viel mit Hitler verkehrte: »Die Goethe-Gesellschaft erfreute sich, ich weiß nicht, warum, bei A. H. keines Ansehens.«[43]

Gleichwohl soll Hitler gesagt haben, er »liebe nun einmal Weimar«.[44] Auch Goebbels hatte gute Erinnerungen an Weimar, traf er dort doch gelegentlich seine erste Geliebte.[45] Aber Hitler und Goebbels kamen nicht als Touristen nach Weimar, sondern als Politiker. Nachdem Thüringen 1924 das Verbot der NSDAP aufhob, löste Thüringen Bayern »als El Dorado der rechtsextremen Szene ab«, konstatiert Karsten Rudolph: »Nirgendwo in Deutschland fanden Hitler, die NSDAP, Völkische, Antisemiten, Wehrbünde und extreme Nationalisten ein besseres Betätigungsfeld.«[46] Hitler hielt im Juli 1926 in Weimar den ersten Parteitag nach der Wiederzulassung der NSDAP ab und war insgesamt mehr als fünfunddreißig Mal in der Stadt, oft zu Parteitagungen. Daher betonte er Weimars »Bedeutung für die Bewegung«.[47] Hitler besuchte das Goethehaus wenigstens ein Mal, im März 1925 zusammen mit dem Weimarer Parteigenossen Hans Severus Ziegler und geführt von Hans Wahl, dem Direktor des Hauses.[48] Ziegler berichtet, Hitler habe »erschüttert« vor der »mehr als spartanischen Schlafkammer« verweilt, denn sie »schien nicht zu dem Bilde zu passen, das er [d. h. Hitler] sich von Goethe gemacht hatte – dem eines reichen, vom Leben verwöhnten Hofmannes. Er nahm es Goethe noch immer übel, daß er sich während der Napoleonischen Kriege als Weltbürger gezeigt und den Freiheitskämpfern gesagt hatte: ›Rüttelt nur an euren Ketten, der Mann ist euch zu groß!‹«[49] Goebbels wiederum war in Goethes schlichtem Gartenhaus »getränkt mit Weihe und Andacht«, während er das Haus am Frauenplan für »pompös« hielt. Überliefert sind seine Worte vor dem Sterbebett: »Dieser Ort ist heilig. Hier starb ein Stück aus Deutschland.«[50] Trotzdem hielt Goebbels, wie sein geliebter ›Führer‹, an der Verurteilung des angeblichen politischen Verräters fest.[51] Zum jungen Weimarer Baldur von Schirach, dem späteren HJ-Führer, soll Goebbels 1926 gesagt haben: »Ein Lump, wer Gedichte schreibt und darüber sein untergehendes Volk vergißt.«[52]

So finden wir bei den beiden tonangebenden Nazis ein gemischtes Bild vor. Das Genie Goethe entlockte ihnen, nach bildungsbürgerlicher Manier, quasireligiöse Verehrung. Mehr als Goethe war es die Goethe-Gesellschaft, die Hürden zu überwinden hatte. Das Schicksal des Vereins war eng an eine nationale ›Rehabilitierung‹ des Dichters geknüpft. Dazu musste sich die Goethe-Gesellschaft aber auch selbst aufpolieren. Es galt, gegen die angebliche ›Verjudung‹, gegen Monarchismus und Überalterung anzugehen. Die Mitglieder seien »Greise und Greisinnen« im »Kalkalpenauditorium« der Mitgliederversammlungen, »Weimars runzliges Goethe-Kränzchen«, so Fritz Engel giftig.[53] Die Annäherung an den an der Jugend orientierten Nationalsozialismus würde ein hartes Stück Arbeit sein.

Die Vereinsleiter brachten für diese Aufgabe allerdings wichtige Qualifikationen mit. Von Petersen war schon die Rede. Der ab 1932 amtierende zweite Vizepräsident Hans Wahl, seit 1918 Direktor des Goethe-Nationalmuseums (mit dem Goethehaus) und seit 1928 auch des Goethe- und Schiller-Archivs, spielte nach 1935 auch die Hauptrolle in der Gesellschaft, ohne je zum Präsidenten zu avancieren. Er nennt sich selbst einen »langjährigen und entschiedenen Gegner der Juden«,[54] »seit 1910 auf Grund der Erfahrungen mit dem Berliner Judentum Antisemit«,[55] das heißt seit seinem Studium bei Gustav Roethe. Ende 1927 lehnt er in einem gequälten Schreiben die Bitte Alfred Rosenbergs ab, dem neu zu gründenden ›Nationalsozialistischen Kampfbund für deutsche Kultur‹ beizutreten, der vor allem den jüdischen Einfluss in der Kultur bekämpfen und Bildungsbürger für die ›Bewegung‹ gewinnen soll. Wahl sympathisiert offen mit den Zielen des Kampfbundes, zieht es aber vor, seine öffentliche Rolle nicht zu kompromittieren. Lieber will er privat »für die deutsche Sache arbeiten«.[56] Nach eigenem Zeugnis war er jedoch sogar einer der Mitgründer der Weimarer Niederlassung des Kampfbundes,[57] vielleicht weil Rosenberg das Wort »Nationalsozialistischer« im Namen gestrichen hatte, um den Kampfbund für das Bildungsbürgertum attraktiver zu machen.[58]

Anton Kippenberg, Besitzer der weltweit bedeutendsten privaten Goethe-Sammlung und des Leipziger Nobelverlags Insel, mit dessen Autoren Rilke und Hofmannsthal er befreundet war, war seit 1919 im Vorstand und wurde 1930 erster Vizepräsident, 1938 Präsident. Er hatte gelegentlich versucht, die Wellen zu glätten: Als Roethe 1922 »Angriffe gegen die Gesellschaft« ohne Besprechung mit dem Vorstand abwehren wollte, forderte Kippenberg unter Androhung seines Rücktritts, Roethe solle erst einmal den Vorstand anhören.[59] Allerdings drängte er später selbst zum ›Führerprinzip‹ und war genauso deutschnational gesinnt wie die ande-

Martin Donndorf

ren Gesellschaftsleiter. Der Diplomat, Kulturreformer und Kosmopolit Harry Graf Kessler berichtet im Tagebuch vom August 1924, Kippenberg habe eine Veranstaltung von »Hakenkreuzlern« in Weimar »milde« verurteilt, »weil man so die sehr ernste Judengefahr nicht bekämpfen könne. Er selbst sei ein starker Antisemit, übe aber seinen Antisemitismus nur privatim aus, indem er bei Juden Nichts kaufe. Als wir in der Wielandstrasse zwei Jünglinge mit Hakenkreuzbinden sahen, die einem etwa sechzehnjährigen Arbeiter mit den Fäusten ins Gesicht schlugen, jammerte er aber: ›Armes Deutschland! So schlagen Deutsche aufeinander los. Das muss man sehen!‹ Dass er selbst mit seiner antirepublikanischen, nationalistischen, antisemitischen Haltung dazu beiträgt, sieht er nicht ein.«[60] Der von Kessler prägnant benannte Widerspruch sollte Kippenberg im Dritten Reich plagen.

Heute weniger bekannt, doch für die Entwicklung der Gesellschaft entscheidend, war der ehemalige Weimarer Oberbürgermeister Martin

Donndorf, Sohn des bekannten Bildhauers Adolf Donndorf. Seine offenbar christliche Einstellung schürte eine Abneigung gegen den Nationalsozialismus, aber in anderer Hinsicht war er deutschnational gesinnt und als Jurist erpicht auf Gesetz und Ordnung, was sich im Dritten Reich sowohl für als auch gegen das Regime auswirken konnte. Donndorf war Vorsitzender des Ortsausschusses und somit am täglichen Geschäft beteiligt. Er war wesentlich älter als die Vereinsführung, was gleichfalls seine kritische Haltung zum Nationalsozialismus beeinflusste. In dieser Studie schieben sich die aus der Historiographie bekannten Generationsverhältnisse manchmal in den Vordergrund: Überdurchschnittlich viele Junge waren nationalsozialistisch gesinnt, Ältere eher skeptisch.

Die Leiter stählten sich für politische Auseinandersetzungen auf der vielbeachteten ›Reichsfeier‹ zu Goethes 100. Todestag im März 1932 in Weimar – ein Ereignis, das eine eigene Untersuchung erfordert. Nicht wenige Mitglieder blieben zu Hause, einige ausdrücklich wegen der Beteiligung der Nationalsozialisten an der Thüringer Regierung (die bis April 1931 gewährt hatte). Die Thüringer Nazis boykottierten die »international« angelegte Feier und veranstalteten eine alternative Goethe-Feier. Hier offenbarte sich wieder das Janusgesicht der Nationalsozialisten. Der *Völkische Beobachter* protestierte gegen die angebliche Vereinnahmung des großen nationalen Dichters durch die »ausländischen, jüdischen, pazifistischen und bolschewistenfreundlichen Redner« (unter ihnen Thomas Mann), denn Goethe sei »der völkisch Verwurzelte«, »der große Artbewußte«.[61] Wieder einmal wird bestätigt: Die Nationalsozialisten konnten sehr wohl etwas mit Goethe anfangen, lediglich das humanistische Goethebild lehnten sie ab. Dass die Goethe-Gesellschaft eigentlich nicht zu ihren Feinden gehörte, war zu ihnen nicht überall durchgedrungen. Schließlich kamen Proteste über die Besetzung der Reichsfeier auch aus den eigenen Reihen, wie Donndorf wenige Wochen vorher berichtete: »die Mitglieder schimpfen und treten aus; namentlich Thomas Mann als Festredner wirkt verheerend.«[62]

Die Mitgliederzahl der Goethe-Gesellschaft, durch Inflation, Weltwirtschaftskrise, aber auch Kontroversen zwischen 1923 und Ende 1931 von stattlichen 6634 auf 4267 gesunken, sollte sich, so hoffte ihre Führung, auf Grund der Reichsfeier erholen. Stattdessen verlor man 1932 unterm Strich weitere 400 Mitglieder, meist ältere Menschen, und Petersens verzweifelter Stoßseufzer gegen Ende des Jahres wirkt aus späterer Perspektive prophetisch: »Was wir gewinnen müssen, sind junge Mitglieder, die für die nächsten Jahrzehnte weiter helfen.«[63] Im August 1932 waren die Nationalsozialisten in Thüringen an die Macht gekommen (mit 44 Prozent der Stimmen in Weimar), und im nächsten Jahr kam die von vielen herbeigesehnte ›nationale Revolution‹. Die Zukunft sah für die Goethe-Gesellschaft erst einmal düster aus.

KAPITEL 2

Kippenberg und die Krise

JANUAR–OKTOBER 1933

Die »jüdische Göthe-Gesellschaft« vor dem Abgrund?

Am 30. Januar 1933 wurde Adolf Hitler nach langwierigen Schachzügen zum Reichskanzler in einer Koalitionsregierung ernannt. Es war für ihn und seine Gefolgschaft die lang ersehnte Nationale Revolution, die Erhebung der ›Bewegung‹ zur Macht. Im Verlauf des Jahres ging er mit rasender Geschwindigkeit daran, seine Machtbasis auszubauen.

Petersen absentierte sich schon im Februar zu einem halbjährigen Aufenthalt an amerikanischen Universitäten, sodass der erste Vizepräsident Anton Kippenberg das Steuer übernehmen musste. Die Leiter der Goethe-Gesellschaft waren nervös. Zum einen, weil sie in diesem Jahr einen »ausserordentlichen« Rückgang der Mitgliederzahl zu beklagen hatte, wofür Max Hecker »eine Krise der Goethe-Verehrung« verantwortlich machte.[1] Zum anderen, weil die Nationalsozialisten nicht in dem Ruf standen, Goethe-Freunde zu sein – und Freunde der Goethe-Gesellschaft noch viel weniger.

Eifrig betonte man daher die nationalistische Vergangenheit des Vereins. Die meisten Funktionäre der Weimarer Goethe-Gesellschaft waren deutschnational, antidemokratisch und antisemitisch eingestellt. Dennoch musste die Goethe-Gesellschaft beunruhigt in die Zukunft blicken. Nicht nur sahen viele Nationalsozialisten in ihr einen verstaubten, von einem verknöcherten, reaktionären Professorenklüngel geleiteten Verein im Dienste eines höfischen Dichters, der die Juden mehr als sein Volk liebte und außerdem noch Pazifist und Freimaurer war. Die Partei machte sich auch unübersehbar daran, mit ihren Gegnern aufzuräumen, zu denen die »jüdische Göthe-Gesellschaft«, wie Hitler sie angeblich genannt hatte, offenbar gehörte. Da war Anpassung aus Sicht der Vereinsleitung der beste Kurs.

Dem Ausschluss zuvorkommen: Jüdische Mitglieder ziehen sich zurück

Die eigentliche Achillesferse der Goethe-Gesellschaft im ›neuen Deutschland‹ waren die vielen jüdischen Mitglieder. Um sich gegen feindselige Anfragen, die auf der bevorstehenden Hauptversammlung erwartet wurden, zu wappnen, machte man sich daran, sie zahlenmäßig zu erfassen, und kam »auf etwa 300 sichere und verdächtige Nichtarier, das sind auf rd. 3500 Mitglieder rd. ein Zwölftel gleich rd. 8 ⅓ bis 8 ½ %, gewiss kein übermässiger Prozentsatz!«[2] Immerhin waren es mehr als zehnmal so viele Juden als ihr Anteil an der Gesamtbevölkerung.

Jüdische Amtsträger der Gesellschaft konnte der Verein nicht so leicht verstecken wie die einfachen Mitglieder. Ende März 1933 reichte der 71-jährige ehemalige Archivleiter Julius Wahle »mit Rücksicht auf die Interessen der Gesellschaft« seinen Rücktritt vom Ortsausschuss ein.[3] Der Vorstand sprach »das aufrichtigste Bedauern« aus und dankte anerkennend für Wahles »jahrzehntelangen Dienste« und »hochherzige Gesinnung«. Tatsächlich hatte die Gesellschaft zunächst versucht, Wahle zu halten, letztlich aber davon profitiert, dass er bei seiner Entscheidung geblieben war.[4] Denn sie war »nunmehr in der Lage, zu erklären, daß sämtliche Mitglieder ihres Vorstandes und ihrer Ausschüsse arischer Herkunft sind«.[5]

Der eigentliche Anlass für Wahles Rücktritt war vielleicht die Tatsache, dass er 1933 »auf der Strasse belästigt« worden war, wovon »viel gesprochen wurde«.[6] Schon vor der ›Machtergreifung‹ hatte es erhebliche Gewalt gegen Juden in Weimar gegeben. Danach nahmen die Übergriffe jedoch weiter rasant zu. Am 16. März führte die SA in Weimar die erste Boykottkampagne durch: »In den Nachmittagsstunden, als die Innenstadt besonders belebt war, zogen SA-Leute mit Schildern ›Deutsche, kauft in deutschen Geschäften!‹ durch die Straßen.«[7] Am 1. April fand der reichsweite Boykott jüdischer Geschäfte statt.

Die beginnende Ausgrenzung von Juden aus der deutschen Gesellschaft nahm bald systematischen Charakter an. Nach den Reichstagswahlen vom 5. März und dem Ermächtigungsgesetz vom 23. März, das den Erlass von Gesetzen auch ohne Mitwirkung des Reichstags erlaubte, erfolgten gesetzlich legitimierte Diskriminierungsmaßnahmen in raschem Tempo. In dem »Gesetz zur Wiederherstellung des Berufsbeamtentums« vom 7. April gab es einen ›Arierparagraphen‹, der die Entlassung oder Zwangspensionierung von jüdischen Beamten, Anwälten und Ärzten sanktionierte. Entsprechende Vorschriften für Privatorganisationen gab es zwar noch nicht, aber der Druck auf sie wuchs zusehends. Viele Vereine und andere Organisationen stießen in antisemitischem Eifer oder vorauseilendem Gehorsam ihre jüdischen Mitglieder aus: Sie »arbeiteten dem Führer entgegen«.[8]

Die Goethe-Gesellschaft verhielt sich in diesem Punkt zunächst noch relativ gemäßigt. Nachdem Philipp Manes als einer der Ersten der jüdischen Mitglieder am 11. Mai angefragt hatte, ob Juden zur Hauptversammlung kommen könnten,[9] ließ Kippenberg antworten, »dass uns alle Mitglieder der Goethe-Gesellschaft wie bisher als solche und beim Besuch der Hauptversammlung willkommen sind«.[10] Kippenbergs Haltung ist durchaus anerkennenswert, auch wenn ihr ziemlich sicher pekuniäre Erwägungen zugrunde lagen. Der Verlust der jüdischen Mitglieder – und damit der Mitgliedsbeiträge – wäre eine finanzielle Katastrophe gewesen. Donndorf war klar, dass der Fall Manes kein Einzelfall bleiben würde: »Diese Sache wird uns wohl demnächst weiter beschäftigen, damit wir an den Vorstand mit gewissen festen Vorsätzen herangehen können«.[11] Philipp Manes kam dennoch nicht zur Hauptversammlung.[12]

Schon vor Manes' Anfrage hatten Austritte jüdischer Mitglieder aus der Goethe-Gesellschaft eingesetzt. Eine erste Welle erfolgte im April, eine zweite kam zur satzungsmäßigen Frist am Jahresende. Die Zahl dieser Austritte war hoch. Im Februar 1934 stellte man fest, man habe für 1933 und 1934 bisher einen Rückgang von mehr als 20 Prozent aller Mitglieder zu verbuchen.[13] »Die Ursache«, so ein Protokoll schon im November 1933, »ist wesentlich in der Ungunst der wirtschaftlichen Verhältnisse, z. Teil auch in der Arierfrage zu suchen.«[14] Dem konnte die Gesellschaft nicht tatenlos zusehen. An alle Mitglieder, die ihren Austritt erklärt hatten, wurde im Dezember 1933 ein vorgedruckter »Appell zum Widerruf der Austrittserklärung« geschickt. Unmissverständlich hieß es darin: »Wenn die Zahl unserer Mitglieder unter einen gewissen Mindeststand herabsinkt – und es ist nahe daran! –, würden wir schließlich unsere satzungsmässigen Aufgaben nicht mehr erfüllen können, und damit wäre die erste literarisch-wissenschaftliche Gesellschaft Deutschlands nach einer von der Anerkennung unserer Besten getragenen fünfzigjährigen Tätigkeit zum Absterben verurteilt!«[15] Unter diesen prekären Umständen war man bestrebt, selbst die jüdischen Mitglieder zu halten.

Nicht wenige von ihnen waren jedoch arbeitslos geworden und in ihren finanziellen Mitteln stark eingeschränkt. Feinsinnig differenzierend erklärte der Musiker, Musikschriftsteller und -lehrer Dr. Willy Salomon aus Frankfurt: »Als *Nicht-Arier* im Sinne Hitlers aus meiner hiesigen Lehrtätigkeit geworfen, bin ich leider nicht mehr in der Lage, zahlendes Mitglied der Gesellschaft zu bleiben. Ich bitte Sie, meinen Austritt vom neuen Geschäftsjahr ab zur gefl[issentlichen] Kenntnis zu nehmen. / Als *Deutscher* in Goethes Sinn bleibe ich den Bestrebungen der Gesellschaft nach wie vor eng verbunden & werde gern wieder Mitglied werden, wenn meine Mittel es mir wieder gestatten.«[16]

Solch ungebrochenes Zutrauen zur Leitung der Goethe-Gesellschaft war aber eher eine Ausnahme. Vor allem die jüdischen Mitglieder in Berlin hatten ja den Antisemitismus in der Vereinsleitung hautnah erlebt. Der »Handelsrichter a. D.« Julius Stiebel etwa schrieb: »Ich habe als *Jude*, infolge der neuen staatlichen Organisation meine Position verloren und bin infolgedessen nur schwer in der Lage, den Mitgliedsbeitrag zu zahlen. / Es ist mir auch bekannt und durch einen Rundfunkvortrag bestätigt worden, dass weite Kreise dem Juden das Verständnis für Goethe und seine Werke absprechen, ein Standpunkt, den ich zwar nicht begreife, der aber besteht und mir ebenfalls zu meinem Austrittsgesuch Veranlassung gegeben hat. / Meine frühere Annahme, dass Juden überhaupt nicht mehr der Goethe-Gesellschaft angehören dürfen, scheint sich, nach dem Inhalt Ihres Rundschreibens zu urteilen, zwar nicht zu bewahrheiten, immerhin muss ich mit der nahen Möglichkeit rechnen, dass ein Jude in den Kreisen ihrer Mitglieder nur ungern gesehen wird. / Ich bedauere daher, aus den angeführten Gründen meine Austrittserklärung nicht zurücknehmen zu können, die ich als vieljähriger Kenner und Verehrer Goethescher Werke nur sehr schweren Herzens abgegeben habe.«[17]

Die Erwartung, die Goethe-Gesellschaft würde sich bald gleichschalten, bewegte nicht wenige jüdische Mitglieder zum Austritt, mit dem sie ganz bewusst die ihnen aufgezwungene Passivität durchbrechen wollten. »Ich halte es für richtiger, meinen Austritt freiwillig zu erklären, bevor mir ein solcher nahegelegt wird,«[18] ließ Richard Wiener die Gesellschaft wissen. Und der entlassene Berliner Landgerichtsdirektor Dr. Fritz Kessner erklärte, ihm würde, »wenigstens zur Zeit noch, die Zahlung des Beitrages möglich sein«. Nicht das Geld sei es, das ihn zum Austritt bewege, wie der »Appell zum Wiedereintritt« nahegelegt hatte. »Es ist die Behandlung, die ich als ›Nicht-Arier‹ erfahren habe, und die fortgesetzten Demütigungen haben mich zu meinem Entschluß bestimmt.« Er erwarte, dass irgendwann der »Arierparagraph« auch in die Satzung der Goethe-Gesellschaft eingeführt werde, und »ziehe es vor, mich nicht erst ausschließen zu lassen, wo ich nicht mehr erwünscht bin – sein darf, nachdem soviele Türen vor mir zugeschlagen worden sind«.[19] Apotheker Rosenthal aus Königsberg sekundierte: »Nachdem wir deutschen Juden das Recht verloren haben, am deutschen Kulturleben, sei es Kunst oder Wissenschaft, teilzunehmen, werden Sie verstehen, daß mein Stolz mir es verbietet, abzuwarten, bis ein Beschluß der Goethe-Gesellschaft mich aus ihrer Gemeinschaft ausschließt.«[20] Wenigstens diese Handlungsfreiheit blieb den Verfolgten.

Einige jüdische Mitglieder verknüpften ihren Austritt mit einem generellen Protest gegen die Diskriminierung in Deutschland. Richard Robinow, wohltätiger Rechtsanwalt aus Hamburg, erklärte freimütig: »Wenngleich ich durch die Zeitereignisse wirtschaftlich schwer betroffen bin, würde ich doch bis zuletzt den Versuch gemacht haben, meinen Beitrag zur Arbeit für Goethe aus ideellen Gründen aufrecht zu erhalten. Diese Gründe haben jedoch so lange ihre Kraft verloren, bis es den Juden in Deutschland wieder möglich ist, an der Förderung der Kultur wie früher teilzunehmen und in geistigen Berufen uneingeschränkt tätig zu sein.«[21] Auch die Rückantwort des Frankfurter Germanistikprofessors Martin Sommerfeld, der bereits in New York einen neuen Lehrstuhl erlangt hatte, lässt keinen Zweifel am eigentlichen Grund des Austritts. Er sei nicht wirtschaftlicher Art, schreibt er im Januar 1934. »Vielmehr habe ich meinen Austritt aus Ihrer wie aus allen deutschen Gesellschaften und Vereinen im Zusammenhang mit der schamlosen und schmachvollen antijüdischen Hetze und der Ausnahmegesetzgebung erklärt.« Solange diese Verhältnisse und Gesinnung in Deutschland herrschten, »verbietet es mir meine Selbstachtung, mich irgend einem Verein durch Mitgliedschaft zu verbinden.« Sommerfeld zieht eine scharfe Trennlinie zwischen seinem Austritt und seinem »Verhältnis zum Werk Goethes«, das »durch die Ereignisse unberührt und unerschüttert« bleibt. »Ja ich habe gerade in der Beschäftigung mit Goethe Trostgründe wider sie und Bestätigung meiner Haltung und meines Entschlusses gefunden.«[22] Diese Aussage spiegelt eine verbreitete Auffassung unter Exildeutschen wider, die im Humanitätsethos Goethes eine Alternative zur menschenverachtenden Politik der Nationalsozialisten sahen.

Aber es gibt auch andere Stimmen. In ihnen kommt zum Ausdruck, dass Goethe und die deutsche Kultur insgesamt vielleicht mit dem Nationalsozialismus auf dunkel geahnte Weise zusammenhängen könnten: »Nach siebzehnjähriger Tätigkeit als Rechtsanwalt«, schreibt Dr. Erich Cerf aus Leipzig, »bin ich mit 45 Jahren plötzlich und zwar aus *keinem anderen Grunde* als wegen meiner *Abstammung* aus meinem Berufe gestoßen worden. / Diese Behandlung hat mich, der ich stets um das ›Edel sei der Mensch hilfreich und gut‹ mich gemüht habe, in meinem ganzen Denken und Sein ungeheuerlich erschüttert. Ich kann keine Freude mehr darin finden, bei der Arbeit an Goethe und seinem Gedächtnis irgendwie noch mitzuwirken.«[23]

Die meisten Mitglieder differenzieren jedoch zwischen Goethe und der Goethe-Gesellschaft. »Zahlreiche Fälle sind mir bekannt«, schreibt Dr. Oswald Barber aus Hamburg, »in denen Vereine [...] ihren ›nicht-arischen‹ Mitgliedern den Austritt entweder ›nahegelegt‹ oder ihnen die Mitgliedschaft gekündigt haben«, und zwar »über Gesetze und Verordnungen hinaus«; das sei ihm im Hamburgischen Anwaltverein so ergangen. »Wenn ich auch nicht glaube, dass die Gesellschaft, die Goethe's Namen trägt, Kündigungen der Mitgliedschaft mit derartiger Begründung plant, so habe ich mich doch entschlossen, den wenigen *deutschen* Gesellschaften oder Vereinen, denen ich bislang angehörte, meine Mitgliedschaft zu kündigen.«[24] Barber ahnt, dass der augenblickliche Kurs der Goethe-Gesellschaft sich letztlich nicht durchhalten lassen würde. Dabei interpretiert er Goethe offenbar nicht als judenfeindlich.

Diese Stellungnahmen von jüdischen Mitgliedern legten für die Gesellschaft die Latte hoch. Ein Jahr später griff Donndorf – wohl unbewusst – die Formulierung Barbers auf: »Ich kann mir wenigstens eine Gesellschaft mit dem Arierparagraphen, die den Namen *Goethes* trägt, nicht vorstellen, so wenig unser Schutzpatron auch Philosemit gewesen sein mag.«[25] Er war nicht der Einzige unter den Amtsträgern der Gesellschaft, der die Meinung vertrat, Goethe sei wohl Antisemit.

Dass Goethe so wahrgenommen wurde, hätte eine Begründung dafür geliefert, die jüdischen Mitglieder auszuschließen. Trotzdem wurde dieser Weg nicht gewählt – aus finanziellen Gründen, aber sicher auch aus Schamgefühl. Mit verdienten, zum Teil betagten und prominenten Mitgliedern, die man oft auch persönlich gut kannte, wollte man nicht niederträchtig umgehen. Vielmehr strich man die humanitäre Haltung der Gesellschaft heraus. »Wir haben von Anfang an den Standpunkt vertreten, dass unsere nicht arischen Mitglieder ebenso zu behandeln seien, wie die arischen«, so die Geschäftsstelle an Dr. Johannes Fuchs in Leipzig: »Wir bitten Sie herzlich, bei unserer Gesellschaft zu bleiben.«[26]

Diese Haltung bestimmte auch die Reaktion auf den Austritt des einflussreichen 65-jährigen Journalisten Dr. Ludwig Goldstein in Königsberg. Nirgends als bei ihm ist der schmerzhafte Verlust verdienter Mitglieder der Goethe-Gesellschaft im Dritten Reich greifbarer. Am 15. April

1933 kündigt er seinen Austritt an: »Obwohl ich mich immer als kerndeutschen Mann gefühlt und als solcher gehandelt habe – führte ich doch allein 28 Jahre lang den Königsberger Goethebund, um eine feste geistige Brücke zwischen Ostpreussen und dem Reich zu schaffen! –, werde ich neuerdings als ›Jude‹, d. h. als ›Artfremder‹, behandelt und bin demzufolge in meinen Verdienstmöglichkeiten ganz ausserordentlich eingeschränkt.«[27] Donndorf schreibt ihm mit dem »lebhaftesten Bedauern«, man verstehe seinen Entschluss, beteuert aber, »dass Sie in einem Kreise, dessen Aufgabe es ist, Goethes Wesen und Werk unserem Volke immer näher zu bringen, nicht anders, denn im Sinne Goethischen Denkens betrachtet werden können, d. h. als ein allen anderen Mitgliedern gleichstehendes Vollmitglied unserer Gesellschaft. Ihr langjähriges hochverdienstliches Wirken im Dienst des Königsberger Goethebundes bleibt Ihnen auch bei uns unvergessen.«[28]

Donndorf schickt den Brief nicht ab, weil inzwischen ein langes Schreiben vom Vorsitzenden der Ortsgruppe in Königsberg, dem Geheimen Regierungsrat i. R. Willy Preuß, eingetroffen ist. Preuß bedauert Goldsteins Schritt »aufs lebhafteste und schmerzlichste«, wenn er ihn auch »bei den z. Z. hier herrschenden Zuständen für durchaus erklärlich und begreiflich halte«, nämlich »dem schmählichen Drucke eines hier in Ostpreussen besonders roh und gehässig auftretenden Antisemitismus«. Goldstein sei »über ein Menschenalter« als Journalist und zumal als »feinsinniger Theater-Recensent [...] einer der angesehensten, hervorragendsten und kenntnisreichsten führenden Männer im Kultur- u. Geistesleben seiner Vaterstadt Königsberg gewesen«. Und: »Unzählige interessante Zeitungsaufsätze und Vorträge von ihm über Goethe und die mit ihm und seinen Mitstrebenden verknüpfte Litteratur haben weiten Kreisen stets von neuem wertvolle und dankbar anerkannte Anregung gegeben.« Nun sehe Goldstein »seine Lebensarbeit vernichtet« und müsse »in hohen Jahren resigniert in ein ärmliches und dürftiges Gelehrtendasein sich zurückziehen«. Daher schlägt Preuß eine Ehrenmitgliedschaft vor. Wenn das »aus immerhin begreiflichen Gründen« vom Vorstand nicht genehmigt werden könne, sei vielleicht eine andere Möglichkeit vorhanden, die Mitgliedschaft Goldsteins ohne Beitragszahlung einzurichten. Er schließt:

»Hierzu muß ich noch betonen, daß der Weiterbestand der hiesigen Ortsgruppe nach Ausscheiden Goldsteins, des interessiertesten und anregendsten Mitgliedes, mir aufs äußerste gefährdet erscheint.«[29] Tatsächlich richtet am Tag nach Erhalt dieses Briefes der Weimarer Ortsausschuss eine ›Patenschaft‹ für Goldstein ein, so dass er (bis 1939) keine Mitgliedsgebühr bezahlen muss.[30] Eine Ehrenmitgliedschaft, die auf der Hauptversammlung hätte verkündet werden müssen, wäre ein Fanal gegen den Nationalsozialismus gewesen.

Hans Wahl indes hat andere Sorgen. Ihm ist in erster Linie daran gelegen, im Ausland keine falschen Schlüsse aufkommen zu lassen. »Ich hoffe, daß Sie über die Ereignisse in Deutschland von keiner Seite falsch informiert worden sind«, schreibt er am 19. Juni an einen guten Bekannten, den amerikanischen Yale-Professor und Bibliothekar Carl Frederick Schreiber, der in der Goethe-Gesellschaft eine nicht unbedeutende Rolle spielte, »und daß Sie an den Schwindel, der leider auch von Deutschland aus verbreitet worden ist, nicht glauben. Insbesondere ist kein Wort wahr von den Mißhandlungen der Juden. Wenn Sie in Berlin in die feinen und teuren Lokale kommen, sehen Sie sie noch genau so breit und fett dasitzen wie seit jeher. Daß sie in der Presse gründlich ausgeräuchert sind, versteht sich von selbst, denn diese Leute sind es gerade, die die erlogenen Geschichten verbreiten.«[31] Damit folgt Wahl getreu dem von Reichspropagandaminister Joseph Goebbels verfassten Aufruf der NSDAP-Parteileitung zur »Abwehr der Greuel- und Boykottpropaganda«.[32]

Eduard Spranger vs. braune Studenten und Minister

Während der Vorbereitungen zur Hauptversammlung sorgte eine beunruhigende Nachricht für Bestürzung. Das 50-jährige Vorstandsmitglied Eduard Spranger, einer der bedeutendsten Erziehungswissenschaftler des Jahrhunderts und 1926 von der Berliner Ortsgruppe als Präsidentschaftskandidat gehandelt,[33] reichte am 25. April 1933 aus Protest ein Rücktrittsgesuch von seinem Lehrstuhl an der Universität Berlin ein, was nicht nur in der deutschen, sondern auch in der ausländischen Presse Aufsehen erregte.[34] Die Haltung der nationalsozialistischen Studentenschaft den Professoren gegenüber hatte ihn zu diesem Schritt bewogen. Der für ihn nicht hinnehmbare Höhepunkt war ein aus zwölf Thesen bestehender Aufruf, in dem die berüchtigte Bücherverbrennung für den 10. Mai angekündigt wurde.[35] Die Absichten der Studenten gingen weiter als die Säuberung der Bibliotheken von jüdischen, kommunistischen und demokratischen Schriften. Es müsse auch »der gesamte Liberalismus ausgemerzt werden«, also die mit dem »jüdischen Intellektualismus [...] verbundenen liberalen Verfallserscheinungen im deutschen Geistesleben«. Und die Ausmerzung sollte radikal sein: »Wir fordern die Auslese von Studenten und Professoren nach der Sicherheit des Denkens im deutschen Geiste.«

In einem weiteren Rundschreiben riefen die Studentenführer zu Denunziationen gegen Hochschullehrer auf, wenn sie »nationale Führer, die Bewegung der nationalen Erhebung oder das Frontsoldatentum beschimpft haben«, sowie gegen Professoren, deren »wissenschaftliche Methoden ihrer liberalen bzw. insbesondere ihrer pazifistischen Einstellung« entsprachen. Außerdem strebten sie an, »einen wirksamen Boykott der Vorlesungen und Übungen von Hochschullehrern durchzuführen, deren Entfernung aus dem Amt durch den Staat nicht sofort möglich« sei. Ein derartiger Aktionismus wurde vom Staat zwar nicht direkt initiiert, aber doch geduldet. »Die Studenten werden zu Richtern über die Professoren und zu einem schändlichen Denunziantentum aufgerufen«, erklärte Spranger in einem Protestbrief an den Reichsvizekanzler Franz von Papen.[36]

Spranger war beileibe kein Liberaler, sondern ultrakonservativ, Deutschnationaler und neuerdings sogar Mitglied des Stahlhelm, eines Bundes der Frontsoldaten. Auch verteidigte er das von ihm »ethisch hoch geachtete« Führerprinzip – 1930 hatte er geschrieben, Bildung fange an »mit dem Gehorsam, mit der Unterordnung, mit der Zucht, mit der Dienstbarkeit«.[37] Schon 1932 hatte er in einer Vorlesung »außerordentlich positiv« über den Beitrag des Nationalsozialismus zum deutschen Bildungsideal gesprochen und suchte nach der ›Machtergreifung‹ in einer Reihe von Publikationen den »großen *positiven* Kern des Nationalsozialismus«, dem er religiöse Legitimation verlieh – konterkariert durch Kritik am »übersteigerten Antisemitismus«.[38] Sein Rücktritt jedenfalls blieb nicht folgenlos. Kurz darauf ließ der Rektor der Universität die ausgehängten »12 Thesen« entfernen, und das preußische Wissenschaftsministerium verbot die von den Studenten geplante Aufstellung von »Schandpfählen«, an welche die Schriften verfemter Wissenschaftler geheftet werden sollten.[39]

Das Agieren, ja Agitieren der Studenten war allerdings nicht der einzige Auslöser für Sprangers Rücktrittsgesuch. Nach eigenem späteren Zeugnis war für ihn erst dort eine »Grenze« überschritten, wo seine Rechte als Fakultätsmitglied verletzt wurden.[40] Der preußische nationalsozialistische Kultusminister Bernhard Rust hatte nämlich ohne sein Wissen »ein Ordinariat und ein Institut für politische Pädagogik« eingerichtet und als Lehrstuhlinhaber den berüchtigten NS-Ideologen Alfred Baeumler berufen, der am 10. Mai seine Antrittsvorlesung über die nationalsozialistische Revolution und ihre geistigen und philosophischen Grundbedingungen hielt und danach die mehrheitlich in SA-Uniformen gekleideten begeisterten Studenten aus seinem Vorlesungssaal zur Bücherverbrennung führte.[41] Erst Baeumlers Berufung, ein schwerwiegender Eingriff in seine Rechte, habe ihn, so Spranger, letztendlich zu seinem Rücktritt bewogen. Er habe daraus den Schluss gezogen, »dass meine Lehrtätigkeit dem preußischen Staat nichts mehr bedeutet. Dies erfüllt mich um so mehr mit tiefstem Schmerz, als ich jahrelang unter Bedrückungen von links auf die Stunde gehofft habe, in der ich wieder eine mit mir in nationalem Bewußtsein, in Liebe zu Staat und Volk geeinte Hörerschaft auf den Bänken vor mir sehen würde.«[42]

Eine Gruppe von Studenten sprang ihm bei. Spranger habe sie »zu einem tieferen Bewußtwerden unseres Deutschtums geführt«, bezeugten sie, er habe ihnen »Wege gewiesen, die uns das freudige Bekennen zur nationalsozialistischen Revolution zu einer Selbstverständlichkeit machen«.[43] Diese Studentenerklärung, verbunden mit dem Echo in der Presse, zwang Kultusminister Rust zum Verhandeln – mit dem Ergebnis, dass Spranger am 9. Juni sein Rücktrittsgesuch mit der fadenscheinigen Begründung zurückzog, er habe von den Maßnahmen des Ministers »zur Wiederherstellung des Vertrauensverhältnisses zwischen Studentenschaft und Professorenschaft« nicht ausreichend Kenntnis gehabt, als er sein Gesuch einreichte.[44] Der wirkliche Grund geht aus einem Brief an Kippenberg kurz vor seinem Termin mit Rust hervor. Er sah keine Berufsmöglichkeiten mehr: »mein Kopf steckt wie der so vieler anderer in der Schlinge. So kommt denn auf meine Unterredung mit dem H[errn] Minister viel, ja alles an.«[45]

Ein Parallelfall ist lehrreich. Thomas Mann hatte in München einen Vortrag »Leiden und Größe Richard Wagners« gehalten, in dem der Lieblingskomponist Hitlers jeder nationalsozialistischen Vorstellung widersprach. Unter anderem erschien Wagner dort quasi als Ahnherr Freuds in subtiler, geradezu psychoanalytischer Figurenzeichnung. Daraufhin wurde am 16. April ein »Protest der Richard-Wagner-Stadt« gegen Thomas Mann mit namhaften Unterzeichnenden veröffentlicht, unter anderen den Komponisten Hans Pfitzner und Richard Strauss. Vorstandsmitglied Ernst Bertram verlangte von Kippenberg, die Goethe-Gesellschaft solle seinen Freund Thomas Mann verteidigen. Kippenberg konzedierte, Mann sei »schweres Unrecht geschehen«, aber er wolle die Goethe-Gesellschaft »unter keinen Umständen hineinziehen. Abgesehen von sonstigen Bedenken – sie würde sich hier auf ein Gebiet begeben, für das sie nicht zuständig ist«.[46] Wie auch immer: Für den Fall Spranger wäre die Goethe-Gesellschaft sehr wohl zuständig gewesen. Kippenberg mied jedoch jede kritische politische Stellungnahme, zu einer Zeit, wo sie vielleicht noch genützt hätte. Und Petersen bemühte gar Kantische Prinzipien, um den Sinn von Sprangers Aktion in Frage zu stellen: »[…] kategorischer Imperativ: wenn alle so gehandelt hätten, was würde aus unseren Hochschulen? Bringt einer allein gewissermaßen ein repräsentatives Königsopfer dar, so muß er wiederum sicher sein, daß dies hilft, daß er die Unsinnigen zur Besinnung bringt. Und wenn diese Besinnung eintritt, dann muß auch ihre Rückkehr erfolgen.«[47] Donndorf beließ es bei einer brieflichen Geste: »Wir […] drücken Ihnen im Geiste die Hand.«[48]

Der Skandal um Spranger hatte Kippenberg »wie ein Donnerschlag getroffen«[49] – umso mehr, als an eine Beruhigung der Situation so schnell nicht zu denken war. Im Gegenteil. In einem Brief an ihn vom 18. Juni 1933 sagte Spranger der Teilnahme an einer Veranstaltung im Herbst nur bedingt zu: »Bis zum Herbst wird noch allerlei geschehen. Wer weiß, ob man nicht in einem neuerdings beliebten Erholungsort bei München festgehalten wird!«[50] Mit diesem verdeckten Hinweis auf das Konzentrationslager Dachau wünschte Spranger dem Vorstand »mehr *rechtzeitige* Erkenntnis der gegenüberstehenden Realitäten, als ich sie besaß. Die Bewegung ist nicht nur eine Welle; sie scheint ein Meer, das noch viele Stürme bringen wird.«[51] Diese Warnungen verfehlten nicht ihre Wirkung. Öffentlichen Rückhalt durch die Goethe-Gesellschaft konnte er, nachdem das Angstwort Dachau im Raum war, nun nicht mehr erwarten. Das ist umso bemerkenswerter, als es sich bei ihm gerade nicht um einen jüdischen, sozialistischen oder kommunistischen Professor handelte, sondern um einen deutschnationalen Pädagogen, der sich gegen studentische Übergriffe und staatliche Wissenschaftspolitik wandte – sich also um die Autonomie der Universität bemühte – und nicht gegen das Regime protestierte.[52]

In gewisser Weise dachten die anderen Vorstandsmitglieder ähnlich wie Spranger: deutschnational gesinnt und mit vielen Zielen des Regimes einig, befürchteten sie trotzdem den drohenden Verlust der Selbständigkeit ihres Vereins. Der entscheidende Unterschied lag – wenigstens 1933 – wohl in der Haltung gegenüber Juden. Die Amtsträger der Goethe-Gesellschaft machten sich nicht nur Sorgen, wegen angeblicher ›Verjudung‹ angegriffen zu werden, sondern zeigten (mit Ausnahme Donndorfs) auch wenig Verständnis für die Rechte jüdischer Mitbürger. Auch Donndorf hätte kaum die Zivilcourage zur öffentlichen Kritik am »übersteigerten Antisemitismus« aufgebracht, so wie Spranger das tat. Noch im Oktober 1933, nach seinem Hinweis auf Dachau, kritisierte er den Nationalsozialismus auf einer Stahlhelm-Versammlung von konservativer Warte aus.[53] Erst in späteren Jahren sollte ihn das Trauma der fehlenden Unterstützung seiner Kollegen zu einer härteren Gangart gegen Juden führen.

Heikle Themen auf der Hauptversammlung

1933 feierte die Gesellschaft den 200. Geburtstag des ›ersten Weimarer Klassikers‹, Christoph Martin Wieland, der, Ironie des Schicksals, das frühe Opfer einer Bücherverbrennung in Deutschland geworden war. Die aufsässige junge Dichtergeneration im ›Göttinger Hainbund‹ verbrannte seine erotischen Werke, angeblich zügellosen, französierenden Schund. Gerade wegen seiner produktiven Aneignung der Weltliteratur verteufelten ihn die deutschtümelnden ›Originalgenies‹, die Romantiker und ihre nationalistischen Erben. Emil Ermatinger, ein bedeutender Schweizer Wieland-Forscher, war für den Festvortrag gewonnen worden.[54] Als er im Dezember 1932 das naheliegende Thema »Wieland als weltbürgerlicher Dichter« vorschlug,[55] scheint niemand daran Anstoß genommen zu haben, ja man plante im Januar sogar noch, die Festrede im Rundfunk übertragen zu lassen.[56] Seit Ende desselben Monats war der Begriff ›Weltbürger‹ jedoch ein rotes Tuch, assoziierten die Nazis damit doch vaterlandslose Juden und Bolschewisten.

Bald regten sich Bedenken, zunächst bei Spranger: Das Thema sei »für den politischen Augenblick so ungeschickt wie möglich gewählt«.[57] Ermatinger gestand, es seien ihm »angesichts der heutigen Lage in Deutschland selber Bedenken aufgestiegen«, daher schlage er ein unverfänglicheres Thema vor: »Wielands geistige Welt«, jedoch mit grundsätzlichen, »sehr ernste[n] Bedenken, ob es sich in der jetzigen Zeit überhaupt empfiehlt, dass die Goethegesellschaft an ihrer Wielandfeier einen nichtreichsdeutschen Redner sprechen lässt. Glauben Sie nicht, dass dies zu allerlei unliebsamen Erörterungen führen könnte und den Besuch der Tagung beeinträchtigt?«[58] Donndorfs erste Reaktion auf diesen Brief war – unter dem Einfluss des Aufrufs zum Boykott jüdischer Geschäfte und des Rücktritts von Julius Wahle – die Überlegung, »ob wir nicht überhaupt gut täten, die Hauptversammlung zu verschieben«, aber die anderen Weimarer Entscheidungsträger waren dagegen.[59] Die Männer sprachen sich in einer Sitzung offenbar Mut zu. Donndorf schrieb am selben Tag an Ermatinger, das Ergebnis sei »die herzliche Bitte an Sie, doch Ihren zugesagten Vortrag bei unserer kommenden Hauptversammlung zu halten«. Großzügig versuchte er, die Bedenken des Schweizers auszuräumen, indem er ihn sozusagen zum Deutschen erklärte: »Der gelehrte Deutsch-Schweizer scheint uns vor anderen berufen, über den Alemannen Wieland zu reden und unser Wirken im Dienste Goethes und Weimars umfasst alle Freunde und Verehrer unseres Grossen, die sich zur deutschen Zunge rechnen.«[60]

Kippenberg, dem die Sache »viel Kopfzerbrechen« bereitete, geriet in Panik.[61] Doch Donndorf machte sich für Ermatinger stark; wenn die Hauptversammlung »schwach« besucht sein sollte, so liege das wohl nicht in erster Linie am Vortragsthema, sondern »an der ganzen Lage!«. Damit spielte er auf die Haltung der neuen Regierung gegenüber Goethe und vielleicht der Goethe-Gesellschaft zusammen mit dem alten Vorwurf der ›Verjudung‹ an. Zugleich betonte er (drei Tage nach dem Aufruf zum Boykott jüdischer Geschäfte!): »das Thema ist doch nicht so gefährlich! Ich glaube, er [d. h. Ermatinger] hat vom Ausland her übertriebene Vorstellungen von einer hier herrschenden nationalistischen Unduldsamkeit.« Andererseits schränkte er selbst ein: »Ob Ermatinger allerdings verhindern kann, dass ihm die Gedanken gelegentlich ›ausrutschen‹, vermag ich nicht zu beurteilen.«[62] Da sich nicht einmal Donndorf dessen sicher war, schien es Kippenberg geboten, »nach Unterr[edung] mit maßgebl[ichen] Persönlichkeiten«[63] Ermatinger auszuladen – wozu es aber nicht kam, da dieser schon verbindlich geantwortet hatte, er würde den Vortrag »mit Freuden« halten.[64] Der Hinweis auf die »maßgeblichen Persönlichkeiten« zeigt, dass man sich schon früh mit Verbindungsmännern zum Regime – diesmal, wegen des Aufstiegs der naziaffinen Nationalen Front in der Schweiz, wohl im Auswärtigen Amt – in Kontakt setzte, um den politisch richtigen Weg zu finden.[65] Das *networking* funktionierte also glänzend für die Goethe-Gesellschaft.

Kippenberg hatte zunächst als Ersatz für Ermatinger das Vorstandsmitglied Ernst Bertram eingeladen und das Thema »Goethe, der deutsche Mensch, oder: Goethe und der deutsche Idealismus« vorgeschlagen. »[D]as sähe nach einer Augenblickspolitik aus«, schrieb Bertram, »zu der die Goethe-Gesellschaft, sehr klug und würdig seit längerem zu dem jetzigen Stande der Dinge hingeleitet, gar keine Veranlassung hätte«.[66] Kippenberg antwortete brüskiert, er hänge damit keineswegs die Fahne nach dem Wind: »Unsere Fahne hat ja Gottseidank immer im richtigen Winde geweht. Aber es schien mir gerade in der heutigen Zeit [...] wichtig zu sagen, in welchem höheren heute nicht oder noch nicht approbierten Sinn, ja in welchem höchsten Sinne Goethe ein Deutscher gewesen ist. Denn das wird mir immer mehr klar, dass Goethe in seiner Gesamtheit der deutscheste Mensch gewesen ist, der je gelebt hat, der heimliche Kaiser, dessen Reich einst kommen wird.«[67] Dass dieses nationalistische Goethebild in Nazideutschland »approbiert« sein würde – darin lag die Aufgabe der Goethe-Gesellschaft im Dritten Reich.

Da Ermatinger für den Festvortrag bereits zugesagt hatte, gewann Kippenberg Bertram für die Ansprache an die Studenten. Bertram war eine schillernde Figur. Dichter sowie Germanistikprofessor in Köln, stand er in früheren Jahren dem Kreis um Stefan George nahe und setzte sich dafür ein, dass die Bücher von Thomas Mann und dem Literaturwissenschaftler jüdischer Abstammung aus dem George-Kreis, Friedrich Gundolf, nicht in die Flammen geworfen wurden. So könne »die unvermeidliche Kundgebung jetzt würdig [!] verlaufen«.[68] Schließlich aber spielte er doch eine zentrale Rolle in der nächtlichen Feier: Aus einem älteren Gedicht Bertrams nahmen die Kölner Studenten den »Weihespruch« zur Verbrennung.

Verwerft, was euch verwirrt,
Verfemt, was euch verführt!
Was reinen Willens nicht wuchs,
In die Flammen mit was euch bedroht.[69]

An seiner Grundüberzeugung ließ Bertram keinen Zweifel. Am 3. Mai 1933, eine Woche vor der geplanten Bücherverbrennung, sprach er von der soeben vollzogenen »gewaltigen Selbsterneuerung unseres so tief gefährdeten Volkes« und vom »Retter« Hitler. Ausgerechnet in der Goethezeit erkannte Bertram die vorwärtsweisenden Zeichen eines »Aufstands gegen lebensfeindliche ratio, zerstörerische Aufklärung, volksfremde politische Dogmatik, gegen jede Art ›Ideen von 1789‹, gegen alle widergermanischen Tendenzen und Überfremdungen«. Wenn der Aufstand nicht gelinge, drohe »die Gefahr des grauenvollen Termitenwahns aus Ost«. Und schließlich kompromisslos: »Was ein Volk wirklich als unversöhnbar Todfeindliches erlebt und erkannt hat, das soll es vernichten dürfen.«[70] Die *Neue Rundschau* des S. Fischer Verlags versieht Bertram in einem Brief an Kippenberg mit dem spöttischen Namen »Samuelische Rundschau«, um auf den jüdischen Vornamen des Gründers hinzuweisen (Kippenberg kontert pointiert: »Fischersche Rundschau«).[71] Wenn er in der Aufbruchsstimmung des Jahres 1933 Zweifel hegte, übertäubte er sie.[72]

Für Bertrams Ansprache schlug Kippenberg ein Thema vor, das zur politischen Vereinnahmung des »deutschesten« Dichters Goethe prädestiniert war: »Was der Jugend Goethe heute nach wie vor und vielleicht mehr denn je bedeutet oder bedeuten müsste.«[73] So schien für die Hauptversammlung alles gerichtet. In einer Sitzung des Ortsausschusses kurz davor wurde noch einmal Grundsätzliches geklärt: »Es wird eine Statistik der jüdischen Mitglieder angefertigt, um falschen Behauptungen über den jüdischen Anteil entgegentreten zu können. Bei etwaigen Störungen wird darauf aufmerksam gemacht, dass es sich um eine Mitgliederversammlung handelt.«[74] Aber hier hatte man die Rechnung ohne die Mitglieder gemacht – oder wenigstens eines.

Die Parteibasis bringt sich in Stellung

Am 19. Mai, knapp drei Wochen vor der Hauptversammlung, erhielt die Geschäftsstelle einen Brief des 58-jährigen Arztes Bruno Boye aus Halle. Boye war 1920 der Goethe-Gesellschaft beigetreten, 1930 der NSDAP und sollte 1933 einige Wochen nach der Hauptversammlung eine Ortsgruppe im »Bund Völkischer Europäer« gründen.[75] Der Facharzt für Innere Krankheiten legte seinen Finger in eine Wunde: »Hierdurch erlaube ich mir die Anfrage, wie es mit der sog. ›Gleichschaltung‹ der Goethegesellschaft bestellt ist, d. h. inwieweit der Einfluss der Juden in der G. G.

auf ein erträgliches Maß zurückgedrückt ist? – Für einen Nationalsozialisten war es doch manchmal eine Qual, den Versammlungen etc. beizuwohnen (Frankfurt a. M.!) / Ich glaube, daß Prof. Wundt eine geeignete Persönlichkeit wäre, in dieser Beziehung Wandel zu schaffen. Aber es gibt wohl auch in Weimar Leute dafür, z. B. Adolf Bartels und Dr. Ziegler. Ich stelle den Antrag, ihn [d. h. Bartels] zum Ehrenmitglied der Goethe-Gesellschaft zu ernennen u. zum Sachverständigen betr. d. Judenfrage in der Literatur. Heil Hitler!«[76]

Keine Frage, Boye hatte die richtigen Leute ausgesucht, um in der heiklen Frage der jüdischen Mitglieder Wandel zu schaffen. Dem völkischen und antisemitischen Philosophen Max Wundt sind wir schon als Festredner auf der Hauptversammlung 1927 begegnet. Seit 1932 war er maßgeblich an Rosenbergs »Kampfbund für deutsche Kultur« und ab 1935 an der »Forschungsabteilung Judenfrage des Reichsinstituts für Geschichte des Neuen Deutschlands« beteiligt. Hans Severus Ziegler war einer der prominentesten Nationalsozialisten in Weimar und der treueste Schüler und Freund des Vaters der völkischen Literaturwissenschaft, Professor Adolf Bartels in Weimar. Bartels selbst war ein dezidierter und langjähriger Kritiker der ›verjudeten‹ Goethe-Gesellschaft.

Boyes Anfrage konnte man jedoch zurückweisen, da sie nicht die erforderlichen zwanzig Mitgliederunterschriften enthielt und sich daher nicht zum offiziellen Antrag qualifizierte.[77] Ihr war am 13. Mai unter dem Zwischentitel »Gleichschaltung, bitte!« eine Glosse in der *Thüringischen Staatszeitung* vorausgegangen: »Da gerade von den zu erwartenden Besuchern [d. h. Weimars] die Rede ist, soll gleich der Goethegesellschaft gedacht werden, die nächstens wieder zu ihrer Hauptversammlung in Weimar zusammenkommen will. […] Wie steht es eigentlich mit der ›Gleichschaltung‹ in dieser Gesellschaft, die bekanntlich starkprozentig mit Juden und Zivilisationsliteraten vom Schlage der [Thomas] Mann, [Walter von] Molo und anderer geistesverwandter Größen durchsetzt ist? Auf der Tagesordnung ist von einer Umbildung bzw. Neuwahl des Vorstandes nichts zu lesen. Andererseits hört man, daß die ganzen Juden die man sonst zu dieser Tagung in Weimar treffen konnte, sich in diesem Jahre nicht mehr sehen lassen wollen. Wir haben gewiß nichts dagegen einzuwenden. Eine gründliche Säuberung der Goethe-Gesellschaft an Haupt und Gliedern ist jedenfalls äußerst wünschenswert.«[78]

Dieser Artikel schien ungleich gefährlicher als Boyes Schreiben, da er vielleicht Meinungen in der Thüringer Landesregierung widerspiegelte. Donndorf vermutete jedenfalls einen Zusammenhang zwischen den beiden Initiativen und schrieb an Kippenberg: »Ich habe den Eindruck, dass man uns ganz zielbewusst zu einer offiziellen klaren Stellungnahme zur ganzen Arierfrage provozieren will. Ob die Herrschaften es als ausreichende ›Gleichschaltung‹ erachten, wenn wir einen ihrer Exponenten in den Vorstand – der Ortsausschuss würde wohl nicht genügen – bringen, kann ich nicht beurteilen. Ich habe dagegen jedenfalls nichts. Ausschliessung *aller Juden* aus der Gesellschaft würde *ich* nicht mitmachen.«[79]

Dabei übte sich Donndorf in diesem Brief zum ersten Mal in einer Gleichschaltungstaktik, die die Goethe-Gesellschaft in den nächsten Jahren verfolgen sollte: die Berufung von prominenten Nationalsozialisten in den Vorstand. Gleichzeitig blieb er seinem Standpunkt treu, Juden dürften lediglich aus dem Vorstand ausgeschlossen werden, nicht jedoch aus der normalen Mitgliedschaft. Wer bereits Mitglied sei, solle das auch bleiben. Schließlich einigte man sich informell darauf, keine neuen Mitglieder aufzunehmen. Mehr war auch nicht vorgeschrieben. Es wäre ein deutliches, dringend notwendiges Zeichen von Zivilcourage gewesen, hätten andere führende Männer des Vereins denselben prinzipiellen Standpunkt wie Donndorf eingenommen – und diesen zur Unterstützung der jüdischen Mitglieder öffentlich gemacht. Für einen solchen Schritt jedoch war ihre eigene Haltung zu Juden und zum Regime zu zwiespältig, sicherlich auch die Angst vor einer ›harten‹ Gangart der Gleichschaltung zu groß.

Hans Wahl, zweiter Vizepräsident der Goethe-Gesellschaft, suchte aufgrund seiner Tätigkeit im Kampfbund für deutsche Kultur als Verbindungsmann zu lokalen Parteistellen und -mitgliedern drohende Probleme zu beseitigen. Er gab den Herren von der *Staatszeitung* »die nötige Aufklärung«, das heißt wohl dieselbe Auskunft, die man auch Boye gab, nämlich: »der Vorstand der Goethe-Gesellschaft bestände ausschliesslich aus Nichtjuden, und dass ein Einfluss der Juden in der Goethe-Gesellschaft garnicht vorhanden sei.«[80] So wehrte die Gesellschaft die beiden frühen Attacken ab, erwartete aber ernsthaftere auf der Hauptversammlung. Boye machte dort keinen Ärger, doch vier Jahre später sollte er einen geschickteren Vorstoß lancieren.

Angst und Depression: Kippenbergs Rede

Der Hauptversammlung sah Kippenberg mit großem Unbehagen entgegen, denn er musste in Vertretung des Präsidenten Petersen die Begrüßungsansprache halten. Große Tiere waren eingeladen, darunter Reichsstatthalter und Gauleiter Fritz Sauckel, Goebbels, Reichsinnenminister Wilhelm Frick und der preußische Kultusminister Bernhard Rust, und man wusste nicht, ob sie kommen würden.[81] Am 28. April, kurz nach dem Rücktritt Sprangers, vertraute sich Kippenberg seinem Freund Ernst Bertram an: »Ich habe mir schon überlegt, was etwa zu sagen wäre, aber bis jetzt hat es mir noch nicht recht gelingen wollen, das richtige zu finden. Einmal ist die Sache an sich höchst prekär, dann aber auch befinde ich mich in einer solchen Depression und bin geistig so müde, dass ich kaum einen vernünftigen Satz niederschreiben kann.«[82] Zudem erreichte ihn als Verleger ein Brief von Hans Hagemeyer vom Kampfbund für deutsche Kultur: »Sie müssen nach wie vor damit rechnen, daß Sie aufgrund der bei Ihnen befindlichen jüdischen Autoren nicht so die volle Förderung erhalten werden, die wir dem einen oder anderen Verlag angedeihen lassen«.[83] Das galt vor allem seinem österreichischen Starautor Stefan Zweig, dessen Bücher im wirtschaftlichen Krisenjahr 1932 ein Drittel zum Umsatz des Insel-Verlags beigetragen hatten. Es zeichnete sich ab, dass Kippenberg sich von Zweig trennen musste. Er hatte mithin auch elementar pekuniäre Gründe zur Vorsicht, Anpassung und Depression.

Als Aufruf zur Solidarität schickte er – auf Donndorfs Vorschlag – einen »dringenden Appell« an alle Mitglieder des Vorstandes, diesmal doch wirklich zu kommen: »In den Tagen, die wir heute durchleben, gehören wir eben alle an unseren Posten.«[84] Auch diejenigen, die eigentlich nur als Aushängeschilder fungierten, fühlten sich angesprochen: Der international hoch angesehene Nobelpreisträger Max Planck lehnte zunächst aus Zeitgründen ab, willigte aber nach flehentlichem Nachhaken Kippenbergs ein, sich wenigstens für die Vorstandssitzung einzufinden.[85] Was Kippenberg sich vom massiven Auftreten der versammelten Geistesgrößen versprach, war eine Einschüchterung potentieller Agitatoren wie Boye, aber auch persönliche Unterstützung in einer verfänglichen Situation. Freilich: Spezielle Absagen einiger Vorstandsmitglieder oder »Studentenführer« mussten ihn noch nervöser machen: »Prof. [Wolfgang] Liepe in Kiel ist seines Amtes entsetzt« – er hatte eine jüdische Ehefrau –, »der letzte Brief an ihn noch unbeantwortet. So wird Kiel, das sich mit 38 Studenten angemeldet hatte, ausfallen müssen«,[86] wird am 18. Mai berichtet. Und auf der Hauptversammlung am 9. Juni platzte in die zweite Sitzung des Vorstands ein Telegramm von einem neuen Vorstandsmitglied, dem Journalisten Fritz Klein, Chefredakteur der *Deutschen Allgemeinen Zeitung*: »zu meinem tiefsten bedauern bin ich wegen des verbots meiner zeitung und der damit verbundenen verhandlungen beruflich ganz außer stande an der tagung der goethegesellschaft teilzunehmen [...].«[87] Dieser zweite Zusammenstoß eines Vorstandsmitglieds mit dem neuen Regime musste bedenklich stimmen.

Die Reporter bemerkten zwar, dass die Hauptversammlung schwach besucht wurde, sicher ein Indiz der schlechten Konjunktur Goethes – und Wielands. Doch verlief die Tagung, wie Kippenberg nachher mit spürbarer Erleichterung an Spranger berichtete, »durchaus harmonisch und ohne jeden Zwischenfall«.[88] Dazu dürften auch Bertrams und Kippenbergs Ansprachen beigetragen haben. Bertram versicherte den Studenten am Vorabend der Tagung, die Goethe-Gesellschaft betrachte sich »nicht als bevormundende Hüterin seines Erbes, möchte vielmehr [...] sich gerade an diesem bedeutsamen Wendepunkt deutscher Volksgeschichte dankbar verjüngen. Goethe beharre nie und nirgends in unfruchtbarer Verneinung; die großen Lichtbringer seien immer auch die großen Jasager gewesen. Das bedeute nicht Allduldung, auch nicht im Reiche des Gedankens. Dankbar ›Ja‹ zum Leben zu sagen, das dürfe unser mühseliges und beladenes Volk von Goethe lernen.«[89] Das Volk, so die unterschwellige Aussage, sollte nicht unter dem Druck der wirtschaftlichen Not Kritik üben, sondern die neuen Machthaber begrüßen und keine Gegner dulden – wie das Goethe angeblich getan hätte. Nach Bertrams Ansprache wurde das Wort verschiedenen »Vertreter[n] grenzlanddeutscher Studentengruppen« erteilt, »die ihrem Gefühl inniger Zugehörigkeit mit den Deutschen des Reiches leidenschaftlichen Ausdruck gaben«. Damit war das politische Element ihrer Teilnahme im Sinne deutscher Expansionsbestrebungen deutlich – umso mehr, als sie durch eine großzügige Finanzierung durch das Auswärtige Amt unterstützt wurde. Diese staatliche Förderung wurde als Schutzschild ganz an den Anfang des Berichts über die Hauptversammlung gestellt.

Kippenberg wiederum betonte in seiner mit Spannung erwarteten Ansprache, »daß in einer Zeit, da ein gewaltiges Ringen um neue Daseinsformen unseres Volkes begonnen habe, die Goethe-Gesellschaft, die seit fast einem halben Jahrhundert dem Vermächtnis unseres größten Dichters, der auch der deutschesten einer gewesen sei, verehrend diene, mit den heißesten Wünschen eine Bewegung begrüße, deren großes Ziel die staatliche, sittliche und soziale Erneuerung unseres Volkes sei. Er erinnerte an den früheren Präsidenten, Professor Roethe, der so manchesmal zu Zeiten, da vielen im Lande das noch ein Ärgernis bedeutete, den Geist von Potsdam heraufbeschworen und gezeigt habe, daß er nicht im Gegensatz stünde zu dem von Weimar, daß vielmehr in der Synthese der beiden sich das deutsche Wesen vollende. Heute, da der Geist von Potsdam neu erstanden sei, sei unsere Bitte an den Genius unseres Volkes, daß der Geist von Weimar ihm zugesellt bleiben möge.«[90]

Mit dem Rekurs auf den nationalistischen, antidemokratischen und antisemitischen Präsidenten Roethe setzte Kippenberg ein deutliches Zeichen hinter die »heißesten Wünsche« für die nationalsozialistische »Bewegung« und den ›Führer‹, den »Genius unseres Volkes«. Nach der Vorstellung von Roethe sollte die Synthese Potsdam-Weimar nicht etwa eine Humanisierung des preußisch unterlegten autoritären Staates durch den liberalen Geist Weimars bedeuten, sondern ein Bekenntnis der geistigen Elite zu diesem Staat, die Einheit von Geist und Macht.

Auch Ermatinger trug seinem Publikum Rechnung. Trotz verhaltener Kritik am Aufklärer Wieland konnte er es sich nicht verkneifen, gegen die Auswüchse des Irrationalismus in Sturm und Drang und Romantik Partei für ihn zu ergreifen und ihn damit in denkbar scharfen Gegensatz zu national-völkischen Literaturvorlieben zu bringen. Er schloss mit markigen Worten: »Die Verdammung der Aufklärung ist heute ein billiges Schlagwort. Wissen die, die es gedankenlos nachschwatzen, was die Aufklärung war? Was sie dem deutschen Leben Großes geschenkt hat?«[91] Als er mit Goethes unübertroffener Würdigung Wielands schloss, war es nur den Kennern bewusst, dass es sich um Worte aus der Trauerfeier in der Freimaurerloge Amalia für den ›Bruder‹ Wieland handelte.[92] Damit riskierte Ermatinger gehässige Bewertungen der Braunen, die Freimaurertum mit Judentum gleichsetzten.

Allerdings kam nur ein einzelner giftiger Kommentar, wieder in der *Thüringischen Staatszeitung*. Er stammte aus der Feder des jungen Feuilletonleiters, Schriftstellers und Parteigenossen Albrecht von Heinemann: »Ermatinger, der Festredner aus der Schweiz, hätte sich sagen müssen, daß es heute nicht ganz angebracht ist, die Zeit der Aufklärung so empfehlend zu preisen. Aber in der Goethe-Gesellschaft träumt man anscheinend immer noch sehr lebhaft ›vom gestern gewesenen Tage‹ und ist noch garnicht darauf aufmerksam geworden, daß sich in Deutschland allerlei geändert hat. Man kann sich vorstellen, daß man anstelle von Ermatinger, über den weiter nichts gesagt werden soll, genau so gut einen *reichsdeutschen* Festredner hätte bestellen können. Was aber schwerer wiegt, ist die Feststellung, daß man sich im Kreis der Goethegesellschaft auch heute noch nicht so weit geistig gleichgeschaltet hat, um einsehen zu können, daß die Zeit der Aufklärung der **Mutterboden für das liberalistische Denken** gewesen ist, mit dem heute nun endgültig aufgeräumt wird.«[93]

Donndorf nahm die Sache gelassen: »Ueber die Unfreundlichkeit des nationalsozialistischen Berichterstatters dürfen Sie Sich [sic] nicht wundern«, schrieb er Ermatinger, »sie entspricht durchaus der uns bekannten Gesammtstimmung des betreffenden Herrn unserer Gesellschaft gegenüber, vermutlich auch einer gewissen Enttäuschung darüber, dass wir die

Tagung nicht dazu benutzt haben, uns ostentativ zu der neuen offiziellen Gedankenwelt zu bekennen.«[94]

Kippenbergs Ansprache jedoch war ein eindeutiger Schritt in Richtung Nationalsozialismus und wurde auch so verstanden. Nicht nur die *Staatszeitung,* sondern sogar der *Völkische Beobachter* beurteilte die Rede des Vizepräsidenten positiv.[95] Und doch bereute Kippenberg, in der Öffentlichkeit ein so nachdrückliches Bekenntnis zum neuen Regime abgegeben zu haben. Zeitungsmeldungen mit Überschriften wie »Nationales Bekenntnis zu Goethe« und sogar der Bericht im Jahrbuch ärgerten ihn, weil er nicht »als gesinnungstüchtiger Anpassler« erscheinen wollte.[96] Bezeichnete er Goethe öffentlich wie auch privat als »[den] deutscheste[n] Mensch[en] [...], der je gelebt hat«, so gab es unter den Mitgliedern der Goethe-Gesellschaft wie unter Freunden und Autoren seines Verlags doch nicht wenige, auf deren Meinung Kippenberg Wert legte und die den Namenspatron des Vereins durchaus anders wahrnahmen. In erster Linie ist dabei an die jüdischen Mitglieder und jüdische Insel-Autoren wie Stefan Zweig zu denken.

Das ›Problem‹ der jüdischen Mitglieder drängte sich immer mehr in den Vordergrund. Heinemann hatte gegen die Teilnehmer an der Hauptversammlung gegeifert: »Im übrigen wunderte man sich kaum darüber, wenn man die alten, ›lieben‹ Gesichter auch in diesen Tagen wieder sehen mußte. Es sind zwar nicht mehr so viele wie in früheren Jahren, die ihrem jüdischen Geltungsbedürfnis hier frönen zu müssen glaubten, aber sie sind eben doch noch da.«[97] Wenngleich nur in sehr geringer Zahl: Julius Wahle etwa oder die 70-jährige Kunstmäzenin Clara Rosenthal, die 1941 durch Selbstmord der Deportation entging.[98] Andere hatten sich wieder abgemeldet.[99] Kippenberg selbst trug mit seinen heißesten Wünschen für den Nationalsozialismus dazu bei, dass die jüdischen Mitglieder die nächsten Hauptversammlungen weitgehend mieden.

Erste Schritte Richtung Gleichschaltung

Bei der Gleichschaltung von Vereinen überragte die ›Judenfrage‹ die drei anderen Aspekte: die Unterordnung unter eine staatliche Behörde, die Einführung des ›Führerprinzips‹ – das heißt Beseitigung demokratischer Verfahren wie Vorstandswahlen – und die Besetzung des Vorstands mit Parteimitgliedern. Die Gleichschaltung war in diesem frühen Stadium in den wenigsten Fällen verordnet, sondern wurde eher von der Parteibasis vorangetrieben.

Knapp einen Monat nach Hitlers Ernennung zum Reichskanzler stellte Kippenberg die Weichen für eine Strategie, die der Verein in den nächsten Jahren konsequent verfolgte. Als Schutzschild gegen erwartetes Drangsalieren versuchte man, mächtige NS-Persönlichkeiten als Mitglieder zu gewinnen und in den Vorstand zu berufen. Am 27. Februar 1933 – wenige Stunden vor dem Reichstagsbrand – bat Kippenberg Donndorf um eine erste Bestandsaufnahme, »welche von den heute in Deutschland Regierenden Mitglieder der Goethe-Gesellschaft sind«.[100] Die Ernte war karg: keine Reichspolitiker, ein paar in der Provinz. Ein Sonderfall war »der – von Hitler neulich so attakierte [sic] – Staatspräsident von Württemberg«,[101] der katholische, NS-kritische Zentrumspolitiker Eugen Bolz. Er kam Donndorfs vielleicht ohne Kenntnis des Streits mit Hitler ausgesprochener Aufforderung zum Beitritt nicht nach, schickte aber eine Spende an die Goethe-Gesellschaft. Im wichtigsten Land, Preußen, gab es lediglich den 72-jährigen Mitbegründer und Präsidenten der Notgemeinschaft der deutschen Wissenschaft (Vorgängerin der Deutschen Forschungsgemeinschaft) Friedrich Schmidt-Ott, der in der Liste irrtümlich noch als Kultusminister angeführt wurde und ohnehin 1934 zum Rücktritt gezwungen werden sollte; seine Mitgliedschaft in der Goethe-Gesellschaft hielt ihn nicht davon ab, die Notgemeinschaft zu ›entjuden‹.[102] Insgesamt war diese spärliche Vertretung von Mitgliedern oder Sympathisanten der Goethe-Gesellschaft unter Regierungsmännern keine sehr günstige Ausgangssituation für Kippenbergs Strategie.

Vom Präsidenten Petersen hörte man aus Amerika pessimistische Töne.

Kurz vor der Hauptversammlung berichtete er über den üblen Ruf des neuen Regimes in der Neuen Welt. Aus Deutschland kämen so beunruhigende Nachrichten, die »z. T. nur in entstellter und bösartiger Weise hierher gemeldet« wurden, »daß ich daraus ersehe, daß für unsere Goethe-Gesellschaft auch ein sehr kritischer Zeitpunkt gekommen ist.«[103] Zwar wisse er im fernen Amerika zu wenig »von der Mentalität des heutigen Deutschland, vor allem der heutigen deutschen Jugend«, als dass er »irgendetwas Verantwortliches vorschlagen könnte«. Jedenfalls werde man keine »formalen Veränderungen« vornehmen müssen, schließlich gäbe es keine Juden im Vorstand, doch wenn der freie Sitz im Vorstand besetzt werde, käme »die alte leidige Sache gleich wieder aufs Tapet«. Der Platz solle daher unbesetzt bleiben. »Ich halte es zwar für möglich, dass von Weimarer nationalsozialist. Seite ein Versuch gemacht wird (wie er schon früher angekündigt war) den ganzen Vorstand in seiner bisherigen Zusammensetzung zu Falle zu bringen. Sollte sich das Misstrauensvotum nur gegen den abwesenden Präsidenten richten, so bin ich gern bereit, in den Abgrund zu springen. Aber ich halte es für ebenso selbstverständlich, dass wir uns gegen alle Politisierungsversuche, wie bisher, zur Wehr setzen.«

In der Vorstandssitzung bei der Hauptversammlung wurde zum betreffenden Punkt nur berichtet, »daß von offizieller Seite eine ›Gleichschaltung‹ nicht gefordert sei« und dass man auf weitere Gleichschaltungsforderungen genauso souverän wie auf Boyes Brief reagieren wolle, nämlich: »es fehlten zur Zeit die satzungsmäßigen Voraussetzungen, man müsse anheimgeben, entsprechende Anträge im kommenden Jahre zu stellen.«[104] Die Berichte verschleiern die Panik hinter den Kulissen. Kippenberg wollte jedoch vor Petersens Rückkehr im Oktober keine Schritte unternehmen.[105]

In der großen Berliner Ortsgruppe, die seit eh und je als Schwerpunkt jüdischen Einflusses galt, spürte man wohl noch größeren Druck als in Weimar. Am 15. August 1933 hatte die Geschäftsführerin der Ortsgruppe, Elsa Karrass, Tochter des Vorsitzenden Flodoard von Biedermann, an die Geschäftsstelle in Weimar geschrieben: »Wir haben so viele alte Damen mit unglücklicher Liebe zu Goethe im jungen Herzen – im Augenblick muß ich aber auch diese froh willkommen heißen, denn Juda verläßt uns in hellen Scharen (darf ich ganz leise sagen: Gott sei dank! – aber *ganz* unter uns, es sind ja auch nettere drunter, aber auch diese sind niemals ganz genießbar!).«[106] Welche intellektuelle Substanz bei dieser Austrittswelle verloren ging, geht aus der beigefügten Liste von einigen abgegangenen jüdischen Mitgliedern hervor. Dazu gehörte zum Beispiel Ludwig Fulda, einer der meistgespielten Dramatiker des frühen 20. Jahrhunderts, im Jahre 1932 Empfänger der Goethe-Medaille für Kunst und Wissenschaft aus der Hand von Reichspräsident von Hindenburg; Fulda nahm sich 1939 das Leben. Oder der bekannte Literaturkritiker Dr. Arthur Eloesser, ein tonangebender Theaterfeuilletonist bei der angesehenen *Vossischen Zeitung*.[107] (Wenn Hans Wahl 1938 bezeugt, er sei »vor 10–15 Jahren« aus dem Schutzverband deutscher Schriftsteller »*ausgetreten* wegen Verjudung der Leitung«,[108] dann meint er vor allem Eloesser, der von 1921 bis 1928 geschäftsführender Direktor und von 1930 bis 1932 Vorsitzender des Schutzverbands war.[109]) In der Berliner Liste steht auch Julius Brodnitz, von 1920 bis 1936 Präsident des Central-Vereins deutscher Staatsbürger jüdischen Glaubens. In dieser Rolle versuchte er 1933 zusammen mit anderen jüdischen Wortführern verzweifelt, die Repressionen gegen Juden zu verhindern, indem er sich bei Amerikanern und Briten für die Aufhebung des Boykotts gegen Nazideutschland einsetzte.[110]

Um Juden aus dem Vorstand der Berliner Ortsgruppe auszuschließen, war eine formale Gleichschaltung nötig. Schon vor Petersens Rückkehr aus Amerika hatte der 75-jährige Vorsitzende Flodoard Freiherr von Biedermann – Sohn des berühmten Herausgebers von *Goethes Gesprächen*, Gustav Woldemar von Biedermann – eine außerordentliche Hauptversammlung vorgeschlagen. Begründung: »Von mehreren Seiten bin ich angegangen worden, eine Veränderung unserer Satzungen im Sinne des Führerprinzips zu veranlassen, womit auch eine Vereinfachung des jetzt etwas schwerfälligen Vorstands-Apparates verbunden sein würde.«[111] Damit tarnte Biedermann den eigentlichen Zweck des Manövers. Den strittigen Punkt benannte erst Donndorf mit seinem Hinweis auf »Bedenken gegen Herrn v. Biedermann […], der bis vor Kurzem mit [gestrichen: »unseren«] demokratischen und jüdischen Berliner Kreisen doch eng zusammengearbeitet hat«.[112] Aber Biedermann erwies sich als zuverlässig, obwohl – oder weil – er den Sozialdemokraten nahegestanden hatte.[113] Petersen referierte am 3. November vom Ergebnis der Sitzung: »In der Ortsgruppe ist die Sache ganz glatt gegangen. Die Satzungsänderung [...] wurde Debattelos genehmigt, worauf Herr von Biedermann als neugewählter Führer seine Gefolgschaft bestellte, womit sich die Ausschaltung der Juden aus der Vorstandsschaft reibungslos erledigte.«[114]

Unter den dreizehn Vorstandsmitgliedern der Berliner Ortsgruppe waren seit dem Mai, nachdem der prominente Germanist Richard Alewyn nach Heidelberg berufen worden war, noch wenigstens vier Juden: der Antiquar Dr. Fritz Homeyer; der 1935 entlassene Lehrer am Französischen Gymnasium Prof. Dr. Kurt Levinstein, der dank seiner ›arischen‹ Frau die NS-Zeit überlebte; der Islamwissenschaftler Prof. Dr. Arthur Liebert (Levi), Vize-Geschäftsführer der Kant-Gesellschaft und 1933 aus seiner Professur entlassen (er emigrierte nach Belgrad und dann Birmingham); und schließlich Dr. Max Osborn, wie Eloesser ein bedeutender Journalist und Kunstkritiker für die *Vossische Zeitung*, dessen Werke den Bücherverbrennungen zum Opfer fielen; er emigrierte 1934.[115] Bei Osborn stehen wir vor der grotesken Konstellation, dass der Spruch des Vorstandsmitglieds Ernst Bertram in Köln die Verbrennung seiner Bücher begleitete. Sein und auch Eloessers Doktorvater war der spätere Präsident der Goethe-Gesellschaft Erich Schmidt.[116]

Immer wieder wird heute noch behauptet, die Goethe-Gesellschaft habe sich nicht gleichgeschaltet. Ganz abgesehen von der Gleichschaltung der Muttergesellschaft werden jedoch die Ortsgruppen kaum beachtet. Dabei spielte sich ein sehr großer Teil des Vereinslebens gerade hier ab, da sie im Gegensatz zur Muttergesellschaft regelmäßige Vorträge veranstalteten und damit ein regeres öffentliches Geistesleben entfalteten. In ihnen fand eine zum Teil gravierende Gleichschaltung statt – erst einmal auf eigene Initiative, später durch Lenkung von oben. Und der Ausschluss traf einige der prominentesten Mitglieder.

Der Hamburger Ortsgruppe wurde – wie anderen – ausdrücklich empfohlen, dem Berliner Modell zu folgen.[117] Sie war nach Hitlers Machtantritt »erheblich zusammengeschmolzen«, von 110 auf etwa 60 Mitglieder im Herbst 1934.[118] Nach dem Tod des Vorsitzenden Albert Hermann Kleinschmidt, der auch Vorstandsmitglied der Hauptgesellschaft gewesen war, übernahm der Ordinarius Robert Petsch vorläufig die Geschäfte. Der langjährige Schriftführer, der jüdische Arzt Dr. Moritz Fürst, »sah sich […] veranlaßt, von seinem Posten im Vorstande zurückzutreten«.[119] Fürsts Rücktritt geschah, anders als in Berlin, offenbar ohne Vorstandssitzung; nach Petersens Darstellung sei Fürst »ausgeschifft« worden.[120]

Nach der Hauptversammlung forderte Donndorf in fast jedem Schreiben die Auseinandersetzung der Hauptgesellschaft mit der Gleichschaltung: »[Es] drängt doch mancherlei zu baldiger Entscheidung. So ist mir z. B. direkt unheimlich zu Mute bei der Tatsache, dass unsere Gesellschaft in Sachen der ›Gleichschaltung‹ so gar nichts tut; ich halte es für möglich, dass da plötzlich einmal mit rauher Hand eingegriffen werden könnte. […] Ich glaube nicht, dass es genügt, dass unser Vorstand aus lauter ›Ariern‹ besteht – soviel ich weiss! Zum Mindesten sollten m. W. unter den führenden Persönlichkeiten eingeschriebene Mitglieder der Nat.Soz. Partei sein! Dazu kann ich nur sagen, dass von uns Weimarern m. W. bisher kein einziger das ist! […] Man könnte auch fragen, warum wir die beiden freigewordenen Vorstandssitze nicht alsbald mit Parteigenossen besetzen […].«[121]

Donndorf hatte Kippenberg schon im Juni klargemacht, dass er selbst nicht willens sei, in die Partei einzutreten: »Für meine Person kommt eine Umschaltung jedenfalls nicht in Frage; gegebenenfalls stelle ich mein Amt gern zur Verfügung.«[122] Etwas müsse aber passieren, schon wegen der institutionellen Mitglieder: »So teilt uns jetzt der Leipziger Rat mit, dass er die Auszahlung von Beiträgen an Körperschaften (er ist Mitglied bei uns) erst bewirken könne, wenn deren ›Gleichschaltung im Sinne der deutschen Revolution‹ erfolgt sei.« In seinen Briefen hatte Donndorf, der sich beim Weimarer Stadtvorstand zum rechtlichen Status der Gleichschaltung erkundigt hatte, darauf hingewiesen, »dass präzise Bestimmungen für literarisch-wissenschaftliche Privatvereine unserer Art offenbar nicht existieren«.[123] Zwar gründete Goebbels am 22. September 1933 die Reichskulturkammer, zu der als eine von sieben untergeordneten Körperschaften die Reichsschrifttumskammer zählte, in der literarische Angelegenheiten geregelt werden sollten. Aber dort war vorrangig an Schriftsteller, Verlage, Bibliotheken usw. gedacht, nicht an wissenschaftliche Organisationen. Das gab der Goethe-Gesellschaft ein Schlupfloch, in dem sie sich jahrelang vor dem Zugriff verkriechen konnte. Und doch war die Situation keineswegs eindeutig.

Die Alternative zum Beitritt von Vorstandsmitgliedern zur NSDAP war eine Verbindung mit einer Gliederung der Partei, vor allem dem Kampfbund für deutsche Kultur, dessen Weimarer Ortsgruppe, wie Donndorf in einem Brief vom 21. Oktober 1933 Petersen mitteilt, neu gegründet worden war »durch einen ganz jungen Mann, der sich Schriftsteller nennt und u. A. äusserte: ›Keine Veranstaltung wird in Weimar Zulassung finden, die nicht gewillt ist, sich dem Gesammtplan – sc. des Kampfbundes – organisch einzufügen‹ pp. sodass u. U. auch unsere Hauptversammlungen künftig einer Vorzensur unterworfen sein würden. Alle diese Neuerungen müssten doch bald einmal besprochen werden damit Ueberraschungen vermieden werden!«[124] Petersen ließ sich entsprechend einschüchtern: »Ich persönlich will mich gern zur Mitgliedschaft des Kampfbundes melden, wenn es etwas hilft.«[125] Aber es war nicht zu übersehen, dass Rosenbergs Kampfbund oft ohne Rückhalt in der Regierung improvisierte und daher nur mäßigen Erfolg hatte.[126] Man konnte ihn also zunächst ignorieren.

Das Jahr 1933 war eines der schwierigsten in der Geschichte der Goethe-Gesellschaft. Bis zur Rückkehr Petersens aus Amerika im Oktober prägte Vizepräsident Anton Kippenberg die Ereignisse. In der Forschung ist wiederholt von seinem diplomatischen Geschick in der Abwehr staatlicher Eingriffe die Rede, und das ist ihm auch nicht abzustreiten.[127] Die Kehrseite ist jedoch die Anpassung an die neuen Verhältnisse. Schon seit 1933 nahm die Goethe-Gesellschaft keine neuen jüdischen Mitglieder auf. Von ängstlicher Sorge geprägt, vermied Kippenberg öffentliche Kritik am Regime, an der Bücherverbrennung oder an Entlassungen. Die Einschüchterung der Vorstandsmitglieder Eduard Spranger und Fritz Klein setzte früh ein Zeichen. Aber in den nachfolgenden Jahren sollte die privilegierte Stellung der Goethe-Gesellschaft immer deutlicher werden und im Gegenzug immer mehr ideelle Opfer fordern. Der Weg zur inneren Selbstgleichschaltung war vorgezeichnet.

KAPITEL 3

Anpassung und Stabilisierung

NOVEMBER 1933–SEPTEMBER 1935

Unklare Verhältnisse

Im Oktober 1933 kehrte Präsident Petersen von seiner langen Amerikareise zurück; in Nazideutschland hatte er nur eine Woche lang im Februar gelebt. Er sei »entrückt«, hatte er aus Amerika geschrieben, »und werde mir bei meiner Wiederkehr wie Epimenides vorkommen«, also nach langem Schlaf aufwachen.[1] Petersen nahm sogleich Kurs auf Annäherung an das Regime. Aus seiner Sicht musste die Goethe-Gesellschaft in erster Linie ihre Existenzberechtigung über eine ›Rehabilitierung‹ Goethes im nationalsozialistischen Sinne beweisen. Diesen Weg hatte Kippenberg, offenbar mit schlimmen Gewissensbissen, in seiner Ansprache auf der Hauptversammlung ja schon eingeschlagen.

Der Druck auf die Goethe-Gesellschaft war im Laufe des Jahres 1933 nicht von Reichsinstanzen gekommen, sondern hauptsächlich von Thüringer Nationalsozialisten. Zwar wurde die Goethe-Gesellschaft im Frühjahr 1935 zwei Thüringer Plagegeister los: Der Vorsitzende der lokalen Niederlassung des ›Kampfbundes für deutsche Kultur‹, Siegfried Paris, wurde »plötzlich seiner sämtlichen Ämter enthoben«, und der Journalist Albrecht von Heinemann wurde wegen einer Beleidigung Zieglers – wohl eine Anspielung auf Untersuchungen wegen Homosexualität – ins Konzentrationslager Sulza eingeliefert und aus der Partei ausgeschlossen.[2]

Das waren aber kleine Fische gewesen; die großen waren genauso wenig Freunde der Goethe-Gesellschaft. Donndorf berichtet im September 1934 an Petersen: »Für Schiller hat ja auch unser Ministerpräsident [Willy Marschler] mehr übrig, als für Goethe.«[3] In Thüringen zog die Fäden jedoch der 1946 als Hauptkriegsverbrecher in Nürnberg hingerichtete Gauleiter und Reichsstatthalter, Fritz Sauckel. Hans Wahl behauptete später, in dieser Zeit habe die nationalsozialistische Regierung in Thüringen »keine Zeit gehabt, sich um Angelegenheiten wie die Goethe-Gesellschaft zu kümmern«, und in der Tat war sie dringend mit der wirtschaftlichen Misere im Land beschäftigt.[4] Dennoch verhielt sich Sauckel eher feindselig zur Goethe-Gesellschaft, die höchstens in Volksbildungsminister Fritz Wächtler einen Befürworter hatte. Dieser machte sich bei der Reichsregierung für die Fertigstellung des neuen Goethe-Museums bis zum 50-jährigen Jubiläum der Gesellschaft im Jahre 1935 stark, und er wurde diesmal immerhin von Sauckel unterstützt.[5] Insofern war die politische Lage der Goethe-Gesellschaft in Thüringen Anfang 1934 alles andere als durchschaubar. Sie hatte jedoch größeres, internationales Format, was schließlich entscheidend war; letztlich mussten die Thüringer den Reichsbehörden weichen.

Gleichschaltung – Pro und Kontra

Trotz Kippenbergs richtiger Feststellung vom Juni 1933, dass »von offizieller Seite eine ›Gleichschaltung‹ nicht gefordert sei«,[6] hatten einige das Gefühl, irgendetwas müsse geschehen. Die Lage wurde am 25. November 1933, einige Wochen nach Petersens Rückkehr, in einer Sitzung des Arbeitsausschusses besprochen.[7] Zunächst referierte Donndorf über die Ereignisse zur (von Bruno Boye, Kommunalbehörden und der *Thüringischen Staatszeitung*) geforderten Gleichschaltung und über die »Judenstatistik«. Petersen erläuterte dann die Gleichschaltung der Kleist-Gesellschaft, deren Zweiter Vorsitzender er war: »Ohne Satzungsänderung habe man an die jüdischen Mitglieder geschrieben, dass man ihren Austritt erwarte. [...] Darauf hätten eine Reihe solcher Mitglieder freiwillig ihren Austritt erklärt, andere der Gesellschaft diesen Gefallen nicht getan. [...] Der erwähnte Schritt hat einen Mitgliederrückgang zur Folge gehabt« – auf etwa 200 Mitglieder,[8] eine finanzielle Katastrophe, die durch Beihilfe vom Kampfbund Rosenbergs, dem die Kleist-Gesellschaft beitrat, bekämpft werden sollte. Diese Rechnung ging nicht auf.[9]

Petersen hatte schon im Oktober an Donndorf geschrieben, den Weg der Kleist-Gesellschaft »werden wir schwerlich gehen können, aber anders wird sich die Einordnung in den Bildungsorganismus des nationalsozialistischen Staates nicht verwirklichen lassen«.[10] Damit stellte er die »Einordnung« als grundsätzlich wünschenswert hin, auch wenn er zur Gleichschaltung eine ambivalente Einstellung hatte. Einerseits sah er darin die »Gefahr, in einem grösseren Verbande aufzugehen« und damit jegliche Selbständigkeit einzubüßen, andererseits wies er darauf hin, dass sie beim Innenministerium »Sicherheit« bieten würde.

Die Kleist-Gesellschaft spielt in der Forschung zur Goethe-Gesellschaft die Rolle einer kleinen ›braunen‹ Schwester, von der sich die große vorteilhaft abhebt.[11] Die Kleist-Gesellschaft ging in der Tat radikaler vor: Bald waren Hitlerjugend und politische Ansprachen von NS-Größen feste Bestandteile ihrer Veranstaltungen.[12] Dabei schoss sie weit über das Nötigste hinaus, wie Donndorf bemerkt, da sie jüdische Mitglieder ausschloss.[13] Die Goethe-Gesellschaft folgte immerhin dem gemäßigteren Prinzip, Juden nur aus dem Vorstand und anderen Gremien fernzuhalten. Doch nach einigen Jahren ähnelten sich die beiden Schwestern immer mehr.[14]

Der korporative Beitritt der Goethe-Gesellschaft zum Kampfbund (was den Eintritt von Vorstandsmitgliedern in die NSDAP ersetzt hätte) hätte letztlich die Goethe-Gesellschaft gezwungen, »den Arierparagraphen einzuführen«. Außerdem erkannte Wahl wie Petersen, dass ein agitatorischer Kampfbund im Dritten Reich bedeutungslos geworden war: »Nur mit Rücksicht auf Alfred Rosenberg halte man ihn noch«[15]. Wahl bietet daher wohl nur pro forma an, »den Mitgliedern des Vorstandes der Goethe-Gesellschaft eine Aufforderung zugehen [zu] lassen, dem Kampfbund beizutreten, dann könne jeder es halten, wie er wolle.« Es sei Vereinigungen wie der Goethe-Gesellschaft nicht vorgeschrieben, in die Reichsschrifttumskammer Goebbels' einzutreten. Nach langer Diskussion entscheidet man sich, weitherhin »auf den doch kommenden Zusammenschluss der wissenschaftlichen Organisationen zu warten«. Das ist die Linie, die in den nächsten zwei Jahren konsequent gegen Gleichschaltungsversuche ausgegeben wird.

In der ganzen Diskussion sind die jüdischen Mitglieder unterschwellig präsent, aber selten explizit: Es ist von der »Judenstatistik« die Rede, vom drohenden »Arierparagraphen« sowie davon, dass sich die Gesellschaft »keine Blösse« gebe: »Es gibt keine Publikation, die einem Nicht-Arier anvertraut ist.« Man beginnt, die eigene Geschichte zu beschönigen und umzuschreiben. Im nicht vertraulichen Teil des Protokolls heißt es: »Von der Mehrzahl der jetzt austretenden Mitglieder wird die ungünstige wirtschaftliche Lage als Grund des Austritts angegeben. Auch die Arierfrage spielt eine Rolle. Unter den Austretenden befinden sich viele Aerzte, Rechtsanwälte usw. U. a. hat sich Max Osborn, Berlin, nach 43 jähriger Mitgliedschaft, zum Austritt genötigt gesehen [...].«[16] Aber dass der Journalist Osborn ausgerechnet unter den jüdischen Vorstandsmitgliedern der Ortsgruppe Berlin rangiert hatte, die man im Verlauf der Gleichschaltung ausgeschlossen hatte, wird nicht protokolliert. Zur Berliner Gleichschaltung wird sogar behauptet, »Austritte seien nachher nicht erfolgt«, eine grobe Verzerrung.[17] Die jüdischen Mitglieder wurden von der Leitung der Goethe-Gesellschaft in ihrer menschlichen Würde kaum wahrgenommen; nur wenn sie (wie Max Osborn, Max Herrmann oder Max Friedlaender) mit Petersen oder Kippenberg befreundet waren, bekamen sie ein Gesicht. Die anderen verkamen zunehmend zu Zahlen, zu Bauern im Schachspiel der Goethe-Gesellschaft mit Staat und Partei.

Statt einer grundsätzlichen Auseinandersetzung mit der Frage der jüdischen Mitglieder liegt der Fokus auf Anpassung. Man solle den Entwurf einer neuen Satzung ausarbeiten, so Petersen, und dabei zumindest »äusserlich« das »Führerprinzip« einführen. Dass man dabei nach Kippenbergs Meinung »in der Neuordnung der Deutschen Akademie ein brauchbares Vorbild habe«, zeigt, auf welch glattes Parkett man sich begab: Auf das Betreiben des NS-Vorzeigedichters Hanns Johst waren dort liberale und jüdische Schriftsteller wie Thomas und Heinrich Mann, Alfred Döblin und Ricarda Huch durch loyale Parteidichter ersetzt worden.[18] Aber ein weiterer schockierender Vorschlag Petersens lenkt alle Aufmerksamkeit auf sich: Da »die beste Verteidigung der Hieb sei«, schlage er vor, »dass die Gesellschaft sich künftighin *Goethe- und Schiller-Gesellschaft* nenne«, um dem Vorwurf zuvorzukommen, »als sei die Goethe-Gesellschaft einseitig dem ›unheroischen‹ Goethe zu Ungunsten des ›heroischen‹ Schillers zugewandt.« Da die Gesellschaft 1934 ohnehin den 175. Geburtstag Schillers feiern wolle, sei die Zeit für diesen Schritt reif; »Goethe und Schiller seien ja zum Sinnbild der Einheit unserer deutschen Kultur geworden.« Mit dieser Umbenennung hätte man dem literarischen Geschmack der meisten Nationalsozialisten Tribut gezollt, doch gab es gegen eine Namensänderung große Widerstände. Trotzdem wird Donndorf beauftragt, wenigstens den Entwurf einer entsprechenden Satzung auszuarbeiten, die im neuen Jahr besprochen werden soll. Spranger befürchtet die öffentlichen Auswirkungen und warnt, »man werde die Namensänderung für ein Angstprodukt halten«. Kippenberg dazu: »wenn die Namensänderung nicht komme, dann bestehe die Gefahr, dass wir absterben und eine Schiller-Gesellschaft komme. Dann sei der unheilvolle Gegensatz da.«

Dies befürchtet offenbar auch Geschäftsführerin Anna Günther, wie sie einige Wochen später vertraulich mitteilte: Ihr sei ein Plan »zufällig zu Ohren gekommen«, hauptsächlich unter Jenaer Germanisten einen »Schillerverein« zu gründen, »wenn die gänzlich verjudete Goethe-Gesellschaft nicht bald auch noch Schiller hinzuziehe«. Sie wisse aber nicht, ob »das ein Schreckschuß sein soll oder wirklich ernster Wille dahinter steht«.[19] Jahre später nahm Petersen auf diese Nachricht Bezug und behauptete: »wir haben das nicht sehr ernst genommen.«[20] In Wirklichkeit zog er ein paar Wochen nach der November-Sitzung ein Zusammengehen mit dem 1906 in Weimar gegründeten Deutschen Schillerbund ernsthaft in Erwägung. Diese nationalistisch orientierte Organisation zählte den völkischen Literaturpapst Adolf Bartels zu ihren führenden Geistern; sie veranstaltete Theateraufführungen für Schüler und Schülerinnen. Der Schillerbund hatte unter dem Vorsitzenden Eduard Scheidemantel, der auch Vorstandsmitglied der Goethe-Gesellschaft war, schon im April 1933 den ersten Schritt zur Gleichschaltung getan;[21] auf einer Tagung im Juni erfolgte dann ein »nachdrückliche[s] Bekenntnis zur deutschen Kunst im neuen Reich«.[22] Politisch und finanziell hätte die Goethe-Gesellschaft von diesem Bündnis gewiss profitiert: 1934 erhielt der Schillerbund insgesamt eine achtmal höhere Förderung als die Goethe-Gesellschaft im Jahre 1933.[23] Petersens Überlegungen waren jedoch nicht finanziell motiviert: »Der Vorteil wäre der, dass auf diese Weise Anschluss der Jugend erreicht würde.«[24] Die durfte man nicht aus den Augen verlieren, denn die Worte Albrecht von Heinemanns in der *Staatszeitung* vom 12. Juni 1933 hallten nach: »Die Tage der Goethegesellschaft sind vorbei, die des Schillerbundes beginnen. Die Jugend löst das Alter ab – sie wird Weimar in einem anderen Sinn erleben als es die von gestern taten.«[25]

Eiertanz: Gunst und Ungunst der Gerüchte

Man versuchte es schließlich ohne den Schillerbund, aber mit Schiller. Auftragsgemäß arbeitete Donndorf am 7. Dezember den Entwurf einer neuen Satzung aus, in dem der Verein zur »Goethe- und Schiller-Gesellschaft« umgetauft und das Führerprinzip eingeführt wurde.[26] Das Schriftstück machte die Runde unter den engsten Beteiligten. Inzwischen aber war das Protokoll der Sitzung des Arbeitsausschusses vom 25. November – zwar nicht in der »streng vertraulichen« Form, aber doch aufschlussreich genug – an die übrigen Vorstandsmitglieder gegangen.[27] Es löste Gerüchte, Befremden und einen Rücktritt aus. Am 7. Januar 1934 erreichte Petersen ein Brief des besorgten Direktors des Goethehauses und Freien Deutschen Hochstifts in Frankfurt, Ernst Beutler. Mit Beutler hatte es Reibereien unter anderem wegen konkurrierender Werbekampagnen der beiden Goethehäuser in Frankfurt (»Frankfurts musealer Spielerei«) und Weimar gegeben, und Wahl scheute sich nicht, das Hochstift zu schmähen, das vor 1933 »unter dem Einfluß jüdisch-liberaler

Kreise« gestanden habe.[28] Trotzdem ging man korrekt miteinander um, und die Weimarer hatten Beutler einen Sitz im Vorstand der Goethe-Gesellschaft angeboten, ein Versprechen, das in diesem Jahr eingelöst wurde. Beutler hatte gehört, »daß die Weimarer Goethe-Gesellschaft zwangsweise gleichgeschaltet werde, daß ferner die Mitglieder ihres Vorstandes sämtlich Mitglieder des Kampfbundes für Deutsche Kultur werden müßten und daß neue Satzungen ausgearbeitet werden.«[29] Er wollte wissen, ob etwas an diesem »Gerede« sei.

Beutler ist ein klassisches Beispiel für Leute, die anfänglich die ›nationale Erhebung‹ begrüßten, dann aber davon abrückten. Er gewährt in seinem Brief einen einmaligen Einblick in die Gleichschaltung des Hochstifts, die zum Erfahrungshorizont der Goethe-Gesellschaft gehört. Zunächst unterstreicht er, die (einfache) »Mitgliedschaft unterliegt keinerlei neuen Bestimmungen; niemand braucht auszutreten, eintreten kann, wer will«. Allerdings hätten vier jüdische Mitglieder des Verwaltungsausschusses »gleich am Anfang der Revolution ihre Sitze zur Verfügung gestellt« und seien durch Parteigenossen ersetzt worden. Er betont: »Wir haben auch mit Erfolg uns dagegen gewehrt, daß Personen uns oktroyiert wurden, die wir nicht für das Hochstift geeignet hielten.« Geeignet war ganz sicher der vom Gauleiter eingesetzte Frankfurter Oberbürgermeister Friedrich Krebs, der Beutler später aus einer bedrängten Lage rettete;[30] er war auch, wie Beutler mitteilt, zugleich Präsident des Kampfbundes, so dass »die gewiß wünschenswerte Zusammenarbeit beider Institutionen«, also des Kampfbundes und des Hochstifts, durch diese Personalunion »gewährleistet« sei. Am Schluss konstatiert Beutler: »Unsere Satzungen werden nicht geändert.« Eine Satzungsänderung wurde als das sicherste Zeichen der Gleichschaltung gesehen.

Petersen antwortete Beutler – so berichtete er an Kippenberg –, dass »keinerlei Zwang auf uns ausgeübt worden sei und daß auch die auf lange Sicht beratenen Satzungsänderungen an dem Wesen der Gesellschaft nichts ändern würden.«[31] Aber auch ohne Zwang wollte man ja NS-Vorstandsmitglieder aufnehmen, und Beutlers Schreiben bestätigte, dass dieser Schritt vorteilhaft sein konnte, wenn man die richtigen Parteigenossen aussuchte. Aber der Brief zeigte auch, dass der Aufnahmestopp für jüdische Mitglieder, den die Goethe-Gesellschaft verhängt hatte, in Frankfurt und daher erst recht im Fall des privaten Vereins in Weimar keineswegs vorgeschrieben war.[32] Die privilegierte Stellung der Goethe-Gesellschaft, von der »Verhandlungen« wie in Frankfurt nicht verlangt worden waren, wurde immer deutlicher.

Um dieselbe Zeit erfuhr Petersen vom Rücktritt eines Münchner Vorstandsmitglieds, Karl Vossler, einem der renommiertesten Romanisten seiner Zeit. Vossler hielt mit seiner Kritik am Nationalsozialismus und am Antisemitismus nicht hinter dem Berg, hatte aber als Großordinarius »eine relativ unangreifbare Position«.[33] An Petersen schrieb er: »Ausdrücklich möchte ich noch bemerken, dass ich mit den Beschlüssen des Arbeitsausschusses in seiner Sitzung vom 25. November 1933 nicht in allen Punkten einverstanden bin.«[34] Nicht nur die im Protokoll festgehaltene Nachricht, »daß eine Aenderung der Satzungen für notwendig gehalten wird«, muss Vossler befremdet haben.

Die Gerüchteküche brodelte, wie so oft im Dritten Reich. Eine Zeitung in Essen berichtete von der um diese Zeit »glücklicherweise« erfolgten »Reinigung« der Goethe-Gesellschaft von jüdischen Mitgliedern.[35] Diese falsche Annahme war logisch, wenn man von ›Gleichschaltung‹, Satzungsänderungen oder Beitritt zum Kampfbund hörte. Kurz vor der Hauptversammlung 1934 berichtete Donndorf: »Eben bekomme ich die beiliegenden Zeitungsausschnitte in die Hand, bei deren Durchsicht einem die Haare zu Berge stehen können. [...] Dass wir keinen Juden mehr in unsern Reihen hätten, ist eine kühne Behauptung. [...] Der Eiertanz wird immer schwerer.«[36] Zum Eiertanz gehörte, dass die Gesellschaft die Pressemeldungen weder dementierte noch bestätigte – beides wäre gleich gefährlich gewesen. Außerdem waren sie durchaus vorteilhaft.

Machtkämpfe um die Kontrolle der Goethe-Gesellschaft

Die große Frage war: Wie konnte die Goethe-Gesellschaft die offizielle Gleichschaltung vermeiden? Ein Nazi der ersten Stunde brachte die Lösung. Schon zwei Tage nach dem Erhalt des Briefes, in dem Beutler von der Gleichschaltung in Frankfurt berichtete, ging Petersen Ministerialdirektor Rudolf Buttmann, der nach Kippenbergs Meinung »das grösste Verständnis für alle diese Dinge und Fragen hat«, um Rat an.[37] Buttmann spielte in den folgenden Jahren eine Schlüsselrolle in der Goethe-Gesellschaft. Er wuchs in der bayerischen Provinz in nationalkonservativem, bildungsbürgerlichem Milieu auf.[38] Wie Wahl wurde er im Berlin der Jahre vor dem Ersten Weltkrieg zum – gemäßigten – Antisemiten.[39] Er promovierte als Staatswissenschaftler, wurde jedoch Bibliothekar. Buttmanns eigentliches ›Verdienst‹, sein politisches Kapital, war seine NSDAP-Mitgliedsnummer 4 (nach der neuen Zählung seit der Neuzulassung der Partei im Jahre 1925). Buttmann wurde in den Bayerischen Landtag gewählt und war bis zur ›nationalen Erhebung‹ Vorsitzender der NSDAP-Fraktion sowie Reichsredner.[40] Sein bildungsbürgerliches Profil pflegte er unter anderem seit 1920 als Mitglied der Goethe-Gesellschaft.

Im Mai 1933 wurde Buttmann im Reichsministerium des Innern zum Leiter der kulturpolitischen Abteilung ernannt. Hier war er bis zur Gründung des Reichserziehungsministeriums im Mai 1934 für staatliche Bildungspolitik zuständig.[41] Er befasste sich vornehmlich mit der NS-Kirchenpolitik und war an den Verhandlungen zur Umsetzung des Konkordats mit dem Vatikan maßgeblich beteiligt.[42] In einem Interview sagte er, »[v]on dem Werk des arischen Kulturgutes sei er tief durchdrungen«, und betonte parteitreu, dass »eine gründliche Neugestaltung auf kulturellem Gebiet Deutschland bitter not tue«.[43] Buttmann pflegte in der Öffentlichkeit sein Renommee als Antisemit. Und auch Goethe legte er als Antisemiten aus: »Äusserungen Goethes zur Judenfrage lassen erkennen, daß auch dieser aufgeschlossenste und weltoffenste Geist doch Selbstbehauptung und Festhalten an der eigenen Art den Eindringlingen gegenüber für notwendig hielt.«[44]

Doch war Buttmann kein typischer Nazi. Er schied schon im Herbst 1935 aus dem Innenministerium aus, um als Direktor der Bayerischen Staatsbibliothek in seinen alten Beruf zurückzukehren. Hierfür scheint vor allem seine Unzufriedenheit mit der Kirchenpolitik maßgeblich gewesen zu sein; es war von einer »Entfremdung zwischen Buttmann und Hitler« die Rede.[45] Dass er nicht zum Leiter des neuen Reichsministeriums für Wissenschaft, Erziehung und Volksbildung ernannt wurde, enttäuschte ihn, denn seine Kulturpolitische Abteilung wurde aufgelöst und deren Kompetenzen in das neue Ministerium übernommen.[46] Außerdem war Buttmanns Status als ›alter Kämpfer‹ nicht unangefochten. Er bewarb sich später um die Dienstauszeichnung der NSDAP, aber sie wurde »durch den Führer abgelehnt«.[47] Später soll er sich sogar so weit vom Nationalsozialismus distanziert haben, dass er jüdische Bibliotheksbenutzer und Kollegen schützte.[48]

Anfang 1934 lag Buttmanns Entfremdung von der Partei noch in der Zukunft.[49] Die Goethe-Gesellschaft sah ihn zu Recht als einflussreichen

Besuch Hitlers in der Bayerischen Staatsbibliothek, Jan. 1936, mit Rudolf Buttmann (links) und Franz von Papen

Verbündeten an, der ihnen in Partei- und Regimefragen beratend zur Seite stehen konnte. Die NSDAP wiederum profitierte von »der Bürgerlichkeit und der offenbar damit einhergehenden Seriosität, die Rudolf Buttmann ausstrahlte«.[50] Er spielte in seiner Beziehung zum Verein dieselbe Rolle, die er für die Deutschnationalen in der Weimarer Republik wie für die Kirchen in seiner Zeit im Innenministerium spielte: die eines kulturellen Vermittlers, denn er schuf »in Kreisen, die dem Nationalsozialismus in weltanschaulicher Hinsicht mehr oder weniger fern standen, Akzeptanz für die nationalsozialistische Bewegung«.[51]

Das Treffen Petersens mit Buttmann im Innenministerium am 9. Januar 1934 verlief glänzend, wie der Präsident an Kippenberg berichtete: »Gestern war ich bei Ministerialdirektor Buttmann, der mich sehr freundlich empfing [...]. B. ist langjähriges Mitglied unserer Gesellschaft und würde auch eine Stelle im Vorstand einnehmen, wenn sie nicht zu viel Belastung mit sich brächte. Das Einzige, was er bei dem bisherigen Gang der Aussprache für wichtig hielt, wäre die Hereinnahme einiger Pg. in den Vorstand. Wenn außer ihm noch Ziegler und evtl. Kindermann als Danziger hineinkämen, wäre dies wohl genügend. Er hielt es auch für richtig, die Satzungsänderungen erst nach einer Vorstandsergänzung vorzunehmen.«[52]

Damit war durch einen »maßgebenden« Parteimann ein Plan vorgezeichnet, den die Goethe-Gesellschaft in den nächsten Jahren konsequent verfolgen sollte.[53] Nur die »Hereinnahme« des berüchtigten Germanisten Heinz Kindermann, »einer der ehrgeizigsten Nazi-Germanisten«,[54] der 1933 in die Partei eingetreten war, erfolgte nicht (allerdings aus dem kuriosen Grund, dass er in Weimar angeblich *gegen* die Nationalsozialisten gesprochen hatte),[55] aber dass Petersen dazu willens war, zeigt, wie weit er in der Selbstgleichschaltung zu gehen bereit war.[56] Buttmanns Vorschlag, die Satzungsänderung aufzuschieben, setzte der Verein jedenfalls um. In den nachfolgenden Dokumenten heißt es, von dieser Änderung könne »für jetzt abgesehen werden«.[57]

Schon bald nachdem Buttmann es vorgeschlagen hatte, wurde Hans Severus Ziegler zur Zuwahl in den Vorstand vorgesehen.[58] Das geschah gewiss ohne große Begeisterung, war er den Vorstandsmitgliedern doch nicht besonders wohlgesinnt; sie hatten 1929 seinen Antrag auf den Platz im Vorstand, der einem anderen zustand, abgelehnt, und zusammen mit anderen Nationalsozialisten boykottierte er die Goethe-Feier des Jahres 1932.[59] Ziegler war der profilierteste Schüler von Adolf Bartels und einer der mächtigsten Nationalsozialisten Thüringens: stellvertretender Gauleiter (1925–1931), HJ-Führer Weimar, und – am relevantesten für die Goethe-Gesellschaft – Leiter der Ortsgruppe Weimar des Kampfbunds für deutsche Kultur. Auf Grund dieser Funktionen war er ein Verbündeter Rosenbergs sowie Sauckels, der beiden Plagegeister der Goethe-Gesellschaft nach der ›Machtergreifung‹. Von ihm stammt der Name »Hitlerjugend«.[60] Im nationalsozialistisch geleiteten Thüringischen Innenministerium Fricks arbeitete Ziegler von 1930 bis 1931 als Referent für Theater und Kunst. Er war langjähriger Herausgeber der *Gauzeitung*, die im Dritten Reich zur *Staatszeitung* umgetauft wurde. Nach der Machtübernahme Hitlers wurde er im April 1933 zum künstlerischen Leiter, 1936 zum Generalintendanten des Deutschen Nationaltheaters in Weimar ernannt. Seit Oktober 1933 war Ziegler Mitglied der Thüringer Staatsregierung mit dem Titel Staatsrat. 1938 organisierte er die reichsweite Ausstellung ›Entartete Musik‹, um den jüdischen Einfluss bloßzustellen.

Ziegler war von 1929 bis 1931 Mitglied der Goethe-Gesellschaft gewesen, hatte aber seine Mitgliedschaft trotz Mahnungen auslaufen lassen.[61] Eiligst wurde sie 1934 erneuert, damit er dem Vorstand beitreten konnte.[62] Da die jährliche Hauptversammlung immer von einer Aufführung am Nationaltheater begleitet war, hatte die Gesellschaft ständig mit ihm zu tun. Seine Ernennung zum Mitglied des Vorstands und vor allem des mit den laufenden Geschäften sich befassenden Ortsausschusses hing mit seiner Rolle als Dramaturg und künstlerischer Leiter zusammen. Auf den ersten Blick ist es nicht ersichtlich, warum Ziegler solche Antipathie gegen die Goethe-Gesellschaft hegte. Er setzte sich immer wieder für Goethe ein und fand gelegentlich lobende Worte für den Kampf vor allem Hans Wahls um den politischen Goethe. Vermutlich wirkte der Streit von 1929 nach, und wahrscheinlich war die angebliche ›Verjudung‹ der Goethe-Gesellschaft für Ziegler – wie für seinen Mentor Bartels – ein Stein des

Anstoßes, wie auch das verbreitete nationalsozialistische Ressentiment gegen bildungsbürgerliche Exklusivität. Trotzdem trat er in den Vorstand – nach seinem Verständnis wohl auch zu Kontrollzwecken, denn er war Sauckels Mann zur Überwachung Weimarer Kulturvereine (er war im Vorstand der Shakespeare-Gesellschaft und des Schillerbundes).[63]

Der Verein musste in den erbitterten Machtkämpfen zwischen Regierungs- und Parteistellen um die Zuständigkeit im kulturpolitischen Bereich Slalom laufen. Petersen lernte aus seinem Gespräch mit Buttmann, dass »über die Vertretung solcher Gesellschaften wie der unsrigen wie überhaupt über den Einbau der Wissenschaft in den neuen Staat noch alles in der Schwebe ist und die inneren Auseinandersetzungen erst beginnen. Soviel scheint mir klar, daß im Innenministerium die vernünftigste und sachlichste Beurteilung dieser Fragen zu finden ist, und daß wir gut daran tun, dort Anschluß zu suchen.«[64] Diese Auseinandersetzungen *schienen* beendet, als Hitler am 11. Mai 1934 ein Reichsministerium für Wissenschaft, Erziehung und Volksbildung gründete und den bisherigen preußischen Kultusminister Bernhard Rust zum Minister ernannte. Allerdings berichtete der gut informierte Hans Wahl Mitte Juni vom »totalen Übergang, in dem sich gerade die Kultus-Instanzen jetzt im Reiche befinden, […] der Abgrenzung der Ministerien Rust, Frick, Goebbels«.[65] Diese »Polykratie« des Regimes, das »Führerchaos im Führerstaat«, konnte die Goethe-Gesellschaft – ohne Frage ein großer Fang, nach dem mehrere Instanzen angelten – ausnutzen und vorerst selbständig bleiben.[66]

Zunächst meldete sich ein Amt Goebbels' zu Wort (zum Minister hatten Wahl und Kippenberg schon im Sommer 1933 über einen Verbindungsmann Kontakt gesucht).[67] Im Dezember 1933 besagte ein Erlass vom Präsidenten der Reichsschrifttumskammer, Hans Friedrich Blunck, dass – so Donndorf – »die literarischen Gesellschaften pp. sich bei voller Wahrung ihrer Selbständigkeit und Eigenart und ohne dass ihre einzelnen Mitglieder davon betroffen werden, sich zu einer *Arbeitsgemeinschaft* zu vereinigen haben«.[68] Und in der Tat erreichte den Verein Ende Februar 1934 eine entsprechende Aufforderung des vorläufigen Leiters dieser ›Arbeitsgemeinschaft literarischer Gesellschaften und Vortragsveranstalter‹, Dr. Heinz Dähnhardt.[69] Da der Kompetenzstreit jedoch immer noch nicht endgültig entschieden war, war man der Auffassung, die Aufforderung aus der Behörde Goebbels' könne dilatorisch behandelt werden. Das hielt Donndorf von ängstlichen Mahnungen an Petersen nicht ab. Dieser erfuhr ausgerechnet von Georg Minde-Pouet, dem Präsidenten der gleichgeschalteten Kleist-Gesellschaft, die der Arbeitsgemeinschaft beigetreten war, dass es wohl auf »Kontrolle der Ausgaben jeder Gesellschaft« hinausliefe[70] – ein verharmlosendes Fehlurteil, das in dieser frühen Phase nicht ungewöhnlich war. Petersen jedenfalls berichtete, er habe telefonisch Dähnhardts »Einverständnis gefunden, dass unsere Gesellschaft nicht den literarischen Gesellschaften, die der Reichsschrifttumskammer beizutreten haben, zugerechnet werden muss. Wir können nun abwarten, welches Dach den wissenschaftlichen Organisationen und Gesellschaften geboten wird.«[71]

Nun bemühten sich andere Konkurrenten hektisch um die Aufsicht über die Goethe-Gesellschaft, zunächst das Amt Rosenberg. Donndorf schreibt Petersen am 6. Mai 1934, nur fünf Tage vor der offiziellen Gründung des neuen Kultusministeriums: »Dass Dr. Dähnhardt sich so zugänglich gezeigt hat, ist sehr beruhigend; inzwischen fordert der hiesige Kampfbund f[ür] d[eutsche] K[ultur] wieder einmal Anmeldung aller hiesigen wissenschaftlichen und sonstigen Gesellschaften mit ihren offenen und geschlossenen Veranstaltungen. Im Einvernehmen mit Wahl werden wir die Aufforderung ignorieren und immer noch weiter auf endliche Klärung all dieser Subordinationsverhältnisse warten.«[72]

Am selben Tag meldet sich ein viel aussichtsreicherer Werber, Ernst Schulte Strathaus. Er kennt Petersen und Kippenberg schon jahrzehntelang und schickt auch Grüße von seiner Frau, der Tochter der bekannten NS-nahen Schriftstellerin Ina Seidel. Schulte Strathaus macht ein attraktives Angebot: »Seit einiger Zeit bin ich, von Rudolf Hess berufen, im engeren Stabe des Stellvertreters des Führers als Sachbearbeiter für Schrifttum und Wissenschaft. In dieser Eigenschaft möchte ich Ihnen anheimstellen, den Stellvertreter des Führers zu der Goethetagung am 25./26. Mai einzuladen. Rudolf Hess wird voraussichtlich nicht selbst kommen können, vielmehr mich mit seiner Vertretung beauftragen. Ich soll ein paar Worte sprechen (höchstens 5–10 Minuten), um kund zu tun, welchen grossen Wert der Stellvertreter des Führers darauf legt, dass der ›Geist Goethes‹ in der grossen Bewegung lebendig bleibt oder – lebendig wird. – Sagen Sie mir, wie Sie sich zu dieser Anregung stellen.«[73]

Petersen reagiert enthusiastisch: »Den Stellvertreter des Führers werden wir gewiss mit Freuden einladen und seine Vertretung kann uns nur erwünscht sein.«[74] Auch Kippenberg frohlockt; er freue sich über Schulte Strathaus' »Tätigkeit im Braunen Haus« (Parteizentrale der NSDAP), er sei »ein prächtiger, klarer und charakterfester Mann«.[75] Aus Petersens Zeilen spricht eine regelrechte Gier, sich dem Regime anzupassen, denn Rudolf Heß würde der Gesellschaft – und Goethe – das Siegel der nationalsozialistischen Akzeptanz aufdrücken, war er doch eine der mächtigsten Figuren im ›Führer‹-Kreis. Sein Amt, über das alle Gesetzesentwürfe, Verordnungen und Ernennungen höherer Beamten laufen mussten, wurde inoffiziell als »Ministerium der Partei« bezeichnet.[76] Nun ergriff Heß die Initiative zum Pakt mit der Goethe-Gesellschaft, offenbar um dem neuen Erziehungsminister Rust zuvorzukommen und die eigene Herrschaft über den Kulturbereich geltend zu machen.

Wie im Fall Buttmann kam die Verbindung über ein langjähriges Mitglied der Goethe-Gesellschaft zustande. Schulte Strathaus war seit 1909 im Verein. Ein Bauernsohn und Bücherwurm, erlernte er rasch den Beruf des Antiquars und eignete sich autodidaktisch ein so umfangreiches Wissen an, dass er 1910 (mit Hilfe der Goethe-Sammlung Kippenbergs, mit dem er seit 1908 befreundet war[77]) die Schrift *Die Bildnisse Goethes* in der Propyläenausgabe der Werke Goethes und anerkannte bibliographische Studien publizieren konnte. Daher schrieb Hans Wahl später über Schulte Strathaus: »Ein Herankommen an ihn war […] gar nicht nötig, da er seit langem allen wohlbekannt und sogar befreundet war.«[78] Über die künftige Frau von Heß, mit der Schulte Strathaus in einem Antiquariat zusammenarbeitete, lernte er diesen Mitte der 1920er Jahre kennen. Heß nahm ihn in seinen Stab auf und erwirkte eine Ausnahme zur am 1. Mai 1933 in Kraft getretenen NSDAP-Aufnahmesperre, so dass sein Günstling zum 1. Januar 1934 Parteimitglied werden konnte. Selbstverständlich gingen bedenkliche Fälle über den Tisch von Schulte Strathaus, die das humanistische Ethos der Weimarer Klassik auf die Probe stellten. Er war zum Beispiel an der Ausgrenzung des Münchner »Baubolschewisten« Robert Vorhoelzer beteiligt.[79] Andererseits setzte er sich für den wegen Homosexualität kurz inhaftierten Prager Schauspieler Otto Eduard Hasse ein, wobei er sich auf Hitlers Bewunderung von dessen schauspielerischem Talent berufen konnte.[80]

Neben Buttmann erschien Schulte Strathaus als Retter in der Not. Die Verbindung zu ihm bedeutete, wie das Protokoll der Vorstandssitzung zwei Wochen später festhielt, dass die Gesellschaft »sich des Schutzes« durch Heß »erfreute«, im Gegensatz zu anderen Gesellschaften, die in der Reichsschrifttumskammer oder im Kampfbund »eine Dachorganisation gefunden hätten«.[81] Diese »Betreuung« – so hieß es euphemistisch noch im Entwurf – »werde aber keine organisatorische sein, der Gesellschaft vielmehr eine große Unabhängigkeit sichern.«[82] Man war also keinem Ministerium unterstellt und wurde nicht mit Formularen zugeschüttet, sondern leistete die geforderte »Eingliederung« durch eine informelle Allianz mit dem mächtigen Parteileiter Heß. Das konnten die Weimarer als »Schutz« statt »Gleichschaltung« ausgeben. Schulte Strathaus' Goethe-Forschungen waren das perfekte Feigenblatt. Er wurde »wegen seiner Verbindung zum Führer und ausgezeichneten Vertrautheit mit Goethe« in den Vorstand berufen.[83] Offenbar wegen der anstößigen Kollision dieser beiden Gründe wurde dieser Satz in der Endfassung gestrichen.

Buttmann und Schulte Strathaus wurden nun regelmäßig in Partei- und Staatsangelegenheiten konsultiert. Sie waren also mitnichten nur »Vorzeige-Nazis« oder »Staffage«.[84] Obwohl sie keine große Macht im Reich hatten, konnten sie den Verein trotzdem ›schützen‹, brachten ihn jedoch gleichzeitig zunehmend auf Parteilinie.

Die Verbindung zum Amt Heß und die Gründung des Reichserziehungsministeriums machten im Sommer 1934 den Ansprüchen des Innenministeriums auf Kontrolle der Goethe-Gesellschaft ein Ende. Weil Buttmann sich mit Rücktrittsgedanken beschäftigte, bot er sich an, doch nicht in den Vorstand zu treten, da »sich Voraussetzungen, unter denen er die Wahl angenommen hatte, nicht erfüllt hätten«. Doch Petersen versicherte ihm, »dass wir die Persönlichkeit und nicht das Amt gewählt hätten und dass es dabei bleibe«.[85] Der Vorteil, NSDAP-Mitglied Nr. 4 im Vorstand zu haben, bestand weiter; Wahl bezog sich nach außen häufig darauf.[86] Goebbels' Reichsschrifttumskammer ließ – vorübergehend – vom Plan der Eingliederung der Goethe-Gesellschaft ab. Das Erziehungsministerium sollte anscheinend die Aufsicht über wissenschaftliche Organisationen übernehmen. Aber eine Lücke in den Bestimmungen blieb weiterhin. Das neue Ministerium sollte nur »die Aufsicht über die vom Reich unterhaltenen wissenschaftlichen Institutionen« übernehmen,[87] und die private Goethe-Gesellschaft gehörte nicht dazu. Der Minister Rust ließ den Verein deshalb unbehelligt, zumal anderweitige Interessen – Schulen und Universitäten – seine Energie dringender beanspruchten. Dennoch hielt Hans Wahl ihn, Innenminister Frick und Propagandaminister Goebbels als mögliche Partner der Goethe-Gesellschaft warm.[88] Die Gesellschaft bewegte sich immer mehr und freiwillig auf das Regime zu. Auf der Hauptversammlung zahlte sie den Preis für den »Schutz« des Stellvertreters des Führers.

Mit vorauseilendem Gehorsam zur Instrumentalisierung Goethes

Die Hauptversammlung am 25. und 26. Mai 1934 feierte den 175. Geburtstag Schillers, eine Gelegenheit für Petersen, der bekannten nationalsozialistischen Vorliebe für Schiller – und der Vorbehalte gegen den höfischen Goethe – diplomatisch entgegenzuarbeiten. »Gerade *Goethe und Schiller seien Vorläufer eines idealen Nationalsozialismus*«,[89] soll Petersen gesagt haben. »Es sei notwendig, uns endlich von dem Bilde Goethes als des volksfremden Fürstenknechts, des kaltherzigen Geheimrats freizumachen; denn dieses Zerrbild sei ja gerade im Beginn des Zeitalters geprägt worden, das wir jetzt überwunden glaubten.«[90] Damit wird eine Einheitlichkeit der politischen »Fürstenknecht«-Kritik von Ludwig Börne in den 1830er Jahren bis zum Ende der Weimarer Republik suggeriert, die es gar nicht gab.[91] Petersen schreibt im Dienste der Anpassung an die neuen

›Gegebenheiten‹ die Rezeptionsgeschichte Goethes um. Im »Aufbruch der Nation marschiere« die Goethe-Gesellschaft jedenfalls mit.

Petersen flankierte seine Rede mit einer Geistesgeburt, die immer wieder Kopfschütteln hervorgerufen hat: mit der Abhandlung *Die Sehnsucht nach dem Dritten Reich in deutscher Sage und Dichtung.* Sie erschien zunächst als Aufsatz in der von Petersen mitherausgegebenen Zeitschrift *Dichtung und Volkstum* (der neue Titel des zeitgemäß umgetauften *Euphorion*), und dann, um die Zeit der Hauptversammlung, als erweiterte Buchpublikation.[92] Die Entstehung von Petersens Untersuchung reicht wenigstens ins Jahr 1915 zurück und wurzelt in der alten Idee eines ewigen Friedens;[93] auch der Begriff des ›Dritten Reichs‹ entstand unabhängig von den Nationalsozialisten. Unverbindliche Geistesgeschichte also?

Petersen war kein weltfremder Gelehrter. Schon im Mai 1933 hatte er aus Amerika geschrieben: »ich hielt mehrfach einen Vortrag über die Idee des dritten Reiches, die aus dem Komplex der Weltfriedensidee hervorgegangen sei, wie mir die letzte Rede des Reichskanzlers überraschender Weise recht gab.«[94] Gemeint war Hitlers sogenannte Friedensrede vom 17. Mai 1933, über die in der amerikanischen Presse ausführlich und teils skeptisch berichtet wurde.[95] Trotz der kritischen Haltung seiner Umgebung geht Petersen – wie andere – dem Friedensapostel Hitler auf den Leim. In der gedruckten Abhandlung unterschied Petersen nun, im Jahre 1934, sieben »Typen des universellen Heilsgedankens«, deren letzter das »Volksreich« sei, die »nationalsozialistische Vorstellung«, die den »deutschen Menschen« zum Ziel habe.[96] In diesem Kontext hätten die Klassiker eine bevorzugte Stellung: »Schiller, der [...] das erste Drama der Volksgemeinschaft schuf, also *Wilhelm Tell*; Goethe, der ebenfalls in Beziehung auf die Schweiz seinen individuellen Bildungsroman zu einem Programm sozialer Gemeinschaftserziehung umbog (›Heil dem Führer! Heil dem Band!‹) und der seinen Faust im Zukunftsblick auf das ›freie Volk auf freiem Grunde‹ sein Leben beschließen ließ – sie alle gehören in die Reihe der Vorläufer« des Nationalsozialismus, denn »Sehnsucht nach neuem, stahlhartem Führertum stieg auf« und wurde erfüllt: »Das neue Reich ist gepflanzt. Der ersehnte und geweissagte Führer ist erschienen.« Die gewaltsam umgebogenen Verse Goethes (»Heil dem Führer!«, »Auf freiem Grund mit freiem Volke stehn«) stellen einen Tiefpunkt in Petersens Biographie dar.[97]

Kein Wunder, dass Erich Kaiser in einer Pariser Exilzeitung von einer »literarischen Leichenschändung« sprach.[98] Gleichfalls aus Paris prangerte Karl Max »jene Professoren« an, »die im ›Dritten Reich‹ aufs würdeloseste vor den Gewalthabern auf dem Bauch rutschen und das geistverlassenste aller Regime in die Sphäre der Geistigkeit zu heben trachten. Wie etwa Julius Petersen.«[99] Auch für die Pariser Zeitung *Le Temps* war Petersen »ein hundertprozentiger Hitlerist«: »Sie haben richtig gelesen: Schiller und Goethe als geistige Väter der Nazibewegung ... Professor Petersen fehlt es nicht an Frechheit.«[100] Petersen selbst schickte Exemplare strategisch an den Reichsdramaturgen Rainer Schlösser und den NS-nahen Ordinarius Max Wundt; Letzterer dankte: »Es ist wirklich eine große und tiefe Sehnsucht, die heute Erfüllung finden soll!«[101] Petersen wusste, was er tat.

Schon im Vorfeld der Hauptversammlung lenkte Petersen also das Ruder Richtung Anpassung. Auch Schulte Strathaus praktizierte Goethe-Verzerrung, als er Grüße von Rudolf Heß überbrachte: »Der geistige Gehalt der Bewegung, die zu erleben wir das Glück haben, wurzelt in dem Urgrund, aus dem aufquoll, was in Hamann, Herder, Goethe, Schiller, Hölderlin, Kleist, Fichte deutsch ist« – mit anschließendem Hitler-Zitat.[102] Goethe wurde so quasi parteiamtlich in den nationalsozialistischen Literaturkanon aufgenommen. Am Festvortrag Ernst Bertrams zu Schiller kam Kritik aus den eigenen Reihen. Mitglied Richard Gebhard kritisierte »eine übertriebene Neigung zu einem Schillerkultus«. In dem Vortrag, so der Berliner Rechtsanwalt, »ist Goethe als Mensch auf Kosten Schillers herabgesetzt worden. Der Verfasser sprach die unverständliche und in jedem Falle überflüssige Ansicht aus, dass Schiller, wenn er länger gelebt hätte, sich sicher mit Goethe ganz überworfen hätte, weil angeblich Schiller Patriot gewesen sei, Goethe aber nicht. [...] Die Mitglieder haben sich dadurch verletzt gefühlt.«[103] Bertram hatte den 1805 gestorbenen Schiller in der Tat zum Parteigänger der Befreiungskriege *avant la lettre* umgemünzt.[104] Und es ist ein militanter Schiller, den er imaginiert, ein »Eroberer«, voller »kriegerische[r] Männlichkeit« und »dorische[r]

Härte«. Bertrams Vortrag markiert zusammen mit Werner Deubels Schiller-Aufsatz in demselben Jahrbuch beschämende Meilensteine.

Es wäre verfehlt, die Anpassung der Goethe-Gesellschaft weniger als »politisches Bekenntnis« denn als »taktisches Kalkül« zu werten, das den Verein in einer existenziellen Situation rettete.[105] Und auch wenn es Kalkül war, machte man sich nicht klar, wie dies auf Kritiker und Opfer wirken musste. So meldete sich ein Mitglied aus Brüssel, Mélanie Wieniawska, die Ehefrau des polnisch-jüdischen Komponisten Józef Wieniawski.[106] Sie kündigte ihre 45-jährige Mitgliedschaft nach Erhalt des Jahrbuchs 1934: »Die neuen Tendenzen der Goethe-Gesellschaft, scheinen so unvereinbar mit Goethe's Namen, dass man seines Geistes ›kaum einen Hauch‹ mehr verspürt.«[107] Donndorf versucht wie in vielen anderen Fällen, das Mitglied zu halten: »Wir bedauern Ihre Abmeldung ausserordentlich, da Sie seit so langen Jahrzehnten unserer Gesellschaft die Treue gehalten haben, und das um so mehr, als wir selbst uns einer *Aenderung* unserer alten Tendenzen d. h. der Aufgabe, Goethes Wesen und Werk unserem Volke immer näher zu bringen [so in der Satzung], durchaus nicht bewusst sind.« Daraufhin begründet Wieniawska ihren Entschluss ausführlicher: »Mein Wiedereintritt ist ja nicht ausgeschlossen, wird aber von der Wendung gewisser culturellen Bestrebungen abhängen, die nicht an Goethe, sondern von ihm wegführen. – Übrigens hatte ich der Goethe-Gesellschaft von jeher eine viel umfassendere, weittragendere und universellere Bestimmung für das Verständniss Goetheschen Geistes zuerkannt, als die im Brief vom 19. Januar erwähnte, die mir momentan recht illusorisch erscheint.«[108] Die Goethe-Gesellschaft deformiere mithin das Wesen ihres Namenspatrons. Die Verzerrung wurde allmählich zur Gewohnheit.

Der Stachel: Alfred Rosenberg

Am 24. Januar 1934 hatte Hitler den ›alten Kämpfer‹ Alfred Rosenberg zum ›Beauftragten des Führers für die Überwachung der gesamten geistigen und weltanschaulichen Schulung und Erziehung der NSDAP‹ ernannt.[109] Seit dem 6. Juni 1934 wurde die dazugehörige Parteibehörde aufgebaut, das ›Amt Rosenberg‹. Rosenberg stilisierte sich zum Chefideologen, der sich Eingriffe in kulturelle Angelegenheiten anmaßte, allerdings ohne großen Erfolg. Er geriet dabei in Konflikt mit mehreren Instanzen, vor allem mit Rust und Goebbels. Trotz der Marginalisierung seines Kampfbundes konnten Außenstehende nicht immer wissen, ob der ›Führer‹ Rosenbergs Aktionen unterstützte. Unübersehbar war jedoch, dass die Neuauflage des Kampfbundes, die Nationalsozialistische Kulturgemeinde, nach ihrer Gründung im Juni 1934 eine aggressive Tätigkeit entfaltete, um die Kultur im Dritten Reich unter ihre Kontrolle zu bringen.

Mitte November 1934 berichtet Petersen an Donndorf vom ersten Vorstoß des Amts Rosenberg, diesmal nicht über den Kampfbund beziehungsweise die NS-Kulturgemeinde: »Nun aber muss ich von einer schweren Wolke berichten, die unser ganzes Jubiläum und vielleicht sogar die Existenz der Gesellschaft bedroht; vor einigen Tagen bekam ich einen Brief, der, wie sich nachher herausstellte, eigentlich für Herrn Ministerialdirektor Buttmann bestimmt war, worin er gebeten wurde, die Mitgliederliste unserer Gesellschaft dem Reichsleiter für nationalsozialistische Erziehung (Rosenberg) bezw. dessen Vertreter einzureichen. Dann bekam ich selbst eine Vorladung zum heutigen Tage, der ich nicht entsprochen habe, um etwas Zeit zu gewinnen. Offenbar handelt es sich darum, uns den Arierparagraphen für unsere Mitglieder aufzuzwingen. Zunächst habe ich einmal Herrn Ministerialdirektor Buttmann um eine Besprechung gebeten. Ausserdem würde die Sache ja Angelegenheit einer Satzungsänderung sein, die erst im August 1935 vorgenommen werden könnte. Wer weiss, wie bis dahin die Welt aussieht. Aber ernst ist die Lage für den weiteren Bestand unserer Gesellschaft allerdings.«[110]

Der Brief vom Amt Rosenberg läutet ein langes Tauziehen um die jüdischen Mitglieder ein. Nicht zufällig folgte dieser Vorstoß einem Gerangel zwischen Rosenberg einerseits und Heß sowie Goebbels andererseits.[111] Nach Rosenbergs Meinung versuchte Goebbels die Zuständigkeit für die gesamte Kultur im Dritten Reich an sich zu reißen.[112] Hitler hatte noch keine Behörde für wissenschaftliche Organisationen geschaffen, so dass Rosenberg nun vollendete Tatsachen zu schaffen versuchte – auch gegen Heß selbst – und das Projekt lancierte, sich die führende literarische Gesellschaft zu unterwerfen. Die Mitgliederliste war eine Trophäe, an die das Amt Rosenberg auf alle mögliche Weise zu kommen suchte, um überprüfen zu können, was es mit den Zeitungsberichten auf sich hatte, denen zufolge die Goethe-Gesellschaft seit Anfang des Jahres ›judenfrei‹ war. Dies war auf zweifache Weise »eine Existenzfrage« für die Goethe-Gesellschaft, wie Donndorf auf Petersens Meldung umgehend antwortet, und zwar finanziell sowie mit Bezug auf ihr Prestige im Ausland.[113] Dennoch bleibt Donndorf in seinem Antwortbrief an Petersen zuversichtlich (»Es ist *ausgeschlossen*, uns den Arier § aufzuzwingen«) und gibt die Meinung eines Vertrauensmannes aus Berlin wieder, dass im Gegensatz zu leitenden Positionen »die einfache Mitgliedschaft in Gesellschaften nichtpolitischer Art *nicht* an den Arier § geknüpft sei«. Die Goethe-Gesellschaft sei »eine wissenschaftliche Gesellschaft, die der Stellvertreter des Führers [Rudolf Heß] ausdrücklich in *seinen* Aufsichtskreis einbezogen hat«. Seine Einschätzung der Strategie Rosenbergs ist wohl richtig: »Ich habe so den Eindruck, dass es sich in unserem Falle jetzt um einen *Versuch* handelt, bei uns zu sehen, wie weit man kommt« – also ohne Legitimation durch Gesetz oder Führerbefehl.

Petersen traf sich im Dezember 1934 mit Heinz Schaefer, der die Abteilung Verbände bei Rosenberg leitete. Gegenüber Donndorf behauptete Petersen zunächst, das Treffen sei »ganz harmlos« verlaufen, setzte aber hinzu: »nur blickte deutlich der Wunsch durch, bei unseren Veranstaltungen irgendwie beteiligt zu werden, auch bei der Jubiläumstagung mit Aufmarsch der Hitler-Jugend u. s. w.«[114] Diese Forderung ging deutlich in Richtung der ›harten‹ Gleichschaltung etwa der Kleist-Gesellschaft. Aber er wisse nicht, ob das Amt Rosenberg »das Recht der Beaufsichtigung«

habe. Das Gespräch habe damit geendet – so Petersen am selben Tag an Kippenberg –, dass Schaefer »sich zur Wiederaufnahme seines Studiums bei mir für das Seminar anmeldete«. Petersen meinte verständlicherweise, »damit sei die Sache erledigt«, aber am 19. Dezember meldete sich Schaefer wieder und verlangte fortlaufende Berichte über sämtliche Veranstaltungen der Goethe-Gesellschaft, »aus denen wir die Behandlung geistiger und weltanschaulicher Probleme innerhalb Ihrer Gesellschaft entnehmen können«, sowie Exemplare der Publikationen.[115]

Petersen berichtet weiter an Kippenberg, er habe von Georg Minde-Pouet, dem Leiter der gleichgeschalteten Kleist-Gesellschaft, erfahren, »dass die Absicht besteht, alle wissenschaftl[ichen] Gesellschaften, insbes[ondere] Goethe-Gesellschaft und Kant-Gesellschaft, einzuheimsen. Letzten Endes soll das natürlich nur zur Stärkung der Machtposition Rosenberg contra Göbbels dienen.« Offenbar meint Petersen, er kann das Gerangel zwischen den Kontrahenten ausnutzen. Er behandelt den Vorstoß also gelassen: »Wir werden am besten tun, abzuwarten.« In diesem Schreiben an Kippenberg versteckt er das Schlimmste an Schaefers Vorschlägen; vor allem von der Hitlerjugend ist dort nicht die Rede. Denn er bereitet seinen Rücktritt vor, wie er seinem möglichen Nachfolger Kippenberg gesteht, und er will ihn offenbar mit dem ganzen Ausmaß der Probleme nicht abschrecken. Dieser beschwichtigt tatsächlich: »Ruhe, nichts als Ruhe, Präsident bleiben wie bisher, nicht zu schnell antworten, sorgen, dass um Gottes willen von Weimar aus nicht selbständig Dummheiten gemacht werden, sondern diese Sache selbst in der Hand behalten! Und nicht vergessen, dass die lange Bank ein schönes Möbel ist!«[116] Verzögerung war die Strategie der Stunde; man vertraute jetzt auf den Rückhalt von Heß.

Entsprechend lautet die offizielle Antwort an das Amt Rosenberg: Es sei nicht sinnvoll, die Veranstaltungen im Voraus anzumelden, da die Muttergesellschaft nur die jährliche Hauptversammlung abhalte und die Veranstaltungen der Ortsgruppen selbständig seien. Man schickt das verlangte neueste Jahrbuch. Schaefer antwortet knapp: »Wir haben Ihre Hinweise zur Kenntnis genommen und erwarten gern weiteren Bericht über die Tätigkeit der Goethe-Gesellschaft.« Donndorf kommentiert gegenüber Petersen: »Ich denke, wir lassen es dabei zunächst einmal bewenden und sprechen dann weiter im Arbeitsausschuss über die Sache.«[117] So lagen die Dinge Ende Januar 1935.

Rosenberg ließ es nicht bei diesem ersten Versuch bewenden. Aufwind bekam er gerade in den ersten Monaten des Jahres 1935 durch eine starke Welle antisemitischer Hetze und Gewalt, auf die Hitler erst im September mit den Nürnberger Gesetzen antwortete. Wenige Wochen vor dem Erlass dieser judenfeindlichen Gesetze hielt die Goethe-Gesellschaft an Goethes Geburtstag ihre Hauptversammlung. Wie alle drei Jahre stand diesmal die Neuwahl des Vorstandes an, so dass eine Möglichkeit zur schärferen Gleichschaltung gegeben war. Die Warnung von Minde-Pouet – selbst Mitglied der Goethe-Gesellschaft[118] –, Rosenberg beabsichtige, die Goethe-Gesellschaft »einzuheimsen«, war vielleicht als konkrete Warnung an Petersen gedacht. Denn ein halbes Jahr später trug Rosenberg im Bündnis mit Minde-Pouet die Kampagne gegen die Goethe-Gesellschaft in die Öffentlichkeit.

Im Juni 1935 fand nämlich die zweite Jahrestagung der Nationalsozialistischen Kulturgemeinde (NSKG) unter dem Leitthema »Lebendige Pflege der Vergangenheit« in Düsseldorf statt. In seinen Schlussbemerkungen spricht Walter Stang, Amtsleiter und einer der beiden wichtigsten Mitarbeiter in Rosenbergs Dienststelle, eine unverhohlene Drohung aus. Die Kleist-Gesellschaft habe durch ihren »Anschluss« an die NSKG (sie hatte sogar drei NSKG-Vertreter im Vorstand[119]) »ein Bekenntnis zur nationalsozialistischen Weltanschauung« abgegeben. Es bleibe die Frage offen, »ob nicht auch andere wissenschaftliche Gesellschaften, die heute noch in ihrer Isolierung unter dem Schlagwort von der notwendigen wissenschaftlichen Objektivität verharrten, dem Beispiel der Kleist-Gesellschaft folgen sollten.« Wenn das ausbliebe, so werde sie eines Tages »ihren Arbeitsbezirk erweitern und allgemein die Pflege deutschen Kulturgutes im Geiste nationalsozialistischer Wissenschaft übernehmen.«[120] Die Aussage war unmissverständlich: Die Kleist-Gesellschaft würde im Ernstfall die Goethe-Gesellschaft schlucken.[121]

Minde-Pouet appelliert dann »an die anderen wissenschaftlichen Gesellschaften, das Kulturgut, das sie in Pflege hätten, ins Volk hereinzubringen und der Jugend die Gelegenheit zur Mitarbeit zu geben.« Das entsprach der schon angesprochenen Idee, die Hitlerjugend in der Hauptversammlung heranzuziehen. Allerdings, so untermauert Minde-Pouet seinen Appell zwei Wochen später in einem Artikel im *Berliner Tageblatt* mit einem Zitat von Stang, seien »für eine gemeinsame Arbeit am Neubau deutscher Kultur und Kunst […] Vorbedingungen zu erfüllen, zu denen diese Gesellschaften sich bisher noch nicht entschliessen« können.[122] Zu diesen Vorbedingungen gehört eindeutig auch die ›Entjudung‹ nach dem Vorbild der Kleist-Gesellschaft: »Wahre Kunst und Kultur muss nun einmal bluts-, rassen- und volksgebunden sein. Internationalität der Kultur lehnt der Nationalsozialismus ab.«

Die Schriftleitung des *Berliner Tageblatts* hatte Minde-Pouet um seinen Beitrag gebeten, als »erste Erörterung der Voraussetzungen […], unter denen die bestehenden zum Teil auf eine grosse Tradition zurückblickenden wissenschaftlichen und literarischen Gesellschaften ihre Aufgabe lösen können.« Eine Woche später kommt eine Entgegnung durch die Schriftleitung aus der Feder Karl Korns, der nach dem Krieg als Mitbegründer der *Frankfurter Allgemeinen Zeitung* und Leiter ihres Feuilletons (1949–1973) bekannt wurde.[123] Die Vermutung liegt nahe, dass er Minde-Pouet nur zum Zweck der eigenen Stellungnahme um einen Beitrag gebeten hatte.[124]

Korn nimmt wie zufällig »eine so repräsentative Gesellschaft wie die Goethe-Gesellschaft« als Beispiel, um die Leistungen literarischer Gesellschaften zu erörtern; damit spricht er offen aus, wem die Attacke von Stang und Minde-Pouet galt.[125] Korn bezweifelt, dass die Kleist-Gesellschaft die Arbeit anderer literarischen Gesellschaften übernehmen könne, denn ihre »letzte und höchste Autorität« schöpfe jede literarische Gesellschaft aus der Expertise zu einem bestimmten Dichter. Die »Selbständigkeit« literarischer Gesellschaften anzuzweifeln bedeute, ihre eigentliche Aufgabe, den »Dienst am Werk, nicht die Propaganda in die Breite und in die Tiefe«, zu verkennen, und zwar soll diese Wirkung sowohl national wie auch international sein. Korn versucht jedoch, die Gleichschaltung theoretisch mit Selbständigkeit zu paaren: »Selbst wenn die bestehenden Gesellschaften in den Millionenverband der NS-Kulturgemeinde übergeführt würden, müssten sie sich doch eine gewisse Abgeschlossenheit wahren, um ihren Dienst am Werk weiterführen zu können.«

Einer ›weichen‹ Gleichschaltung ist hier das Tor geöffnet. Die Goethe-Gesellschaft solle nach Korn nicht in die Kleist-Gesellschaft übernommen werden, wohl aber könne sie sich der NSKG unbeschadet anschließen, wenn sie ihre Traditionen bewahren dürfe. Rosenberg freute sich gewiss. Dabei setzt Korn auf Internationalität, die Stang abgelehnt hatte, die aber Goebbels später aus außenpolitischen Erwägungen zu nutzen verstand. Gerade der internationale Aspekt sollte die Goethe-Gesellschaft retten. Aber vorher musste der Vorstand der Goethe-Gesellschaft den öffentlichen Angriff Rosenbergs verdauen.

Die »Judendebatte« 1935

Die Hauptversammlung 1935 war bei weitem die bedeutendste öffentliche Versammlung der Goethe-Gesellschaft im Dritten Reich. Neben der Vorstandswahl sollte der Erweiterungsbau des Goethe-Nationalmuseums, den Hans Wahl bereits seit den 1920er Jahren plante und dessen Fertigstellung sich wegen Finanzierungsstreitigkeiten immer wieder verzögert hatte, in einem Staatsakt feierlich eingeweiht werden. Gleichzeitig feierte die Gesellschaft ihr 50. Jubiläum.[126]

In der jährlichen Vorstandssitzung vom 25. August 1935, unmittelbar vor der Hauptversammlung, erörtert Petersen die politische Lage (der Entwurf des Protokolls gibt den wahren Sachverhalt wieder; ein langer Teil der »Judendebatte« wurde von Donndorf im Einvernehmen mit Petersen für die Endfassung gestrichen).[127] Was der Präsident dann sagt, ist brisant: Er habe am Vortag einen eingeschriebenen Brief von Götz Otto Stoffregen in Stangs Amt für Kunstpflege der Kulturpolitischen Abteilung der Dienststelle Rosenberg erhalten. Stoffregen frage, »welche Schritte der Vorstand der Goethe-Gesellschaft getan habe, um diese von den noch unter den Mitgliedern vorhandenen Juden zu reinigen. Zahlreiche Anfragen der Presse, so werde bemerkt, seien der Anlaß dazu, daß auf beschleunigten Bescheid Wert gelegt werde.«[128] Hintergrund dieser Anfrage, meinte Petersen, sei der Angriff Rosenbergs auf der Düsseldorfer Tagung, doch es waren sicherlich auch die irrtümlichen Zeitungsberichte, dass die Gesellschaft schon ›entjudet‹ sei – obwohl auch die gegenteilige Meinung öffentlich vertreten worden war.[129] Das Schreiben Stoffregens war ein aggressiver Schachzug von Rosenberg, denn »Anfragen der Presse« gehörten ins Ressort Goebbels' – doch waren sie sowieso wohl vorgeschoben, um an die Mitgliederlisten der Goethe-Gesellschaft zu gelangen.

Petersen berichtet weiter, dass Stang (mit drei Mitarbeitern) und Minde-Pouet ihre Anmeldung zur Hauptversammlung zurückgezogen hätten, und vermutet dahinter »gewisse Vorgänge«, womit er möglicherweise auf den hochrangigen Streit und den noch frischen Skandal um den von Rosenberg forcierten Rücktritt des Präsidenten der Reichsmusikkammer, des Komponisten Richard Strauss, anspielt, der sich um Hitlers Mitfinanzierung des neuen Goethe-Nationalmuseums bemüht hatte.[130] Die vier Abgesandten Rosenbergs hatten sich am Tag nach der Absendung von Stoffregens Brief abgemeldet.[131] Doch einer von ihnen machte seine Abmeldung offenbar rückgängig, und ausgerechnet ein sehr wichtiger Mann kam: Hans Hagemeyer, Leiter der Hauptstelle für Schrifttumspflege beim Amt Rosenberg und ein führender Funktionär in der Kontrolle über die Literatur.[132] Das erleichterte die Überwachung – und Einschüchterung – der Goethe-Gesellschaft. Da einer der Erschienenen auch im Vorstand der Kleist-Gesellschaft war, planten die Rosenberger offenbar, im Sinne des Düsseldorfer Plans der Übernahme der Goethe-Gesellschaft vor Ort Druck zu machen.

Nun folgen in der Vorstandssitzung Erörterungen, die im Protokollentwurf zum allergrößten Teil als seitenlange Beiträge Buttmanns erscheinen, in der endgültigen Fassung jedoch als unpersönliche Diskussionsergebnisse verschleiert werden. Diese Anonymisierung zeigt das schlechte Gewissen der Vereinsleiter, da mit Buttmann ein bedeutender NSDAP-Funktionär aus dem Reichsinnenministerium die Diskussion dominierte. Buttmann schlägt sich voll auf die Seite der Goethe-Gesellschaft im Konflikt mit dem Amt Rosenberg.[133] Er meint, dass zu einem Anschluss an

Rosenbergs NS-Kulturgemeinde, »ganz abgesehen von der Rücksicht auf das Ausland, gar kein Anlaß vorhanden sei.« Im Gegenteil: »ein Ausschluß der jüdischen Mitglieder [müsse] bei ihren Verbindungen mit dem Auslande nicht nur der Gesellschaft selbst, sondern auch dem deutschen Ansehen unermeßlichen Schaden bringen.« Tatsächlich spielte dies im Machtkalkül der Nationalsozialisten gegenüber der international geprägten Goethe-Gesellschaft eine nicht zu unterschätzende Rolle. Juden galten als international vernetzt und als die geheimen Mächte hinter den Regierungen in Großbritannien, den USA und der Sowjetunion. In diesem Punkt war speziell Rosenberg geradezu besessen. In seinen Tagebüchern beschreibt er seine Bemühungen, Großbritannien zum Bündnis oder zur Neutralität zu bewegen, und er kritisiert die antisemitischen Reden und Artikel von Goebbels, die diese Strategie durchkreuzten.[134] Ausgerechnet in Großbritannien und vor allem Amerika, die Hitler aus dem kommenden Krieg heraushalten wollte, hatte die Goethe-Gesellschaft die meisten ihrer ausländischen Mitglieder. Buttmann benennt also eine Inkonsequenz Rosenbergs: die ›Verjudung‹ der Goethe-Gesellschaft öffentlich zu thematisieren, würde dem Ansehen des Regimes – das gerade im Vorfeld der Olympischen Spiele antisemitische Äußerungen zu drosseln suchte – einigen Schaden zufügen.

Daher wohl skizziert er eine vorsichtige Strategie in der Frage »eines Ausschlusses jüdischer Mitglieder«, deren Zahl er für »lächerlich gering« hält. Er empfiehlt, »vielleicht« so vorzugehen wie der Deutsche Sprachverein, den er leitet. Dort habe man die jüdischen Mitglieder nicht zum Austritt gezwungen, »man habe aber eine Satzungsänderung der Art vorgenommen, daß nur Personen arischen Stammes Mitglieder des Vereins werden könnten.« Nach einem Einwand von Kippenberg, eine Satzungsänderung sei »im gegenwärtigen Augenblicke nicht zu verantworten«, gibt Buttmann zu, dass die Frage jüdischer Mitglieder »heute nicht zu klären sei, zumal wenn man die Unmöglichkeit einer Rassenprüfung in betracht ziehe. Nach dem noch heute herrschenden bürgerlichen Recht könnten wir Juden, die der Goethe-Gesellschaft beitreten wollten, nicht einmal abweisen. Es bleibe das kommende Staatsbürgergesetz abzuwarten.«[135] Dieser Rekurs auf den Rechtsstaat reflektiert die zunehmende

Verwirrung im ganzen Land, da es bis zu den Nürnberger Gesetzen im September, also wenige Wochen nach dieser Sitzung, nicht deutlich war, wer als ›Jude‹ gelten und wie jüdisches Leben im Dritten Reich reguliert werden sollte. Die Goethe-Gesellschaft war jedoch schon seit 1933 für neue jüdische Mitglieder – wie auch immer definiert – gesperrt, was nach Buttmanns Einschätzung das bürgerliche Recht verletzte. Trotzdem wurde diese Politik weitergeführt: »Einverstanden ist man mit der Feststellung des Herrn Präsidenten, sich mit der [Mitglieder-] Werbung, die nun einsetzen solle, nicht mehr an jüdische Kreise zu wenden.« Der Verein hatte diese Ausgrenzung bisher ohne Satzungsänderungen, die mit Sicherheit Befremden unter den Mitgliedern im Ausland ausgelöst hätten, aufrechterhalten; die Satzung wurde einfach stillschweigend verletzt. Fürs Erste improvisierte man und ignorierte gleichermaßen das bürgerliche Recht und die Satzung.

Gegen Schluss der Diskussion wird gegen die These der ›Verjudung‹ der Goethe-Gesellschaft für eventuelle weitere Anfechtungen argumentiert, »daß sowohl der Gesamtvorstand, [hinzugefügt: »der Ortsausschuß«] wie die Vorstände der Ortsgruppen durchweg arisch zusammengesetzt seien, daß man dem nach 1918 einsetzenden Ansturm der Berliner Juden erfolgreich begegnet und deswegen vom ›Berliner Tageblatt‹ der antisemitischen Tendenz angeklagt worden sei.«[136] Im Dritten Reich ging die Saat der Roethe-Zeit auf. Petersen war für ein mögliches Gespräch mit den Vertretern Rosenbergs am Rande der Tagung, aber vielleicht auch für eine Diskussion in der Mitgliederversammlung gerüstet.

Welche Macht Buttmann im Vorstand hatte, zeigt sich dann am Schluss der Erörterungen, da er die Taktik gegenüber dem Amt Rosenberg vorgibt. Zusammen mit Schulte Strathaus bestimmt er die Formulierung des Briefes an Stoffregen, der so lautete: »Auf das Schreiben vom 22. ds. Mts. beehre ich mich zu erwidern, dass unter den alten Mitgliedern der Goethe-Gesellschaft sich noch eine unerhebliche Anzahl von Juden befindet, soweit das nach den Namen festgestellt werden kann. Neuaufnahmen von Juden haben in den letzten Jahren nicht stattgefunden. / Schritte, die Juden aus der Gesellschaft auszuscheiden, können erst vorgenommen werden, wenn die in Aussicht stehende allgemeine Regelung über die Zugehörigkeit von Juden zu wissenschaftlichen Gesellschaften erfolgt ist.«[137]

NSDAP-Mitglied Nr. 4 und der Literaturbeauftragte im Stab des Stellvertreters Hitlers hatten also der Goethe-Gesellschaft eines der wichtigsten Schreiben an eine führende Parteistelle in die Feder diktiert. Insgesamt stellt Buttmann in einem Brief an seine Frau fest, er habe in der Sitzung »eine gewisse Beruhigung« bewirkt.[138]

Unsichtbare jüdische Gesichter

Im selben Brief an seine Frau berichtet Buttmann, auch in der Mitgliederversammlung, wo man ja mit möglichen feindseligen Anträgen rechnete, sei es »zur Erleichterung aller Vorstandsmitglieder, glatt u. rasch vonstatten« gegangen. Da Reichs-, Landes- und Parteivertreter bei der Jubiläumsfeier erwartet wurden, blieb die Teilnahme von Juden an der Mitgliederversammlung nämlich potentiell heikel. Als besonders peinlich, ja schädigend konnte es sich erweisen, dass ein jüdisches Gesicht auf dem Podium geplant war. Der angesehene Arzt und Philanthrop Emanuel de Marnay-Baruch, Präsident der Goethe Society of America – der einzigen ausländischen Ortsgruppe der Goethe-Gesellschaft –, sollte aus New York Grüße überbringen. Sechs Wochen vor der Hauptversammlung traf jedoch die Nachricht von seinem Tod ein. Donndorf atmete auf: »So bleibt uns die Physiognomie des im Uebrigen ganz sympathischen und um unsere Sache verdienten Mannes erspart.«[139] Petersen erwähnte ihn nicht einmal in seiner Würdigung der Verstorbenen auf der Jubiläumsveranstaltung, wie es eigentlich vorgesehen war.[140] Ein anderes jüdisches Mitglied, Rechtsanwalt Dr. Oskar Gold aus Wien, fragte schriftlich an, »ob die Teilnahme von Juden erwünscht ist«. Martin Donndorf unterstrich das Wort »erwünscht« und kommentierte am Rand: »das wäre zuviel gesagt!« Doch entwarf er denselben Brief an Gold wie an Paul Kanter aus Breslau und im vorigen Jahr an Ernst Levy: man unterscheide nicht zwischen jüdischen und nichtjüdischen Mitgliedern.[141]

Jedenfalls nicht offen. Die jüdischen Mitglieder wurden immer mehr als Belastung angesehen.

Weder Gold noch Kanter – noch Kanters ›arische‹ Frau – erschien zur Hauptversammlung.[142] Wenigstens zwei jüdische Gesichter waren dennoch unter den Teilnehmern erkennbar. Eines war das von Julius Wahle, der ja im März 1933 aus dem Ortsausschuss zurückgetreten war. Er war schon seit 1886, dem Jahr nach der Gründung, Mitglied der Goethe-Gesellschaft, was ein Problem darstellte. Zum Jubiläum sollte nämlich jedes Gründungsmitglied eine Ehrengabe in Empfang nehmen.[143] Petersen stimmte zu, aber Kippenberg legte ein Veto ein: »Das mögen kleine Gesangvereine machen, aber die Goethe-Gesellschaft hat das wirklich nicht nötig.«[144] Die ausbleibende Verleihung blieb aber »ein wunder Punkt«; ausgerechnet Wahle fragte in der Geschäftsstelle danach.[145] Um unangenehmen Kommentaren im Publikum aus dem Weg zu gehen, einigte man sich darauf, die Ehrengabe nach den Festlichkeiten an die Altmitglieder zu schicken und in der Hauptversammlung kein Wort darüber zu verlieren.[146] (In ähnlicher Weise riet Kippenberg im nächsten Jahr »dringend« von Präsidentenbildern in der zu publizierenden Geschichte der Goethe-Gesellschaft ab, »was schon bei dem ersten Präsidenten« – dem getauften Juden Eduard von Simson – »ein Stein des Anstosses sein würde.«[147]) Jüdische Mitglieder und vor allem Amtsträger aus der Vergangenheit sollten am besten unsichtbar sein.

Eine andere jüdische »Physiognomie« auf dem Podium konnte man allerdings nicht vermeiden. Der 76-jährige ehemalige hohe Verwaltungsbeamte Theodor Lewald war nach nationalsozialistischer Auffassung ›Halbjude‹ und gleichfalls ein Gründungsmitglied der Goethe-Gesellschaft. Doch nicht nur das. Er war auch Präsident des Organisationskomitees der Olympiade, die 1936 in Berlin und Garmisch-Partenkirchen stattfinden sollte. Als Mitglied des Exekutivkomitees des IOC hatte er maßgeblich dafür gewirkt, dass Deutschland 1931 für die Spiele ausgesucht wurde, und nach der ›Machtergreifung‹ näherte er sich immer mehr dem Regime an. Mit der Goethe-Gesellschaft hatte er ein Preisausschreiben zum Thema »Goethe und der olympische Gedanke« vereinbart (dazu später mehr), das er jetzt in einer Ansprache ankündigte. Dass

Lewald in der Olympialeitung überhaupt vom Regime toleriert wurde, folgte außenpolitischen Erwägungen: Der Welt sollte gezeigt werden, dass Hitler-Deutschland noch Teil der zivilisierten Welt sei.

Dass die Vereinsleiter ein schlechtes Gewissen hatten, wenn jüdische Mitglieder aus der öffentlichen Präsenz der Gesellschaft zu verschwinden drohten, zeigt eine Episode vom Vorjahr. Am 25. August 1934 schrieb Kippenberg nach Lektüre des neuen Jahrbuchs an Donndorf: »Dass der Tod von Max Friedlaender, der eines der urältesten Mitglieder der G. G. (wenn ich nicht irre auch Ehrenmitglied und – oder – Inhaber der Goldenen Medaille) war, im gedruckten Bericht [zur Hauptversammlung] nicht erwähnt worden ist, empfinde ich als unter der Würde einer Gesellschaft, die Goethes Namen trägt, liegend.«[148] Der verdiente Berliner Musikwissenschaftler war in der Tat ein renommiertes Mitglied gewesen, Herausgeber von zwei Bänden der ›Schriften‹, Festredner 1916 und mit allen wichtigen Männern des Vereins befreundet: »Es tut mir leid um den wackeren alten Nichtarier!«, schrieb Donndorf nach Friedlaenders Tod.[149] Die Auslassung wird durch einen gedruckten Nachruf im nächsten Jahrbuch wettgemacht.[150] Durch diese öffentliche ›Wiedergutmachung‹ und auch in einem Fall aus dem Jahre 1937, der uns noch beschäftigen wird, zeigte man in der Leitung der Goethe-Gesellschaft gelegentlich ein bemerkenswertes Selbstbewusstsein. Allerdings führte man den Friedlaender-Nachruf gegenüber jüdischen Mitgliedern, die austreten wollten, als Beweis dafür an, dass die Vereinsleiter »auch nichtarischen Mitgliedern unbefangen gegenüberstehen«[151] – eine überzogene Behauptung.

Im Dienste auswärtiger Kulturpolitik

Beim Auswärtigen Amt (von dem man Mittel für die Beteiligung von Studenten an der Hauptversammlung angenommen hatte[152]) hingegen war der verstorbene New Yorker Jude de Marnay-Baruch keiner, den man verstecken wollte, sondern vielmehr ein Aushängeschild. Die Beziehungen Deutschlands zu den USA wurden nach der ›Machtergreifung‹ immer schlechter, und der Botschafter Hans Luther eckte in Amerika durch seine unbeholfenen Rechtfertigungen des NS-Regimes und besonders der Judenverfolgung überall an. Nun hatte de Marnay-Baruch im Ersten Weltkrieg als Präsident eines »deutsch-amerikanischen Hilfsausschusses« gedient, »um den kämpfenden Brüdern in der Alten Heimat zu helfen« und »der gehässigen Kriegspropaganda der Feinde Deutschlands entgegenzutreten«, so dass er als »einer der treuesten amerikanischen Freunde Deutschlands« galt.[153] Baruch plädiert in einem Brief nach Weimar für eine vorteilhafte »Kulturpolitik« in den USA, so wie sie andere Großmächte führten; von deutschen Schriftstellern sei es »eigentlich nur Goethe, den die Welt neben Shakespeare und Dante stellt; und im internationalen Kulturleben steht er wie kein anderer an 1. Stelle«. Er schließt: »Einer Renaissance Deutschlands [!] duerfte auch eine Renaissance deutschen Geisteslebens und -schaffens folgen, so dass das Interesse der Welt immer auf's neue erwacht.«[154] Damit kolportierte er eindeutig nationalsozialistische Vorstellungen, um die Goethe-Gesellschaft zu beeinflussen. Nach seinem Tode kam der deutsche Generalkonsul in New York, Dr. Hans Borchers – er trat Ende desselben Jahres in die NSDAP ein[155] –, zur aufwändigen Bestattungsfeier; er sowie der Stellvertreter des Botschafters spendeten Kränze. In dem entsprechenden deutsch-amerikanischen Zeitungsbericht unterstrich Donndorf mit Rötel diese Angaben.[156] Nichts kennzeichnet deutlicher die potentielle kulturpolitische Rolle der Goethe-Gesellschaft als diese Ehrung des jüdischen Vorsitzenden ihrer Ortsgruppe in New York durch Nazideutschland.[157]

Besonders der Präsident spielte eine tragende Rolle im außenpolitischen Engagement der Gesellschaft. Bei seiner Ankunft in New York im März 1933 konnte Petersen nicht nur – auf die Leserschaft der *New York Times* abgestimmt – Autoren wie Ernst Wiechert und den jüdischen Schriftsteller Alfred Döblin als Tonangebende empfehlen, sondern auch die im Ausland weithin unbekannten ›braunen‹ Dichter Hermann Stehr und Hans Grimm. Im entsprechenden Artikel wurde er nicht einmal als Berliner Lehrstuhlinhaber präsentiert, sondern als »president of the Goethe Society of Weimar« – offenbar sein selbstgewähltes Prädikat.[158] Im Mai, noch in den USA, erzählt er Kippenberg von seinem Vergleich der Bücherverbrennungen mit dem »Wartburgfest u. ähnlichen symbolischen Zornesakten« von Studenten. »Und die Judenverfolgungen, über die man sich hier aufregte, suche ich als Maßregeln gegen den Kommunismus zu erklären. Außenpolitisch haben wir wohl noch nie so im Dreck gesessen als in den letzten Wochen, aber die große Rede Hitlers hat hier ausgezeichnet gewirkt, als Eingehen auf den vergötterten Präsidenten Roosevelt.«[159] Es war Petersens selbstgewählte Aufgabe, Nazideutschland bis hin zur Judenverfolgung zu rechtfertigen.

Wieder in Deutschland, trieb Petersen weiter die auswärtige Kulturpolitik. »Trotz der ungünstigen Lage«, hieß es schon in der Sitzung vom 25. November 1933 mit Bezug auf das schlechte Bild Deutschlands in Amerika, »hält Hr. Petersen es keineswegs für ausgeschlossen, dass an verschiedenen [amerikanischen] Universitätsstädten bei geeigneter Werbetätigkeit sich Ortsgruppen ins Leben rufen liessen, die in der deutschen Kulturpropaganda eine wichtige Rolle übernehmen könnten.«[160] Petersen greift auch eifrig einen Vorschlag auf, einen Germanistikprofessor an der Stanford-Universität, William A. Cooper, der »die neue Bewegung in Deutschland freudig begrüßt« habe, zu ehren,[161] und gleichfalls aus politischen Gründen wurde »auf Anregung des Reichskultusministeriums« dem in Weimar völlig unbekannten amerikanischen Professor Charles Evans in Philadelphia – allerdings widerwillig – die Mitgliedschaft auf Lebenszeit verliehen.[162]

In außenpolitischen Erwägungen spielte also Amerika, wo Petersen die politische Spaltung unter den (oft deutschstämmigen) Germanisten hautnah erlebt hatte,[163] eine Hauptrolle, da Hitler darauf spekulierte, die Neutralität der USA zu fördern. Aber auch Europa wurde nicht vernachlässigt. Petersen fuhr eigens zum 60. Geburtstagsfest des befreundeten niederländischen Professors Jan Hendrik Scholte nach Amsterdam; die Goethe-Gesellschaft ehrte ihn, weil er »sich immer für das Deutschtum« eingesetzt habe.[164] Nach der Feier schrieb Petersen am 8. August 1934 an Kippenberg: »Ich hatte den Eindruck, daß mein Kommen eine ganz glückliche politische Aktion war, und so wurde es auch von Gesandtschaft und Generalkonsulat, die vertreten waren, aufgefaßt: in dem von Emigranten überschwemmten Amsterdam war die Betonung der engen

Verbindung zwischen deutscher und holländischer Wissenschaft gerade in diesem Zeitpunkt nicht unwichtig.«[165]

Die Jubiläumsfeier des Jahres 1935 war ein erster Höhepunkt des außenpolitischen Gebarens der Goethe-Gesellschaft. Im »vertraulichen« Protokoll einer Planungssitzung vom 27. April 1935, zu der »auf besondere Einladung« Vorstandsmitglied Buttmann sich einfand, wird die Aussage Petersens festgehalten: »Die Jubiläumsversammlung biete eine günstige Gelegenheit, Prominente des geistigen Auslands nach Deutschland zu holen und dadurch kulturelle Propaganda zu treiben.«[166] Buttmann pflichtet ihm bei, denn angesichts außenpolitischer Rückschläge könne man so »zeigen, dass wir nicht daran denken, uns zu isolieren. Darum liege ein solcher Schritt in unserem politischen Interesse.« So nutzte die Goethe-Gesellschaft die Beteiligung von Ausländern am Jubiläumsfest als Schachzug, um wissenschaftliche Normalität vorzuspiegeln und den Eindruck friedlicher Absichten des Dritten Reichs zu erwecken – just in dem Augenblick, als Hitlers im März 1935 angekündigte Aufrüstung und Wiedereinführung der Wehrpflicht sie in Frage stellten.

Die Einweihung des von der Goethe-Gesellschaft, aber auch vom ›Führer‹ mitfinanzierten Museumsneubaus am Goethehaus anlässlich der Hauptversammlung 1935 war ein »Staatsakt«, zu dem die Spitzenpolitiker des Regimes eingeladen wurden. Petersen umreißt die Erwartungen, die daran geknüpft waren, in einem wichtigen »vertraulichen« Brief an Karl Wilhelm Oest vom 26. Juni 1935. Hier argumentiert der Präsident gegen Oests Anregung, die Goethe-Gesellschaft solle sich der NS-Kulturgemeinde Rosenbergs anschließen. Die Gesellschaft, erklärt Petersen, »behält auch außer den nationalen Aufgaben eine Weltmission. Dies wird, wie ich hoffe, bei den Jubiläumsfeierlichkeiten, die unter der Teilnahme der Reichsregierung stattfinden, in Erscheinung treten.«[167] Zum ersten Mal fällt hier der Begriff »Weltmission«, den später auch das Propagandaministerium auf die Goethe-Gesellschaft bezog. Die ausländischen Gäste sollten die internationale Prägung der Goethe-Gesellschaft vor Vertretern der Reichsregierung veranschaulichen und damit die auswärtige kulturpolitische Bedeutung der Gesellschaft demonstrieren, was wiederum in Petersens Kalkül die Selbständigkeit garantieren würde.

Zur ›Normalität‹ in Nazi-Deutschland gehörte es allerdings, dass das ›Führerprinzip‹ eingeführt und Reste demokratischer Strukturen beseitigt wurden. Dem wollte sich die Leitung der Gesellschaft auch gar nicht widersetzen. Nur wollte sie dies ohne die von Petersen vorgeschlagene, aufsehenerregende Satzungsänderung realisieren.[168] Eine Zeitlang witzelte man einfach über das ›Führerprinzip‹,[169] aber mit der Aussicht auf eine Hauptversammlung unter den Augen führender Reichsminister wurde damit Ernst gemacht. Entsprechend antwortet Petersen auf Oests Antrag, die Gleichschaltung zur Diskussion zu stellen: »Es würde aber einen sehr unangenehmen Eindruck machen, wenn in der vorausgehenden Geschäftssitzung ein Antrag auf Anschluß an die NS-Kulturgemeinde Gegenstand einer uferlosen Diskussion würde. Dazu ist die Stunde nicht da, und die Bedeutung einer solchen Eingliederung kann auch unmöglich vor aller Oeffentlichkeit erörtert werden. Sie können überzeugt sein, daß der Vorstand die Lage der Gesellschaft im neuen Deutschland in jeder Beziehung im Auge hat und keineswegs die Gesellschaft in eine rückständige Stellung bringen will. Aber ich hoffe, Sie erkennen aus meinen Andeutungen, daß eine Diskussion dieser Fragen in der Geschäftssitzung weder zeitgemäß ist, insofern sie zu dem überwundenen Uebel des Parlamentarismus zurückführen würde, noch ein anderes als verwirrendes Ergebnis haben würde.«[170]

Genial argumentierte Petersen hier mit dem einen Aspekt der Gleichschaltung – dem Führerprinzip – gegen einen anderen Aspekt: die Angliederung an eine Parteiorganisation. Kippenberg hatte den Bruch mit demokratischen Formen befürwortet: »Dringend warne ich davor, die Vorstandsliste durch die Hauptversammlung bestätigen zu lassen, wie das 1932 angesichts sehr anderer Zeitverhältnisse geschehen ist. [...] Die Liste wird vorgelegt, es wird gesagt, eine andere läge nicht vor und damit sei nach § x [sic] der Statuten der Vorstand wie folgt zusammengesetzt, Punkt, Schluss.«[171] Und so kam es auch, trotz der Bedenken des Juristen Donndorf: »der flüchtige Hinweis K.s auf die ›sehr anderen Zeitverhältnisse anno 32‹ vermag die jetzige veränderte Auslegung feststehender Satzungsbestimmungen doch wohl kaum zu rechtfertigen!«[172] So verletzte die Goethe-Gesellschaft ein weiteres Mal ihre Satzung, diesmal um den erwarteten Nazigrößen heikle Diskussionen in demokratischer Form zu ersparen.

Die meisten Vertreter der Reichsregierung kamen allerdings nicht. In der Forschung wurde betont, dass der Thüringer Nazi Ziegler zwei Ansprachen halten musste, »weil, so muss man wohl hinzufügen, kein hinreichend prominenter Nazi-Funktionär erschien«.[173] Die Implikation, die Regimeführer hätten aus ideologischen Gründen die Feierlichkeiten boykottiert, überzeugt nicht. Vielmehr hatte die Goethe-Gesellschaft selbst das Nichterscheinen der Prominenz durch die Verschiebung des Termins in den August zu verantworten (weil der Museumsbau zum üblichen Pfingsttermin nicht fertig wurde). Die Einladung an die Reichsminister erging erst am 4. Juli, mit dem Köder, dass der Erweiterungsbau »durch das persönliche Eingreifen des Führers und Reichskanzlers Adolf Hitler zustande gekommen ist«.[174] Aber es war ja Urlaubszeit, worauf in den Antworten hingewiesen wurde: Rosenberg sei verreist, Reichsleiter für Kulturfragen Philipp Bouhler »in Urlaub«, Göring und Ehefrau auf einer »Erholungsreise«.[175] Goebbels entschuldigte sich umgehend »zu seinem grossen Bedauern« mit einem schon festgelegten, aber nicht näher beschriebenen Termin.[176] Der Zeitpunkt war also unglücklich gewählt. Das hinderte die britische Propaganda – und spätere Forscher – nicht daran, das Nichterscheinen der Minister und vor allem Rusts als Ausdruck der nationalsozialistischen Ablehnung Goethes hinzustellen[177] – alles ohne Grundlage, zumal Rust bald nach der Hauptversammlung zum Mitglied der Goethe-Gesellschaft wurde und als der eigentlich zuständige Minister bereits geplant hatte, in der Festsitzung zu reden.[178] Seine Ansprache war im Programm angekündigt und die Details von Empfang und Unterkunft geregelt; erst am Abend vorher traf das Telegramm mit der Nachricht ein, dass Rust »zu seinem bedauern wegen dringender dienstlicher inanspruchnahme an festsitzung 27. august nicht teilnehmen kann«.[179] Das Auswärtige Amt, Rosenberg sowie seine NS-Kulturgemeinde schickten Vertreter,[180] Goebbels holte seinen Besuch im Oktober nach und ließ sich von Hans Wahl durch das neue Goethe-Nationalmuseum führen (dazu später mehr). Die britische Meldung wurde dementsprechend in einem Leserbrief von einem in Jena lebenden Engländer korrigiert.[181] Auch die Behauptung, Gauleiter Sauckel sei diesem wichtigen Ereignis ferngeblieben,[182] ist falsch: Er nahm an allen öffentlichen Veranstaltungen teil.

Bei der Einladung an Hitler werden alle Register gezogen: »Die Goethe-Gesellschaft würde die ehrenvollste Anerkennung ihres Wirkens und die schönste Krönung ihres Festes darin erblicken, daß ihr vergönnt wäre, bei dieser Feier dem Führer des Volkes Goethes als ihrem Ehrengast dankbar zu huldigen.«[183] Petersen brachte die Einladung selbst in die Reichskanzlei und wurde dort »freundlich empfangen«, interessanterweise von Ministerialrat Leo Killy, Vater des später berühmten Literaturwissenschaftlers Walter Killy, der im nächsten Jahr seine Promotion bei Petersen begann und diese also wohl der Begegnung in der Reichskanzlei verdankte.[184] Hitler ließ umgehend antworten, er behielte sich seine Entscheidung noch vor – das war nun mal seine Gewohnheit –, und verursachte damit nicht wenig Kopfzerbrechen wegen der Formalitäten (Donndorf: »*Was wird*, wenn doch noch der Führer plötzlich kommt?«[185]).

Erst zehn Tage vor der Feier sagte der ›Führer‹ »infolge seiner überaus starken amtlichen Inanspruchnahme« ab.[186] Gleichzeitig bat er die Thüringische Regierung, »seine besten Wünsche für einen guten Verlauf der Weihestunde sowie für die weitere Arbeit des Goethe-Nationalmuseums zu übermitteln«.[187] Zum Zeitpunkt der Tagung war Hitler nämlich mit einem mehrtägigen Artillerieschießen der Kriegsmarine in Kiel beschäftigt, was für seine außenpolitischen Ziele wichtig war: Das Flottenabkommen mit Großbritannien war wenige Wochen vorher abgeschlossen worden und öffnete den Weg zum Aufbau der deutschen Kriegsmarine.[188] Goebbels' Absage wiederum überrascht nicht, denn er betrachtete Goethe als Volksfeind. Um die Zeit der Einladung von der Goethe-Gesellschaft, am 5. Juli 1935, schrieb er in sein Tagebuch: »Diese Künstler sind doch alle politisch charakterlos. Von Goethe bis Strauß. Weg damit!«[189]

Richard Strauss war schon längst zum politischen Thema bei der Planung der Hauptversammlung geworden. Er sollte in der musikalischen Umrahmung dirigieren. Für die Tagung 1934 war seine Musik noch abgelehnt worden[190] – aber seine Ernennung zum Präsidenten der Reichsmusikkammer machte ihn für die Goethe-Gesellschaft auf einmal attraktiv. Kippenberg war mit Strauss befreundet und leierte seine Mitwirkung an. Man plante sogar, Strauss – trotz fehlender Voraussetzungen – die Ehrenmitgliedschaft zu verleihen (wieder einmal ein Verstoß gegen die Satzung).[191] Aber plötzlich wimmelte Kippenberg wieder ab: »aus mancherlei Gründen«, schreibt er am 5. Februar 1935, sei er dafür, »einen anderen Dirigenten zu nehmen«.[192] Warum? Der öffentliche Eklat um Strauss und seine Entlassung (als Rücktritt getarnt) kamen zwar erst im Juli 1935, nachdem die Gestapo einen Brief von ihm an seinen exilierten jüdischen Librettisten Stefan Zweig abgefangen hatte, in dem der Komponist bekannte, dass er »den Präsidenten der Reichskulturkammer« nur »mime«.[193] Aber bereits im Sommer 1934 hatte die nationalsozialistische Presse die Zusammenarbeit der beiden heftig kritisiert,[194] und der Gedanke, Strauss als Kammerpräsidenten abzusetzen, tauchte spätestens im Oktober 1934 auf.[195] Der ideologisch fragwürdige Strauss war für die Weimarer jedenfalls erledigt. Als Ersatz suchten sie den regimetreuen Komponisten Peter Raabe aus, der von 1907 bis 1920 als Hofkapellmeister in Weimar gewirkt hatte und neuerdings wieder dorthin ziehen wollte.[196] Goebbels folgte diesem Beispiel: Er ernannte Raabe zum neuen Präsidenten der Reichsmusikkammer. Die Weimarer hatten mithin einen guten politischen Instinkt gezeigt. Die Zeitungen betonten immer wieder, dass der neue Präsident der Reichsmusikkammer bei der Hauptversammlung den Stab führte.[197]

Dem ›Führer‹ dankte die Goethe-Gesellschaft in »Verehrung und Liebe« für seinen Einsatz und die finanzielle Unterstützung für den Erweiterungsbau telegrafisch »mit den Goethischen Worten«:

Manches Herrliche der Welt
Ist in Krieg und Streit zerronnen;
Wer beschützet und erhält,
Hat das schönste Los gewonnen.[198]

Nach Goethes Aussage sollten diese Verse »jene Kraft und Beständigkeit« loben, »welche schriftliche Überlieferungen sowohl als die lebendigen Kunsttätigkeiten, selbst in den gefährlichsten Augenblicken, zu retten und zu bewahren wußte.«[199] Aus der späteren Perspektive des von Hitler ausgelösten Krieges, der so viele Schrift- und Kunstschätze zugrunde richtete, erscheint das ironisch. Allerdings: Die Verse galten nach dem Ersten Weltkrieg als Wahlspruch der Gesellschaft und wurden bei der großen Goethefeier 1932 auch an Hindenburg geschickt.[200]

Die Außenpolitik durchzieht wie ein roter Faden die Ansprachen, die von peinlichen Parallelisierungen zwischen Goethe und Hitler durchdrungen sind. Schon in seinen Begrüßungsworten hebt Petersen hervor, dass man zwischen der »Volksverbundenheit« des Thüringer NSDAP-Regierungsjubiläums am Vortag, für das »30 grünumwundene Fahnenmasten« um den Frauenplan aufgestellt worden waren, »von denen riesige Hakenkreuzfahnen herabwehten«,[201] und Goethes Geburtstag wenige Tage später in der Jubiläumsfeier »symbolisch *eines und alles* zusammenfassen« wolle – und spielt damit auf das gleichnamige Gedicht Goethes an.[202] Und dann: »Wir hatten die Hoffnung, morgen den Mann hier begrüßen zu dürfen, für den das deutsche Volk und der für das deutsche Volk *eins und alles* ist.« Auch in seiner Festansprache nennt er den Dikta-

Festsitzung der Jubiläumsfeier während der Ansprache Julius Petersens, 27. August 1935

tor und den Dichterfürsten, den »Führer des deutschen Volkes« und den »Herrscher im Reich der deutschen Sprache«, in einem Atemzug.[203] Und schließlich bemüht auch Ziegler in seinem Trinkspruch den abgegriffenen Goethevers »Edel sei der Mensch, hilfreich und gut«, um den Dichter als Wegbereiter Hitlers hinzustellen: »Dieser Forderung gemäß Goethe nachzuleben und im Stolzgefühl seines Besitzes unsere Kräfte dem Vaterlande und seinem Führer mit aller Hingabe zu weihen, das ist ein schönes Ziel.«[204]

In seiner Ansprache *Goetheverehrung in fünf Jahrzehnten,* einer kurzen Geschichte der Goethe-Gesellschaft, hebt Petersen in Anlehnung an Victor Hehn die ersten Kritiker Goethes, nämlich »[d]emokratische Literaten jüdischer Herkunft wie Börne« hervor, die »das politische Zerrbild des herzlosen Fürstenknechtes, der nicht mit dem Volke fühlen konnte, geprägt« hätten.[205] Durch Assoziation mit jüdischen Intellektuellen wollte Petersen so den Kern nationalsozialistischer Goethe-Kritik unterminieren, den Vorwurf gegen den ›Volksfeind‹. Um die Jahrhundertwende, so Petersen, »öffneten sich die Augen für den arteigenen Charakter der deutschen Klassik«, dem sich naturalistische und marxistische Ausleger verweigert hätten. Er lobt Adolf Bartels und Hitlers Lieblingsschriftsteller Houston Stewart Chamberlain; beide hatten Goethe als Antisemiten gerühmt. Und er hebt die Versuche der Berliner Ortsgruppe hervor, »auch der Goethe-Gesellschaft eine Art Weimarer Verfassung aufzuzwingen«, also eine Demokratisierung – und allen Kundigen war klar, dass er die angeblich *jüdisch* gelenkte Berliner ›Kabale‹ meinte.

Wo Petersen in seiner Ansprache zum jüngsten Jahrzehnt in der Geschichte der Goethe-Gesellschaft kommt, macht er aus dem Paktieren mit dem Nationalsozialismus keinen Hehl. Berüchtigt ist seine Aussage, in der es um »Goethes vaterländisches Fühlen« geht: »Wie er im Frühjahr 1813 Lützowschen Jägern, die in den Freiheitskampf zogen, an der Elbe die Waffen segnete, so würde er auch den schwarzen Gesellen und den braunen Kameraden, die 120 Jahre später für die innere Befreiung Deutschlands sich zu opfern bereit waren, seinen Gruß nicht versagt haben. Wie er damals durch das Wunder der Volkserhebung bekehrt wurde und in der Befreiung Deutschlands kaum für möglich Gehaltenes und doch in Herzenstiefe Ersehntes erfüllt sah, so würde er auch heute ehrfürchtig staunen über das Erwachen der Volkskraft und über die Erreichung eines Zieles, das in seinem fernsten Hoffen lag.«

Diese Stelle, konstatiert Dieter Borchmeyer, war »eine der hanebüchensten Perversionen, die je einem Germanisten in den Sinn gekommen sind«; nach Ehrhard Bahr stellt die Rede »eine ›Selbstnazifizierung‹ der Goethe-Gesellschaft« dar; einem Zeitgenossen, dem Archäologen (und Mitglied der Goethe-Gesellschaft) Ludwig Curtius, erschien sie »der schrecklichste Verrat«.[206] Dass Goethe in der Tiefe seines Herzens die Verwirklichung der ›Volksgemeinschaft‹ unter radikal antisemitischem Vorzeichen erhofft habe, ist eine groteske Verdrehung seiner politischen Einstellung. Darüber hinaus zeigt Petersen eine schändliche Nonchalance gegenüber den Ereignissen der letzten Jahre. Die schlimmsten Verbrechen der SS (der »schwarzen Gesellen«) lagen noch in der Zukunft, doch betrieben sie die Konzentrationslager, und die »braunen Kameraden« der SA hatten eine lange Geschichte blutiger Ausschreitungen gegen Kommunisten, Juden und andere ›Volksfeinde‹, sie waren der Hauptmotor organisierter antisemitischer Hetze an der Parteibasis. Sie mit den Truppen des Jahres 1813 gleichzusetzen, die Goethe außerdem nur mit ironischem Vorbehalt gesegnet haben soll,[207] ist eine atemberaubende Entgleisung für einen der wichtigsten Literaturwissenschaftler Deutschlands. Überboten wird sie nur durch die Unterstellung der heutigen Goethe-Gesellschaft, Petersen habe dies vielleicht gesagt, »um Schlimmeres zu verhüten«.[208] Was hätte eigentlich noch schlimmer sein können?

Petersen stellt selbst den in bisherigen Auslegungen übersehenen außenpolitischen Kontext seiner Bemerkungen her: »Wenn die Worte Adolf Hitlers, dem das Wunder [d. h. »das Wunder der Volkserhebung«] gelang, im Mai dieses Jahres die Welt aufhorchen ließen, so lag in seinem an das deutsche Volk als Ganzes gerichteten Zuruf dieselbe Mahnung, mit der die Wahrheit als Goethes Muse sich an den Dichter wendet: ›Erkenne dich, leb mit der Welt in Frieden!‹ Sich erkennen heißt beidemale« – also in Hitlers Mairede wie in Goethes hier zitiertem Gedicht *Zueignung* –

»nicht beschauliche Betrachtung, sondern tätige Selbstbestimmung, Reinhaltung des eigenen Wesens[,] Selbstbehauptung und strebendes Bemühen der Selbstwerdung«. In der neuerlichen ›Friedensrede‹ vom 21. Mai 1935 hatte Hitler die Wiedereinführung der allgemeinen Wehrpflicht verteidigt, angeblich zur Stärkung seiner Position in der Bemühung um europäisches Gleichgewicht der Mächte im Dienste des Friedens. Petersen war nicht der Einzige, der in diese Taktik einstimmte. Der Weimarer Kosmopolit Harry Graf Kessler, von dem als Kritiker an Kippenbergs Antisemitismus schon die Rede war, schrieb am 25. Mai im spanischen Exil in sein Tagebuch, »Hitlers große Rede« biete »eine Grundlage, die, wenn sie ehrlich ausgebaut wird, den europäischen Frieden auf Jahrzehnte sichern könnte«.[209] Überhaupt fand die Rede im Ausland viel Zustimmung; die Kriegsängste nach Hitlers Wiedereinführung der Wehrpflicht legten sich erst mal.[210]

Petersen wusste allerdings ganz genau, was er in Kauf nahm, als er sich mit dem Regime und dessen außenpolitischen, militärischen Zielen öffentlich verbündete: die Diktatur, die nicht nur einen Krieg wahrscheinlicher machte, sondern auch die Ausschaltung demokratischer Gegner und vor allem jüdischer Bürger unbeirrt betrieb. Wenn Hitler in seiner ›Friedensrede‹ zynisch sagte, »Der Umfang und die Tiefe dieser Revolution haben nicht gelitten durch die Schonung, mit der sie ihre einstigen Gegner behandelte«,[211] so wirkt Petersens Lob wie ein Hohn der Opfer dieser brutalen ›Schonung‹. Auch der Ausdruck »Reinhaltung des eigenen Wesens« in Petersens Rede hatte eindeutig antisemitischen Charakter – so wie seine Ansprache den Antisemitismus durch den Blankoscheck für das Regime legitimierte. Über seine Rede, zumal die Stelle über schwarze Gesellen und braune Kameraden, wurde in den Zeitungen viel berichtet.[212] Ein Anonymus reagierte darauf in einem Schreiben an Petersen nach der Hauptversammlung. Er reihte Zitate über Goethes freundschaftlichen Umgang mit dem jüdischen Komponisten Felix Mendelssohn Bartholdy auf und schrieb dazu: »Und *Sie* meinten neulich, Goethe, wenn er heute lebte, würde den braunen Kameraden und den schwarzen Gesellen seine Anerkennung nicht versagen – ihnen, die im ›Sommernachtstraum‹ die Musik Mendelssohns nicht hören wollen, denen Genie, Leistung, Verdienst nichts und ›Rasse‹ alles ist!?!«[213] Petersen bemerkte am Rande lakonisch: »Kuriosum«.

Andere Ansprachen mussten die jüdischen – und gewiss andere – Mitglieder nicht weniger entsetzen. Ziegler sprach im Namen Goethes die Ausgrenzung ›nichtarischer‹ Menschen sogar noch offener als Petersen aus: »Wir aber wissen, daß der deutsche und der arische Mensch, wenn er die geistigen und sittlichen Aufgaben erkennt, die ein Goethe an Volk und arische Menschheit gestellt hat, ein großes Stück auf dem Wege zur höchsten Selbsterkenntnis zurückgelegt hat.« Diese Tischrede endet mit einer Apotheose Hitlers als Wegbereiter dieser »Sendung« und dem Gruß an den ›Führer‹, verbunden mit dem »Gelöbnis treuster Pflichterfüllung«; der Berichterstatter im *Goethe-Jahrbuch* setzt hinzu: »Freudig stimmte die Versammlung in den Heilruf auf den Führer ein.«[214] In seiner

Hans Severus Ziegler eröffnet das neu erbaute Goethe-Nationalmuseum, 28. August 1935

Ansprache als Vertreter der Thüringischen Regierung und NSDAP sagte Ziegler, dass Staat und Partei beabsichtigen, »alles zur Reife zu bringen, was deutschem Wesen entstammt und deutschem Wesen förderlich ist«.[215] Und in einer dritten Rede – zur Einweihungsfeier vor dem Goethe-Haus – meinte er, eingedenk der Worte des Führers »stehen wir hier als eine große Kulturgemeinde gleichgesinnter arischer Menschen«.[216]

Wie diese und andere Reden[217] auf die versammelten Mitglieder gewirkt haben, geht aus den Stenogrammen hervor, die den Verlauf festgehalten haben. Am Schluss fast jeder der zwölf Ansprachen steht die formelhafte Auskunft: »(Beifall)« oder »(Lebhafter Beifall)«, nur in Ausnahmefällen wurde die Rede durch Applaus unterbrochen, etwa nach Lesung des Telegramms an Hitler: »(Lebhafte Zustimmung)«.[218] Bei den linientreuen Verlautbarungen ist wenig Begeisterung registriert. Nur in einem Fall gibt es gehäufte Vermerke: Die anderthalbseitige Ansprache des Vertreters der English Goethe Society, des 73-jährigen Oxforder Professors Hermann Georg Fiedler, wurde gleich fünfmal durch Beifall unterbrochen. Der gebürtige Deutsche war dafür bekannt, »kurz aber packend« zu reden,[219] er war ein »temperamentvoller Sprecher«, der noch 1938 »für Deutschland ein warmes Herz« hatte.[220] Die Beifallsbekundungen galten insbesondere der starken Verbundenheit des englischen Volkes mit dem deutschen. Zweimal heftigen Applaus gab es für dieses Bekenntnis: »Und dann betrachten wir es als unsere vornehmste und schönste Aufgabe, den Engländern Goethes Leben und Dichten zu deuten und dadurch ihr Verständnis für deutsches Wesen überhaupt (Lebhafter Beifall), um so die beiden großen Völker einander näher zu bringen in gegenseitigem Verstehen und in gegenseitiger Achtung. (Lebhafter Beifall)«.[221] Fiedler beendete seine Rede unter großer Zustimmung mit der Zuversicht, »daß trotz allem, was in den letzten 20 Jahren geschehen ist, die Besten der Nation hier wie drüben einander geistig nicht entfremdet worden sind. (Beifall). / Was Deutschland und England zu trennen auch scheint: / Hier Shakespeare, dort Goethe hält sie vereint! / (Lebhafter, lange anhaltender Beifall).«

Was Fiedler dem deutschen Publikum in Aussicht stellt, ist die »Achtung« des Auslands und speziell Großbritanniens im Zeichen des größten deutschen Dichters und der Politik Adolf Hitlers. Dieser hatte jüngst das Flottenabkommen mit Großbritannien als glänzenden Triumph für seine Außenpolitik und einen Höhepunkt der internationalen Achtung für das nationalsozialistische Deutschland ausgegeben. Gleichzeitig nährte der Vertrag die Hoffnung, ein Krieg würde sich vermeiden lassen – obwohl das Abkommen die Aufrüstung der deutschen Marine vorsah. Daher bedeutet der frenetische Beifall mit Sicherheit gleichermaßen Friedenssehnsucht und Zustimmung zu Hitlers Politik, zusammen mit erstarkendem Nationalgefühl und Stolz auf Goethe als Vermittler der Verbundenheit zwischen den beiden Völkern. Auch die Mitglieder der Goethe-Gesellschaft ließen sich durch Hitlers ›Friedenspolitik‹ täuschen. Ihre Zustimmung galt aber auch der Instrumentalisierung Goethes für Regimezwecke. Ihr lebhafter Beifall oszillierte in seinen widersprüchlichen Implikationen zwischen Abneigung gegen einen vielerorts erwarteten Krieg und Bestätigung von Hitlers Kurs.

Frankreich verübelte den Briten die Annäherung an Hitler. Der Franzose André François-Poncet hatte im März als Einziger der von Hitler vorgeladenen Botschafter gegen dessen Ankündigung der Einführung der Wehrpflicht und Aufrüstung protestiert.[222] François-Poncet besuchte die Jubiläumsfeier auf eigenen Wunsch privat, in seiner Eigenschaft als Goethe-Forscher (Petersen lud ihn zu seinen Goethe-Seminaren ein[223]), meldete sich als Mitglied und legte in einer »bedeutenden Ansprache sein Bekenntnis zu Goethe ab«.[224] Gauleiter Fritz Sauckel, der der Goethe-Gesellschaft eigentlich nicht besonders wohlgesinnt war, nutzte die Gelegenheit, um François-Poncet großzügig mit Stichen nach Gemälden von Tischbein zu beschenken, sicher mit Hilfe Kippenbergs oder Wahls. Der Franzose bedankte sich für die »Liebenswürdigkeit« Sauckels, das Geschenk habe ihn »tief gerührt«; dies meldete Sauckel prompt dem ›Führer‹.[225] Es war eine willkommene Möglichkeit, um in dieser außenpolitisch entscheidenden Zeit einen Schlüsselstaat über die Schiene der Goethe-Gesellschaft zu beeinflussen.

Wiederholt wurde in der Presse vom Staatsakt berichtet, von Hitlers Teilfinanzierung des Erweiterungsbaus, vom Telegramm an den ›Führer‹, von der Wahl des Heß-Funktionärs Schulte Strathaus in den Vorstand, von Petersens und Zieglers haarsträubenden Reden, von arischen Menschen, denen die Botschaft Goethes galt, von Goethes imaginiertem Gruß an SA und SS. Was Petersen den Journalisten weisgemacht hatte, war eine Symbiose zwischen Goethe und Hitler. So referierte die *Jenaische Zeitung* mit Anspielung auf Petersens Rede: »Der neue Staat und sein Führer bejahen das Kulturvermächtnis Goethescher Geisteswelt, und andererseits darf man mit Fug und Recht annehmen, daß Goethe in ehrfürchtigem Erstaunen die Erfüllung seines tiefsten Hoffens, die Bildung einer deutschen Nation, begrüßt hätte, wenn er heute unter uns weilte.«[226] Das neue Gesicht der Goethe-Gesellschaft, das aus den Zeitungsberichten hervorblickte, ekelte gewiss viele jüdische Mitglieder an. Und nicht wenige von ihnen werden die Ansprachen zum Austritt bewogen haben.

Auswirkungen der Jubiläumsfeier

Die Hauptversammlung hatte sofortige Auswirkungen in der Partei und bei jüdischen Mitgliedern. Noch bevor das Amt Rosenberg den Brief der Goethe-Gesellschaft an Stoffregen bekommen hatte, in dem ein Ausschluss jüdischer Mitglieder abgelehnt wurde, schrieb es am 2. September 1935 an das Geheime Staatspolizeiamt (Gestapa). Die Rosenberger fragten, ob das Gestapa über die Goethe-Gesellschaft »bereits Erhebungen angestellt« habe »und ob negatives Material vorliegt«, ganz besonders »wieviel jüdische Mitglieder zurzeit noch geführt werden.« Da man auf der Hauptversammlung einen Arierparagraphen »bewusst wieder nicht eingeführt« habe, sei anzunehmen, »dass der jüdische Einfluss [unter] der Oberfläche immer noch besteht.« Es wird »um eine baldige Nachricht« gebeten, »da für uns wichtige Entscheidungen von Ihren Mitteilungen abhängen.«[227]

Eine Antwort ist nicht erhalten, wohl aber ist ein Termin für den 21. September notiert. Was Heydrichs Schergen bei dieser Gelegenheit den Kulturpolitikern Rosenbergs erzählt haben mögen, ist nicht bekannt. Jedenfalls war, was das Amt Rosenberg betrifft, eine Zeitlang Funkstille –

bis zur nächsten Vorstandswahl drei Jahre später. Wieder einmal hatte die Goethe-Gesellschaft Rosenberg ausgetrickst.

Es können aber auch gegenteilige Gerüchte unter den Mitgliedern kursiert sein, nämlich dass ein Arierparagraph doch eingeführt wurde. Indizien finden wir in einem späteren Dokument. Der Dichter Hans Friedrich Blunck erfuhr von der früher von ihm geleiteten Reichsschrifttumskammer, dass nicht »die geringsten Bedenken bestehen«, wenn er der Goethe-Gesellschaft beitreten würde: »Die Goethe-Gesellschaft hat früher als Mitglieder zahlreiche Juden und Nichtarier gehabt, die anläßlich einer Generalversammlung ausschieden, oder ausgeschieden wurden. (Ich glaube, es war 1934 oder 1935) Es ist anzunehmen, daß evtl. Reste von Nichtariern inzwischen längst die Konsequenzen gezogen haben.«[228] Solche irrtümlichen Gerüchte würden jedenfalls die große Welle von Austritten jüdischer Mitglieder nach der Hauptversammlung erklären, obwohl gewiss die Zeitungsberichte die Hauptrolle spielten; nur eine Handvoll Juden hatte die Veranstaltung besucht. »Den einzelnen Anmeldungen, die eingehen«, berichtete die Geschäftsstelle am 4. Oktober 1935, »stehen täglich Abmeldungen jüdischer Mitglieder gegenüber«.[229] Das militante Auftreten auf der Hauptversammlung war der sicherste Weg, die Goethe-Gesellschaft zu ›entjuden‹.

Bald steuerte der Verein einen neuen Kurs an, der, vom Erfolg der Jubiläumsveranstaltung ausgehend, einen ungeahnten Aufschwung in den Mitgliederzahlen bringen sollte – unter ›Ariern‹. Und damit verfing sich die Goethe-Gesellschaft immer tiefer in die Bindung an das Regime. Die jüdischen Mitglieder konnte die Vereinsführung immer mehr vergessen. Der Faustische Pakt war unterschrieben.

KAPITEL 4

Aufschwung: Die Wende des Regimes zu Goethe

SEPTEMBER 1935–SOMMER 1938

Werbung um Arier

Die existentielle Krise der Goethe-Gesellschaft war nach dem Erfolg der Hauptversammlung im August 1935 bei weitem nicht überwunden. Im Gegenteil: Ende 1935 erreichte der Mitgliederstand einen neuen Tiefpunkt von etwa 2800,[1] die Mitgliedergebühren deckten nicht mehr die Ausgaben – obwohl die Jubiläumsfeier ein großer Erfolg und Thema vieler begeisterter Zeitungsberichte gewesen war. Diese öffentliche Anerkennung wollte Donndorf nutzen. Er erklärte gleich nach der Feier, dass »gerade bei der Werbung das Eisen geschmiedet werden müsste, solange es heiss ist und *jetzt ist* es heiss; alle Welt spricht beifällig von unseren Veranstaltungen!«[2]

Zwei Jahre später, auf der Hauptversammlung des Jahres 1937, stellt Donndorf bessere Aussichten fest: »der Mitgliederbestand beginnt nach einem längeren Zeitraum des Absinkens wieder beständig zu werden, ja anzusteigen«, man sei fast bei 3000 Mitgliedern.[3] Seit Ende 1935 stieg die Mitgliederzahl also kontinuierlich – zunächst bescheiden, in den nächsten Jahren spürbarer, trotz des Verlusts vieler jüdischen Mitglieder. Wer oder was für diesen Anstieg verantwortlich war, lässt sich nicht mit Bestimmtheit auf einen einzigen Faktor beschränken,[4] doch war wohl entscheidend, dass man erfolgreich die Nützlichkeit Goethes und der

Goethe-Gesellschaft in der nationalsozialistischen Ideologie und Politik demonstriert hatte. Die Jubiläumsveranstaltung mit dem Staatsakt der Eröffnung des neuen, von Hitler mitfinanzierten Museums zu verknüpfen, war jedenfalls ein geschickter Schachzug, spiegelte er doch das wachsende Vertrauen des Regimes zu Goethe wider.[5]

Dazu gesellte sich Ende Oktober 1935 ein glücklicher Umstand: Unter der Schirmherrschaft Goebbels' wurde zum ersten Mal die reichsweite Veranstaltung »Woche des Deutschen Buches« abgehalten – und Weimar als Kulisse dafür gewählt. Goebbels betonte, dass die Buchwoche »im Zeichen und Geiste dieser beiden Dichterkönige stehen« solle: Die Eröffnung »will als Huldigung des ganzen deutschen Volkes für die Großen von Weimar verstanden werden, denen es ein gutes Teil seiner geistigen

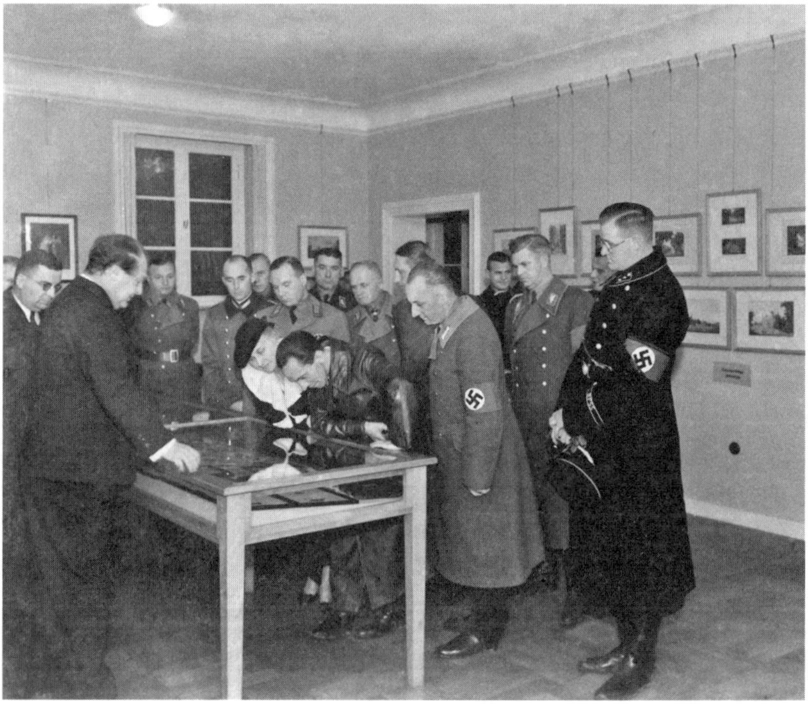

Besuch des Ehepaars Goebbels im Goethe-Nationalmuseum,
geführt von Hans Wahl (links), 26. Oktober 1935

Weltgeltung zu verdanken hat«.[6] Und nachdem er mit seiner Ehefrau unter der Führung Hans Wahls und in Begleitung eines Fotografen das neue Museum besichtigt hatte, schrieb Goebbels in sein Tagebuch: »So viel neue Eindrücke. Goethe in seinem Riesenumfang des Geistes und der Seele. Fast entmutigend. [...] Kränze an den Särgen Goethes und Schillers niedergelegt. Sehr ergriffen.«[7] Die öffentlichen Bekenntnisse zu Goethe häuften sich im Laufe des Jahres 1935 und trugen mit Sicherheit zum Anstieg der Mitgliederzahlen bei.

Mit der Anfang 1936 einsetzenden Werbekampagne zollte die Gesellschaft der Veränderung in der Mitgliederstruktur Tribut. Petersen hatte im Mai 1933 von Amerika aus ganz klar erkannt: Es handelte sich um »eine äußerst schwierige Lage: die jüdischen Mitglieder werden wir nicht halten können u. die arische Jugend nicht gewinnen«.[8] Die Werbung um ›Arier‹ war aber eine Lebensnotwendigkeit für die Gesellschaft. Gemäß den Nürnberger Gesetzen im September 1935 beschloss man, dass ›Mischlinge‹ (›Halbjuden‹ oder ›Vierteljuden‹), die meist noch als ›Reichsbürger‹ (statt nur ›Staatsbürger‹) galten, »bedenkenlos aufgenommen« werden konnten, ›Dreiviertel-‹ und ›Volljuden‹ jedoch nicht.[9] Aber das sollte nicht auffallen – und die Satzung sollte nicht verletzt oder geändert werden. Schon beim »Appell zum Wiedereintritt«, der an ausgetretene Mitglieder geschickt wurde, war Donndorf beim Versuch überfordert, entweder »eine Arierklausel hinein[zu]bringen« oder zu verhindern, dass ein neutraler Appell »in nichtarische Hände gelangt«.[10] Auch die Werbung neuer Mitglieder erforderte großes Geschick. Petersen warnte Ende Januar 1936: »die Karte, die die Beitrittserklärung enthält, ist das Wichtigste, und hier ist die Frage, ob die [...] vorgeschlagene Beifügung ›arischer Abstammung‹ sich mit den Satzungen in bisheriger Form verträgt oder einen Gewaltakt des Vorstandes darstellt, gegen den natürlich hier in Deutschland niemand protestieren wird, der aber im Ausland sofort zur Greuelpropaganda benutzt wurde und wohl unsere amerikanische Mitgliederschar sehr schnell zur Auflösung bringen könnte.«[11] Diese Briefstelle macht die Bedeutung der ausländischen und speziell amerikanischen Mitglieder für die Gesellschaft schlagartig deutlich. Donndorf präzisiert: durch eine »Rebellion« der amerikanischen Mitglieder könne man »mehrere hundert« verlieren, »auch Arier natürlich«, wenn man ausdrücklich jüdische Mitglieder aussperrte; außerdem sei eine solche rassenbedingte Werbung »immerhin ›satzungswidrig‹, da unsere gegenwärtige Satzung gar keine derartigen Qualitätsforderungen [!] erhebt.«[12]

Was tun? Hans Wahl verfasste einen ausgeklügelten Text, in dem, wie Donndorf schrieb, »Nichtarier, wenn auch auf feine Weise, abgelehnt werden«.[13] Auf der letzten Umschlagseite der neuen Vierteljahresschrift stand: »Die Goethe-Gesellschaft [...] hat *ihre deutsche Sendung für Deutschland selbst und für alle Geistzugewandten der Erde unter großen Opfern nach dem Weltkriege treu bewahrt und bewährt – sie erfüllt auch im neuen Deutschland, im Sinne des neuen Deutschland, weiterhin ihre hohen Aufgaben. / In diesem Sinne wirbt sie um neue Mitglieder.*«[14] Wahl hatte im Begleitbrief zu seinem Entwurf an den Präsidenten erklärt: »In meiner Formulierung werden Sie finden, daß die Andeutung in den Worten ›In diesem Sinne ...‹ liegt. Ob sie aber weniger deutlich draußen verstanden wird?«[15]

Wenigstens ein Mitglied verstand den ›feinen‹ Werbetext Wahls nicht. Der jüdische Kaufmann Alfred Hirsch in Frankfurt an der Oder hatte als Mitglied das Heft mit den Werbeunterlagen bekommen, fragte jedoch, »ob auch Juden Mitglieder werden können«. Die Antwort lautete, die Gesellschaft müsse »angesichts der ungeklärten Sachlage« – das heißt, mit Bezug auf wissenschaftliche Gesellschaften – »von einer Werbung in nichtarischen Kreisen« absehen.[16] Vor der Einführung der zweiten Vornamen »Israel« und »Sarah« im Januar 1939 war auch die Identifikation von Juden für die Gesellschaft schwierig. So schickte die Geschäftsstelle eine Liste der in Berlin seit dem 15. April 1937 eingetretenen Mitglieder an die dortige Ortsgruppe mit der Bemerkung: »Unter den Neuaufgenommenen glauben wir keinen Nichtarier zu haben.« Doch schon beim ersten Namen auf der Liste, Alice Braun, irrten sie. Sie war eine geborene Joelsohn und jüdischer Herkunft. Im August 1942 wurde sie deportiert und in Riga ermordet. Auch Regierungspräsident i. R. Werner Zachariae war Jude.[17] Die Vermeidung eines Klartexts hatte unvorhersehbare Eintritte jüdischer Mitglieder zur Folge. Die moralische Integrität der Gesellschaft wurde weiter ausgehöhlt. Wahl hob nach dem Krieg als besonderes Prädikat hervor, dass die Goethe-Gesellschaft nach der alten Satzung von 1928 gearbeitet habe. Der kaum verschleierte Arierparagraph macht aber deutlich, dass die Satzung mit Rücksicht auf das Ansehen des Vereins zwar nicht geändert, jedoch in entscheidenden Punkten subtil und verhängnisvoll verletzt wurde.

Der Weimarer ›Olympier‹ und die Berliner Olympiade

Ein Faktor in diesem merkwürdigen Eiertanz um die jüdischen Mitglieder waren mit Sicherheit die XI. Olympischen Winter- und Sommerspiele in der zweiten Februarwoche und der ersten Augusthälfte 1936. Ein Boykott demokratischer Länder konnte um ein Haar vermieden werden, und das Regime dämpfte den Antisemitismus, um den trügerischen Eindruck der ›Normalität‹ bei den ausländischen Besuchern zu erwecken. Hierbei erwies sich Goethe als hilfreich, und auch die Goethe-Gesellschaft trug ihren Teil zum Trugbild eines weltoffenen Deutschlands bei.

So kam es, dass Hitler neben dem ›Halbjuden‹ Theodor Lewald, Präsident des olympischen Organisationskomitees, in das Olympische Stadion marschierte und auf der Tribüne neben ihm saß. Lewald, 75 Jahre altes Gründungsmitglied der Goethe-Gesellschaft, regte bei Petersen ein Preisausschreiben »Goethe und der olympische Gedanke« an. Man habe vor, »die olymp. Spiele 1936 über das Niveau eines Sportfestes hinauszuheben u. ihren künstlerischen u. geistigen Gehalt nach Art der alten griechischen Spiele gleichberechtigt darzustellen. […] Zu Schiller u. Beethoven müssen wir Goethe gesellen, die Spiele unter seinen Genius, als der höchsten Verkörperung deutschen u. griechischen Geistes stellen und ihn aufzeigen als den ersten deutschen Sportsman[n].«[18] Das Geistige und Künstlerische sollte den militärischen Zweck der Körpererziehung und »-ertüchtigung«, die Einübung in einen Krieg kaschieren und als Propaganda für Nazideutschland dienen. Das nämlich waren die eigentlichen Ziele der Olympiade.

Olympiade, Einmarsch ins Stadion, 1. Aug. 1936, rechts: Theodor Lewald

Olympiade, 2. Aug. 1936, 1. Reihe links: Theodor Lewald, rechts: Wilhelm Frick

Der erste Preisträger, Adolf Beck, war ein junger Schüler und Assistent Petersens und späterer Hamburger Ordinarius. Sein Aufsatz zeichnet in eleganter, zuweilen schwülstiger Prosa Goethes Bezug zur Natur und zu Aspekten der Antike. Trotz spärlich verwendeten nationalsozialistischen Vokabulars wie »körperliche Ertüchtigung« oder »völkisch« und »Rasse« hält sich Beck merkwürdig von zeittypischen Übertreibungen fern. Eine Kritik am »alttestamentlich-jüdische[n]« Begriff der Reinheit und ein Seitenhieb gegen den Urheber des Berliner Antisemitismusstreits, Heinrich von Treitschke, der »nur in kriegerischer Zwecksetzung Sinn und Recht der Leibesübungen finden wollte«, halten sich die Waage. Bedeutender ist die Betonung von Goethes Humanitätsideal, ein Begriff, der im Dritten Reich verpönt war.[19]

Erst nachträglich stiftete Lewald einen zweiten Preis, der an den Prager Theologen und Kirchenrat Robert Zilchert ging.[20] Dessen Aufsatz ist eine Aneinanderreihung von Goethe-Zeugnissen zu verschiedenen Sportarten und militärrelevanten Bereichen mit häufigen Verbeugungen vor dem Regime. So ist vom angeblich »prophetischen Wort« Goethes an Eckermann vom 12. März 1828 die Rede, wenn der Dichter meint: »Wir wollen indes [...] hoffen und erwarten, wie es etwa in einem Jahrhundert mit uns Deutschen aussieht«,[21] und auch ein Sinn fürs Soldatische wird dem Dichter unterstellt (»Parole bleibt: *Subordination!* / Und Feldgeschrei ist: *Manneszucht!*«).[22] Mehr noch: Mit dem Vers »Heil dem Führer! Heil dem Band« habe Goethe, so Zilchert, »auch dem Führergedanken vorahnend Ausdruck verliehen«. Wahl empfindet Zilcherts Arbeit als minderwertig, und für Petersen sind »die Beziehungen zum Olympia-Gedanken nicht stark genug herausgearbeitet«.[23] Warum also die Auszeichnung?

Tatsächlich hatten die Juroren Wahl und Petersen zuerst übereinstimmend eine ganz andere Schrift ausgesucht: die des Leipziger Lehrers Dr. Ernst Schaumkell.[24] Petersens Resümee: »Behandelt nicht nur Goethes, sondern auch Deutschlands Anteil am olympischen Gedanken unter dem Gesichtspunkt der nationalsozialistischen Idee [...]. Diese Arbeit scheint mir in ihrer Vielseitigkeit und geschickten Form sowohl vom olympischen Gedanken aus wie von der Goethe-Forschung aus zu begrüssen.«[25] Wahl fällte ein etwas verhalteneres Urteil, stimmte letztlich aber zu.[26] Es war der einzige ausdrücklich nationalsozialistische Aufsatz.

Dass es dennoch anders kam, war das Ergebnis eines Treffens zwischen Petersen (Wahl war verhindert) und Lewald in Berlin am 3. Juni 1936. Schaumkells Preisschrift wurde »abgelehnt aus Gründen, die mündlich mitgeteilt werden«.[27] Die Entscheidung ging also eindeutig auf Lewald zurück und ist gewiss der gereinigten Präsentation der deutschen Kultur vor dem Ausland im Olympiajahr geschuldet. Ähnlich waren Petersen und Wahl im Fall einer anderen Preisschrift verfahren. Der Autor, der Hamburger Schulrektor Georg Kleibömer, war seit 1933 NSDAP-Mitglied (von der Gauleitung wurde er 1938 als »in politischer und charakterlicher Hinsicht einwandfrei« eingestuft[28]) und betonte in Vorträgen die Erziehungsprinzipien Goethes: »Fast alles, was an Anfängen nationalsozialistischer Erziehungsrevolution hervortritt, ist auch Verwirklichung Goethescher Ideen.« Goethes Spruch über den »jüdische[n] Praß« zeige, dass er »den heutigen Ideen über Rassenzusammenhänge ganz nahekommt«.[29] Petersen überlegt, Kleibömers Aufsatz, der offenbar denselben Tenor hatte, auszugsweise in die Vierteljahresschrift zu übernehmen – doch »ist Vorsicht geboten, weil die Aeusserungen über fremde Rassen vielleicht verletzend wirken könnten«.[30] Das sieht Hans Wahl ähnlich. Er hält Kleibömers Gedankengang für »eben so gut [!] und neuartig wie […] heikel«, da es »in der Absicht der höchstverantwortlichen Stellen liegt, daß im Olympia-Jahr keine auch noch so kleine Verletzung von Angehörigen anderer Völker-Rassen auftreten soll«.[31] Diese »höchstverantwortlichen Stellen« wollte man nicht unnötig provozieren. Es ist grotesk: Die Goethe-Gesellschaft musste wegen des Regimes ihren Eifer für nationalsozialistische Goethe-Interpretationen dämpfen.[32]

Goethe wurde – mit Hilfe der Weimarer Institutionen – noch direkter mobilisiert, um die ausländischen Besucher der Spiele zu beeindrucken. In der von Goebbels verantworteten Deutschlandausstellung auf dem olympischen Gelände befand sich ein »Raum des deutschen Genius«. »Es ist der Schlußstein und die Krönung der Ehrenhalle«, so der *Offizielle Rundgang*, »die Walhalla der Ausstellung«. Hier wurde insgesamt 71 Geistesgrößen in Schaukästen gehuldigt, Goethe, Kant und Beethoven sogar in Büsten, »überlebensgroß, wie ihr Wirken war«. Dabei trug man dem Geschmack ausländischer Besucher Rechnung, denn was jeder dieser Geistesheroen »Deutschland sagte und gab, das schenkte er zugleich der Welt«.[33] Hans Wahl unterstützte diese Aktion mit der Leihgabe der ersten Freundschaftsbriefe Goethes und Schillers aus dem Archiv sowie Goethe-Zeichnungen und einem berühmten Bild mit Goethe als Orest und Corona Schröter als Iphigenie aus dem Goethe-Nationalmuseum – damit wurde die ›griechische‹ Ausrichtung der Olympiade betont.[34] Es sind die ersten Exponate, die im *Offiziellen Rundgang* – noch vor handschriftlichen Bühnenentwürfen von Hitlers Lieblingskomponist Wagner – erwähnt werden, und der Abschnitt in der Broschüre über diesen Raum endet mit einem Goethe-Zitat.[35] Diese Huldigung war ein blendendes Zeichen für die aufsteigende Karriere Goethes im Dritten Reich.

Goebbels, Goethe, Giftmischer: das Ludendorff-Verbot

Dem Triumphmarsch Goethes stand aber eine riesige Hürde im Weg. Denn im entscheidenden Jahr 1936, als die Vorbereitungen zur Olympiade auf Hochtouren liefen, erreichte ein jahrelanger Streit seinen Höhepunkt. Es war die wichtigste Krise der Gesellschaft und ihres neuen, NS-nahen Goethebildes im Dritten Reich, doch konnte sie mit höchster amtlicher Unterstützung zu guter Letzt beigelegt werden.

Einer Verschwörungstheorie zufolge, die auch Hitler und die Nationalsozialisten leitete, hatte ein Bündnis von Juden, Freimaurern und Bolschewisten versucht, Nationalstaaten und insbesondere den deutschen zu unterhöhlen. Die weitergehende, abstrusere These der Ärztin Mathilde Ludendorff, Ehefrau des respektierten Weltkriegsgenerals und frühen Hitler-Verbündeten Erich Ludendorff, lautete: Diese »überstaatlichen Mächte« hätten namhafte Deutsche ermordet, die das nationale Bewusstsein stärken wollten, also Luther, Lessing, Mozart und vor allem Schiller – auch über dem Tod von Fichte, Leibniz, Nietzsche und Schubert

Mathilde und Erich Ludendorff

schwebte ein Verdacht. Goethe als Freimaurer habe als Mitwissender den »Giftmord« an Schiller durch den Leibarzt des Herzogs geduldet.[36]

1928 publiziert, erzeugte die nach 1933 krebsartig sich ausbreitende Legende regelrecht Panik an der Spitze der Goethe-Gesellschaft. Sie hatte souverän zu Ludendorffs Behauptungen geschwiegen, aber nun wurde sie aktiv, denn der »Vergiftungsmythos [frißt] in aller Stille weiter« – so Anfang 1935 Petersen, der die wirre Theorie »sogar in einem Düsseldorfer Theaterprogramm wie eine feststehende Tatsache« vorfand.[37] Die Verbreitung unter der Jugend, die die Weiterexistenz der Gesellschaft garantieren sollte, war enorm.

Auf der Hauptversammlung im August 1935 kündigte Petersen eine Widerlegung der »bösartigen und dummen Latrinenlegende« an, nämlich Archivar Max Heckers sachliche Dokumentation *Schillers Tod und Bestattung*.[38] Das Buch erschien Anfang November 1935, aber es war weder preiswert noch schlagkräftig. Donndorf erwartete entsprechend, dass »das m. E. viel zu pflaumenweiche Buch Heckers die Madame Ludendorff nicht zur Strecke bringen werde«,[39] und er hatte Recht. In der Presse kam es zunächst zu »äusserst heftigen Angriffen« der Ludendorffianer gegen Heckers Dokumentation.[40] Prompt brachte Mathilde Ludendorff Anfang 1936 eine Neuausgabe ihres Buches *Der ungesühnte Frevel an Luther, Lessing, Mozart und Schiller* heraus, das in vier Auflagen in der ersten Jahreshälfte 16 000 Mal verkauft wurde. Darin stellte sie Heckers Material als Bestätigung ihrer Verschwörungstheorie hin und attackierte ihn sowie die Goethe-Gesellschaft, die angeblich den jüdischen Drahtziehern in Freimaurerlogen hörig war.[41] Hecker bat die Gesellschaft um Unterstützung in einer Beleidigungsklage,[42] doch eine eingehende Diskussion vertagte man bis zur Sitzung des Vorstands, da in dieser politisch brisanten Sache »auch die Herren Buttmann und Schulte Strathaus dabei mitsprechen müssten«.[43]

Zuvor bekam die Gesellschaft Hilfe von oben. Auf eine Anfrage Hans Wahls hin (dazu später mehr) entsandte Alfred Rosenberg seinen Amtsleiter für Wissenschaft, Professor Alfred Baeumler – dessen Berufung zu Sprangers Rücktritt von seinem Berliner Lehramt beigetragen hatte –, zu einem Treffen mit Hans Wahl am 11. Januar 1936.[44] Danach schrieb Wahl an Kippenberg: »Dabei stellte sichs heraus, daß er [d. h. Baeumler] keine Ahnung von dem Erscheinen des Schiller-Buchs hatte und auch angeben konnte, daß Rosenberg nichts davon wisse. Er interessiert sich sehr dafür und wollte für eine Besprechung im Völkischen Beobachter sorgen, damit die Aufnahme in der Presse in Gang kommt.«[45] Aber die Besprechung in der Parteizeitung war zwiespältig, und andere Parteiblätter liebäugelten mit Ludendorffs Ideen.[46] Doch zum Glück war auch ein Vertreter von Goebbels bei diesem Treffen anwesend: Heinz Wismann vom Propagandaministerium.[47] Aus dieser Ecke kam die Rettung.

Hans Wahl schrieb persönlich an Goebbels, um ein Verbot der Ludendorff-Schrift zu erwirken – mit dem entscheidenden Argument, sie würde das Ansehen der Kulturgrößen Deutschlands auch im Ausland schädigen.[48] Hans Severus Ziegler sprang ihm bei, war er doch von Wahls Schreiben an Goebbels »schlechthin begeistert«: »Glänzend ist die Formulierung Ihres Satzes: ›Wenn das so weitergeht, wird Deutschland vor der ganzen Welt ein Mordpfuhl ohnegleichen!‹«[49] Goebbels war für solche Argumente empfänglich. Aber auch die Goethe-Gesellschaft, die nach Hans Wahls Auskunft ein Fünftel ihrer Mitglieder im Ausland hatte, wurde Goebbels zunehmend wichtiger. Sogar beim sowjetischen Gegner konnte man beobachten, dass Goethe verehrt und Mathilde Ludendorff verspottet wurde, was Goebbels gewiss als weiteres Zeichen für die potentielle Bedeutung Goethes – und der Goethe-Gesellschaft – als internationale kulturpolitische Waffe einstufte.[50]

Goebbels wurde allerdings erst nach der Hauptversammlung am 6. und 7. Juni 1936 aktiv. Gewichtig war Zieglers Ansprache, da sie von einem mit Hitler Vertrauten kam und im Namen des Gauleiters Fritz Sauckel vorgetragen wurde. Es sei das Anliegen der Thüringischen Regierung, »namentlich der Jugend den Zugang zu der großen Welt Weimars zu eröffnen, und wenn verantwortungslose Hysterie in der letzten Zeit das Bild der herrlichen Männer getrübt habe, so müsse die Atmosphäre wieder entgiftet werden«. Ziegler verlangte »ein *Gesetz zum Schutze der großen Geister der Vergangenheit*«, was die Versammlung »mit starkem Beifall« begrüßte.[51] Auch Petersen hatte nicht undeutlich ein Verbot gefordert und eine Vokabel Wahls aufgegriffen: »Der Pfuhl nationaler Selbstbeschmutzung muß zugedeckt werden, damit er nicht das ganze Land verpestet und in Verruf bringt.«[52]

Nach seiner Ansprache bekam Petersen die Vehemenz der Ludendorffianer in wütenden Protestbriefen zu spüren. »Bruder Goethe«, der »unbestreitbar bar jeden völkischen Gefühles und Mitglied einer Verbrechergesellschaft war!«,[53] verdiene wegen seiner »antivölkische[n] Einstellung in den Jahren 1806–1813« »der Vergessenheit anheim zu fallen«.[54] Und natürlich galten die Schimpftiraden auch der Goethe-Gesellschaft: »Herr Professor, Sie müssen schon entschuldigen, dass sich die junge, kämpferische, freiheitsliebende Generation nicht mehr von der Wahrheit abbringen lässt durch haltlose Meinungen oder durch die Erzeugnisse der Goethe-Gesellschaft!«[55] Andere Ludendorff-Anhänger beschwerten sich direkt bei Gauleiter Sauckel über Zieglers Forderung eines Verbots. Ein Bremer fragte, wie Zieglers Ausführungen »in der heutigen Welt überhaupt noch zu verantworten sind! Weiss man denn in Weimar nicht, woran wir Deutschen sind? Weiss man nicht, dass das Judentum [...] fieberhaft tätig ist in der Vorbereitung eines Riesenkampfes zur Vernichtung unseres Volkes?« Goethe sei »nicht allein kein wahrhafter Deutscher« – d. h. er sei

Jude –, sondern auch »ein Landesverräter, ein Lump, der in der Todesnot seines Volkes sich schmählich benahm«.[56]

Doch die Proteste der Ludendorffianer kamen zu spät. Das von Ziegler verlangte förmliche Gesetz wurde nicht realisiert, wahrscheinlich weil man im Olympiajahr die Sache vor der Weltöffentlichkeit verheimlichen wollte. Nach einem vorläufigen Verbot[57] wurde jedoch in Goebbels' vertraulicher Presseanweisung vom 10. Juni 1936, also gleich nach der Hauptversammlung, verkündet: »Die Diskussionen über die angebliche Ermordung Schillers haben unter allen Umständen mit sofortiger Wirkung aufzuhören. […] Jedes gegen diese Anweisung verstossende Erzeugnis wird sofort beschlagnahmt.« Die Begründung: »Die Frage einer Vergiftung Schillers sei so irrsinnig, dass sie bereits das Ansehen Deutschlands im Auslande geschaedigt habe.«[58] Dieses Verbot der ganzen Diskussion schloss freilich auch Heckers Buch ein sowie die Zeitungsberichte über Petersens und Zieglers Reden[59] – aber das war ein Nebeneffekt, mit dem die Goethe-Gesellschaft leben konnte. Petersen hatte auf der Hauptversammlung »das letzte Wort« gehabt;[60] in den Tagen danach erschienen in ganz Deutschland Berichte, die mit Überschriften wie »Die Goethe-Gesellschaft setzt sich zur Wehr«, »Die Goethe-Gesellschaft redet Fraktur«, »Zurückweisung unsinniger Gerüchte« und »Professor Petersen wird energisch« keinen Zweifel daran ließen, auf wessen Seite sie standen.[61] Goebbels hatte selbst »höchstamtlich Farbe bekannt«[62] (wie Hans Wahl gefordert hatte) – zusammen mit dem gesamten Regime, jetzt und zunehmend in den nächsten Jahren. Sein Schritt war wegen der nachhaltigen politischen Bedeutung von Erich Ludendorff sicher mit Hitler abgesprochen, der schon seit den 1920er Jahren einen persönlichen Hass gegen Mathilde Ludendorff hegte; Ziegler hatte wiederholt eine Eingabe an den ›Führer‹ versprochen.[63] Hitler und Goebbels nahmen giftige Kritik gerade von nationalsozialistischen Ludendorffianern in Kauf, so wichtig war ihnen die Mobilisierung Goethes im internationalen kulturpolitischen Kampf.

Mit dem Sieg über Ludendorff waren Hans Wahls Erfolge bei Goebbels aber nicht abgeschlossen. Er hatte auch den Impuls zu einem anderen Verbot gegeben. Am Schluss des ersten Heftes der neuen Zeitschrift kritisierte er scharf eine 1932 erschienene Ausgabe von Dokumenten der Diana von Pappenheim und ihrer Mutter Jenny von Gustedt zu ihren Erlebnissen mit Goethe. Das Werk, *Memoiren um die Titanen*, war eine Fälschung. Es gefährdete den Ruf des greisen Goethe, der in einigen erfundenen Zitaten als Radikaler erschien. Diana notiert hier Äußerungen Goethes über die soziale Frage: »›Überall herrscht Ordnung, aber in den Lohn- und Arbeitsverhältnissen herrscht wilde Anarchie.‹ Er sprach von einem kommenden Krieg, einer Auseinandersetzung zwischen ›unverschuldeter Armut und schuldbeladenen Geldbeuteln‹. – ›Ein Menschheitsfeldzug gegen den Hunger … Niemand kann vor diesem Ungeheuer die Flucht ergreifen. Es wächst, hockt, von Frost geschüttelt, im Zimmer der Reichen, greift nach jedem Nacken mit spitzen Krallen und ruft gellend in jedes Ohr: deine Schuld, deine Schuld.‹«[64]

Von solchen Stellen wäre es nur ein kleiner Schritt zum Vorwurf des ›jüdischen Bolschewismus‹ gegen den Klassiker gewesen. Vor allem der Herausgeber Richard Kühn, so argumentierte Wahl in der Zeitschrift, müsse »für alle Zeiten das Recht verwirkt haben […], der deutschen Kulturgeschichte Stoffe darbieten zu dürfen«. Er und der Verlag »gehören vor den Richterstuhl der Kammer des deutschen Schrifttums«, sie »müssen der literarischen Verfemung anheimfallen, und ihre Erzeugnisse müssen vom Büchermarkt verschwinden. Nur so könnte heute ein Frevel am deutschen Schrifttum und am deutschen Volkstum gesühnt werden.«[65]

Wahls Denunziation fällt auf fruchtbaren Boden. Im Mai 1936 schreibt er an Petersen, offenbar verwundert über seinen Triumph, die *Memoiren um die Titanen* seien »tatsächlich verboten«.[66] Das hatte ihm Ministerialrat Heinz Wismann mitgeteilt. Dieser war Leiter der Abteilung Schrifttum im Propagandaministerium und Vizepräsident der Reichsschrifttumskammer, bei der sich die Goethe-Gesellschaft gleichschaltete (dazu später mehr).[67]

Das Verbot des *Titanen*-Buches und der Ludendorff-Debatte deutet auf ein größeres kulturpolitisches Anliegen des Regimes. Im Oktober 1936 wies Goebbels vor den versammelten Presseleuten nachdrücklich auf den neuen Gesamtkurs gegenüber dem historischen Erbe hin: »Es sei jetzt eine historische Schnüffelei am Werke, die folgendes zustande bringen will: Mozart ist als Freimaurer abzulehnen, Goethe ermordete Schiller, Karl der Grosse war ein Landesverräter, Wagners Werk sei abzulehnen, weil sehr viele judische Dirigenten Wagner-Opern spielten. Die gesamte deutsche Geschichte wird von diesen Leuten nach den Gesichtspunkten von 1936 ›ausgerichtet‹. Die schöpferischen Genien des deutschen Volkes werden daraufhin untersucht, ob sie Nationalsozialisten waren oder nicht. Das ist natürlich ein völliger Irrsinn und kann nicht scharf genug gerügt werden. Von jetzt ab stehen die grossen Deutschen […] unter dem *besonderen Schutz des Staates. Wer sich an ihnen vergreift, dem wird vor Augen geführt werden, mit welcher Schärfe der NS-Staat zu strafen weiss.* Der ›Ausverkauf‹ deutscher Geschichte müsse endlich ein Ende haben. Die Erklärung von Dr. Goebbels wurde mit grossem Jubel und ehrlichen Herzens zur Kenntnis genommen.«[68]

Damit stand auch Goethe »unter dem besonderen Schutz des Staates«. Goebbels hatte erkannt: Im Ausland angesehene »Genien« konnten die Überlegenheit der deutschen Kultur beweisen, während die Ludendorff-Diskussion geeignet sei, »das deutsche Kulturansehen in der Welt auf das Empfindlichste zu schädigen.«[69] Die Außenpolitik wurde immer wichtiger, und mit ihr Goethe.

Die Presseanweisungen waren streng geheim – aber erstaunlicherweise hatte die Goethe-Gesellschaft Kenntnis davon, und Wahl argumentierte gegenüber dem Propagandaministerium stark dafür, das Verbot publik zu machen.[70] Ende November drosch Goebbels dann endlich in einer öffentlichen Rede und »in Anwesenheit des Führers« auf Mathilde Ludendorff ein, ohne sie ausdrücklich zu nennen: »Es ist gemein und charakterlos, die deutsche Kunst- und Kulturgeschichte in eine Serie von Kriminalfällen aufzuteilen und unter Hilfe von kabbalistischen Zahlen feststellen zu wollen, ob Goethe Schiller vergiftet oder wer Mozart ermordet hat. Das ist eine Versündigung an unserem großen Kulturerbe, auf dem wir alle, ob bewußt oder unbewußt, stehen […]. Vor ihm geziemt uns Ehrfurcht und Dankbarkeit.« Und im allgemeineren Sinn: »Es ist unhistorisch und zeugt von einem vollkommenen Mangel an geschichtlicher Pietät, etwa Schiller oder Goethe mit einer leichten Handbewegung abtun zu wollen, weil sie uns angeblich nicht liegen.«[71]

Goebbels leugnete Erich Ludendorff gegenüber, dass mit dieser Attacke seine Frau gemeint war, aber alle Welt wusste es besser.[72] Jedenfalls war Goebbels' Meinung deutlich. In seinem Tagebuch nannte er 1937 die Ludendorff'sche Verschwörungstheorie einen »Oberblödsinn ohnegleichen«.[73] Über seine vollmundige Verteidigung der Klassiker wurde in der Presse groß berichtet.[74] Aufmerksame Leser registrierten, dass Goebbels »kräftig in dieselbe Kerbe wie die Goethe-Gesellschaft gehauen hat«[75] – und trotzdem bedeutete die Rehabilitierung Goethes noch nicht die volle Rehabilitierung der Goethe-Gesellschaft. Hans Wahl ging merkwürdig vorsichtig vor. In fast jedem Brief an Goebbels schrieb er in seiner Eigenschaft als Direktor des Goethe- und Schiller-Archivs oder des Goethe-Nationalmuseums, ausdrücklich *nicht* als Vizepräsident der Goethe-Gesellschaft oder Herausgeber ihrer Zeitschrift. Zur Begründung erklärte er Donndorf mit Bezug auf seinen Antrag auf das Ludendorff-Verbot, dass er selbst »eine bessere Note habe, als die G.-Ges. Die Note setze ich

Jahrestagung der Reichskulturkammer, Philharmonie Berlin, 27. Nov. 1936: Goebbels und Hitler im Gespräch mit Franz Lehár, rechts: Sven Hedin

dabei allerdings aufs Spiel. Aber dazu ist sie da!«[76] Dass Wahl eine gute Note bei Goebbels hatte, überrascht nicht. Der Propagandaminister war ja beim Besuch des neuen Goethe-Museums, geleitet von Hans Wahl, von der geistigen Größe Goethes beeindruckt. Seine Haltung zum *politischen* Goethe blieb wohl zwiespältig.[77] Aber Goebbels' und vermutlich Hitlers Bereitschaft, Goethe propagandistisch in die Politik des Regimes einzubinden, war im Zeichen der Kriegsvorbereitungen eindeutig gewachsen. Bei der Begegnung im Museum wird Hans Wahl die Beziehung zum Minister enger gezogen und mit Sicherheit die für die Goethe-Gesellschaft lebenswichtigen Themen angesprochen haben: den Kampf gegen die Ludendorffianer, den internationalen Ruf Goethes und damit verbunden die kulturpolitische Bedeutung der Goethe-Gesellschaft mit ihren ausländischen Mitgliedern und Beziehungen. Wahls steigender Einfluss auf Goebbels kam der Goethe-Gesellschaft allmählich zugute.

Die Auseinandersetzung mit den Ludendorffianern blieb nicht ohne Folgen für die Goethe-Forschung. Der Hamburger Germanist Robert Petsch schrieb einen Aufsatz über *Iphigenie auf Tauris,* aber er kritisierte das dramatische Geschick Goethes; Wahl sieht die Enttäuschung der Laienmitglieder voraus und verlangt Änderungen. Petsch ist von dieser Kritik »tief betroffen«,[78] und Wahl hakt am 5. Mai 1937 nach. Er habe »die hochprozentige Laienschaft unserer Mitglieder eigentlich nur vorgeschoben«. Vertraulich sagt er Petsch den eigentlichen Grund seiner Sorge: »Sie wissen, daß wir in einem Kampf für Goethe stehen [...]. Ich weiß aus Erfahrung, daß jede Arbeit über Goethe von 2 Seiten sofort gegen ihn ausgenutzt wird, wenn sie die geringsten Handhaben bietet. Es ist dies die Seite Ludendorff und die Seite der jetzt langsam sich wandelnden Reichsjugendführung.« Vor allem die Ludendorffianer würden Zitate aus dem Kontext reißen, um sie »zu dem jeweilig erwünschten Bild des schwachen, unfähigen, unheroischen, unvaterländischen Goethe« zu verwenden. »Dieser infamen Methode dürfen wir keine Nahrung reichen [...]. Dieser Grundsatz gilt für die Vierteljahresschrift bis auf weiters. Ich weiß, daß wir uns durchsetzen.«[79] So wurde die Goethe-Forschung ein weiteres Mal entstellt, als die Goethe-Gesellschaft gegen ihre Feinde kämpfte.

Innere und äußere, weiche und harte Gleichschaltung

Die Gleichschaltung der Goethe-Gesellschaft war in der Tat keine »übliche« (so Hans Wahl), aber es gab sie. Sie erfolgte durch die ›Arbeitsgemeinschaft literarische Gesellschaften und Vortragsveranstalter‹ in Goebbels' Reichsschrifttumskammer. Schon im Frühjahr 1934 war ein Vorstoß der Arbeitsgemeinschaft, geleitet von Heinz Dähnhardt, abgewehrt worden. Nun versuchte wohl das Propagandaministerium, das mit den Kammern personell eng verflochten war, der Aufsicht des Amts Rosenberg über den prestigereichen literarischen Verein zuvorzukommen. Den Weg dazu bahnte ein Mitglied der Goethe-Gesellschaft, der promovierte Rechtsanwalt Franz Biermann in Hamm, der 1937 zum NSDAP-Mitglied werden sollte;[80] er war offenbar mit Petersen und Spranger befreundet. Nach einem Gespräch mit Petersen im Dezember 1935 schickte ihm Biermann eine Kopie der neuen Satzung des von ihm geleiteten Wissenschaftlichen Vereins, der sich der ›Arbeitsgemeinschaft‹ eingegliedert hatte. Eine »den Zeitverhältnissen entsprechende« veränderte Satzung, schreibt Biermann, sei »eine absolute Notwendigkeit, um den Weiterbestand der Goethe-Gesellschaft für die Zukunft zu sichern«.[81] Im Gespräch sagte Biermann konkreter: die Goethe-Gesellschaft müsse der Arbeitsgemeinschaft beitreten, »um vor den Umwerbungen der N.S. Kultur-Gemeinde sicher zu sein«,[82] das heißt vor Rosenberg.

Ein paar Wochen später war Petersen in München »bei den Herren Buttmann u. Schulte Strathaus um mir politische Belehrung zu holen« – was die strategische Bedeutung dieser beiden Parteigenossen für die Goethe-Gesellschaft erneut dokumentiert. Der von Buttmann geleitete Deutsche Sprachverein war gleichfalls in die ›Arbeitsgemeinschaft‹ eingegliedert worden, und er schien diese Lösung zu befürworten; Schulte Strathaus »war mehr für Erhaltung der Selbständigkeit in Art der Deutschen Akademie« – was natürlich dem Interesse seines Chefs Rudolf Heß an der eigenen Aufsicht der Goethe-Gesellschaft entsprach. Donndorf schließt daraus, »dass wir vorerst nicht *gezwungen* sind, einer der beiden in Betracht kommenden Organisationen beizutreten«, also der NS-Kulturgemeinde oder der Reichsschrifttumskammer. Er meint, im »Notfall« sei Goebbels vorzuziehen, aber: »Frage bleibt, ob wir unsere Juden behalten können.«[83] Das war in der Tat der heikle Punkt. Denn die »kleine Satzungsänderung« (so Petersen) in Biermanns Wissenschaftlichem Verein war wohl die Bestimmung: »Mitglied des Vereins kann jeder Volksgenosse werden«[84] – und »Volksgenossen« waren nach Verabschiedung der Nürnberger Rassengesetze nur ›Arier‹. Diese und andere Fragen machten Donndorf so viel Verdruss, dass er immer intensiver nach einem Nachfolger suchte: »Ich habe die ganze Arbeit bei der GG. ›satt, bis an die Halskravatt‹.«[85]

Zunächst wartete man ab – die bewährte Taktik gegenüber Rosenberg. Eine Aufforderung zum Eintritt in die ›Arbeitsgemeinschaft‹ erfolgte erst Mitte Mai 1936 vom sehr umtriebigen neuen Geschäftsführer, Dr. Otto Henning.[86] Er hatte 1922 den Goethe-Bund in Gießen gegründet, der wiederum Mitglied der Goethe-Gesellschaft war, und war offenbar mit Petersen und Kippenberg bekannt. In einem zuvorkommenden persönlichen Schreiben schlägt er Petersen ein Treffen vor.[87] Kurz darauf trifft bei der Geschäftsstelle ein Brief von Heinz Kindermann ein mit der Bitte, Dr. Bernhard Payr als Vertretung des mächtigen Funktionärs Hans Hagemeyer vom Amt Rosenberg zur Hauptversammlung einzuladen. Payr war bei der Tagung der Weimarer Shakespeare-Gesellschaft zu Besuch gewesen und wurde von deren Präsident Werner Deetjen »als netter und sich wohl einfügender Mann bezeichnet, der sich allerdings nicht verkneifen konnte, bei Tisch eine Rede auf die *Partei* zu halten, die natürlich ziemlich lauen Widerhall fand.«[88]

Dieser Vorstoß vom Amt Rosenberg und das Treffen mit Henning wurzelten mit Sicherheit in der Konkurrenz zwischen Goebbels und Rosenberg und ermunterten Petersen offenbar zu seinem Plädoyer vor dem Vorstand, der ›Arbeitsgemeinschaft‹ in Goebbels' Kammer beizutreten. Wegen der Vortragsreihen der Ortsgruppen könne man nicht mehr argumentieren, dass die Goethe-Gesellschaft eine »wissenschaftliche Organisation« und kein Vortragsveranstalter sei. Aber »Prof. Kippenberg widerspricht. Er wünscht, die G.-G. möge, solange die Verhältnisse noch nicht geklärt seien, solange andere Gesellschaften noch keine Entscheidung getroffen hätten, auf sich gestellt bleiben; die Ortsgruppen möchten für ihre Tätigkeit selbst einstehen. Dem wird entgegengehalten, daß die Ortsgruppen Teile der Muttergesellschaft seien.« Und eine andere gewichtige Stimme erhebt sich: »Auch Schulte Strathaus setzt sich ein für den Beitritt: die Gesellschaft werde ihm auf die Dauer nicht entgehen können.« Und so werden auf der weiterführenden Sitzung am nächsten Tag Kippenbergs Einwände ausgehebelt: In seiner Abwesenheit beschließt man den Beitritt der Gesamtgesellschaft zur ›Arbeitsgemeinschaft‹.[89] Dabei hebt Buttmann hervor, »daß der Sprachverein durch seine Einordnung aufs beste gefahren ist«, und er verkündet kühn: »Eine Beeinflussung durch die Organisation ist nicht zu befürchten.« Die tonangebenden Parteigenossen im Vorstand beschwichtigen also. Auch Petersen hatte am Vortag versichert, der Beitritt berge »keine Gefahr für die G.-G.; die Einordnung werde auf die G.-G. und ihr Eigenwesen keine Wirkung haben, werde aber die Ortsgruppen in ihren Veranstaltungen schützen«.[90] Dieser Ansicht war auch ein Vertreter der Berliner Ortsgruppe. Henning, so meinte er, habe »offensichtlich das Bestreben, das Eigenleben der Berliner literarischen Gesellschaften […] in keiner Weise anzutasten.«[91] So präsentierte man den Schritt gegenüber der Mitgliedschaft als harmlose Unterstützung der Ortsgruppen.[92] Das sollte sich als naiv erweisen – oder unlauter.

Mit Bezug auf die jüdischen Mitglieder der Muttergesellschaft schien die Zuversicht allerdings angebracht. Auf einem der Fragebögen sollte der »Vereinsleiter« bestätigen, »dass sich unter den Vereinsmitgliedern keine *Juden* befinden.«[93] Genau das hatte Donndorf befürchtet. Aber das zweimal durchgestrichene Formular blieb unausgefüllt. Petersen hatte sich in diesem Punkt Henning gegenüber offenbar klar positioniert, denn in der Vorstandssitzung hatte er beteuert: »Für die Behandlung der Arierfrage würde der Beitritt keine Satzungsänderung nach sich ziehen, da dem internationalen Charakter der Goethe-Gesellschaft Rechnung getragen wird.«[94] Das ist eine wichtige Aussage. Sie zeigt, dass Henning die von Biermanns Wissenschaftlichem Verein verlangte »kleine Satzungsänderung« für die Goethe-Gesellschaft fallen ließ. Donndorf musste nur

Petersens »arische Abstammung« bestätigen; die Angabe, dass nur vier von sechzehn Vorstandsmitgliedern Parteigenossen waren, erregte offenbar keinen Anstoß.[95] Die erforderliche »eidesstattliche Erklärung« der arischen Abstammung der Vorstandsmitglieder werde er »nie und nimmer abgeben«, sagte Donndorf, stattdessen formulierte er die schlichte »Erklärung« (das Wort »Eidesstattliche« ist durchgestrichen), dass alle Vorstandsmitglieder »nach unserer bestimmten Ueberzeugung *arischer Abstammung*« seien.[96] Donndorf war der Meinung, dass sich der 1934 ausgesprochene »Schutz« durch Rudolf Heß auch auf die Ortsgruppen erstreckte.[97] Seine anhaltenden Einwände, dass die ›Arbeitsgemeinschaft‹ »absolut nicht auf *unsern* Fall passt« und dass die Goethe-Gesellschaft »in eine Organisation hinein« gerate, »deren Charakter und Ziele uns noch sehr wenig übersichtlich sind«, wurden von Petersen überstimmt, und so meldete Donndorf am 30. Juni 1936 den Verein an.[98]

Die »Weltmission« der Goethe-Gesellschaft trug schon Früchte: Die ›Arbeitsgemeinschaft‹ ließ die Muttergesellschaft in der Tat mehr oder weniger in Ruhe. Für sie war es eine ›weiche‹ Gleichschaltung, die ihr hauptsächlich das Amt Rosenberg und dessen NS-Kulturgemeinde vom Hals schaffen sollte. Aber für einige Ortsgruppen, die kaum ausländische Mitglieder oder Kontakte hatten, war es eine drakonische Gleichschaltung. Indem die Muttergesellschaft mit den Ortsgruppen – ohne sie (außer der Berliner) zu konsultieren – der Reichsschrifttumskammer beitrat, gab sie die Ortsgruppen preis. Das eigentliche Anliegen Hennings war, »die zeitgenössische Dichtung durch die literarischen Gesellschaften« zu fördern[99] – entsprechend dem Wunsch des Regimes, einen neuen kulturellen Aufbruch im Dritten Reich zu demonstrieren – und das konnte nur über die Vortragsreihen der Ortsgruppen geschehen. Einige Ortsgruppenvorsitzende erkannten ebenso wie Donndorf, dass Dichterlesungen »an sich über unseren satzungsmäßigen Wirkungskreis hinausgeh[en]«,[100] so dass sie gezwungen wurden, ihre Satzung zu verletzen.

Ein gutes Beispiel ist die Hamburger Ortsgruppe. Der 72 Jahre alte Vorsitzende, der ehemalige Senatspräsident am Oberlandesgericht Dr. Erich Grisebach, war nach Robert Petsch »eine Persönlichkeit, die im literarischen Leben Hamburgs seit vielen Jahren eine Rolle gespielt hat«.[101] Als hoher Jurist sei ihm »die gesetzliche Regelung« mit Bezug auf Juden bekannt, schreibt Grisebach am 15. Februar 1936 an die Geschäftsstelle und fährt fort: »Aber ich habe bislang angenommen, die Goethegesellschaft sei von diesen Verhältnissen offiziell, – wenn ich so sagen darf – nicht berührt, und ich habe selbst noch im vorigen Jahr ein jüdisches Mitglied geworben, das dann beigetreten ist.«[102] Er hat Recht: Die Goethe-Gesellschaft konnte als privater wissenschaftlicher Verein rechtlich gesehen über die Mitgliedschaft von Juden frei schalten und walten. Er möchte wissen, was es mit den ihm mitgeteilten »Bedenken« gegen die »Aufnahme von Nichtariern« auf sich hat:[103] »Ich habe Herrn Dr. [Moritz] Fürst, der noch Mitglied der G. G. ist, herzlich gebeten, in die Ortsgruppe wieder einzutreten, aus der er ausgetreten war. Wird es für unzulässig, oder wenigstens für inopportun gehalten, Juden zu werben?« Auch einen »H. Ministerialrat Robinow« aus einer »hier bekannte[n], übrigens angesehene[n], jüdische[n] Familie« wolle er »zum Beitritt in die Ortsgruppe auffordern«. Er handelt nach humanitären, ja elementar menschlichen Grundsätzen – durchaus konträr zur Politik der Weimarer Zentrale. Nur Donndorf war ähnlich gesinnt wie Grisebach; er weist auf die Politik hin, keine »Nichtarier« aufzunehmen – womit Robinow blockiert war –, setzt aber hinzu: »Unter diesen fatalen Umständen möchte ich mich aber doch dafür einsetzen, dass z. B. ein Mann, wie Dr. Fürst, der so lange Mitglied *war* und solche Verdienste um unsere gute Sache hat, wieder aufgenommen werde [...]. Sein Ausscheiden hat uns in der Seele weh getan!«[104] Verschleierte »uns« nicht eigentlich ein »mir«?

Grisebach berichtet mürrisch von einer »Neuregelung des Vortragsrahmens zwischen dem Kulturamt der Reichsjugendführung« und der ›Arbeitsgemeinschaft‹; der Ortsgruppe sollte ein »Verbindungsmann« der Hitlerjugend beigegeben werden. »Die *reifere* H. J. für Goethe-Vorträge zu interessieren (etwa Primaner) wäre ja ganz angebracht«, schreibt Grisebach nach Weimar, »aber dies geschieht bei uns schon durch Vermittelung des Schillerbundes.«[105] Drei Jahre später lief das Fass über. Grisebach schrieb am 6. November 1939 an den nunmehrigen Präsidenten Kippenberg: »Man will in Berlin uns politisieren und kommandieren, wir sollen uns sogar verpflichten, mit anderen unbekannten literarischen Vereinen uns zusammen zu schließen, also unserer Mutter, der Goethegesellschaft, Stiefkinder zuzubringen. Dies letzte wirkt am befremdlichsten auf mich. Die Ausrichtung auf Goethe und was mit ihm zusammenhängt und die aristokratische Geisteshaltung, die die Goethe-Gesellschaft stets eingenommen hat, und die auch die Ortsgruppen möglichst gepflegt haben, scheint mir gefährdet zu sein, mehr noch als bis jetzt schon durch den neuzeitlichen ›Dichtereinsatz‹. Mein erster Gedanke war, die Auflösung unserer Ortsgruppe in die Wege zu leiten, bei näherer Überlegung, auch mit meinem Vorstande, haben wir zunächst davon abgesehen und wollen die weitere Entwickelung zunächst einmal abwarten.« Aus Altersgründen »und weil ich keinen Zusammenhang mehr mit der Jugend habe« wolle er die Leitung abgeben; »diese Fühlung mit der Jugend ist wünschenswert, ja notwendig.«[106]

Grisebachs Schreiben zeigt, welche Konsequenzen die Entscheidung zur Gleichschaltung für die Ortsgruppen hatte. Es zeigt auch die überragende Bedeutung der ›arischen Jugend‹ in der Strategie der Goethe-Gesellschaft – und eine »aristokratische Geisteshaltung«, die der nationalsozialistischen Jugend verhasst war. Der Gedanke an die Auflösung, mit dem ja auch Kippenberg spielte, hätte eigentlich auch der Muttergesellschaft wohlgetan. Stattdessen manifestierten sich in ihr die Konsequenzen der (inneren und äußeren) Gleichschaltung in der Deformation der publizierten Goethe-Forschung und in Verletzungen der Satzung.

Am Puls der Zeit: die Vierteljahresschrift

Ein Schlüsselaspekt des Überlebenskampfs war eine neue Publikationsplattform. Das Jahrbuch der Goethe-Gesellschaft galt schon längst als verstaubt, geprägt durch abstruse Faktenhuberei und Philologentum. Alle seien sich darin einig, schrieb Petersen im Februar 1933 nüchtern, dass »das Jahrbuch in seiner Langweiligkeit eine negative Werbetätigkeit entfaltet«.[107] Bereits in den Zwanzigerjahren hatten Reformer nach einer häufiger erscheinenden Zeitschrift gerufen, die die Bedürfnisse des Laienpublikums, das einen großen Teil der Mitgliedschaft der Goethe-Gesellschaft ausmachte, besser bedienen sollte.[108]

Nicht zuletzt wegen der Kosten – man hätte viermal im Jahr statt nur einmal Druck- und Portokosten aufbringen müssen – war dieser Plan nicht umgesetzt worden, doch mit der ›Machtergreifung‹ kam nun existentielle Dringlichkeit auf. Die Idee eines vierteljährlich erscheinenden Heftes gewann besonders nach 1933 an Akzeptanz, denn damit bot sich die Möglichkeit, zeitnah auf ideologische Attacken besonders der Ludendorffianer zu reagieren. Zugleich sollte die neue Zeitschrift die politische Konformität der Goethe-Gesellschaft demonstrieren und dadurch neue Mitglieder einbringen. Offenbar führte der Austritt zahlreicher, vor allem jüdischer Mitglieder – und damit eine verschärfte Finanzkrise – zur Einsicht, dass »jetzt *schleunigst* etwas zu geschehen hat«, wie Spranger am 23. März 1933 schrieb.[109]

Tatsächlich kündigte Kippenberg bei der Hauptversammlung 1933 öffentlich den Beschluss des Vorstandes an, »an die Stelle des der reinen Forschung dienenden Jahrbuchs« Ende 1934 »eine Vierteljahrsschrift herauszugeben, in der zwar literarhistorische Abhandlungen nach wie vor ihren Platz finden würden, in der man sich aber außerdem aus dem Geiste der Goethischen Gedankenwelt heraus mit den Problemen unserer Tage auseinandersetzen könne«[110] – ein eindeutiger Schritt auf die innere Gleichschaltung zu.

Die Verwirklichung zieht sich trotzdem hin. Schließlich gibt Petersen im Juni 1934 den Mitgliedern bekannt, dass die Idee der Vierteljahresschrift »nochmals zurückgestellt worden« sei, »unter anderem« aus Kostengründen.[111] Das löst Proteste von nationalsozialistisch gesinnten Mitgliedern aus. Mitte September 1934 tritt ein gewisser Rittmeister a. D. Helmuth Brussatis wegen des fallengelassenen Plans aus der Goethe-Gesellschaft aus.[112] Wissenschaftliche Arbeit müsse, so Brussatis, mit dem Bestreben auftreten, »*bewusst* der geistigen Neuschaffung und geistigen und dinglichen Wiedererstarkung des deutschen Volkes zu dienen«. Wenn die Goethe-Gesellschaft »der geistigen Umgestaltung des deutschen Menschen« nicht Rechnung trage, prognostiziert er ihren Untergang, und er erwartet für 1935 »einen weiteren erheblichen Rückgang« der

Mitgliederzahl. Die Gesellschaft müsse ihre »viel zu lebensferne Richtung der Wissenschaft« aufgeben, sie »*muss* [...] von ihrem hohen Kothurn heruntersteigen und sich in Volks*nähe* begeben; sie muss hierzu zuerst einmal eine breitere Schicht von Gebildeten erfassen, als dies auf dem bisherigen Wege möglich war; sie muss populärer, gegenwartsnäher werden.«[113] Auch das Gründungsmitglied der Dresdner Ortsgruppe Karl Wilhelm Oest warnt vor üblen Konsequenzen, wenn die Goethe-Gesellschaft nicht eine am besten monatlich erscheinende, »volkstümlich[e] Mitteilungen« enthaltende illustrierte Zeitung gründe, die im Buchhandel bis hin zu den Bahnhofsbuchläden zum billigen Preis erworben werden könne.[114]

Zum Zeitpunkt von Oests Brief hatten die Leiter der Goethe-Gesellschaft allerdings schon beschlossen, doch noch die Vierteljahresschrift zu realisieren, und zwar wegen der »Schwierigkeiten geistiger und wirtschaftlicher Natur, mit denen unsere Gesellschaft zu kämpfen hat«.[115] Kippenberg hatte in der Tat prophezeit: Wenn es so weiter gehe, müsse die Gesellschaft »in einigen Jahren aus Mangel an Mitteln ihre Arbeit einstellen.«[116] Es war ein Vabanquespiel: Die höheren Kosten konnte man nur decken, wenn die Vierteljahresschrift mehr Mitglieder anwerben würde, und das wiederum bedeutete, dass die Goethe-Gesellschaft unweigerlich an die nationalsozialistische Ideologie andockte. Denn nur mit braunen Inhalten konnte man die ausgetretenen jüdischen Mitglieder ersetzen und die ausgetretenen nationalsozialistischen Mitglieder wie Brussatis wiedergewinnen. Aber vor allem die »arische Jugend« musste man anwerben, um überhaupt eine Zukunft zu haben. Die Zeitschrift müsse sich – hier drückt Kippenberg den Konsens aus – »vor allem an Nicht-Gelehrte und Nicht-Fachleute«,[117] also an die große Mehrheit der Mitglieder wenden, obwohl Donndorf vor »Verwässerung« warnt.[118] Auf der Vorstandssitzung resümiert Pg. Buttmann, man müsse »schon an der Form der neuen Zeitschrift erkennen, dass die Goethe-Gesellschaft gewillt ist, neue Wege zu gehen«.[119]

Eine entscheidende Frage war die Wahl des Herausgebers. »Davon hängt das ganze Schicksal der Gesellschaft ab«, meinte Petersen dramatisch.[120] Hinsichtlich geeigneter Kandidaten wendete man sich zunehmend an zuverlässige Anhänger des Regimes. Mehrere jüngere, weniger bekannte wurden rasch von prestigeschweren Professoren verdrängt.[121] Im Vorfeld der Jubiläumsfeier 1935 machte Kippenberg eine verblüffende Empfehlung: Karl Justus Obenauer.[122] Dieser war ausgewiesener Goethe- (und Nietzsche-)Forscher und wurde schon 1927/1929 als Herausgeber der damals bereits überlegten Vierteljahresschrift gehandelt.[123] Aber er war nicht nur 1933 der NSDAP, sondern 1934 auch der SS beigetreten und wirkte gar im Sicherheitsdienst der SS. Obenauer wurde im September 1935 (d. h. nach Kippenbergs Nominierung) in Bonn gegen den Willen der Fakultät zum Ordinarius berufen; er hielt seine Antrittsvorlesung in SS-Uniform und erwirkte als Dekan die Aberkennung der Ehrendoktorwürde Thomas Manns.[124]

Bald schon ist jedoch von Obenauer nicht mehr die Rede; möglicherweise war sein Eifer für die ›Bewegung‹ sogar für Petersen zu arg. Kippenberg hatte »vielleicht« Wilhelm Böhm vorgeschlagen. Der 57-jährige Böhm – mit Petersen und Spranger befreundet – war seit 1930 Honorarprofessor für Germanistik an der Technischen Hochschule in Hannover, seit 1935 dort Ordinarius für Philosophie. In einem 1928/1930 erschienenen Werk legte er Hölderlin als Antidemokraten aus und wollte damit auch das humanistische Erbe der Weimarer Klassik vom Demokratismus abrücken.[125] 1933 publizierte er das vielbeachtete Buch *Faust der Nichtfaustische.* Früher der Deutschnationalen Volkspartei zugehörig, schaffte er zum 1. Mai 1933 den Sprung in die NSDAP, bevor die Mitgliedersperre verhängt wurde.[126] Warum die Verhandlungen mit Böhm dann scheiterten, ist nicht ganz klar; daran, dass er nicht in Weimar lebte und kein Germanist war, lag es offenbar nicht. Kippenberg scheint ihn nach einem Gespräch abgelehnt zu haben.[127]

Der seriöseste nächste Kandidat war wieder ein nationalsozialistisch orienterter Ordinarius, der später berüchtigte Franz Koch aus Wien. Er hatte 1926 *Goethe und Plotin* sowie zu *Faust* publiziert; 1932 hielt er auf der Hauptversammlung einen Vortrag, der in erweiterter Form in den »Schriften der Goethe-Gesellschaft« unter dem Titel *Goethes Stellung zu Tod und Unsterblichkeit* erschien.[128] Insofern war er als Goethe-Forscher bestens ausgewiesen und mit allen bekannt. Koch war gerade auf das frühere Berliner Extraordinariat des ausgetretenen jüdischen Mitglieds der Goethe-Gesellschaft, Max Herrmann, berufen worden und sollte dort im nächsten Jahr einen Lehrstuhl erhalten. Von 1937 bis 1940 war Koch Dekan, und in dieser Rolle kam er in scharfen Konflikt mit dem Kollegen Petersen, der jüdische Mitarbeiter an seinem Lehrstuhl weiterhin beschäftigte. Er hielt 1937 an der Universität eine Rede unter dem Titel *Das Reich Adolf Hitlers, die Erfüllung deutscher Sehnsucht*. Im selben Jahr wurde er nach der Aufhebung der Mitgliedersperre Parteimitglied.

Kochs schlimmste Tage, sein Prestige als einer der berüchtigtsten NS-Germanisten, lagen 1935 noch vor ihm, doch war seine Tendenz aus Publikationen der 1920er Jahre unverkennbar.[129] Am 6. November 1935 meldet Petersen nach Leipzig: »Ich habe zweimal mit ihm verhandelt und beide Male den Eindruck gehabt, dass er die Dinge sehr richtig sieht und der rechte Mann gewesen wäre, die Führung zu übernehmen. Aber schliesslich habe ich doch beiliegende Absage erhalten.«[130] In ihr teilte Koch mit, nachdem er die Sache »noch einmal reiflich überlegt und überschlafen habe« könne er *doch* nicht die Stelle übernehmen, und zwar wegen anderer Verpflichtungen – nicht etwa aus ideologischen Gründen.[131] Man kann davon ausgehen, dass dies der Wahrheit entsprach, schließlich war er auch später grundsätzlich bereit, an der Vierteljahresschrift mitzuarbeiten, und schlug dafür ein Themenheft über Goethe vor: »Bewahrung und Ausgestaltung deutschen Erbgutes«.[132]

Nach dieser Schlappe ist Kippenberg betrübt: »Wir sind nun wieder am alten Fleck.«[133] Ja sogar: »auch mir macht die Sache viel Gedanken. Vielleicht wäre es besser, die Goethe-Gesellschaft überhaupt aufzulösen«[134] – eine Idee, die er schnell fallen lässt. Petersen versucht Kippenberg und Wahl als Herausgeberteam zu gewinnen, aber Kippenberg will die Last auf Wahl abwälzen.[135] Nach einigem Taktieren sagt Wahl zu. »Der Stein, der mir vom Herzen gefallen ist«, schreibt Petersen an Wahl, »muss bis nach Weimar hin vernehmlich gewesen sein.«[136]

Die ganze Reihe der Kandidaten für die Herausgabe der neuen Zeitschrift zeigt deutlich, dass Linientreue gefragt war: Alle ernsthaft Erwogenen waren, oder wurden später, NSDAP-Mitglieder. (Auch fünf der acht auf dem Titelblatt genannten »Mitwirkenden« waren Parteigenossen oder NS-Nähe.[137]) Wahl war aus mehreren Gründen geeignet: Er lebte in Weimar, kannte die Gesellschaft, die Quellen, die Goethe-Forschung und Goethes Werk und Leben bis ins Detail. Ein besonderes Anliegen der Zeitschrift war, Goethe als Naturwissenschaftler zu präsentieren, und Wahl interessierte sich gerade für dieses Gebiet.[138] Aber natürlich war seine politische Einstellung die wertvollste Qualifikation. Unter den Leitern der Gesellschaft war höchstens Donndorf nicht mit der Entscheidung einverstanden.[139]

Seine politische Befähigung bewies Wahl sofort durch drei Vorstöße. Er machte erstens einen Berichterstatter für Theateraufführungen ausfindig, »einen geeigneten Mann und PG«.[140] Zweitens legte er Petersen einen ausführlichen Plan für die ersten vier Hefte vor, die dieser als »vielversprechend« bezeichnete.[141] Die Thematik sollte sich »an die Zeitlage anschliessen«. Die ideologische Ausrichtung belegen Namen, die Wahl einbinden wollte: Wilhelm Fehse und Rupprecht Matthaei sowie Wilhelm Pinder, der im Herausgebergremium firmierte.[142] Für ein der »Gegenwart« gewidmetes Heft schlug Wahl unter anderen einen Beitrag des berüchtigten Biologen Ernst Kretschmer vor sowie von Alfred Rosenberg (zum Thema »Goethes Griechenliebe als Ausdruck rassischer Verbundenheit«), was Wahls Vertrautheit mit Rosenbergs ideologischem Hauptwerk *Der Mythus des 20. Jahrhunderts* verrät.[143]

Wahl näherte sich Rosenberg auch in seiner dritten Initiative an. Am 5. Dezember 1935 schrieb er einen Brief an »20 deutsche Männer und Frauen« (am Ende waren es aber doch nur Männer).[144] Außer an die neuen Vorstands- und NSDAP-Mitglieder Buttmann, Schulte Strathaus und Ziegler ging das Schreiben an die bekannten NS-Wissenschaftler Adolf Bartels, Wilhelm Fehse, Walther Linden und Heinz Kindermann, daneben an Wahls Weimarer Bekannten und Präsidenten der Reichstheaterkammer Rainer Schlösser, den Philosophen Hans Heyse (genannt »Parteigenosse Platon«), 1935 vom Regime zur Leitung der Kant-Gesellschaft berufen,[145] und den führenden nationalsozialistischen Historiker Walter Frank, der im Juli 1935 über das Amt Rosenberg und den Stab Heß zum Präsidenten des neuen Reichsinstituts für Geschichte des neuen Deutschlands avanciert war.[146] Unter den Adressaten war aber auch die erste Riege vertreten, die Kontrahenten Goebbels und Rosenberg; diese hielten die Sache für so wichtig, dass sie jeweils einen Vertreter zu einem Treffen mit Wahl entsandten, von dem schon die Rede war.[147] Die anderen Empfänger, meist regimetreue Professoren, waren weniger bekannt.[148]

Wahl stellte ihnen in seinem Brief die Frage: *»Die Behandlung oder Neubehandlung welcher Aufgaben und Fragen innerhalb der Goethe-Wissenschaft und überhaupt des Goethe-Schrifttums halten Sie für gegenwärtig wichtig und vordringlich?«* Er betonte, dass die Frage sich auf alle Bereiche von Goethes Werk und Gestalt »und in ihrer Wirkung bis auf unsere Tage und auf unsere Gegenwart selbst« erstrecke. Die eingehenden Antworten würden »bedeutungsvoll genug sein, um [...] im Goethe- und Schiller-Archiv verwahrt zu werden.« Er werde sie nur im angeführten Sinne verwenden: »als wertvolle Stimme der deutschen Gegenwart und als Richtlinie für Gegenwart und Zukunft«.

Warum diese aufwändige Aktion, wenn die Stellungnahmen nur im Archiv deponiert werden sollten? Der naheliegende Schluss ist, dass es eigentlich um die »Richtlinie« für die neue Zeitschrift ging, die Wahl aber nicht erwähnt. Er leugnet hartnäckig jeden Zusammenhang, aber dabei verfälscht er die Chronologie von Anfrage und seiner kurz zuvor erfolgten Ernennung zum Herausgeber.[149] Knapp eine Woche nach der Anfrage, nachdem auch einige Antworten eingegangen waren, schickt Wahl an mehrere mögliche Beiträger eine Einladung: An der Zeitschrift mitzuarbeiten, erscheine ihm »als ein nicht unwichtiger Dienst am deutschen Volk in seinem Neuaufbau und am Deutschtum im weitesten Sinne«.[150] Drei der Angeschriebenen bittet Wahl im Anschluss an die Anfrage konkret um einen Beitrag zur Vierteljahresschrift.[151] Mit Bezug auf Goebbels, Rosenberg und Schlösser sollte der Brief mit Sicherheit die Machthaber auf den neuen Kurs der Goethe-Gesellschaft aufmerksam machen. Die Anfrage diente jedoch auch dazu, mögliche Mitwirkende an der neuen Zeitschrift aufzuspüren. In der Tat steuerte ein Viertel der Angeschriebenen später Aufsätze bei, und zwar einige der regimetreuesten. Vier von ihnen geben einen guten Überblick über den ideologischen Tenor.[152]

Adolf Bartels, der Papst der völkischen Literaturgeschichte, war schon im ersten Jahrgang der neuen Vierteljahresschrift vertreten. Nach Rücksprache mit Petersen hatte ihm Wahl »in bekannter Verehrung« geschrieben, er habe »mit großer Freude und Dankbarkeit« seinen Aufsatz »Goethe und sein Volk« in der *Thüringischen Staatszeitung* (ehemals *Gauzeitung*) gelesen und bitte ihn um die Genehmigung zum Wiederabdruck in der Vierteljahresschrift *Goethe*: »Die Art Ihrer Darstellung, die nicht nur Falsches zurückweist, sondern gleichzeitig Positives aufbaut und das ebenso entschieden wie gütig tut, ist gerade jetzt zur Beruhigung und Schlichtung der Geister so notwendig«[153] (Bartels setzte sich vor allem mit dem aktuellen Angriff eines Ludendorffianers auseinander).[154] Bartels willigte »selbstverständlich« ein[155] – ein Indiz für seine Wandlung gegenüber der von ihm früher als ›verjudet‹ angegriffenen Goethe-Gesellschaft – und Wahl druckte den Artikel umgehend nach.

Bartels geht darin offensiv gegen den Vorwurf vor, Goethe habe nicht *»das bewußte Verhältnis zu Volk und Staat gehabt«*.[156] Dass Goethe Weltbürger war, sei eine »vom Judentum in die Welt gesetzte« Anschauung. Auch interpretiert er Goethes Haltung zu Logen und Geheimbünden – mit Recht – als kritisch, vor allem anhand der Turmgesellschaft in *Wilhelm Meisters Lehrjahren*. Dann zitiert er seine eigenen Ausführungen zum Wert der Arbeit und zur Berechtigung des Eigentums, wie sie in den *Wanderjahren* dargestellt werden, und setzt hinzu: »Man könnte eine größere Schrift ›Goethe und der Nationalsozialismus‹ auf dieses Werk hin schreiben.«[157] Er betont Goethes Ablehnung des »Parlamentarismus« und behauptet, »daß sein Eintreten für die Weltliteratur durchaus keinen Verzicht auf die völkische Dichtung bedeutet«. Bartels hält die Äußerung gegenüber Eckermann am 4. Januar 1824 für »Goethes letztes politisches Wort«, nämlich: »*Wiederum ist für eine Nation nur das gut, was aus ihrem eigenen Kern und ihrem eigenen allgemeinen Bedürfnis hervorgegangen*, ohne Nachäffung einer anderen.«[158] Der martialische Schluss von *Herrmann und Dorothea*, den wir heute eher als Ironie verstehen, sowie Goethes Anteilnahme an den Koalitionskriegen gegen Frankreich werden gegen die Ludendorffianer ins Feld geführt. Dazu bemüht Bartels die Stelle aus einem Gespräch Goethes mit Heinrich Luden im Jahr der deutschen Erhebung 1813, eine Stelle, die im Streit mit nationalsozialistischen Goethegegnern immer wieder angeführt wurde: »Glauben Sie ja nicht, daß ich gleichgültig wäre gegen die großen Ideen Freiheit, Volk, Vaterland. Nein! Diese Ideen sind in uns, sie sind ein Teil unseres Wesens, und niemand vermag sie von sich zu werfen. Auch mir liegt Deutschland warm am Herzen […]. *In derselben Weise tröstet auch nur der Gedanke an Deutschlands Zukunft; ich halte ihn fest, diesen Gedanken. Ja, das deutsche Volk verspricht eine Zukunft, hat eine Zukunft.*«[159] Diese Äußerung zerrt Bartels aus dem Kontext einer langen, gegen Ludens Freiheitsansinnen gerichteten Rede Goethes, und er erklärt dazu: »Das kann man auch als eine Prophezeiung des Dritten Reiches betrachten, und wir Nationalsozialisten wollen stolz darauf sein, daß sie von unserem größten Dichter stammt, und all die törichte Rederei über diesen entschieden ablehnen. Hat er doch auch nach den Freiheitskriegen in dem Schlußlied von ›Des Epimenides Erwachen‹ gesungen:

So rissen wir uns ringsherum
Von fremden Banden los!
Nun sind wir Deutsche wiederum,
Nun sind wir wieder groß.
So waren wir und sind es auch
Das edelste Geschlecht,
Von biederm Sinn und reinem Hauch
Und in der Taten Recht.

Das ist für mich so etwas wie die wirkliche deutsche Nationalhymne.«

Kein Wunder, dass Wahl diesen Artikel mit »Dankbarkeit« gelesen hat, denn darin stellte sich einer der wichtigsten Vorreiter des völkisch-nationalsozialistischen Gedankens hinter den »Deutschen« Goethe. Bartels erfüllte die Mission der neuen Zeitschrift glänzend: Der Artikel reagierte rasch auf aktuelle Angriffe gegen Goethes angeblichen Volksverrat.

Der Gymnasiallehrer und Raabe-Forscher Wilhelm Fehse, ein strammer Nazi, wirbt für »ein neues Schauen« auf die Gestalt Goethes, »für das der große Umbruch unserer Tage die Voraussetzung gegeben hat«.[160] Da Wahl Fehses Buch *Goethe im Lichte neuen Werdens* (1935) kannte, bat er ihn in genau diesem Sinne um einen Auszug für die Vierteljahresschrift.[161]

Unter dem unscheinbaren, ja modern anmutenden Titel »Rückkehr zum Zeichen« (im 2. Heft des Jahrgangs 1936) liefert Fehse einen der ›braunsten‹ Beiträge. Mit nicht zu überbietendem Kitsch schwärmt er vom neuen Werden im Dritten Reich: »Unser Volk ist wieder hellhörig geworden für das geheimnisvolle Rauschen seiner Lebensquellen.«[162] Nachdrücklich weist er auf das Wort vom »Dämon der Völker« in Goethes eigener Auslegung der *Urworte. Orphisch* hin, denn, so Fehse, »gerade die Judenschaft wird da als ›das wichtigste Beispiel von hartnäckiger Persönlichkeit‹ genannt« – was er, entgegen der Absicht Goethes, offenbar als etwas Bedrohliches sieht.[163] Goethe habe das deutsche Volk dazu erzogen, das eigene Wesen zu erkennen, und dadurch als »Befreier« gewirkt, denn damit wurde er »mit seinem Leben und seiner Tat selbst befreiendes Schicksal seines Volkes«; sein Dämon sei »blutgebunden an den Dämon seines Volkes« gewesen.

Petersen sieht sofort, dass Fehses Aufsatz »den Charakter des Leitartikels« habe, weshalb ihm leicht mulmig wird, ihn schon im ersten Heft zu bringen, da er dort »etwas allzu aufdringlich programmatisch wirken« könnte. Aber konkrete Einwände hat er nur in kleinen literaturhistorischen Fragen, nicht gegen Fehses ideologischen Ansatz.[164] Der braune »Leitartikel« wird also gedruckt.

Heinz Kindermann antwortete offenbar nicht auf Wahls Anfrage an die »20 Männer«, doch erschien von ihm im ersten Heft des Jahrgangs 1938 ein Aufsatz über Persönlichkeit und Gemeinschaft bei Goethe. Kindermann hebt mit Ausfällen gegen »Liberalismus« und »die liberale Goethe-Forschung« an, die nur für das Individuum, nicht für das Volk Sinn gehabt habe.[165] Nun hatte Goethe das Unglück, ein neues Wort geprägt zu haben, auf das seine nationalsozialistischen Apologeten nicht müde wurden hinzuweisen: »Wir brauchen in unserer Sprache«, schrieb der Dichter, »ein Wort, das, wie Kindheit sich zu Kind verhält, so das Verhältnis Volkheit zum Volke ausdrückte.«[166] Natürlich wird – ohne Rücksicht auf Goethes negative Äußerung über »das Volk« in diesem Kontext – die Goethesche Wortschöpfung »Volkheit« erbarmungslos ausgeschlachtet: »aus der mythenbildenden Erinnerung des Volkes beschwört sie alle Kräfte des Widerstandes, allen Willen zur völkischen Selbstbesinnung und Selbstbehauptung« – vermutlich Widerstand und Selbstbehauptung gegen innere und äußere Feinde. Und: »Daß ein Wort von solcher Erlebnistiefe von einem Mann geprägt worden wäre, dem die internationale Utopie: Menschheit angeblich weit wichtiger war als das eigene Volk, das können wir nicht glauben«. Goethe habe gesehen, »wie alle schöpferischen Kräfte, alles originelle Wollen des hochbegabten, den Durchschnitt überragenden deutschen Menschen durch die internationale Normierungssucht der Aufklärer erdrückt wird«. Sogar im Sesenheimer Liebesdrang (*Es schlug mein Herz*) setze »die Kurve des kämpferischen Geistes ein«, offenbarten sich »heroische Züge« – damit die Eigenschaften anstimmend, die Goethe, nach anderer Ansicht, im Gegensatz zu Schiller angeblich fehlten. Das »grenzdeutsche Elsässer Erlebnis«, der Groll gegen »französische Überfremdung«, hätten dem Dichter »eine national bedingte Gestaltung« seines neuen Lebensideals eingegeben. So sei die »große einsamragende Führergestalt« Götz von Berlichingen in dem Drama entstanden, dem in der nationalsozialistisch geprägten Goethe-Forschung ein privilegierter Platz zugewiesen wird: Es ist Zeugnis der »arteigen-deutschen Haltung« Goethes. Während Werther eher kränklich-empfindsam scheitert, erringt Faust nach Überwindung seines inneren Zwiespalts den Anschluss an die »organisch gewachsene Gemeinschaft seines Volkes«, »den so typisch deutschen Sieg des idealistischen Tatmenschen über die lastende Materie« im Landgewinnungsprojekt. Der Spruch des blinden (!) Faust, »Auf freiem Grund mit freiem Volke stehen«, wird zur ideologischen Losung im Nationalsozialismus, lange bevor die DDR ihn instrumentalisierte.[167] Goethes Verehrung für Napoleon erklärt Kindermann aus »letzten Nachwirkungen dieses sturm-und-drang-mäßigen Geniekults«, die Rückbesinnung auf sein Volk werde im siegbewussten Nationalismus von *Des Epimenides Erwachen* deutlich. Und wie schon Bartels und manch anderer nationalistisch orientierte Interpret begrüßt Kindermann die aggressive Schlussrede des Protagonisten von *Herrmann und Dorothea*, die Aussage des Gehülfen in *Die Wahlverwandtschaften*, dass Jugendliche Uniform tragen sollen, ebenso wie den Vers »Heil dem Führer! Heil dem Band!« aus den *Wanderjahren*, als würde Goethe in der Gegenwart des Dritten Reichs sprechen.

Kindermann wollte den Aufsatz ursprünglich mit dem Untertitel »Ein Vortrag für Auslandsdeutsche« versehen, »um zu zeigen, was Goethe in diesem Abwehrkampf bedeutet und *daß* er da überhaupt eingesetzt wird«.[168] Wahl oder Petersen muss stattdessen eine Vorbemerkung vorgezogen haben, die aber die ideologische Stoßrichtung deutlich genug machte: »Dieser Vortrag wurde in der Goethe-Gesellschaft Riga und in der Lesevereinigung der Goethe-Schule zu Graudenz gehalten. Er sollte diesen Grenz- und Auslandsdeutschen nicht nur den Weg zu einem neuen Goethe-Bild ebnen, sondern er sollte ihnen auch zeigen, wie irrig die im Ausland so oft erhobenen Vorwürfe sind, das neue Deutschland entferne sich vom Besten, das schöpferische Geister unserer Nation in vergangenen Jahrhunderten gewollt hätten. Gerade den Grenz- und Auslandsdeutschen, die solchen Mißverständnissen mehr als die Binnendeutschen ausgesetzt sind, sollte von Goethe her gezeigt werden, daß die Grundhaltung unserer neuen Lebensform ein Ewig-Deutsches wieder aufnimmt und neu gestaltet ins Künftige trägt.« Goethe wurde also unumwunden in die Propagandamaschinerie des Regimes gestellt, das die Ostgebiete als deutsches Territorium betrachtete.

Persönlich waren die Leiter der Goethe-Gesellschaft Kindermann nicht besonders wohlgesinnt. Als er im Januar 1934 dem Goethe- und Schiller-Archiv eine Anfrage wegen der Gretchenepisode in *Faust* einsandte, fasste Wahl oder Hecker die Antwort aus dem Archiv im Briefregister mit einem Wort zusammen: »Ignoramus.«[169] Dennoch hatte Wahl Kindermann gebeten, seinen Vortrag als Aufsatz für die Zeitschrift einzusenden, da der Danziger Ordinarius ganz offenbar eminente politische Bedeutung besaß.[170] An der ersten Fassung des Aufsatzes übte Petersen gegenüber Wahl eine lange, verheerende Kritik mit dem Ergebnis: »Das war gewiss ein hübscher Vortrag für die Auslandsdeutschen, aber gelesen ist er doch eine allzu billige Zusammenstellung allbekannter Zitate«, die »nichts Neues« enthalte; die Arbeit liege »eigentlich unter dem Niveau, das wir halten müssen«.[171] Allerdings war sie in der Zeitschrift schon angekündigt, so dass Petersen seine Bedenken zurückstellte[172] – andere bereits angekündigte Aufsätze wiederum lehnte man ab, wenn sie die Erwartungen nicht erfüllten.[173] Kurz: Kindermanns NS-Nähe wog schwerer als der eindeutige Vorbehalt gegen seine wissenschaftliche Befähigung (selbst Wahl hielt das Heft, in dem Kindermanns Aufsatz erschien, für minderwertig).[174]

Walther Linden, Mitglied der SA und seit April 1933 der NSDAP, war einer der ehrgeizigsten und profiliertesten der jungen Generation von NS-Germanisten und sollte später für Wahls Beziehungen zum Regime wichtig werden.[175] Schon 1933 versuchte er mit seiner Programmschrift *Aufgaben einer nationalen Literaturwissenschaft* in die Gestaltung der künftigen Germanistik einzugreifen. Dem Buch vorangestellt ist »ein Wort tiefen und warmen Dankes für jenen Mann, der auch dem wissenschaftlichen Menschen die innere Befreiung gebracht hat: Adolf Hitler«. Goethes »nationale Verwurzelung und nationale Wesensverkörperung« müsse »eine neue Behandlung erfahren«.[176] Er schickte dieses Buch an Hans Wahl, der für »die prachtvolle programmatische Schrift« dankt und meint: »Das sind notwendige Worte zur rechten Stunde, deren Echo und Wirkung nicht ausbleiben wird.«[177]

In der Antwort auf Wahls Sammelanfrage empfiehlt Linden entsprechend »eine Neueinstellung der Goetheforschung im Sinne unserer heutigen weltanschaulichen Haltung«, denn der Klassiker sei »eine der machtvollsten, heute noch in voller Stärke wirkenden Ausprägungen ewigen arthaften Deutschtums«.[178] Diese Meinung untermauert er 1938 in seinem Aufsatz in der Zeitschrift *Goethe*. Linden betont zwar »gegen falsche Zeitungsurteile des Auslandes«, dass es bei der Neubesinnung seit 1933 »*nicht* darum [geht], aus Goethe einen Nationalsozialisten zu machen«, setzt jedoch hinzu: »Aber ebenso klar und unwiderruflich ist die Tatsache, daß *beide* Zeitalter aus dem *gleichen Grunde ewigen Deutschtums* emporgestiegen sind und daher, über alle grundsätzlichen und unverwischbaren Verschiedenheiten hinaus, verwandte Wesenszüge ewiger Artanlage zeigen müssen. Aus nationalsozialistischer deutscher Geisteshaltung kann der Zugang zu einem echten und geschichtlich begründeten Goethebilde gefunden werden.«[179] Dabei führt er Alfred Rosenbergs Aussage an, Goethe sei »der größte und umfassendste Träger und Bewahrer deutscher Art und Anlage«.

Lindens Themen sind praktisch die gleichen wie Kindermanns, der

Vorrang der Gemeinschaft vor dem verpönten »Individualismus«, vor der »Autonomie« in Goethes Denken, aber um einiges aggressiver in der kulturpolitischen Mobilisierung des Dichters. Durch seinen Rückzug »auf seine schöpferische Innerlichkeit« habe Goethe gar »das *Weltreich deutschen Geistes*« (später: »die *Weltherrschaft deutschen Geistes*«) gegründet, »das auf seine Weise entscheidend dazu beigetragen hat, die neue Stufe deutscher Volkwerdung in der napoleonischen Zeit zu beschreiten«, also »weltbestimmend[e] Deutschheit« zu prägen. Gesteht Linden die »schwer[e] politisch[e] Verirrung« Goethes in seiner Bewunderung Napoleons, so behauptet er wie viele Nationalsozialisten, die deutsche Erhebung des Jahres 1813 »eröffnete ihm seinen Irrtum [und] führte ihm die Kraft und Tiefe der deutschen Volksbewegung vor Augen«. Goethes »arthafte Lebenshaltung« sei »ein unvergängliches Vorbild, das auch für jene Zeiten der deutschen Geschichte wirksam bleibt, denen der völkische Staat und der willenshafte Aktivismus als Gemeinschaftsgut erschlossen wurde«.

Linden hatte den fulminanten Aufsatz auf Hans Wahls »ausdrückliche Bestellung« geschrieben,[180] aus einem ganz bestimmten Anlass: Reichsjugendführer Baldur von Schirach sollte ihn lesen (dazu später mehr). Aber mit dem Ergebnis war weder Petersen noch Wahl zufrieden. Petersen monierte: »Das Thema ist gut und interessant; die Durchführung ist oberflächlich und rednerisch hingehauen.«[181] Und Wahl meinte, der Aufsatz habe ihn »gewaltig erschüttert. Ich hatte etwas anderes, weniger oratorisches, davon erwartet.«[182] Ein aufmerksamer Leser bemängelte an Lindens Aufsatz vierzehnmal vorkommende Wörter wie »arthaft« und »artbewußt« und übersah sogar viele andere Beispiele. Wahl antwortete freimütig, er habe »auch schon einige der gehäuften Ausdrücke dieser Art vorher entfernt«. Zwar konnte man einiges ändern, etwa aus dem von Petersen monierten »jüdischen« einen »artfremden Intellektualismus« machen, was ja nur eine Verschlüsselung desselben Gedankens war, aber: »Den ganzen Aufsatz nicht aufzunehmen war leider keine Möglichkeit gegeben.«[183]

An den Aufsätzen von Linden und Kindermann wird deutlich, dass die Goethe-Gesellschaft wegweisende NS-Wissenschaftler unbedingt in der Zeitschrift *Goethe* haben wollte. Damit verbreitete sie einen entstellten Goethe. Nur extreme Beiträge, vor allem von weniger bekannten Autoren, wurden abgelehnt.

Hans Wahl stellte jedem Heft das Zitat eines Dichters oder eines anderen Zeitgenossen voran, das die nationale Bedeutung Goethes hervorhob. Beim ersten Heft waren es Ludwig Tiecks Ausführungen *Über die Erweckung der deutschen Gesinnung durch Goethe* – ein von Wahl selbst erfundener, zeitgemäßer Titel –, die in der Behauptung gipfeln, Goethe sei »der wahrhafte deutsche Dichter«, charakterisiert durch »die deutsche Gesinnung, die Verklärung des Volks und Vaterlandes, das durch ihn gleichsam im Bewußtsein erst entstand und entdeckt wurde«. Der Ausschnitt schließt mit einem Spruch, der die Goethe-Gegner der NS-Zeit ins Visier zu nehmen scheint: »Hoffentlich wird die Zeit nie kommen, … daß Deutschland seinen größten, seinen ersten wahrhaft deutschen Dichter verkennt.« Beiträge wie Schellings *Über die Verwaisung Deutschlands durch Goethes Tod* oder Grillparzers *Über die Adelung der Deutschen durch Goethe* sollten gleichfalls den »Deutschen Goethe« aktualisieren.

Ein vornehmlicher Zweck der Vierteljahresschrift war es, die Nähe zu aktuellen Ereignissen herzustellen, die Möglichkeit, zeitnah auf Bedrohungen des ›braunen‹ Goethebildes und damit der Goethe-Gesellschaft zu reagieren. Die wohl wichtigste Rubrik waren daher Hans Wahls »Antworten auf häufige Anfragen bei den Goethe-Instituten« (dem Goethe- und Schiller-Archiv und dem Goethe-Nationalmuseum). Gleich im ersten Heft widerlegt Wahl die Behauptung, Goethe habe mit einem hingeworfenen »Auch ich« der Hinrichtung der Kindermörderin Johanna Höhn zugestimmt.[184] Letztlich unterstreicht er jedoch Goethes Befürwortung der Todesstrafe, die ja von den Nationalsozialisten drastisch ausgeweitet wurde (ein eigener Aufsatz zu Goethes Stellung zur Todesstrafe war überlegt worden[185]).

Dem Vorwurf angeblich jüdischer Abstammung Goethes, den vor allem Ludendorffianer anbrachten, begegnete Wahl auf zweifache Weise. Bei der Eröffnung des erweiterten und neu gestalteten Goethe-Nationalmuseums zu Goethes Geburtstag im Jahre 1935 präsentierte er an prominenter Stelle eine Ahnentafel des Dichters, die zeigen sollte, dass Goethes

»Wurzeln« »tief im Volk liegen«[186] – quasi ein Ariernachweis für Goethe. Im Dezember 1935 kam dann eine Anfrage vom »Reichsausschuss für Volksgesundheitsdienst«, der »eine Ahnen- und Sippentafel des Dichters Johann Wolfgang v. Goethe« zusammenstellte und dabei um einige fehlende Angaben bat. Der Zweck war »die Aufstellung von erbbiologischen Stammtafeln, um die Vererbung künstlerischer Anlagen festzustellen«.[187] Wahl entsprach dem Wunsch, und so war Goethes Ariernachweis amtlich.

Diese bizarre Episode bestärkte Wahl gewiss in seinem Vorhaben, hinsichtlich der Frage nach Goethes Abstammung in der neuen Zeitschrift noch offensiver vorzugehen. Nachdem er sich im Urlaub nicht weniger als fünfzehn Schriften zum Thema Goethe und Juden aus der Archivbibliothek hatte nachschicken lassen,[188] verfasste er eine Glosse über »die angebliche jüdische Vorfahrenschaft Goethes durch die Lindheimers, die gelegentlich auch leichtfertig in der Presse behauptet worden ist. Die Ursache ist lediglich phonetischer Natur«, erklärte Wahl; »nach diesem Lautklangverfahren müßten allerdings zahlreiche kerndeutsche Familien in Schwaben, Hessen und Bayern aus der Volksgemeinschaft herausgelöst werden.«[189] Juden sind nach Wahls durchaus zeitgemäßer Vorstellung natürlich nicht kerndeutsch (trotz aller Beteuerungen von Ludwig Goldstein und anderen jüdischen Mitgliedern[190]), sondern eine andere, feindselige Rasse, und er nimmt die Berechtigung ihrer Entfernung aus der Volksgemeinschaft als selbstverständlich hin.

Zu Goethes Mitgliedschaft in der Weimarer Freimaurerloge und in der Niederlassung des Illuminatenordens publiziert Wahl einen eigenen Beitrag »Goethe und das Logenwesen« (am Schluss des 3. Heftes für 1936), zu dem ihn Petersen »aufgemuntert« hatte.[191] Auch dafür hat sich Wahl im Urlaub gründlich vorbereitet und eine steile Lernkurve absolviert.[192] Die Dokumente, die er präsentiert, belegen Goethes »Erkenntnis von der Staats-Gefährlichkeit des Logenwesens und von der Notwendigkeit der Überwachung der Logen durch den Staat, um sie ›beherrschen‹ und gegebenenfalls ›unschädlich machen‹ zu können«.[193] Mit dieser Auslegung liegt Wahl richtig. Aber der ideologische Zweck wird am Ausgang seines Beitrags deutlich: »Alfred Rosenberg überschaut also die Lage klar und überlegen, wenn er sagt: ›Goethe hat ganz unbefangen gedacht, die Loge in Weimar als geistig-gesellige Zusammenkunftsform betrachtet, im übrigen aber die Gefahren durchaus eingesehen, die sich möglicherweise einstellen könnten, und auf sie hingewiesen. Auch die Gegner der Freimaurerei werden sich also eine Beschimpfung Goethes energisch verbitten müssen.‹«[194] Ein Jahr nach dem Verbot der Freimaurerei in Deutschland war klar, wohin der Zug abfuhr, und Goethe fuhr mit.

Die Goethe-Gesellschaft gewann ihr Vabanquespiel. Die Presse begrüßte die neue Zeitschrift enthusiastisch und betonte immer wieder ihre politische Aktualität. Besonders oft wurden die Beiträge von Bartels, Fehse und Kindermann hervorgehoben. Kindermanns Aufsatz, meint ein Dresdner Korrespondent, sei »[s]chön, füllig, volkstümlich [...], vielfältig beziehungsvoll für uns«.[195] Als »besonders gegenwartsnah« bezeichnet ihn der Weimarer Schriftsteller Hans Malberg in der *Thüringer Gauzeitung*; dort werde »klar und eindeutig nachgewiesen, wie eng verschwistert Goethes Gedankenwelt dem heroischen und sozialen Grundcharakter unserer Zeit eigentlich ist« – und er erwähnt den kulturpolitischen Bezug zu den Ostgebieten.[196] Bartels widerlege, schreiben die Berliner *Kreuz-Zeitung* und *National-Zeitung*, »unwahre Behauptungen über eine angeblich volksfremde Haltung Goethes«.[197] Der *Völkische Beobachter* berichtet: »Wilhelm Fehse schildert Goethes Durchbruch zur deutschen Wesenhaftigkeit [...] und das Organische seines Schaffens als vorbildlich für uns.«[198] Auch Hans Wahls polemische Miszellen im ersten Jahrgang finden in der Presse Anerkennung, besonders – wegen der Aktualität der Ludendorff-Diskussion – der Beitrag über Goethe und die Logen[199] sowie die national getönten Würdigungen Goethes durch seine Zeitgenossen.[200] Insgesamt wird mehrmals die neue Richtung der Zeitschrift lobend hervorgehoben: »Man muß sagen: Es ist ein glücklicher Griff.«[201] »Erfreulich«, schrieb ein Rezensent nach dem ersten Jahrgang, »wie von Heft zu Heft die Mitteilungen erfrischend kämpferischer werden«.[202] Aus Dresden lautet das ideologische Fazit: »So stellt man mit Freude fest, daß die Vierteljahrsschrift der Goethegesellschaft sich lebendig in den raschen Strom dieser Zeit zu stellen sucht. Und man wird finden: Goethe kann Schritt halten!«[203] Die altehrwürdige bürgerliche *Frankfurter Zeitung* sekundiert, dass Goethes »Name einen unmittelbar wirksamen Anspruch an das heutige Leben bedeutet«; es werde der Goethe-Forschung gelingen, »das Bild Goethes neu zu vergegenwärtigen, ohne der geschichtlichen Wahrheit und Gerechtigkeit Eintrag zu tun«[204] – eine vergebliche Hoffnung.

Die positiven Zeitungsbesprechungen wirkten gewiss mehr als jede andere Werbemaßnahme, um neue Mitglieder zu gewinnen. Viele Rezensenten empfahlen sogar die preiswerte Mitgliedschaft in der Goethe-Gesellschaft, damit man die Zeitschrift bekommen könne.[205] Der SS-Literaturwissenschaftler Obenauer meinte, die Goethe-Gesellschaft habe »empfunden, daß sich in Deutschland in den letzten Jahren Entscheidendes änderte und dies auch in den Veröffentlichungen irgendwie zum Ausdruck kommen müsse«.[206] Um weniger begeisterte Leser zu Wort kommen zu lassen, muss man tiefer graben. Der spätere Hamburger Ordinarius Ulrich Pretzel etwa übte verheerende Kritik an Kindermanns Aufsatz: es »werden dem Leser teils künstliche Umdeutungen Goethes zugemutet, teils bekannte Dinge wie neu proklamiert, teils auch allerlei allgemeine Weltanschauungsweisheiten aufgetischt. Verfolgt der Verf. etwa ganz bewußt die Absicht, die Gegenwart in die Vergangenheit hineinzusehen?«[207]

Wie mögen jüdische Mitglieder auf die Zeitschrift reagiert haben? Zeugnisse fehlen weitgehend, und sie waren natürlich auch nicht die bevorzugte Zielgruppe. Doch las Dr. Max Birnbaum in Berlin jedes Heft sehr genau und versorgte Hans Wahl jeweils mit mehreren Korrekturen, die aus breiter Goethe-Kenntnis schöpfen. Kindermanns Aufsatz, meinte Birnbaum, »passt wohl nicht ganz in die Atmosphäre Ihres Goethe-Heftes«, und an Fehses Aufsatz bemängelte er eine antisemitische Namensverdrehung.[208] Die ideologischen Verrenkungen in Wahls eigenen Beiträgen, zumal über Goethes arische Abstammung und die »Volksgemeinschaft«, überging Birnbaum mit Stillschweigen.

Obwohl die ›braunen‹ Beiträge am meisten in der Presse von sich reden machten, darf nicht übersehen werden, dass sie in der Minderheit waren. Petersen und Wahl waren von den Erfahrungen mit Linden und Kindermann ernüchtert und suchten bessere Aufsätze. Am 29. Oktober 1937 schlägt Petersen mehrere Namen vor. An Philosophen listet er nur NS-nahe auf: Martin Heidegger, Ferdinand Weinhandl und den schon erwähnten Antisemiten Max Wundt. Daneben aber nennt Petersen auch zwei Wissenschaftler, die als Nazigegner gelten: den Winckelmann-Forscher Walther Rehm und vor allem einen der wichtigsten Historiker des späten 19. und des 20. Jahrhunderts, den 75-jährigen Friedrich Meinecke, der in der Berliner Ortsgruppe für einen Schiller-Vortrag eingeplant war.[209] Wahl bittet alle Vorgeschlagenen, NS-Forscher und NS-Kritiker, in einem weitgehend gleichlautenden Brief um einen Beitrag, inklusive Wundt, der, wie Wahl genau wusste, im Mai für die »Forschungsabteilung Judenfrage« in Walter Franks Reichsinstitut einen Vortrag »Das Judentum in der Philosophie« gehalten hatte, in dem es unter anderem über Goethe und Spinoza ging.[210] An Meinecke schreibt Wahl: »Mittlerweile hat sich jedoch jedes von Nichtwissenden getrübte beschämende Vorurteil gegen Goethe selbst gründlich behoben, das unseren Bestrebungen nicht immer zuträglich zu sein schien. / *Die Leitung der Zeitschrift darf jetzt zur Mitarbeit auf einem anerkannten und gesicherten Boden einladen.* Sie zieht deshalb *jetzt ihre Kreise weiter* und darf nun, als das anerkannte Organ der Goethe-Forschung für Deutschland, ja für die Welt – denn ein Fünftel ihrer Leser sind Deutschgesinnte aller Erdteile – auch Sie, sehr verehrter Herr Geheimrat, um Ihre *Mitarbeit* bitten.«[211]

Die meisten der fünf Angeschriebenen versprachen vage einen künftigen Beitrag, den allerdings keiner lieferte.[212] Ob der neue Kurs der mit einzelnen braunen Beiträgen aufwartenden Zeitschrift besonders Meinecke und Rehm abschreckte, ist unklar.

Anfang desselben Jahres war Wahl davor gewarnt worden, dass Meinecke wie geplant zu einem Vortrag vor der Berliner Ortsgruppe eingeladen werden sollte, da der Historiker »auf der *schwarzen* Liste der Partei steht!«, man laufe Gefahr, mit ihm »in *Anti-Partei* zu machen!«, der Sicherheitsdienst der SS werde sich wohl dafür interessieren. Wahl antwortete: »Ich werde den Wink dankbar befolgen«, doch ist kein solcher Wink Wahls an die Berliner Ortsgruppe überliefert, und Meinecke hielt den Vortrag.[213] Dass Wahl und Petersen trotz dieser Warnung Meinecke und Rehm zur

Mitarbeit an der Zeitschrift einluden, mag riskant erscheinen, doch der Fall eines jüdischen Beiträgers wird zeigen, dass sie sich keine Sorgen machen mussten.

Jüdische Autoren, jüdische Themen

An sehr exponierter Stelle – am Anfang des zweiten Jahrgangs der Vierteljahresschrift (1937) – erschien erstaunlicherweise der Aufsatz eines Autors mit einem unübersehbar jüdischen Namen: Alfred Coehn. Er war Professor für Physik in Göttingen gewesen und seit 1899 Mitglied der Goethe-Gesellschaft. Seine Abstammung war Wahl und Petersen bewusst, und der Präsident erkundigte sich in Göttingen nach Einzelheiten. Er berichtet im Oktober 1936, kurz nach Eingang des Aufsatzes, an Wahl: »Es scheint, daß er nicht ganz reiner Arier ist (wie viel Prozent, ist nicht festzustellen). Da er schon 1933 im 70. Lebensjahre stand, so ist er jedenfalls nicht dieserhalb emeritiert oder pensioniert worden.«[214] Offenbar wusste Petersens Gewährsmann nicht, dass Coehn Dreiviertel- oder Volljude war.[215] Petersen hatte jedenfalls »kein Bedenken«, die »von einem so tiefen inneren Verhältnis zu Goethe erfüllte und schön geschriebene Arbeit aufzunehmen, zumal es sich offenbar um ein altes Mitglied der Gesellschaft handelt«. »Es würde mir sehr leid tun«, antwortete Wahl, »wenn wir den Coehnschen Aufsatz nicht bringen könnten wegen seiner ›Prozente‹, denn der Aufsatz ist in seiner Haltung sehr sympathisch und in seiner Sprache schön. Selbstverständlich wird der Verfasser nicht Mitglied der Reichsschrifttumskammer sein, sodaß bei ihm die bewußte Frage gar nicht ventiliert worden ist.«[216] Als Wissenschaftler musste Coehn nicht Mitglied der Kammer sein, so dass man seinen Aufsatz publizieren konnte. Für Wahl und Petersen hatte – anders als bei fanatischen Antisemiten – sowieso die Qualität der Arbeit Vorrang vor den (unbekannten) ›Prozenten‹ jüdischen ›Blutes‹. Coehns »hieb- und stichfeste Deutung« wurde in mehreren Rezensionen gelobt.[217]

Der jüdische Name »Coehn« wurde jedoch intern thematisiert und diskutiert. Auf einem Dokument in der Geschäftsstelle wurde er mit Bleistift doppelt unterstrichen und am Rande mit »!« versehen[218] – offenbar von Donndorf. Denn einige Wochen später heißt es in seinen Notizen aus der Vorstandssitzung vom 17. Mai 1937: »Heft 1 / 37 *Coehn – Jude?*«[219] Vermutlich war dort die Meinung geäußert worden, dass es trotz etwaiger Bestimmungen der Reichsschrifttumskammer nicht ratsam sei, Aufsätze von jüdischen Autoren zu veröffentlichen. Selbst Donndorfs Engagement für jüdische Mitglieder ging nicht so weit, die Goethe-Gesellschaft zu gefährden.

Am 29. Mai 1937 fragte Dr. Werner Milch wegen einer möglichen Quellenpublikation in der Vierteljahresschrift an. Damals musste er sich noch als freier Autor durchkämpfen – und zur gleichen Zeit gab er Verfolgten Zuflucht in seinem Haus in Wolfshau (Riesengebirge), engagierte sich in der NS kritischen Bekennenden Kirche und soll einen Widerstandskreis unterstützt haben.[220] Nach dem Novemberpogrom 1938 wurde er ins Konzentrationslager Sachsenhausen gesteckt, dann aber unter der Bedingung freigelassen, dass er auswandert. Im Januar 1939 konnte Milch nach London ziehen und kehrte nach dem Krieg auf den Lehrstuhl des verstorbenen Max Kommerell nach Marburg zurück. Noch heute ist Milch als Autor von Studien zu Sophie von La Roche, Bettine von Arnim und anderen bekannt.

Da Wahl eine frühere Publikation von Milch abgelehnt hatte, fragte der Autor nun verklausuliert, ob dies vielleicht nicht wegen des Themas, sondern wegen seiner Person gewesen sei.[221] Wahl antwortete am 16. Juni: »Die parteiamtliche Prüfungskommission zum Schutze des N. S. Schrifttums hat soeben die Vierteljahresschrift angefordert und wird sie zukünftig immer einfordern. Ich muß deshalb darauf Bedacht nehmen, ob die Mitarbeiter Mitglieder der Reichskulturkammer (Reichsschrifttumskammer) sind und frage jeden Beiträger danach, und richte also auch an Sie diese Frage.«[222] Die Parteiamtliche Prüfungskommission, im Stab Heß untergebracht, prüfte Publikationen mit Hinblick auf ihre Darstellung des Nationalsozialismus. Sie hatte nicht die Aufgabe, die Mitgliedschaft von Autoren in der Reichsschrifttumskammer zu kontrollieren.[223] Außerdem fragte Wahl nicht »jeden Beiträger« nach der Mitgliedschaft in der RSK, sondern nur Milch.[224]

Milch erklärt daraufhin, er habe im April 1935 ein Schreiben der Reichsschrifttumskammer erhalten, »dessen entscheidender Satz lautete: ›Ich gestatte Ihnen die schriftstellerische Arbeit auf wissenschaftlichem Gebiet.‹« Von ihm seien ein Buch und Aufsätze »unbeanstandet« publiziert und auch positiv besprochen worden.[225] Wahl wendet sich an die Reichsschrifttumskammer, um diese Angabe zu prüfen; er schließt mit der schlichten Frage, »ob Herr Dr. Werner Milch Jude ist oder nicht«. Die Antwort lautet, Milch sei »Volljude« und daher aus der Reichsschrifttumskammer ausgeschlossen worden, aber: »Die Betätigung auf rein-wissenschaftlichem Gebiet musste ihm bis auf Widerruf gestattet werden, da das wissenschaftliche Schrifttum nicht in den Zuständigkeitsbereich der RSK fällt.«[226] Eine unmittelbare Antwort Wahls an Milch ist nicht überliefert, doch wurde der Aufsatz nicht publiziert. Im nächsten Jahr schlug Milch erneut eine Publikation vor, die jedoch unter dem Namen des Handschrifteneigentümers erscheinen könnte. Wahl akzeptierte Milchs Vorschlag, da »die Vierteljahrsschrift der Reichspressekammer eingegliedert werden mußte«, so dass eine Veröffentlichung unter Milchs Namen nicht möglich sei.[227] Tatsächlich aber war die Eingliederung in die Reichspressekammer noch nicht erfolgt und konnte auch abgebogen werden. So datiert vom selben Tag wie Wahls Brief ein Beschluss der Kammer, dass die Zeitschrift *nicht* »eingliederungspflichtig« wäre, wenn sie drei- statt viermal erscheinen würde; dieser Ausgang war seit Mitte Dezember 1937 absehbar.[228] Die Gesellschaft hatte ein Schlupfloch gefunden, und Schulte Strathaus (»der Fachmann im Vorstand, gerade zur Überprüfung derartiger Fragen«[229]) hatte zu dieser Lösung geraten; daher erschien, bei gleicher Seitenzahl, statt der »Vierteljahrsschrift« seit 1938 eine »Viermonatsschrift«, die im Sinne der Verordnungen nicht als Zeitschrift galt.[230]

Dennoch blieb Wahl mit fadenscheinigen Begründungen bei seinem Entschluss, den Beitrag nicht unter Milchs Namen zu publizieren – nur änderte er sein Argument und behauptete, die Zeitschrift sei nicht »wissenschaftlich«.[231] Dieses Vorgehen war politisch ratsam, denn Buttmann hatte schon bei seiner Zusage zur Mitwirkung an der Zeitschrift gesagt,

Wahl habe als Herausgeber »die Verpflichtung […], hinsichtlich der Mitarbeiter äußerste Vorsicht walten zu lassen.«[232] Im Übrigen war Coehns Aufsatz der letzte Beitrag von einem jüdischen Autor.

Jüdische Themen waren so wenig beliebt wie jüdische Autoren, wenigstens wenn die Argumentation in die falsche Richtung ging. Eine ehemalige Lehrerin und Mitglied der Goethe-Gesellschaft, Eva Siebels, publizierte 1937 in der Vierteljahresschrift einen Aufsatz über Rilke und Goethe. Während der Korrekturphase strich Hans Wahl einen »kurzen Zwischensatz […] über Spinoza«, unter anderem »weil der Lieblingsphilosoph [Goethes] nur für eine kurze Zeit gilt«.[233] Auch dies ein Fall, der zeigt, dass die Herausgeberpraxis zur Verzerrung der Goethe-Forschung führte.

Wahl wusste ganz genau, dass Spinoza für Goethe wichtig war – »eine allbekannte Tatsache«, wie in einem von ihm betreuten Aufsatz im nächsten Jahr betont wurde, allerdings mit einem wichtigen Vorbehalt. Goethes Pantheismus sei individualistisch, Spinozas Pantheismus verneine den Individualismus, was ›jüdischen‹ Intellektualismus verrate: »Spinozas ›Natur‹ ist eine Natur der mathematischen Notwendigkeit. Er schloß zwar den jüdischen Theismus aus, aber in seinem Monismus und in der Konsequenz seiner strengen Logik zeigt sich aufs deutlichste die jüdische Eigenart.« Insofern sei Goethe »doch weniger spinozistisch als er selbst glaubt und als viele bisher behauptet haben«.[234] Diesen Aufsatz »des berühmtesten lebenden Philosophen« in Japan, Nishida Kitarō, vermittelte Vorstandsmitglied Eduard Spranger, der enge Beziehungen zu Japan hatte und im Sinne der Kulturpolitik sich dort ein Jahr aufgehalten hatte. Der Aufsatz sei, so Sprangers Urteil, »inhaltlich ganz interessant, aber nicht überwältigend«. Das stört Wahl nicht, denn der kulturpolitische Aspekt geht vor: »Es würde […] der Zeitschrift selbst nichts schaden, wenn auch einmal ein japanischer Autor darin auftritt.«[235] Anderthalb Jahre früher (1936) hatte Deutschland nämlich mit Japan den Antikominternpakt geschlossen. Jedenfalls hatte Nishida Kitarō ›deutsche‹ Werte verinnerlicht.

Goethe als Antisemit

Das Thema Goethe und die Juden hatte weltpolitisches Gewicht. Dabei war die Frage eigentlich schon im Mai 1937 ›entschieden‹ worden, und zwar von keinem anderen als Franz Koch. Sein Vortrag »Goethe und die Juden« vor der Forschungsabteilung Judenfrage in Walter Franks Reichsinstitut für Geschichte des neuen Deutschlands gab der Goethe-Gesellschaft gewichtige Schützenhilfe.[236] Da Frank früh den Goethe-Mythos Mathilde Ludendorffs angegriffen hatte, galt der Vortrag wohl auch als Teil von Goebbels' neuer Kulturpolitik zu den Klassikern.[237] Dem Habitus des Reichsinstituts entsprechend, das als wissenschaftliches Aushängeschild für Nazideutschland vor allem für das Ausland dienen sollte, kommt Kochs Beitrag mit dem eleganten Firnis einer soliden wissenschaftlichen Untersuchung daher. Aber Koch verfolgt natürlich ein nationalsozialistisches Programm. Obwohl der jüdische Goethe-Forscher Ludwig Geiger die Sache eigentlich schon relativ sachlich angegangen habe, so Koch, habe man den Dichter seitdem »zum Judenfreunde, zum typischen Vertreter jener Humanität, wie sie das Judentum deutet, umgefälscht«.[238] Was Goethes unbequeme Verehrung Spinozas betrifft, vertritt Koch die Ansicht, dass die gesamte »Spinozarenaissance« des späten 18. Jahrhunderts den »Grundcharakter« des holländisch-jüdischen Philosophen »entscheidend verändert, ihn übersetzt, auf die eigene Gefühlsebene transponiert, mit einem Worte germanisiert, verdeutscht« habe. Außerdem könnten Begriffe, die aus Spinoza hergeleitet zu sein scheinen, bei anderen Philosophen gefunden werden, die Goethe gründlicher studierte. Des Weiteren zitiert er den bekannten Satz Goethes, der sich gegen die Verwendung alttestamentarischer Figuren in der Kunst wendet: »Wie aber jene Heroen in die Gegenwart treten, so fällt uns ein, daß es Juden sind, und wir fühlen einen Kontrast zwischen den Ahnherrn und den Enkeln, der uns irremacht und verstimmt«.[239] Und natürlich auch die Leiter der ›pädagogischen Provinz‹ aus den *Wanderjahren,* »[wir] dulden [...] keinen Juden unter uns«[240] – eine Aussage, mit der Goethe »die Juden aus der kulturellen Gemeinschaft der Deutschen ausgegliedert« habe. Wenn

Goethe dies befürwortet hatte, dann hat er es jedenfalls nicht vorgelebt, wie Koch einige Seiten weiter ungewollt zugibt, wenn er schreibt: Goethe »hat einzelne Juden wie Felix Mendelssohn durch seinen persönlichen Umgang ausgezeichnet, sich von Jüdinnen die Zeit vertreiben und schöntun lassen«.

Koch referiert über Goethes Klage, »welches unnennbare Unheil der jüdische Praß uns zugefügt hat«,[241] und betont schließlich Goethes bekannte Unterscheidung zwischen den alten und den modernen Juden mit abschätzigen Bemerkungen über die Juden seiner Tage.[242] Er gibt die Ansicht aus *Wilhelm Meisters Wanderjahren* wieder, vor dem höchsten Richterstuhl werde nicht gefragt, »ob es die beste, die vortrefflichste Nation sei, sondern nur, ob sie daure, ob sie sich erhalten habe. Das israelitische Volk hat niemals viel getaugt, wie es ihm seine Anführer, Richter, Vorsteher, Propheten tausendmal vorgeworfen haben; es besitzt wenig Tugenden und die meisten Fehler anderer Völker: aber an Selbstständigkeit, Festigkeit, Tapferkeit und, wenn alles das nicht mehr gilt, an Zähheit sucht es seinesgleichen. Es ist das beharrlichste Volk der Erde; es ist, es war, es wird sein, um den Namen Jehova durch alle Zeiten zu verherrlichen.«[243] Koch lässt dabei den Schluss dieser Textstelle weg: »Wir haben es daher als Musterbild aufgestellt, als Hauptbild, dem die andern nur zum Rahmen dienen.« Er schließt aus dem Zitat, dass Goethe »dieses selbständige und scharf sich absondernde Volkstum als ein völlig fremdes, vom deutschen grundverschiedenes betrachtet«. Aus dieser möglicherweise zutreffenden Erkenntnis zieht er den fragwürdigen Schluss: »Goethe anerkennt die Zähigkeit und Tüchtigkeit dessen, was wir Rasse nennen«, ja, Goethe sei »dem Begriffe der Rasse näher als irgendeiner seiner Zeit«. Mit dieser Geschichtsklitterung legt er nahe, dass Goethe deshalb konsequent »zum Gegner der Judenemanzipation, die ja letztlich auf Rassenmischung hinauslief, werden [musste]«, mit dem Zusatz: »ohne daß er dadurch gehindert war, die Juden als solche und auf ihrem Felde gelten zu lassen. Was, rein logisch gesehen, als Widerspruch erscheint, hat auf dem Boden organisch-biologischer Anschauungen seine völlige Richtigkeit und Gültigkeit.« Den eindeutig negativ konnotierten Judenhass der satirisch angelegten Figur Haman im Schauspiel *Jahr-*

marktsfest zu Plundersweilern zitiert Koch so, als wenn es sich um Goethes eigene Anschauungen handelte, und meint, dass der Dichter Juden mit einem anderen Maßstab als andere Völker beurteilt habe. Goethe »wäre dazu nicht imstande, wenn er im Judentum nicht eine Wesensart sich ausleben sähe, die mit der seinigen und mit der seines Volkes nichts zu schaffen hat und nichts zu schaffen haben soll.« Hier ist eindeutig Verzerrung am Werk.

Anders jedoch verhält es sich mit Äußerungen, die Goethe im späteren Leben von sich gab. Die eine, schlimm genug, ist der Spruch des 56-jährigen ehemaligen Staatsministers über den Judengegner Fries, der nach Jena berufen wurde (vgl. oben, S. 11). Noch gravierender und wohl auch wirksamer aber waren Goethes gehässige Ablehnung der von ihm erbetenen Hilfe für die Emanzipation der Juden in seiner Vaterstadt und seine entrüstete, auch von Hitler gelobte Kritik an der geplanten Gesetzgebung in Sachsen-Weimar, die Ehen zwischen Christen und Juden gestatten sollte (vgl. S. 11). Insgesamt zitiert Koch Stellen, die uns heute noch zu schaffen machen. Er stellt sie jedoch in den unhistorischen Rahmen der nationalsozialistischen Rassen- und Rassentrennungsideologie. Seine Rede wurde von keinem anderen als Max Wundt sekundiert, der ja zehn Jahre früher den Festvortrag für die Goethe-Gesellschaft gehalten hatte; jetzt bestätigte Wundt vor Franks Reichsinstitut Kochs Auffassung, Goethes Spinoza-Verehrung sei bedeutungslos.[244]

Kochs vielbeachtete Reklamation Goethes für die antisemitische Sache war eine Art Durchbruch für den Ruf des Dichters im Dritten Reich. Der Gauleiter von München, Adolf Wagner, verkündete: »Nun sei es erwiesen, daß der Antisemitismus keine Angelegenheit von Radaubrüdern sei, sondern eine begründete und überzeugte Haltung des ganzen Volkes.«[245] Von nun an konnte Goethe seinen Platz im Pantheon der angeblichen Wegbereiter des Nationalsozialismus einnehmen, also der Dichter und Denker wie Herder, Schiller, Fichte, Arndt, Kleist, Hebbel, Nietzsche und anderen.

Die »arische Jugend«

Im Ludendorff-Streit ging es elementar um die Jugend: Man hielt sie für ganz besonders anfällig, von der Mathilde-Seuche infiziert zu werden. Deshalb war ein Zusammenschluss mit der Reichsjugendführung dringend notwendig, doch gerade aus dieser Ecke spürte Hans Wahl Widerstand (vgl. oben, S. 119). Verwundert berichtete er daher im Juni 1936 dem Präsidenten Petersen: »die Reichsleitung der Hitler-Jugend bittet mich soeben, auf ihrer Schulungstagung vom 1.–15. Juli in Heidelberg zum Thema ›Goethes Deutschtum‹ zu sprechen und auf alle Fragen aus dem Führerkreise der Hitler-Jugend Antworten zu erteilen.« Und er setzt stolz hinzu: »Dies kommt wohl von Dr. Zieglers ›Altem Freund und Kampfgenossen‹«, also von Reichsjugendführer Baldur von Schirach selbst, seit eh und je ein begeisterter Goetheaner.[246] Schirach hatte offensichtlich den Eindruck gewonnen, die Jugend sei zu sehr von der Ludendorff-These beeinflusst, so dass er den ihm seit seiner Kindheit bekannten Vizepräsidenten der Goethe-Gesellschaft als Verbündeten heranzog.

Der Leiter des noch neuen Kulturamts der Reichsjugendführung, Obergebietsführer Karl Cerff, holte die mündliche Einladung vom Kulturamtsleiter der Thüringer Hitlerjugend schriftlich nach. Es handele sich um ein »großes Arbeitslager junger kulturschöpferischer Kräfte«.[247] Wahl bekommt aber kalte Füße. Bevor er verbindlich zusagt, fragt er Heinz Wismann von der Reichsschrifttumskammer, ob er vor der Hitlerjugend über Ludendorffs Thesen reden dürfe. Er erwarte nämlich in der Diskussion just zu dem frisch verbotenen Thema Fragen aus dem »Führerkreis« der HJ. Da er »nichts unternehmen möchte, was einer etwaigen Absicht« Goebbels' »zuwider läuft«, verlangt er eine Stellungnahme des Ministers dazu. Wismanns Antwort ist eindeutig: »Der Herr Minister wünscht, daß die Diskussion über dieses Thema nicht fortgesetzt wird.«[248] Sofort nach Erhalt von Wismanns Brief beantwortet Wahl mit zehntägiger Verspätung und wenig überzeugend Cerffs Einladung: Er könne wegen anderer Verpflichtungen und seines Urlaubs nicht kommen.[249] Ihm war klar, so schreibt er an Petersen, dass »ich natürlich nur dann in

Heidelberg vor den Hitler-Jugend-Führern sprechen kann, wenn über diese Punkte Klarheit herrscht«.[250] Wahl wird flau beim Gedanken, nach einem Vortrag über »Goethe als deutsche Erscheinung«[251] – das heißt als Nationalist und vielleicht auch als Antisemit – die aggressiven Fragen aus dem jungen Publikum nur dann beantworten zu können, wenn er Goebbels' Verbot bewusst verletzte – und dabei musste das Verbot selbst geheim bleiben.

Wahl empfiehlt Walther Linden als Vertreter, aber er verschweigt diesem das Verbot und teilt ihm lediglich mit, es sei der Wunsch der Reichsleitung, dass die jungen Menschen, »die in den letzten Jahren viel Abneigung gegen Goethe eingeimpft bekommen haben, deren Hauptquelle in dem Buch der Frau Ludendorff und in Ludendorffs Zeitschrift steckt, wieder vor ein bedeutendes und anständiges Goethe-Bild gestellt werden, das ihnen Goethe als deutsche Erscheinung näher bringt«.[252] Damit weckt er geradezu die Vorstellung, eine Ludendorff-Auseinandersetzung sei erwünscht. Es gibt kein Anzeichen dafür, dass Linden von Goebbels' geheimem Verbot wusste. Wahl schickt den jungen Kollegen in den Höllenrachen.

Was Wahl erwartete, traf auch ein. Lindens Vortrag am 11. Juli »zog eine dreistündige erbitterte Redeschlacht nach sich, die deutlich bewies, wie notwendig diese Auseinandersetzung war und wie notwendig fernere Auseinandersetzungen sein werden«.[253] Es ist unschwer zu erkennen, dass bei dieser Erbitterung die Ludendorff-Thesen Pate standen. In Heidelberg scheint keiner sich darum gekümmert zu haben, dass die Diskussion im großen Stil Goebbels' Interdikt verletzte. Vielmehr spielte Goebbels wohl selbst auf die Diskussion an, als er zwei Tage nach Linden vor den in Heidelberg versammelten Hitlerjungen eine Rede hielt: »Sie haben nun im Kulturlager eine ausgiebige Diskussion über jene großen Fragen gepflogen, die uns alle bewegen; denn nichts wäre uns unerwünschter, als wenn in Deutschland als einem autoritativen Staat die Diskussion abgeschnitten würde.«[254] Diese reichlich heuchlerische Aussage spiegelt vielleicht die Erkenntnis Goebbels' wider, dass die leidige Ludendorff-Frage gerade unter der infizierten Jugend ventiliert werden sollte. Im Rückblick hatte sich Wahl also ganz unnötig Sorgen gemacht.

Wahl blieb jedenfalls versessen bei seiner Mission, die deutsche Jugend für Goethe zu gewinnen. Briefe von Mitgliedern besonders im Schuldienst bestärkten ihn in seiner Entschlossenheit. Die Ludendorff-Literatur »verdreht die Köpfe der Halbstarken und Halbgebildeten«, klagt ein norddeutscher Lehrer und Mitglied der Goethe-Gesellschaft, und er nutzt Wahls Glossen in der Viertelsjahresschrift, um sie zu bekämpfen: »meine letzte Deutschstunde haben im Grunde *Sie* bestritten: [...] auf dem Umschlag standen auch Namen, von denen ein gebüldeter [sic] Primaner selbst bei uns schon gehört hat.«[255] Wahl pflegt intensiv die Beziehung zur Hitlerjugend und ihrer Führung, auch auf regionaler Ebene: Mitte Oktober 1936 ist in Weimar »ein Schulungstag der HJ-Lager«, auf den sich Wahl vorbereiten will,[256] und daraus entwickeln sich freundschaftliche Beziehungen zur Thüringer Jugendführung, die »weiterhin eine erfolgreiche Zusammenarbeit« wünscht.[257]

Den Erfolg dieser Zusammenarbeit registriert man rasch. Walther Lindens kleine Goethe-Biographie in einem Schulbuchverlag wird zu einem Bestseller, so dass er Wahl vergnügt schreibt: »Dieser Fall zeigt doch, wie sehr die Anteilnahme an Goethe wieder im Wachsen ist.«[258] Es ist natürlich »ein Dichter nordisch-germanischer Art«, »deutsch bis in die letzte Faser seines Wesens«, der in Lindens Werk zu Tage tritt.[259]

Dann kommt ein Geschenk aus heiterem Himmel. Spätere Aussagen Hans Wahls geben Aufschluss über eine neue Kooperation, denn er erklärt im Zusammenhang mit der Hitlerjugend, dass die »Bahn«, auf der die Goetheaner im Jahre 1937 »den Vorstoß machen konnten durch Glückszufall, jetzt günstig vorgezeichnet ist für die Zukunft.«[260] Wahl lobt »gelenktes Geistesleben« in Nazideutschland und behauptet, dass er selbst »an dieser Lenkung, ja Wendung der Jugend in Deutschland in entscheidender Stunde und am entscheidenden Ort beteiligt war«.[261] Dieser »Glückszufall« im Jahre 1937, die »entscheidend[e] Stunde« war eine wichtige Goethe-Rede, die Schirach vor der versammelten Führerschaft der Hitlerjugend in Weimar hielt. Schirachs Rede, die auch von allen deutschen Rundfunksendern übertragen wurde,[262] leitete ein Goetheheft der wichtigsten HJ-Zeitschrift *Wille und Macht* ein, das auf einhundert Seiten Goethe-Zitate enthielt. Mehr noch: Aus dem Heft wurde eine eigenständige Publikation gemacht. Bis 1943 erreichte diese Broschüre *Goethe an uns. Ewige Gedanken des großen Deutschen* zigtausende Jugendliche.[263]

Gab es durchaus Konflikte zwischen dem Propagandaministerium und der Hitlerjugend,[264] so marschierten Goebbels und Schirach diesmal im Gleichschritt; ja, in kulturellen Fragen arbeiteten sie seit Anfang 1936 zusammen.[265] Der Propagandaminister unterstützte die Rede mit einer äußerst starken Kampagne. Am 5. Juni 1937 lautete die mündliche Presseanweisung des Ministeriums: »Die nationalen Schiller-Festspiele in Weimar vom 14.6. bis 2.7. sollen diesmal besonders von den Feuilleton-Schriftleitungen beachtet werden. In der Zukunft heissen sie ›Festspiele der deutschen Jugend‹ und stehen jetzt zum 1. Mal unter der Schirmherrschaft des Reichsjugendführers. [...] Der RJF werde am Eröffnungstage, 14. Juni, eine grosse Rede über Goethe halten ...«[266] Goebbels war mit den Bemühungen der Reporter jedoch unzufrieden. Am Tag nach der Rede Schirachs erging der Befehl: »Die Rede Baldur v. Schirachs über Goethe soll stärker beachtet werden. [...] Hier habe sich, so sagte ein Vertreter der Reichsjugendführung, zum ersten Male ein verantwortlicher Funktionär des Reiches mit Goethe und seiner Stellung im Kulturwollen des Nationalsozialismus befasst«, und zum Inhalt der Rede hieß es: »die Persönlichkeit Goethes sei des Begriffes entkleidet worden, Weltbürger und liberaler Poet gewesen zu sein.«[267] Damit war dem ›Deutschen Goethe‹ geradezu amtlich das Siegel des Regimes aufgedrückt.

Schirachs Weimarer Rede mag ein »Glückszufall« gewesen sein, wie Wahl behauptete, doch die Weimarer waren auch nicht untätig gewesen. Wahl bestätigte sogar, dass »die Schrift ›Goethe an uns‹ in ihrer Entstehung mit uns zusammenhängt«.[268] Mit »uns« meinte er auch den Kollegen im Archiv, Max Hecker – dem Hitler gerade die Goethe-Medaille des Reichs verliehen hatte, Vorgänger Wahls als Herausgeber des Jahrbuchs –, der wenigstens einige Goethe-Zitate für Schirachs Rede und Faksimiles aus dem Archiv beigetragen hatte, sowie Linden, dessen Teilnahme Wahl angeleiert hatte.[269] Aber auch Wahl selbst war mit Sicherheit beteiligt.[270] War er vielleicht sogar der Verfasser der Rede? Wie auch immer: Eine ganze Palette an Aktivitäten ließ keinen Zweifel daran, dass Wahl einen Pakt mit der Reichsjugendführung geschlossen hatte.

Dem ersten Vorstoß in der Zusammenarbeit mit Schirach folgten im Herbst 1937 in rascher Folge drei andere Kooperationen. Schirach hatte seine Goethe-Rede bei den »Weimar-Festspielen für die deutsche Jugend« gehalten, der Neugestaltung der »Nationalfestspiele für die deutsche Jugend« des Deutschen Schillerbunds. Die Reichsjugendführung hatte die Festspiele in Besitz genommen und das Gewicht von Schiller zu Goethe verschoben.[271] Das Programmheft für die Festspiele enthielt einleitende Bemerkungen (»Das Weimar Goethes«) von Vorstandsmitglied Hans Severus Ziegler sowie Fotos der klassischen Stätten und Zitate Goethes und Schillers, wobei Goethe eindeutig überwog. Das imposante Goethe-Gesicht vom Goethe-Schiller-Denkmal auf dem Theaterplatz prangte auf dem Umschlag. Bei der Herstellung des Heftes setzte Wahls erste weitere Kooperation ein. Er stellte vom Archiv Faksimiles von Goethe- und Schiller-Texten zur Verfügung, mit viel größerem Gewicht auf Goethe. Die üblichen Texte Goethes wurden instrumentalisiert, etwa »Auf freiem Grund mit freiem Volke stehn«. Da Wahl für dieses Heft auch Korrektur las, ist es möglich, dass er mehr als nur die Dichtertexte beitrug.[272]

Dass der Schwerpunkt so eindeutig auf Goethe lag, schlachtete er für die Goethe-Gesellschaft weidlich aus, vor allem bei der zweiten Kooperation. Er schreibt in einem Brief vom April 1938, der Führerschaft der HJ und des BDM sei im vorigen Jahr »von ihrer eigenen obersten Stelle auf das allerentschiedenste befohlen worden, sich mit dem deutschen Goethe zu befassen«.[273] Dieser Befehl Schirachs war auf dem Zweiten Reichsführerlager der Hitlerjugend in Weimar ausgegeben worden, das vom 20. bis 29. Mai 1937 den Weimar-Festspielen vorausging. Das Regime maß diesem Lager hohe Bedeutung zu, da von der »moralischen, willens- und wissensmäßigen Ausrichtung und Stärke dieser etwa 1300 Mann der erzieherische und politische Gesamterfolg der Hitlerjugendarbeit in weitem Maße abhängt«, so dass auch Spitzenmänner wie Göring, Himmler, Rust, Darré und Ley dort sprachen.[274] In diesem Jahr war das Lager »ausgerichtet auf das Leben und Wirken des *›Faust‹-Schöpfers*«.[275] Das »eindrucksvolle Referat« Schirachs sei »zugleich ein *Bekenntnis zu Goethe* und seinem Schaffen«, der Reichsjugendführer habe »sich vor dem Genie gebeugt und die von ihm geführte Jugend darauf verpflichtet«. Die Goethe-Gesellschaft war vorab über dieses Bekenntnis informiert. In einem vertraulichen Brief an Robert Petsch über die sich »langsam wandelnde« Reichsjugendführung im »Kampf für Goethe« schreibt Wahl am 3. Mai 1937, also noch vor dem Reichsführerlager: »Ich weiß, daß wir uns durchsetzen. Ich habe mit der Jugend einen nicht ganz kurzen aber doch fühlbaren Belehrungskampf zu führen gehabt.« Das bezieht sich wohl auf Wahls schon erwähnte Rede auf dem »Schulungstag der HJ-Lager« im Oktober 1936. Er fährt fort: »Sie ist unwissend und geneigt, zurückzufallen. Aber sie ist im Begriff, sich in einer sie bindenden Form auf Goethe festzulegen und da muß man ihr helfen.«[276] Petersen kündigte sogar öffentlich, auf der Hauptversammlung am 18. Mai 1937, »die Tagung der Hitlerjugend-Führer« an und bemerkte: »Wir dürfen hier ein Bekenntnis des Dritten Reichs zu Goethe, Schiller und Weimar vernehmen und den Ruf an die deutsche Jugend, in Weimars Heroen die Sinnbilder deutscher Größe und geistigen Führertums zu erblicken.«[277] Hatte Schirach Wahl von diesem Plan eines Bekenntnisses erzählt oder war es sogar Wahls eigener Vorschlag? Jedenfalls konnte sich die Goethe-Gesellschaft mit diesem »Befehl« Schirachs schmücken.

Den Befehl thematisierte Wahl auch in der Zeitschrift der Goethe-Gesellschaft unter dem Titel »Bekenntnis der deutschen Jugend zu Goethe«. Zunächst ging er auf eine Rede Zieglers ein, der die Bedeutung Goethes »für Deutschland, für ganz Europa und die gesamte arischbestimmte Kulturwelt« hervorgehoben hatte, danach zitierte er Schirach: »Ich bin der festen Überzeugung, dass wir verpflichtet sind, einzudringen in das Lebenswerk dieses Mannes [d. h. Goethes] und aus ihm auch die Kraft zu gewinnen zu einer wirklichen erzieherischen Bewegung, die in die Tiefe führt. Das wahre Weimar soll unser Volk wieder erfüllen.« Danach kommt in der Zeitschrift der Herausgeber von *Wille und Macht*, Günter Kaufmann, zu Wort: »Der Reichsjugendführer will von keinem seiner Führer hören, zum Lesen dieses oder jenes Werkes ließe ihm der Dienst keine Zeit. Die Stunde, die einem schöpferischen Werk oder die im Besonderen einem so erhabenen Kunstwerk, die dem Leben Goethes gilt, ist nicht verloren.«[278] Wahl schließt den Bericht mit einem Hitler-Zitat aus dem ›Lagerheft‹ und bezieht es somit auf Goethe: »Nur wenigen Gottbegnadeten hat zu allen Zeiten die Vorsehung die Mission aufgegeben, wirklich unsterblich Neues zu gestalten. Damit sind diese aber die Wegweiser für eine lange Zukunft, und es gehört mit zur Erziehung einer Nation, den Menschen vor diesen Großen die nötige Ehrfurcht beizubringen, denn sie sind die Fleischwerdung der höchsten Werte eines Volkes.«[279]

Wahl hatte mit Bezug auf das Ludendorff-Verbot geschrieben, zu Goethe müsse »höchstamtlich Farbe bekannt werden«.[280] Goebbels hatte die Prüfung bestanden. Und auch die Reden Schirachs waren ein nachdrückliches Farbebekennen. Die Farbe war natürlich braun.

Die Goethe-Gesellschaft selbst gab auf der Hauptversammlung 1938 gleichfalls ein Bekenntnis ab, nämlich zu Schirachs Auslegung von Goethe als Vorläufer des Nationalsozialismus. »Die deutsche Jugend weiß aus des Reichsjugendführers Goethe-Rede und aus dem Bekenntnisbuch ›Goethe an uns‹, wie Goethe zur Jugend und zum Volke gestanden hat und wie sie zu Goethe zu stehen hat.«[281] Die Zeitungsberichte trugen Überschriften wie »Die deutsche Jugend bekennt sich wieder zu Goethe« oder »Es gibt jetzt keine Jugend ohne Goethe«.[282] Der *Berliner Lokal-Anzeiger* stellte fest: »der erneut ausgesprochene Wille, die Jugend an Goethe heranzuführen, beweist, daß die Gesellschaft ihre Aufgabe in vollem Maße erkannt hat.«[283]

Wahl benutzte die Vierteljahresschrift der Goethe-Gesellschaft, um diese neuen Beziehungen zur Reichsjugendführung zu vertiefen. Im November 1936 schickte er dem Kulturbeauftragten der Thüringer Hitlerjugend, Ernst Ziegler, die drei ersten Hefte und wies auf Bartels' Aufsatz sowie seine eigene Glosse über »Goethe und das Logenwesen« hin.[284] Beide Beiträge sollten die Vorwürfe Mathilde Ludendorffs mit Berufung auf Rosenberg widerlegen. Ziegler dankte und hoffte, »daß durch unser persönliches Kennenlernen sich weiterhin eine erfolgreiche Zusammenarbeit zwischen Ihnen und der Gebietsführung der Hitler-Jugend entfalten wird.«[285] So diente die Zeitschrift als Visitenkarte der Goethe-Gesellschaft bei der Thüringer NSDAP, um sie für Goethe und den Verein zu gewinnen. Wahl sann auch auf eine entsprechende direkte Auswirkung von Walther Lindens Beitrag »Im Ringen um ein neues Goethe-Bild« als gezielte Lektüre für »den Reichsjugendführer und seine Herren vom Stab«,[286] obwohl er den Aufsatz für minderwertig hielt. Der Erfolg all dieser Bemühungen war brillant. Nach den Weimar-Festspielen bat Günter Kaufmann im Namen Schirachs um Wahls Erlaubnis zum Nachdruck seiner diversen Angriffe auf Mathilde Ludendorff aus der Vierteljahresschrift sowie der Glosse von Bartels, die gleichfalls Ludendorff kritisierte. Wahl war »natürlich sehr einverstanden« und berichtete sofort stolz an Petersen.[287] Es sagt schon viel über die Anpassung der Goethe-Gesellschaft, wenn ihre Publikationen direkt in »das Führerorgan der nationalsozialistischen Jugend« eingehen sollten (auch wenn dies – wohl wegen des Goebbels-Verbots – letztlich nicht erfolgte). *Wille und Macht* lag sogar neben den hochgelehrten Zeitschriften im Goethe- und Schiller-Archiv »im Arbeitsraum zur Benutzung« aus.[288]

Wahls dritte Kooperation: Im April 1938 sprach er selbst »1 ½ Stunde vor der Führerschaft der HJ und des BDM über Goethe usw.« und konnte »eine sehr häufig ausbrechende phrenetische Begeisterung dieser jungen Menschen zu Goethe feststellen.«[289] Lindens »dreistündige erbitterte Redeschlacht« zwei Jahre früher in Heidelberg war nur eine blasse Erinnerung. Die Goethe-Gesellschaft hatte die wichtigste Hürde im Dritten Reich genommen, da ihr Vizepräsident sich der Reichsjugendführung angedient hatte.

Es erhebt sich die Frage: Welche Rolle spielte Goethe für die Reichsjugendführung? Die Antwort ist nicht so einfach, wie sie auf den ersten Blick erscheint. Die Vereinnahmung Goethes stieß auf große Vorbehalte, vor allem bei den zahlreichen Ludendorffianern, die ihn kurzerhand aus der Liste der kanonischen, vaterländisch gesinnten Dichter streichen wollten. Und Schirach musste sich mit den zwei traditionellen Pfeilern der Erziehung auseinandersetzen: Eltern und Schulen. Sie beklagten sich, dass die HJ ihre Autorität bewusst untergrub. Ende 1936 war die HJ gleichwertig neben Schule und Eltern als Erziehungsinstanz gestellt worden – jedoch ohne schulische Aufgaben, die aber mit der Gründung von elitären Adolf-Hitler-Schulen der HJ bald hinzukamen. Die Proteste des

Erziehungsministers Rust blieben ergebnislos. So brach der Konflikt genau um die Zeit von Schirachs Rede erneut aus.[290]

Goethe – so mag Schirach überlegt haben – konnte hier Frieden schaffen. In seiner von Goebbels propagierten »Goethe-Rede« bei den Weimar-Festspielen zieht er gegen die Kritiker der »geistlose[n] Uniformierung der Körper und der Geister« denjenigen Dichter auf seine Seite, der im Bürgertum in hohen Ehren stand: »In den ›Wahlverwandtschaften‹ begegnete mir einst das seltsame Wort: ›Männer sollten von Jugend auf Uniform tragen, weil sie sich gewöhnen müssen, zusammen zu handeln, sich unter ihresgleichen zu handeln, in Masse zu gehorchen und ins Ganze zu arbeiten.‹« Und da sei ihm schlagartig klargeworden, dass Goethe »die innere Schau einer einheitlichen idealen deutschen Nationalerziehung besaß«. Es sei seltsam, »daß das Erziehungssystem Adolf Hitlers begründet wird durch Gedanken und Ratschläge [Goethes], die dieses ganze vergangene Jahrhundert hindurch von den zünftigen Erziehern überlesen oder gar mißachtet wurden« (damit sagte er im Grunde dasselbe wie Kippenberg auf der Hauptversammlung 1933).[291] Das Fazit zog ein Zeitungsbericht: »Gestützt auf Goethe-Zitate wies er darauf hin, daß die Erziehungslinie des Dritten Reiches durch Goethe begründet sei.«[292]

Einen Schwerpunkt legte Schirach – wie Hitler und Goebbels – auf die Tugend der Ehrfurcht: »Jede deutsche Erziehung, aber auch jede Form eines deutschen Gemeinschaftslebens ist auf Ehrfurcht gegründet. Ehrfurcht bestimmt das Leben der Volkszelle, der Familie wie des Volkes selbst. Wir fordern vom Kinde die Ehrfurcht vor der Mutter, wir lehren es, ehrfürchtig dem Vater zu begegnen, dessen Handarbeit oder geistige Tätigkeit das tägliche Brot erwirbt. Wir fordern vom Volke die Ehrfurcht vor der schöpferischen Persönlichkeit, die sein Leben sichert, adelt und mehrt. Und wie das Volk auf seine Führung, so sieht auch die Führung ehrfürchtig auf das Volk, wie es durch die Jahrtausende sich wandelte, kämpfte, litt, siegte, unterlag und wieder aufstand.«[293]

Im Anschluss an diese Stelle bemühte er wie viele Nationalsozialisten die »dreifache Ehrfurcht« aus Goethes *Wanderjahren*: die »Ehrfurcht vor dem, was über uns ist«, also vor Gott; »Ehrfurcht vor dem, was unter uns ist«, also vor der Erde; und »die oberste Ehrfurcht, die Ehrfurcht vor sich selbst«.[294] Die Ehrfurcht gab auch für die Zeitungsberichte über Schirachs große Rede den Takt an.[295]

Auch die Goethe-Gesellschaft kehrte eifrig die Ehrfurcht im Umgang mit dem Dichter hervor. Auf der Hauptversammlung 1936 begrüßte Ziegler »die Entgiftung der Jugend, der mehr Achtung vor dem Geistigen und Großen einzuflößen sei«,[296] und 1938 sagte er, die Hitlerjugend solle »mit den Tugenden der Ehrfurcht und Dankbarkeit«, ja »mit schauernder Ehrfurcht« Goethe verehren.[297] Nach dem Bericht der *Thüringer Gauzeitung* über die Aufnahme von Wahls Rede vor der HJ im April 1938 zeige die Begeisterung, »[w]ie eng und ehrfürchtig die junge Generation zu Goethe steht«.[298] Die Hervorhebung der Ehrfurcht im Geiste Goethes ist keine leere Floskel. Die Eltern sollten gewonnen, ihre erzieherische wie geistige Autorität wiederhergestellt werden – aber gleichzeitig sollte die Goethe-Verehrung den Führungsanspruch der Hitlerjugend in Erziehungsfragen legitimieren.

Jeder erkannte, dass die Hitlerjugend auf ideologisch dressierte, vormilitärische Ausbildung für einen kommenden Krieg zielte. Auch dazu sollte das klassische Erbe eingespannt werden.

Im Juni 1938 behauptete Schirach in einer Rede: »So ist auch unsere Jugend längst schon zu der Erkenntnis gereift, daß dieses Deutschland nicht nur ein geographischer Raum ist, sondern ein größerer, und daß wir nicht nur vor unserer Landschaft und unseren Städten Schildwacht stehen müssen, sondern auch vor unseren Symphonien und Dramen, Liedern und Gedichten. Sie weiß, daß die uns von Gott gegebene Heimat, und alles, was im Glauben an ihn in dieser Heimat gestaltet wurde, zusammengehören.« Von dort war es ein kleiner Schritt zu seiner Erkenntnis: »Das deutsche Volk der Dichter und Denker hat sich zur *Nation der Dichter und Soldaten* gewandelt.«[299] Zu dieser Militarisierung trug die Goethe-Gesellschaft ihren Teil bei. Hier wurde eine Aufgabe gestellt, die in den Kriegsjahren erfüllt wurde: Soldaten und Volk einzuprägen, dass sie auch für ihre überlegene Kultur kämpften und litten. Der Germanist Karl Otto Conrady (Jahrgang 1926) beschreibt seine Lektüre des Schirach-Heftes *Goethe an uns* als Hitlerjunge: »So vermochten wir Literaturfreunde in der Pimpfenkluft uns sogar in den marschierenden Jugend-

Baldur von Schirach begrüßt die Mitarbeiter des Kulturamtes der Reichsjugendführung, Kulturpolitisches Arbeitslager, Weimar, 8.–18. Juni 1938

kolonnen und bei den Geländespielen goethenah vorzukommen, wenigstens nicht als dümmliche Störenfriede.«[300] Mit Goethe konnte die humanistisch gebildete Jugend für die nationalsozialistische Sache gewonnen werden. Eines Tages würden sie für eine ›überlegene‹ Kultur die Waffe tragen.

Durch die bei aller Distanz auf beiden Seiten geschlossene Allianz mit der Reichsjugendführung verstrickte sich die Goethe-Gesellschaft immer tiefer in eine Symbiose mit dem Regime. In der Forschung heißt es – allerdings ohne Kenntnis der Beteiligung der Goethe-Gesellschaft am gemeinsamen Projekt –, Schirach habe Goethe instrumentalisiert. So wurde zum Beispiel angenommen, dass die Goethe-Zitate im Goethe-Heft von *Wille und Macht* und vor allem in Schirachs Rede gefälscht wurden.[301] In Wirklichkeit entsprechen nur drei von zweidutzend Zitaten in Schirachs

Vortrag heutigen Zitierweisen nicht, und bei einem anderen, das wie eine Fälschung aussieht, ist die Lage nicht eindeutig – das Zitat hat denselben Wortlaut wie bei Hans Wahl, was übrigens wohl auch für seine Beteiligung an der Rede spricht.[302] In den mehr als 400 teils längeren Goethe-Texten, die den Rest des Goethe-Heftes füllen, wurden gegenüber dem Urtext lediglich besonders markante Stellen zur Betonung hervorgehoben und einige Wortumstellungen vorgenommen. Instrumentalisierung ist dies dennoch insofern, als Zitate oft aus dem Kontext gerissen wurden – den aber Hecker, Wahl und Linden auch nicht lieferten. Am Schluss bleibt: Der Herausgeber der Zeitschrift der Goethe-Gesellschaft, Vizepräsident Hans Wahl, und sein Vorgänger als Herausgeber ihres Jahrbuchs, Ortsausschussmitglied Max Hecker, wirkten eifrig mit an der ersten Stellungnahme von einem »verantwortliche[n] Funktionär des Reiches« zu »Goethe und seiner Stellung im Kulturwollen des Nationalsozialismus«.

In Sachen Goethe-Verfälschung konnte die Reichsjugendführung von der Goethe-Gesellschaft übrigens einiges lernen. In Anlehnung an ein Schiller-Wort meinte Petersen auf der Hauptversammlung 1937, dass Deutschland »ohne Goethe eine Landschaft ohne Sonne wäre«, was ihn zur Überlegung leitet: »Nun aber strahlt die Sonne im Deutschland Adolf Hitlers, das ein frühlingsmäßiges Erwachen erlebt hat.« Er schließt seine Ansprache mit Goethe-Versen:

Wo Jahr um Jahr die Jugend sich erneut,
Ein frisches Alte würdge Lehre beut,
Wo Gönner freudig hohe Mittel spenden;
Was alles kann und wird sich da vollenden,
Wenn jeder tätig, froh in seinem Teil!
Heil dem Einzelnen! dem Ganzen Heil![303]

Nur: In allen Fassungen dieses Gedichts steht nicht »Gönner«, sondern »Fürsten«. Petersen erfindet also einen neuen Goethe-Text, damit der Vers auf Hitlers großzügige Spende für den Erweiterungsbau des Goethe-Nationalmuseums bezogen werden kann. Goethe-Texte zu verfälschen, um sie ideologisch an das neue Deutschland anzupassen, war für einen gewichtigen Germanisten und die Gesellschaft, die er führte, eine schwere Blamage.

Erpressung: Zweifelhaftes Ehrenmitglied Adolf Bartels

Angesichts dieser Wandlungen meldet sich wieder Mitglied Dr. Bruno Boye aus Halle, der 1933 die Gleichschaltung und die Ernennung des Vaters der völkischen Literaturwissenschaft, Adolf Bartels, zum Ehrenmitglied vergebens angeregt hatte (vgl. S. 41 f.). In einem Brief vom 3. Mai 1937 wiederholt Boye nun – wohl mit Hinblick auf Bartels' 75. Geburtstag im November 1937 – seinen Antrag mit der Bemerkung, dass der ›Führer‹ ihn mit dem ›Adlerschild des deutschen Reiches‹ geehrt habe.[304] Petersen entgegnet, dass das Schreiben die Anforderungen eines offiziellen Antrags nicht erfülle und dass Bartels nicht einmal Mitglied der Gesellschaft sei – mit der Ehrenmitgliedschaft sei laut Satzung ein Mitglied wegen »hervorragende[r] Verdienste um die Gesellschaft oder um ihre Bestrebungen« zu ehren. Petersen verspricht aber, die Angelegenheit in der Vorstandssitzung auf der kommenden Hauptversammlung zu erwägen und sie in Weimar mit Boye zu besprechen.[305] Im Protokoll dieser Sitzung ist festgehalten, dass »Herr Bartels sich unserer Gesellschaft obwohl er in Weimar lebt stets offenkundig fern gehalten hat« – ohne den Hinweis, dass er sie als ›verjudet‹ kritisiert hatte.[306] Nach Buttmanns Tagebuch war der Antrag »einstimmig abgelehnt« worden, und er schiebt einen Grund hinterher, der offenbar besprochen wurde: Bartels »grüßt heute noch nicht mit dem Deutschen Gruß!«[307] So wurde Bartels aus dem Vorstand sogar von ›rechts‹ kritisiert.

Boye gab sich mit der Ablehnung seines Vorschlags nicht zufrieden und taktierte diesmal auch geschickter als 1933. In einem Brief vom 25. Juli 1937 schuf er neue Tatsachen: »Der Herr Reichsstatthalter in Thüringen [Fritz Sauckel] teilte mir jetzt mit, dass der von ihm hochgeschätzte Vorkämpfer Prof. Adolf Bartels heute eine Ernennung zum Ehrenmitglied der Goethe-Gesellschaft nicht mehr ablehnen würde, nachdem wohl die Goethe-Gesellschaft von Juden gesäubert ist. / Ich halte es für erforderlich, Ihnen dies mitzuteilen und bitte Sie nach Wegfall der s. Zt. von Ihnen geäusserten Einwände die Ernennung von Prof. Bartels auf die nächste Tagesordnung zu setzen oder diese schon jetzt vorzunehmen, wenn dies möglich ist.«[308]

Petersen meinte wohl zu Recht, dass Boyes Briefwechsel mit Sauckel »ein Aufdieprobestellen der Gesellschaft darstellt«, schließlich hieß es ja, die Goethe-Gesellschaft habe keine jüdischen Mitglieder mehr. Donndorf überlegt einen radikalen Schritt: »Der Fall Boye wird natürlich und mit aller Vor- und Umsicht zu behandeln sein. An sich könnten wir ja Herrn Boye von vornherein damit abschlagen, dass wir ihm mitteilen, wir hätten ja noch Juden in unsern Reihen und Herr Bartels werde also keinen Wert auf eine Ehrenmitgliedschaft legen. Aber selbstverständlich würde Boye ein solches Eingeständnis zum Ausgangspunkt weiterer Angriffe und Anträge machen, wohl gar uns bei der Partei denunzieren. Um eine grundsätzliche Stellungnahme kommen wir also wohl nicht mehr herum!«[309]

Boye hatte die Gesellschaftsleitung in die Zange genommen, und sie lenkte ein: »Da Adolf Bartels in der letzten Zeit die Sache der GG durch seine Veröffentlichungen zur Ludendorff-Frage u. s. w. unterstützt hat, trägt der Arbeitsausschuss unter Berücksichtigung der durch Boyes Schritt geschaffenen Lage keine Bedenken, Hrn. Bartels zu seinem 75. Geburtstag die Ehrenmitgliedschaft anzutragen.«[310] Die Verletzung der Satzung ist kein Hindernis mehr.

Petersen quält sich in einem stark überarbeiteten Entwurf ein Ernennungsschreiben an Bartels ab: »Wir verehren Sie als frühen, tapferen und überzeugungstreuen Vorkämpfer artechten Wesens. Wir danken Ihnen besonders, dass Sie in Goethe die grösste und reinste Verkörperung deutscher Art erkannt haben. [...] Die Goethe-Gesellschaft, die mit Ihnen den Wohnsitz Weimar teilt, möchte Sie als Kampfgenossen nicht missen und gern in ihrer vordersten Reihe sehen.«[311] Daraufhin antwortete Bartels: »Ihr Brief hat mich sehr erfreut. Ich weiß aber nicht, ob es richtig ist, mich zum Ehrenmitglied der Goethe-Gesellschaft zu wählen, da ich dieser ja immer etwas feindlich gegenüber gestanden habe – Sie wissen, warum.

Jetzt ist sie freilich nicht die alte mehr, aber man muß noch überlegen, ob die Brücke für mich ohne weiteres geschlagen werden kann. Nun, die Mitgliederversammlung erfolgt ja wohl im nächsten Frühjahr.«[312] Auch Bartels nahm also an, die Goethe-Gesellschaft sei jetzt ›judenfrei‹.

Die Mitglieder hatten auf der Hauptversammlung 1938 nichts gegen die Ehrenmitgliedschaft einzuwenden. Um das Gesicht zu wahren, beschloss der Vorstand dieselbe Ehrung zum 80. Geburtstag seines Mitglieds Max Planck. »Welcher Widerspruch in der taktierenden Politik des Vorstandes«, resümiert Lothar Ehrlich, »einerseits ein weltberühmter humanistischer Gelehrter und Physiker ersten Ranges, andererseits ein völkisch-nationalistischer und antisemitischer Propagandist und Vielschreiber übelster Sorte.«[313] Der Widerspruch geht aber tiefer, da die Entscheidung erzwungen worden war. Erscheint die Goethe-Gesellschaft ausnahmsweise als Opfer? Ihr Handlungsspielraum um Boyes Antrag war sehr begrenzt. Hätte sie auch noch, nachdem Sauckel eingeschaltet worden war, den Antrag mit der zutreffenden Begründung abgelehnt, die Ehrenmitgliedschaft Bartels' sei satzungswidrig, so hätte das den Verdacht aufkommen lassen, dass die Gesellschaft wohl doch noch jüdische Mitglieder hatte. Boye jedenfalls, der noch keine positive Nachricht erhalten hatte und daher annahm, dass sein Antrag erneut abgelehnt worden war, spekulierte: »Fürchtet man vielleicht eine Missbilligung vonseiten gewisser ›deutscher‹ oder ausländischer Mitglieder und einen etwaigen Verlust von Beitragszahlern?«[314] Die Episode um Bartels hinterließ ein durchwachsenes Erbe. Mit der Verleihung der Ehrenmitgliedschaft vermied man zwar Ärger wegen der jüdischen Mitglieder. Aber die öffentliche Ehrung von Bartels, die in zahlreichen Zeitungsberichten über die Hauptversammlung des Jahres 1938 ausposaunt wurde, empörte mit Sicherheit die jüdischen Mitglieder, die die Zusammenhänge nicht durchschauten.[315]

Hans Wahl erfuhr jetzt aus erster Hand, wie Bartels Existenzen vernichtete. Ein Mitglied der Goethe-Gesellschaft, der Studienrat Professor Friedrich August Hohenstein, beschwerte sich im Dezember 1937 in einem Brief an Wahl über Bartels, der seine Frau, die Schriftstellerin Lily Hohenstein geb. Sommer, in einem Buch als Jüdin bezeichnet hatte.[316] Wahl bat daraufhin Bartels' treuen Schüler Ziegler, Bartels zu veranlassen, »daß er diesen beiden arischen Menschen möglichst viel von dem wieder gibt, was er ohne Zweifel ihnen genommen hat«.[317] Bartels erfüllte sein Versprechen einer wirksamen Berichtigung nicht, so dass Hohenstein aus der Goethe-Gesellschaft austrat, die Bartels so hoch geehrt hatte.[318] Die »Verantwortungslosigkeit, Drückebergerei und Unanständigkeit« Bartels' habe zu absackenden Verkaufszahlen der Bücher seiner Frau geführt. Doch trotz seiner Schikanen und obwohl die Reichsschrifttumskammer Bartels schon 1934 wegen seiner vielen Fehlidentifikationen jüdischer Schriftsteller zurechtgewiesen hatte,[319] wendete sich Wahl an ihn, als er wegen der Rassenreinheit des österreichischen Schriftstellers Anton Wildgans im Zweifel war, dessen Briefe dem Archiv angeboten worden waren.[320] Bartels antwortete, dass nur Wildgans' Frau jüdisch war, »sonst wäre er wohl auch kaum Burgtheaterdirektor geworden«.[321] Das überzeugte Wahl offenbar nicht ganz, denn er konsultierte die Reichsschrifttumskammer, die grünes Licht zur Annahme der Schenkung gab.[322] Es ist bezeichnend, dass Wahl zunächst den Weimarer Scharlatan um Auskunft in der ›Judenfrage‹ bittet – ganz nach der Intention Boyes. Bartels gehörte nun nolens volens zur Goethe-Gesellschaft.

Parteigenosse Hans Wahl, Goebbels und Buchenwald

Vizepräsident Hans Wahl war gleich am Anfang der NS-Zeit der Verbindungsmann zwischen der Goethe-Gesellschaft und dem Regime, schon wegen seiner Funktion als Gaufachberater für Wissenschaft im örtlichen Kampfbund. Am 28. Oktober 1937 beantragte er die Mitgliedschaft in der NSDAP. Dies tat er wenigstens teilweise zum Wohl der Goethe-Gesellschaft. Jüngst wurde behauptet, er sei gezwungenermaßen in die Partei eingetreten, gestützt auf die Behauptung eines Apologeten nach dem Krieg, Wahl sei unter »moralischen Druck« gesetzt worden.[323] Moralischer Druck ist nicht dasselbe wie Zwang, aber weder das eine noch das andere ist in den Unterlagen zu Wahl aus der NS-Zeit belegt. Die neuesten Forschungen zur NSDAP-Mitgliedschaft belegen jedoch eindeutig:

»Niemand musste Parteimitglied werden. Druck wurde nicht selten vor allem auf Beamte und Lehrer ausgeübt. Ein Widerstand hatte allenfalls zur Folge, dass man in seiner Karriere nicht weiter kam.«[324] Hans Wahl hatte schon den Gipfel seiner Karriere erreicht. Entgegen seinen Angaben hätte er seine Stelle nicht verloren, wenn er nicht in die Partei eingetreten wäre. Die Aussage, Hans Wahl habe verhältnismäßig lange »dem Druck des Eintritts in die NSDAP widerstanden«, weil er erst im Oktober 1937 den Antrag stellte, ist in doppelter Hinsicht unsinnig. Zwischen dem 1. Mai 1933 und dem 1. Mai 1937 bestand eine Aufnahmesperre – genau in diesem Zeitraum kann es keinen »4jährigen [...] Druck« zum Eintritt gegeben haben, wie es 1949 in einer Begutachtung zu Wahls postumer Ehrung lautet.[325] Zwischen 1937 und 1939 wurde die Aufnahmesperre gelockert (nicht aufgehoben), aber nur für »diejenigen Volksgenossen [...], die durch ihre nationalsozialistische Haltung und Betätigung in den Jahren seit der Machtübernahme des Führers sich eine Anwartschaft auf Aufnahme in die NSDAP erworben haben«.[326]

Aber warum bewarb sich Wahl um die NSDAP-Mitgliedschaft? Sein Motiv hing sicherlich mit einem Weimar-Besuch von Goebbels wenige Tage nach seinem Antrag zusammen. Er nahm vermutlich an, dass er als Angehöriger der Partei von Goebbels und den anwesenden Kulturbonzen ernster genommen würde. Und es entsprach seiner Annäherung an das Regime in den letzten Jahren: der Betreuung der Zeitschrift mit ihren ›braunen‹ Inhalten, der Zusammenarbeit mit der Reichsjugendführung, den über Goebbels bewirkten Verboten. Wahl zementiert diese Beziehung durch das öffentliche Bekenntnis zum Nationalsozialismus. Seine Nähe zur Ideologie hatte er seit 1928 bekundet; da er 1933 den Beitritt verpasst hatte, nahm er die nächste Gelegenheit nach der Lockerung der Mitgliedersperre im Jahre 1937 wahr.

Hans Wahls Qualifikation als Parteigenosse bestand vermutlich in seinem Engagement für den ›Kampfbund‹, aber sicher auch für die schon 1933 gleichgeschaltete Nordische Gesellschaft, um die es im nächsten Kapitel gehen wird. Die normale einjährige Probezeit als »Parteianwärter« (ab 28. Oktober 1937) wurde verkürzt, Wahls Aufnahme in die NSDAP datiert vom 1. Juni 1938, genau um die Zeit, als das Programm 1938–1939 der Nordischen Gesellschaft in Druck ging, in dem Wahl für zwölf Vorträge vorgesehen war.[327] Wahl schrieb in einem Brief, er *müsse* »leider« diese Vorträge halten, was auf eine Verpflichtung im Sinne des NSDAP-Mitgliedsantrags hindeutet.[328]

Goebbels und Wahl mit Kulturfunktionären (links: Hanns Johst) nach der Kranzniederlegung vor den Särgen Goethes und Schillers in der Fürstengruft, 31. Okt. 1937

Bisher hatte Wahl versucht, für die Öffentlichkeit – zumal im Ausland – den Schein der Distanz der Goethe-Gesellschaft zum Regime aufrechtzuerhalten. Das änderte sich jetzt. Ein Indiz dafür ist eine weitere Kooperation im Herbst 1937, diesmal mit dem Propagandaministerium. Goebbels erschien wieder bei der Woche des deutschen Buches in Weimar[329] – wahrscheinlich motivierte das Wahl zum NSDAP-Mitgliedsantrag am 28. Oktober.

Am nächsten Tag feierte Goebbels seinen 40. Geburtstag, und am 30. Oktober überreichte ihm Sauckel – so die *Gauzeitung* – »ein einzigartiges Geschenk: Eine Mappe kunstvollster Faksimiles nach Briefen, Manuskripten und Zeichnungen von Goethe, Schiller, Herder, Wieland, Hebbel und Nietzsche mit einem handschriftlichen Geleitwort des Gauleiters«.[330] In den Belegexemplaren dieser hochwertigen Gabe und in Zeitungsberichten wurde die Mitwirkung von Hecker und Wahl offen angegeben.[331] Die ideologische Anpassung ist auf Schritt und Tritt in den Beschreibungen der Faksimiles zu erkennen. Hecker nennt Goethes frühes Gedicht *Mahomets Gesang* »das Hohelied des Führertums, entsprungen der begeisterten Seele eines Dichters, der selbst ein Führer gewesen ist«. Wahl betont sogar »die deutsche Eigenart des Zeichners Goethe [...], die ihn von allen Künstlern seiner Zeit abhebt«.

Nun ist diese Huldigung Goebbels' durch Hecker und Wahl wohl weniger bedeutend als Wahls Verkündung der Mitwirkung des Archivs daran in seinem Bericht vor der nächsten Hauptversammlung.[332] Mit diesem einen Satz, den auch die ausländischen Mitglieder lasen, verlässt Wahl die bisherige Vorsicht im Umgang mit dem notorisch antisemitischen Goebbels, der im Ausland besonders übel angeschrieben war. Wahl war ja peinlich darauf bedacht gewesen, Briefe an Goebbels nicht unter dem Briefkopf der Goethe-Gesellschaft zu schreiben; der Appell an den Minister zu einem Ludendorff-Verbot »geht *nicht* zu Lasten der Gesellschaft«, hatte er gegenüber Petersen bekräftigt.[333] Jetzt aber betonte er die Verbindung zum Propagandaminister. Mit seinem Mitgliedsantrag hatte Wahl in Vorbereitung auf die Geburtstagsbescherung für Goebbels eine Hemmschwelle überschritten, symbolisch am Todestag Donndorfs, der die jüdischen Mitglieder zu halten gesucht hatte. Die Annäherung durfte aber bestimmte Grenzen nicht verletzen, wollte man die ausländischen Mitglieder nicht vor den Kopf stoßen.

Der empfindlichste Punkt war natürlich der Antisemitismus. Es fällt auf, dass das Goethe-Heft der Reichsjugendführung mit keinem Wort den angeblichen Judenhass Goethes berührt, weder in Schirachs Rede noch in der Sammlung von Goethe-Zitaten. Nach dem Krieg behauptete der verantwortliche Herausgeber Günter Kaufmann in einem seiner apologetischen Bücher, Schirach habe diese Zurückhaltung angeordnet, um »nicht neues Öl ins Feuer [zu] gießen«.[334] Franz Koch hatte das Thema »Goethe und die Juden« einen Monat vor Schirachs Rede vor dem »Reichsinstitut für Geschichte des neuen Deutschland« behandelt. Diese Arbeitsteilung spiegelt vielleicht auch eine gespaltene Ansicht im Regime wider. Jedenfalls konnte die Goethe-Gesellschaft ihre nie ausdrücklich ausgesprochene Politik aufrechterhalten – was umso mehr überrascht, als der Antisemitismus der Beiträger zur Zeitschrift dort mehrmals offenkundig wurde.

Auch eine andere, zwiespältigere Distanzierung bot sich an. Im späten Juli 1937 protestierte die örtliche NS-Kulturgemeinde gegen den Plan, den Namen »K. L. Ettersberg« für das neue Konzentrationslager nördlich von Weimar zu verwenden, »weil Ettersberg mit dem Leben des Dichters Goethe in Zusammenhang steht«.[335] Stattdessen wird der Kunstname »Buchenwald« erfunden. Hans Wahl war der Gaufachberater für Wissenschaft in der NS-Kulturgemeinde. Man kann sich leicht vorstellen, dass er seine Stimme gegen diese Verbindung Goethes mit den schlimmsten Auswüchsen des NS-Regimes erhob, aber auch Sauckel schloss sich dem Protest an. Wahl war seit Februar 1937 auf Geheiß Sauckels auch Ratsherr der Stadt Weimar,[336] und der Gemeinderat hatte sich auch mit der Benennung des Konzentrationslagers befasst. Das Lager war eng an die Stadt angebunden, so dass Wahl von Amts wegen mit Sicherheit über die dortigen Zustände informiert war, wenn auch nicht im Detail.[337] Immerhin ließ er für das Goethe-Nationalmuseum Bergungskisten von Buchenwald-Häftlingen bauen.[338]

Die Jahre nach dem Jubelfest im August 1935 bis ins Jahr 1938, aber insbesondere die Jahre 1936 und 1937 markieren eine Wende des Regimes zu Goethe, sie stellten die Weichen für die Zukunft der Goethe-Gesellschaft. In diesen Jahren wurde sie gleichgeschaltet, erreichte im Gegenzug Goebbels' Verbot der für sie verheerenden Ludendorff-Verschwörungstheorie, betrieb Kulturpolitik durch Teilnahme an den Anstrengungen vor der Olympiade, lancierte die neue, für NS-Inhalte offene Zeitschrift, aus der nach und nach jüdische Autoren und Themen ausgeschaltet wurden, ging ein ertragreiches Bündnis mit der Reichsjugendführung ein und ernannte – letztlich unter Druck – Adolf Bartels zum Ehrenmitglied. Parteigenosse Hans Wahl wurde in den nächsten Jahren in der Leitung der Gesellschaft immer wichtiger. Trotzdem gab es noch Gegner der Goethe-Gesellschaft unter Nationalsozialisten. Wie wurde die ›Judenfrage‹ gelöst, wie die außenpolitische Aufgabe im Krieg durchgeführt, ohne den Ruf der Gesellschaft im Ausland zu ruinieren? Diesen Fragen wenden wir uns nun zu.

KAPITEL 5

Weltmission und Weltkatastrophe

FRÜHJAHR 1938–APRIL 1945

Engagierter Beitrag zur internationalen Kulturpolitik

Nach der Wiedereinführung der Wehrpflicht im März und dem Flottenabkommen mit Großbritannien im Juni 1935 sowie der Besetzung des entmilitarisierten Rheinlandes am 7. März 1936 war Hitler auf der Höhe seiner Popularität in Deutschland. Er hatte das fast einstimmig verhasste Versailler »Schanddiktat« mit diesen Maßnahmen ausgehöhlt und den Nationalstolz angekurbelt. Die Olympiade desselben Jahres beeindruckte in- und ausländische Besucher. Die außenpolitische Lage wurde von der deutschen Beteiligung am spanischen Bürgerkrieg (1936–1937) und dem Antikominternpakt mit Japan (November 1936) und später mit Italien überschattet, entspannte sich aber zusehends. Die Jahre 1936 und 1937 waren deshalb relativ ruhig; Hitler versprach in einer Rede Anfang 1937 keine »Überraschungen« mehr.[1] Das sollte 1938 nur eine blasse Erinnerung sein: Die Aggressionspolitik des Regimes offenbarte sich krass. Und in diesem ganzen Zeitraum beschleunigten sich die Aufrüstung und Kriegsvorbereitungen.

Die Goethe-Gesellschaft versuchte zunehmend, bei der von Petersen 1935 angepeilten »Weltmission« mitzuspielen. Sie engagierte sich in der internationalen Kulturpolitik des Regimes, um das Ansehen Deutschlands in der Welt und später besonders in den eroberten Ländern zu propagieren. Goethe wurde als Vertreter einer ›überlegenen‹ Kultur eingesetzt.

Goethe und der nordische Gedanke

Hans Wahls frühester und nachdrücklichster kulturpolitischer Einsatz im Ausland – sieht man von einigen frühen Schritten in Italien ab[2] – galt dem ›nordischen Gedanken‹, einem zentralen Bestandteil nationalsozialistischer Ideologie, wie sie sich zum Beispiel in Rosenbergs Schrift *Der Mythus des 20. Jahrhunderts* offenbarte.[3] Rosenberg war der Schirmherr der Nordischen Gesellschaft, einen maßgeblichen Einfluss in ihr hatte aber der schon 1930 gegen den Protest des Rektors und Senats nach Jena berufene Rassentheoretiker Hans F. K. Günther (›Rassen-Günther‹), aktives Mitglied der Goethe-Gesellschaft. Hans Wahl wurde 1937 oder 1938 Mitglied der Nordischen Gesellschaft und hielt für deren »Thüringen-Kontor« (Vorsitzender: Gauleiter Sauckel) von November 1938 bis März 1939 siebenmal in Thüringer Ortschaften einen Goethe-Vortrag.[4] Diese Tätigkeit mag mit seinem Antrag auf NSDAP-Mitgliedschaft in Verbindung stehen (vgl. S. 167 f.), denn die Partei war meist Mitveranstalterin. Er begab sich damit in übelste Nachbarschaft. In der Vortragsreihe stand Wahls Thema neben solchen wie »Musik und Rasse«, »Die deutsche Kultur in Vergangenheit und Gegenwart als Ausdruck der nordischen Rassenseele« sowie »Der nordische Gedanke im politischen und weltanschaulichen Ringen unserer Zeit«.[5]

Das Januarheft 1938 der Zeitschrift *Der Norden* wird von Wahls Beitrag »Goethes Norden« eröffnet. Wahl konstatiert zunächst, den Worten »Norden« und »nordisch« habe zu Goethes Zeiten nichts angehaftet, »was den Begriff einer germanischen Gemeinschaftskultur oder gar einen Rassegedanken mit eingeschlossen hätte!«[6] Aber bald argumentiert er zu Goethes Faustfigur: *»Der größte Dichter des Nordens gestaltete die schmerzliche Erfahrung eines Menschen als die gültige Erkenntnis eines Stellvertreters eines Volkes, einer Rasse.«* Faust sei für Goethe *»der Stellvertreter des germanischen, des nordischen Menschen, der germanisch-nordischen Kultur«*. Am Ende mutiert Faust dank seiner »kämpferischen Lebenshaltung« gar zum »Führer« des Nordens.

Wahl hatte sich mit seinem Wirken für die Nordische Gesellschaft ins radikale nationalsozialistische Milieu begeben, seine Goethe-Interpretation diente den kulturpolitischen Zielen des Regimes. Im März 1938 unternahm er dann konsequenterweise eine Vortragsreise nach Stockholm. Die Einladung ging auf die Vermittlung des Reiseschriftstellers Sven Hedin zurück, der in Nazideutschland sehr beliebt und ein leidenschaftlicher Bewunderer Hitlers war.[7] Der kulturpolitische Kontext der Schweden-Reise Wahls zeigt die Bedeutung seiner Mitwirkung im Spannungsfeld der seit den 1920er Jahren widerstreitenden Interessen Großbritanniens und Deutschlands in Skandinavien.[8] Die Kulturarbeit erfolgte durch »vorgeschoben[e] Organisationen« nach dem Modell der Schwedisch-Deutschen Vereinigung (Svensk-Tyska Föreningen).[9] Dies ist die Gruppe, die Hans Wahl einlud; er war ein »altes Mitglied«.[10]

Wahls Vortrag in Stockholm war als »unpolitisch« konzipiert, aber mit der Bitte Hermann Kappners vom gleichgeschalteten Deutschen Akademischen Auslandsdienst, die Reise auf die entfernten Städte Oslo und besonders Gotenburg, »ein für die deutschen kulturellen Bestrebungen ausserordentlich gefährdeter Postenplatz [...], wo uns der englische Einfluss alle Luft zu nehmen droht«, auszuweiten, geriet der Besuch zur Mission in »eminent deutsche[m] Interesse«,[11] die auch vom Reichserziehungsministerium mitfinanziert wurde.[12] Kappner hatte sich 1934 beschwert, dass die Schweden »Juden als deutsche Lektoren in Lund und Gotenburg« zu ernennen pflegten;[13] im norwegischen Oslo lagen die Verhältnisse »ähnlich [...] wie in Gotenburg«.[14] Wahl kam der Bitte Kappners bereitwillig nach: »Es ist selbstverständlich, daß ich, wenn mir die Möglichkeit geboten wird, an Orten zu sprechen, wo deutscher Kultureinfluß bedrängt wird, mich zur Verfügung stelle.«[15] Seine Reise war eindeutig »im Interesse der in den skandinavischen Ländern stark bedrohten deutschen Kultur«.[16] Er machte Werbung für die Goethe-Gesellschaft und behandelte in seinem Vortrag das Goethe-Nationalmuseum; dazu musste er sich mit der Stockholmer NSDAP-Auslandsorganisation in Verbindung setzen.[17] Auch ein Goethe-Vortrag war in diesem Kontext kein neutrales Thema mehr.

Am Rand des Krieges: Österreich, Sudetenland, Böhmen

Während Hans Wahl in Schweden wirkte, vollzog Hitler den ›Anschluss‹, die Annexion Österreichs am 12./13. März 1938. Die überwältigende Mehrheit der Deutschen und Österreicher begrüßte freudig diesen Schritt, der die seit dem 19. Jahrhundert gehegten Hoffnungen auf die ›großdeutsche Lösung‹ erfüllte. Die Amtsträger der Goethe-Gesellschaft waren keine Ausnahme.[18] Ihr wichtigster Gesprächspartner in Österreich war der angesehene Historiker Heinrich Ritter von Srbik. Er war Mitglied der um 1922 gegründeten ›Bärenhöhle‹, eines antisemitischen Professorenklüngels an der Universität Wien, der Berufungen und Habilitationen von Juden zu torpedieren suchte; 1938 trat er der NSDAP bei und wurde Mitglied des Reichstags. Bald nach dem ›Anschluss‹ bat ihn Petersen um einen Vortrag über »Goethe und das Reich« auf der Hauptversammlung 1939, um »die neu entstandene Lage zu berücksichtigen«.[19] Es war ein Titel, von dem man »Schlagkraft« erwartete.[20] Das kam Srbiks eigenem Wunsch entgegen, »ein Zeugnis abzulegen und zu empfangen für die heiß ersehnte und endlich vollzogene Vereinigung im großdeutschen Reich!«[21]

Die Amtsträger der Goethe-Gesellschaft waren stolz, dass sie einen so hervorragend aktuellen Redner gewinnen konnten. Kippenberg begrüßte ihn auf der Hauptversammlung als »einen Sohn der wiedergewonnenen Ostmark« (die neue Bezeichnung für Österreich).[22] Der Schlussteil des Vortrags handelte »von der Wirkung Goethes, des Gründers des geistigen deutschen Gesamtstaates, auf die Entstehung des politischen Großdeutschlands«, wie in der Presse berichtet wurde.[23] Zwar erwähnt Srbik nirgends das Dritte Reich oder den ›Führer‹, dafür betont er, Goethe »war überzeugt von den fortdauernden Eigenschaften der Rasse und empfand lebendig die Artverschiedenheit des Deutschen und des Juden«.[24] Diese Stelle war in der publizierten Fassung wohl der einzige Hinweis in der Zeitschrift *Goethe* auf die judenfeindlichen Äußerungen des Dichters; er wurde damit für die Judenverfolgung rekrutiert. Srbiks Vortrag erntete »stürmischen Beifall«.[25]

Die Goethe-Gesellschaft hatte schon wenige Tage nach dem ›Anschluss‹ einen ›Anschluss‹ im Kulturellen angepeilt. Srbik war Beiratsmitglied im Wiener Goethe-Verein, der um sieben Jahre ›älteren Schwester‹ der Goethe-Gesellschaft. Die Weimarer hatten ihn in ihren Vorstand berufen, ohne sich mit dem Wiener Verein darüber zu verständigen.[26] Petersen deutete in einem Brief an Srbik die Möglichkeit einer »engere[n] Beziehung« der beiden Organisationen an – selbstverständlich nach einer »Reform«, also Gleichschaltung der älteren Schwester.[27] Der erste Anstoß kam also aus Weimar, aber die weitergehende Idee, dass der Wiener Verein »sich zu einer Ortsgruppe der GG umgestalten möge«, stammte von Srbik,[28] der damit hinter dem Rücken der Wiener intrigierte.

Kippenberg betreibt das Projekt nach seiner Übernahme der Präsidentschaft im Juni 1938 mit großem Eifer. Er gerät aber an einen entschiedenen Verfechter der Selbständigkeit Österreichs, den Germanistikprofessor Eduard Castle, der den Verein provisorisch leitet. Obwohl Castle »von seiner Professur wegen politischer Unzuverlässigkeit enthoben« wurde[29] und offenbar einem Parteigenossen in der vorübergehenden Leitung weichen musste, spielt er nach 1938 eine Hauptrolle als Herausgeber der *Chronik des Wiener Goethe-Vereins* und behauptet energisch die Unabhängigkeit des Vereins. Aus finanziellen Gründen würde eine »Verschmelzung« mit der Goethe-Gesellschaft »das Ende des Wiener Goethevereins« bedeuten, schreibt er an Kippenberg, denn die Mitglieder würden sich den zusätzlichen Mitgliederbeitrag nicht leisten können. »Wenn man von Weimar aus einen Zusammenschluß betriebe, brächte dieser der Goethe-Gesellschaft keinen Gewinn und uns den Untergang«; deswegen bleibe es besser beim »freundlichen Nebeneinander«. Auch der kommissarisch leitende Parteigenosse unterstütze diese »Linie«.

Kippenberg bekräftigt eilig: die Goethe-Gesellschaft wolle keinen »Zusammenschluss«, wohl aber »eine Verbindung [...] nach außen«, denn »Deutschland und Oesterreich sind nun einmal gottlob Eins geworden, und es würde einen seltsamen Eindruck machen, wenn die Goethe-Gesellschaften der beiden früher getrennten Staaten nun auch nach aussen hin getrennt voneinander blieben«. Für den hier angedeuteten Druck von oben besteht kein Anlass. Allerdings sollte die »Selbständigkeit« des Wiener Goethe-Vereins nach Kippenberg keineswegs »angetastet« werden.[30] Der Verein sollte vielmehr zur Ortsgruppe der Goethe-Gesellschaft werden, aber daneben auch den alten Namen führen. Voraussetzung sei, dass »eine nennenswerte Anzahl« der Wiener (zum ermäßigten Mitgliederbeitrag) der Goethe-Gesellschaft beitreten; dass »nur arische Mitglieder in Betracht kommen, brauche ich gewiss nicht zu wiederholen«.[31] Außerdem sei Weimar bereit, die *Chronik* finanziell zu stützen. Kippenberg spekuliert auf die Akzeptanz dieser Vorschläge, denn der Wiener Verein werde sich finanziell »kaum selbständig halten können«.[32] Er mimt den ›Führer‹ in der versuchten Landnahme des Wiener Goethe-Vereins, der durch Ausscheiden der jüdischen Mitglieder geschwächt ist.

Castle teilt die Vorschläge dem Beirat mit – aber eine Antwort an Kippenberg bleibt aus.[33] Der neue Präsident in Wien, Landgerichtspräsident Edmund von Hellmer, berührt das Thema in der Korrespondenz gar nicht, sondern schlägt nur wechselseitige Vertretung in den Vorständen und einen Austausch von Vortragenden vor.[34] Kippenberg ist verärgert. In der Vorstandssitzung vom 29. Mai 1939 folgt »eine lebhafte Aussprache, in der das grosse Bedauern zum Ausdruck kommt, dass trotz dieses wahrhaft fürstlichen Angebotes der Wiener Goetheverein es vorgezogen habe, für sich zu bleiben und sich der grossen Gesellschaft nicht anzuschliessen«.[35]

Als Castle auf das Anerbieten Kippenbergs zurückkommt, mit dem Vertrieb der *Chronik* unter den Mitgliedern der Goethe-Gesellschaft zu helfen, stellt Kippenberg Wahl gegenüber klar, das wäre nur im Fall der vorgeschlagenen Einigung denkbar gewesen; »es liegt jetzt nicht der geringste Grund vor, uns nun für die Chronik einzusetzen«, Wahl möge in diesem Sinne Castle schreiben, »zwar freundlich, aber doch noch einmal durchblicken lassend, wie sehr wir bedauern, dass damals unser geradezu fürstliches Anerbieten nicht angenommen wurde.«[36] Deutlicher äußert er sich Anfang 1942: »Wenn man sieht, wie an so manchen Stellen in Deutschland unsere Ortsvereinigungen sich entwickeln, kann man nur kopfschüttelnd auf die Wiener Trottelei blicken. Der Wiener Goethe-Verein besteht fast nur aus Beamten im Ruhestand und emeritierten Professoren. Die Jugend fehlt ganz. Ich glaube, wir müssen die Hoffnung aufgeben, jemals in Wien eine Ortsvereinigung zu bekommen.«[37] Nach dem Krieg, als sich die Beziehungen zwischen Weimar und Wien wieder anbahnen, bilanziert der nunmehrige Präsident Castle mit Genugtuung: »Man hat dem Wiener Goethe-Verein in der abgelaufenen Ära Partikularismus vorgeworfen, weil er seine eigene Existenz nicht aufgeben wollte. Wie klug und vorausschauend dies war, hat der Ablauf der Dinge erwiesen. Nur dadurch haben wir unsere Sammlungen gerettet, die sonst als deutsches Eigentum reklamiert worden wären.«[38] Hier wird wieder das Ressentiment gegenüber dem mächtigen Land deutlich, für das die Goethe-Gesellschaft sich in der aggressiven Kulturpolitik engagierte.

Das allgemeine Misstrauen des Auslands gegen Hitlers Deutschland – aber wohl auch seine Verbeugungen vor dem Regime – kostete die Goethe-Gesellschaft Mitglieder. Ende 1937 bietet sich der Lehrer und Dozent Professor Joseph-François Angelloz an, unter den »glühenden Verehrern« Goethes in Frankreich Mitglieder für die Goethe-Gesellschaft anzuwerben. Die Weimarer beauftragen den völkischen Dichter und neuen Leiter des Goethe-Hauses in Paris, Börries Freiherr von Münchhausen, Kontakt mit Angelloz aufzunehmen und ihn bei der Werbung zu »überwachen«. Doch Münchhausen berichtet am 7. Juni 1938 verblüfft, Angelloz sei wiederholt Begegnungen mit ihm ausgewichen: »Ich weiss nicht was mit ihm los ist, vielleicht gehört er zu *den* Franzosen, denen Anschluss und Tschechei derart in die Krone gefahren ist, dass sie im Moment keinen Wert auf Kontakt mit uns legen«; diese »politische Verärgerung« unter Franzosen sei »eine Sache der wir alle hier augenblicklich täglich gegenüberstehen«. Doch das Goethe-Haus unterstand direkt der Deutschen Botschaft, so dass es wohl auch diese amtliche Verbindung zur Goethe-Gesellschaft war, die den Franzosen befremdete.[39]

Für das Deutschtum im Ausland hatte sich die Goethe-Gesellschaft seit den 1920er Jahren eingesetzt; in Nazideutschland unterstützte das jedoch die Expansionspolitik Hitlers. Am 30. September 1938 wurde das berüchtigte Abkommen von München unterzeichnet, in dem Großbritannien und Frankreich – ohne Beteiligung der Tschechoslowakei – grünes Licht für Hitlers Besetzung des Sudetenlandes gaben. Wieder einmal jubelte das In- und Ausland, hauptsächlich weil der Weltkrieg doch nicht ausbrach. Kippenberg spricht von »dem grossen beglückenden Tage«.[40] Wenige Monate vor der Annexion, auf der Hauptversammlung im Juni 1938, blickt Parteigenosse Werner Deetjen, der Vorsitzende des Ortsausschusses, auf die jahrelange Unterstützung der Goethe-Feiern im Sudetenland und setzt hinzu: »Daß wir in der Gegenwart besonders treu unserer schwerbedrängten Landsleute in Böhmen gedenken, ist selbstverständlich.«[41]

Weniger als ein halbes Jahr nach der Unterzeichnung, Mitte März 1939, machte Hitler das Münchner Abkommen zur Makulatur, indem er gegen sein dort gegebenes Versprechen, er habe keine Gebietsansprüche mehr, die Rest-Tschechoslowakei ›zerschlug‹. Die ganze Welt war entsetzt und ernüchtert; man konnte Hitler nicht mehr trauen, und ein Krieg wurde schlagartig wahrscheinlicher. Das kümmerte Kippenberg nicht. Auf der Hauptversammlung 1939 eröffnete er die Mitgliederversammlung mit dem »Führergruß«,[42] was die Presse freudig zur Kenntnis nahm: »Wenn Prof. Kippenberg die Hauptversammlung mit einer Huldigung an den *Führer* eröffnete«, berichtete der *Berliner Lokal-Anzeiger*, »so war dies mehr als eine Geste – es war der Dank an den Mann, der mit der politischen Tat zugleich die Basis schuf, auf der unser geisteswissenschaftliches Leben zu neuer Blüte erweckt wurde.«[43]

Diese Hauptversammlung stand ganz im Zeichen des drohenden Krieges, zu einem Zeitpunkt, als Propagandaberichte über polnische Misshandlungen von ›Volksdeutschen‹ die Zeitungen füllten. Nicht nur wurden ungewöhnlich viele Partei- und Staatsleute eingeladen, sondern zum ersten Mal auch die vier führenden Militärs in Weimar, von denen zwei kamen.[44] Erich Gierach, einer der wichtigsten NS-Germanisten und »Erzvater des Sudetendeutschtums«, war gleichfalls im Publikum.[45] In der Festsitzung mobilisiert Kippenberg Goethe für den »Kampf«, in ihm habe sich deutscher Geist »herrlich offenbart«.[46] Danach der offen politische Kotau: »Im vorigen Jahre hat unser Altpräsident Julius Petersen an dieser Stelle Österreichs Heimkehr ins Reich freudig begrüßen dürfen. Seitdem ist, was unsere Väter ersehnten, das große Deutschland, Wirklichkeit geworden durch die Tatkraft unseres Führers, dessen wir gestern zu Beginn unserer Tagung in Dankbarkeit und Ehrerbietung gedachten.«

Dann gibt Kippenberg eine literarisch-geographische Übersicht über die Gebiete, die Hitler unter Gewaltandrohung dem Reich einverleibt hatte, mit ausführlicher Beschreibung der jeweiligen Beziehungen Goethes: Ostpreußen (das »Land Hamanns, Herders und Kants«), dem Hitler nun das Memelland »auf ewig« einverleibt habe; Österreich (die Heimat Adalbert Stifters, »ein in der Nachfolge Goethes Wandelnder«); und »heimgekehrt endlich sind das Egerland und das Land der böhmischen Bäder, in denen Goethe mehr als drei Jahre seines Lebens zugebracht«.

Es fällt auf, dass Kippenberg die Besetzung der Rest-Tschechoslowakei aus der Reihe von Hitlers Einverleibungen auslässt. Das war der einzige Eingriff, der keine ›Volksdeutschen‹ wieder ›heim ins Reich‹ holte, sondern einen selbständigen Staat schluckte und deswegen auf weniger Resonanz in der deutschen Bevölkerung stieß.[47] Trotz dieses Zugeständnisses an sein Gewissen spannte Kippenberg in seiner Goethe-Topographie den Dichter wieder einmal für die aggressive Expansionspolitik Hitlers ein. Diese Ehrung von Hitler als »Mehrer des Reiches«[48] sollte, unerwartet, seine letzte Ansprache auf einer Hauptversammlung sein. Die nächste Versammlung war 1954, vier Jahre nach seinem Tod.

Schon wieder Rosenberg – und Sauckel

Bei der Hauptversammlung im Juni 1938 stand eine Vorstandswahl an, und pünktlich tritt das Amt Rosenberg wieder auf den Plan, diesmal hinter den Kulissen. Hans Hagemeyer, zum Reichsamtsleiter avanciert, meldet sich. (Uns ist er bereits mehrmals begegnet. Nach Hagemeyers Drohung gegen den Insel-Verlag im Jahr 1933 hatte Kippenberg eine so freundschaftliche Beziehung zu ihm, dass er dem Funktionär einmal Auto samt Fahrer zur Verfügung stellte.[49] Seit 1935 wurde er regelmäßig zur Hauptversammlung eingeladen, ließ sich aber oft durch Bernhard Payr vertreten.) Am 12. Mai 1938 schickt Hagemeyer ein anonymes Gutachten über die Goethe-Gesellschaft an den Thüringer Gauleiter Fritz Sauckel.[50] In diesem Schriftstück wird die vorgestellte Vorstandsliste bemängelt, weil sie, so Hagemeyer, den bisherigen Vorstand beibehalte, der »bis auf 1–2 Ausnahmen nicht aus Vertretern unserer Zeit besteht«. Der Gutachter wittert einen Affront gegen nationalsozialistische Germanisten wie Heinz Kindermann, Franz Koch und Gerhard Fricke, die nicht in die Liste aufgenommen worden waren.[51] Hagemeyer bittet daher Sauckel, seinen Einfluss geltend zu machen, damit Koch und Payr als Vorstandsmitglieder vorgeschlagen werden.

Sauckel antwortet, dass er selbst keine Beziehungen zur Goethe-Gesellschaft unterhalte, »weil mir die personelle Zusammensetzung ihres Vorstandes keine Gewähr für eine Arbeit, die unserer Weltanschauung entspricht, zu bieten scheint.« Er bittet Ziegler, die Sache beim Vorstand durchzusetzen,[52] der jedoch auch »keine Fühlung zur Goethegesellschaft hat«.[53] Inzwischen ist Kippenberg auf der Hauptversammlung zum neuen Präsidenten gewählt worden. Hagemeyer sieht das als »Austausch von Freunden« an, »die nach Möglichkeit einen Einfluss von Dienststellen der Partei vermeiden möchten«, wie er am 29. Juli an Sauckel schreibt.[54]

Die Sache war mittlerweile eskaliert. Hagemeyers Chef, Stabsleiter Gotthard Urban, wendet sich am 15. Juli 1938 direkt an Kippenberg: Rosenberg »hat begründetes Interesse an einer intensiven Zusammenarbeit der Goethe-Gesellschaft mit dem Amt Schrifttumspflege seiner Dienststelle. Er äussert daher den Wunsch, den Vorstand der Goethe-Gesellschaft um einen Vertreter zu erweitern« und schlage Koch oder Payr vor.[55] Kippenberg antwortet eine Woche später unerschütterlich, eine Erweiterung des Vorstandes bedürfe der Genehmigung der Hauptversammlung, die erst im nächsten Jahr wieder stattfinde, und schließt: »Für den Fall einer Vakanz ist die Zuwahl des Herrn Professor Dr. Franz Koch in der letzten Vorstandssitzung« im Mai »in Aussicht genommen worden«.[56] Kippenberg benachrichtigt Petersen, wenn man Koch in den Vorstand berufe, sollte das nicht so »erscheinen«, als ob man das auf Anweisung Rosenbergs – »par ordre de Mufti« – getan habe, deshalb habe er Urban von Kochs möglicher Nominierung erzählt. Er schlägt vor, einen vorläufigen Beschluss zur Aufnahme von Koch herbeizuführen, was beim nächsten freien Platz umgesetzt werden soll. Der gerade abgelöste Präsident antwortet auf diese »unangenehmen Nachrichten«: »Der taktlose

Bursche Dr. Payr scheint mir ganz unmöglich. Also Koch!« Allerdings rät er Kippenberg, »die Sache noch etwas hinzuziehen«.[57] Das scheint gelungen zu sein. Koch kam nie in den Vorstand, weder 1939 durch Satzungsänderung noch 1941 bei einer weiteren »Vakanz«. Schließlich informiert Hagemeyer am 29. Juli 1938 Sauckel, dass in der Goethe-Gesellschaft alles beim Alten geblieben sei. Im Gespräch auf einer Tagung habe Kippenberg »sehr geringe Lust« gezeigt, Vertreter vom Amt Rosenberg in den Vorstand zu berufen. Laut Vermerk von Sauckels Bürochef Buchmann vom 28. Dezember (!) 1938 auf diesem Blatt hat Ziegler »mitgeteilt, daß zur Goethe-Ges. keine Beziehungen bestehen, und daß man diese unangefochten arbeiten und aussterben lassen solle«[58] – eine resignierte Einstellung, die unter Thüringer Nazis offenbar verbreitet war.[59]

Doch dürfen die Aussagen von Hagemeyer, Ziegler und dem anonymen Gutachter für das Amt Rosenberg nicht, wie bisher, als Aussagen über eine angebliche Selbständigkeit der Goethe-Gesellschaft missverstanden werden, überdies nicht pauschal als Ansicht Thüringer Nationalsozialisten oder gar des Regimes ihr gegenüber. Der Verfasser des Gutachtens ist denkbar schlecht informiert. Er behauptet, dass »eine Reihe von in ihrer Haltung unanfechtbaren Persönlichkeiten«, das heißt die drei Parteigenossen Buttmann, Schulte Strathaus und Ziegler, »ehrenhalber in den Vorschlag [zur Vorstandswahl] aufgenommen wurden, die offenbar nur das Licht geben sollen, in dessen Schatten der eigentliche Dreh vor sich geht.«[60] Die heutige Bezeichnung »Vorzeige-Nazis« übernimmt dieselbe Auslegung.[61] Gerade in dieser Zeit wurden Buttmann und Schulte Strathaus jedoch viel herangezogen.[62] Vor der Hauptversammlung hatte Kippenberg, bevor er unwillig selbst zusagte, Buttmann offenbar sogar zur Annahme der Präsidentschaft zu überreden versucht.[63] Schulte Strathaus und Buttmann waren unschätzbare Berater des Vorstandes in Fragen, die das Regime betrafen.

Dem Gutachter vom Amt Rosenberg war anscheinend nicht bewusst, dass die Vorstandsmitglieder Wahl, Deetjen und Otto von Güntter NSDAP-Mitglieder waren.[64] Koch war nicht nur zum Vorstandsmitglied, sondern 1935 zum Herausgeber der Zeitschrift vorgeschlagen worden. Ihn für den Vorstand zu gewinnen, war Petersen so wichtig, dass er seine persönlichen Querelen mit ihm hintanstellte.[65] Sogar der Präsident der Reichsschrifttumskammer, Hanns Johst, war 1936 für den Vorstand im Gespräch.[66] Nicht nur die tatsächliche Zusammensetzung des Vorstands zählt hier – sechs Nazis von siebzehn Mitgliedern, darunter der beim Amtseintritt des neuen Präsidenten vom zweiten zum ersten Vizepräsidenten avancierte Hans Wahl –, sondern auch der Wille Petersens und Kippenbergs, ihn und die Zeitschrift *Goethe* nationalsozialistisch zu gestalten.

Vollends die Behauptung, Zieglers zynische Prognose vom Aussterben der Goethe-Gesellschaft würde die »wahre Haltung der nationalsozialistischen Politiker und Ideologen gegenüber der Goethe-Gesellschaft [...] bei aller politischen Inanspruchnahme und auch Instrumentalisierung« widerspiegeln,[67] geht an den Tatsachen vorbei. Es gab nicht pauschal »die Nazis« – damit wird nicht die Thüringer, sondern die Reichsregierung suggeriert –, die auf das »Aussterben« der Goethe-Gesellschaft hofften (so ihr heutiger Präsident und andere Forscher).[68] Es war vor allem das relativ machtlose Amt Rosenberg, das immer wieder nervte und entweder ignoriert oder rasch abgewehrt wurde.

Auch in der Thüringer Regierung war nicht nur Ablehnung der Goethe-Gesellschaft zu spüren. Hans Wahl war hier der entscheidende Verbindungsmann.[69] Immer wieder wurde er herangezogen, um mit Ziegler zu verhandeln, der, so Donndorf, ihn und die anderen Amtsträger als Pöbel behandelte.[70] Ziegler hatte sich als Bürge für die »politische Einstellung« Wahls zur Verfügung gestellt[71] und war von Wahls Eingabe an Goebbels in der Ludendorff-Kampagne »schlechthin begeistert«.[72] Er nutzte seine Beziehungen – sogar zum Reichsminister Rust – zugunsten der Goethe-Gesellschaft.[73] Wenn er diese 1936 in einem Brief an Sauckel als »*Kalk*-Syndikat« bezeichnete, »gesellschaftl. wie wissenschaftlich ein reichlich reaktionärer u. verrosteter Professorenkreis [...] mit all den arroganten Allüren, die nun mal päpstlich tuende deutsche Professoren an sich haben«, so war das der Reflex einer zornigen Auseinandersetzung um eine Inszenierung für die Hauptversammlung, da Ziegler sich und seine Theaterarbeit diffamiert sah.[74] Nachdem diese Reibereien zusammen mit den Hauptversammlungen 1939 wegfielen, versteht er sich mit den verrosteten Professoren recht gut: In freundschaftlichen, ja herzlichen Briefen an seinen Zechgenossen Kippenberg in den Jahren 1939 / 1940 schreibt Ziegler »in alter Verbundenheit«.[75] Er betont gegenüber Kippenberg auch seine Goethe-Verehrung: »Ich glaube mich in jeder Beziehung, bei aller Bescheidenheit, einen Goethe-Menschen nennen zu dürfen.«[76]

Wahls zweiter wichtiger Verbündeter in der Thüringer Regierung war sein Dutzfreund Ministerialrat Dr. Friedrich Stier im Volksbildungsministerium, der seit den 1920er Jahren Mitglied der Goethe-Gesellschaft war und 1940 den Vorsitz der Weimarer Ortsgruppe übernahm.[77] Auch der Thüringer Vertreter des Propagandaministeriums, Konrad Studentkowski, stand in guter Beziehung zu Wahl, desgleichen seit 1937 die Thüringer HJ und wohl auch Wahls Bekannter Schirach. Freilich: Es war vor allem Sauckel, der Mächtigste in Thüringen, der der Goethe-Gesellschaft gelegentlich Ärger machte, wobei er nahezu gleichzeitig mit seinem Angriff den Namengeber der Gesellschaft als »Inkarnation unseres Volkstums« lobte; die Welt müsse »das deutsche Volk«, das ein Genie wie Goethe aufweise, »anerkennen als das auf der höchsten Kulturstufe stehende Volk«.[78] Hatte Sauckels Vasall, Ministerpräsident Willy Marschler, im Jahre 1934 eine »ausgesprochene Abneigung gegen Goethe«, so meldet er sich 1942 sogar als Mitglied der Goethe-Gesellschaft an.[79] Es gibt keinen besseren Maßstab für den Siegeszug des ›Deutschen Goethe‹.

Trotzdem darf die Wirkung der Attacke Rosenbergs nicht bagatellisiert werden. Seine Vorstöße fielen nicht von ungefähr in die Phase der sich radikalisierenden Judenverfolgung vom Sommer und Herbst 1938. Das Problem der jüdischen Mitglieder war noch nicht gelöst. Das erhöhte gewiss die Bereitschaft der Gesellschaft, Zugeständnisse zu machen. So hatte Petersen am 1. April 1938, in der Zeit unmittelbar nach dem ›Anschluss‹ Österreichs, vorgeschlagen, »einen Vertreter der Hitler-Jugend, etwa Obergebietsführer Cerff«, an eine frei gewordene Stelle im Vorstand zu setzen. Obwohl Kippenberg das unterstützte, konnte Wahl sich mit dieser Idee »nicht befreunden«.[80]

Oberflächlich gesehen überrascht das. Hans Wahl drängte stets zuallererst zur Zusammenarbeit mit den Machthabern und sollte wenige Wochen später seine Rede vor dem Kulturpolitischen Arbeitslager der HJ in Weimar halten; Cerff hatte ihn 1936 zum Vortrag vor dem Heidelberger Lager eingeladen. Aber auch die anderen »Weimarer Freunde« hatten »Bedenken« gegen einen HJ-Vertreter.[81] Cerff war ein denkbar schlechter Kandidat. Bei Buttmanns und Schulte Strathaus' Berufung in den Vorstand war ein Feigenblatt zur Hand: Sie seien wissenschaftlich ausgewiesen, Schulte Strathaus sogar Goethe-Forscher. Bei Karl Cerff, der als Bankkaufmann ausgebildet war und nicht einmal Abitur gemacht hatte, fehlte diese Qualifikation: Den Leiter des Kulturamts der Reichsjugendführung zu berufen, hätte die nackte Gleichschaltung sichtbar gemacht. Auch Cerffs Abneigung gegen das traditionelle Bildungsbürgertum war Hans Wahl sicher vertraut, gegen jene »bürgerliche Gesellschaft, die die Kunst nur als ein konventionelles Beiwerk ihrer äußeren Bildung oder im Höchstfalle als seine Ausschmückung ihres wenig enthaltsamen Lebens ansah«, wie Cerff einmal sagte.[82] Während des Krieges schrieb Wahl, das »Aufziehen« einer Tagung wie bei der Kleist-Gesellschaft mit Beteiligung Cerffs würde der Tradition der Goethe-Gesellschaft nicht entsprechen.[83] Der bloße Vorschlag, Cerff in den Vorstand zu berufen, ist ein Zeichen für die Bedrängnis, in der sich die Leiter der Goethe-Gesellschaft nach dem Vorstoß des Amts Rosenberg zu befinden glaubten. Trotzdem: Letztlich bewährte sich ihre Taktik; Rosenberg resignierte. Er hatte aber auch in der Berliner Ortsgruppe wegen der »Judenfrage« Angst verbreitet.

Novemberpogrom und Ausschluss der jüdischen Mitglieder

Nach 1933 und 1935 traf deutsche Juden von Herbst 1937 bis zum Ende des Jahres 1938 die dritte und bisher aggressivste antisemitische Welle im Dritten Reich.[84] Antijüdische Hetzartikel in der Presse begleiteten mehrere diskriminierende Gesetze, unter anderem zum Ausschluss aus weiteren Berufen und zur Einführung von jüdischen Zwangsvornamen. Der ›Anschluss‹ Österreichs am 12. und 13. März 1938 heizte die Gewalt auch im Altreich an.

All dies spielte eine Rolle in der verschärften Haltung der Goethe-Gesellschaft gegenüber ihren jüdischen Mitgliedern. Seit 1933 hatte der Verein an der Politik festgehalten, keine neuen jüdischen Mitglieder zuzulassen,[85] die bestehenden jedoch, hauptsächlich aus finanziellen Gründen, wenn möglich zu halten. Die ausdrücklichen Versuche, Juden, die ihren Austritt erklärt hatten, zum Widerruf zu bewegen, endeten aber mit der Verabschiedung der Nürnberger Gesetze im September 1935.[86] Die Muttergesellschaft schloss ihre verbleibenden jüdischen Mitglieder nach dem Novemberpogrom 1938 aus, aber die Forschung nimmt irrtümlich an, dass dies der erste Ausschluss war. Der Vorreiter – wie 1933 in der Entfernung der jüdischen Vorstandsmitglieder – war die größte Ortsgruppe, in Berlin. Dort lebten auch die meisten jüdischen Mitglieder der Hauptgesellschaft.

Eduard Spranger kehrte Ende 1937 nach einem Japanaufenthalt nach Deutschland zurück und übernahm am 1. April 1938 wieder den Vorsitz der Berliner Ortsgruppe. Zwei Wochen zuvor berichtete er Petersen von einer »neue[n] Gefährdung der Goethegesellschaft«, die das schon bekannte Parteimitglied Franz Biermann aus Hamm geheimnisvoll mitgeteilt habe: »Nähere Angaben machte er nicht, doch stimmte er meiner Auffassung zu, daß dies wohl mit dem Verbleiben jüdischer Mitglieder in der G. G. zusammenhängen könnte. In einem heut [sic] erhaltenen Brief empfiehlt er mir, Ihnen nahezulegen, sich über die Angelegenheit ausdrücklich juristisch beraten zu lassen.«[87] Obwohl der Vorstoß des Amts Rosenberg erst zwei Monate nach Sprangers Brief erfolgte, stecken die Vorbereitungen darauf mit Sicherheit hinter der »Gefährdung«, die aber für Spranger desto bedrohlicher klingt, weil er die Details nicht kennt.

Spranger stellt in seinem Brief wichtige allgemeine Überlegungen zur »Situation« an: Vor seiner Abreise nach Japan im Herbst 1936 »vertrat K[ippenberg] immer die Auffassung, man müsse es auf eine Auflösung ankommen lassen. Dieser Standpunkt hat in dem gegenwärtigen fortgeschrittenen Stadium m. E. keinen Sinn mehr. Es ist in der betr. Hinsicht [d. h. in der Frage der jüdischen Mitglieder] keine Position mehr zu halten. Man könnte höchstens noch eine freundliche Form wählen. Vielleicht sagt der Jurist, man müsse auch die Statuten ändern.« Spranger konnte nahezu täglich in der Presse von antisemitischer Hetze und der Ankündigung neuer Repressionen lesen – und die enthusiastische Zustimmung der Bevölkerung zur Politik Hitlers spüren. Er selbst litt immer noch unter den Auswirkungen seines Rücktritts von seinem Berliner Lehrstuhl im März 1933 und dem Ruf, dass er die »liberalistische Wissenschaft« vertrete.[88] Hinzu kam nun die unbekannte »Gefährdung«. Sprangers Angst spielte gewiss eine zentrale Rolle in den nachfolgenden diskriminierenden Maßnahmen.

Eine Antwort von Petersen auf Sprangers Brief ist nicht überliefert. Zwei Wochen später, am 3. April 1938, schreibt Spranger wieder, und jetzt ist von juristischer Beratung über einen Arierparagraphen keine Rede mehr. Er habe die Geschäftsführerin der Berliner Ortsvereinigung, Elsa Karrass, konsultiert: »Sie ist auch der Meinung, daß ich den Vorsitz in der Ortsgruppe nur dann wieder übernehmen kann, wenn in der neulich erörterten Frage Klarheit geschaffen wird. Wir wollen nun so verfahren, daß wir *allen* Mitgliedern eine [sic] Zirkular senden, worin in schonendster Form gebeten wird, im Fall jüdischer Abstammung auf die Mitgliedschaft zu verzichten. Es soll sich um etwa 12 handeln. Ein Präjudiz für die Gesamtgesellschaft liegt hierin noch nicht. Aber auch sie wird die Angelegenheit wohl bald ähnlich behandeln müssen. Ich wollte diesen Schritt nicht tun, ohne Ihnen vorher Mitteilung zu machen.«[89] Wieder einmal reagierte Petersen nicht, so dass er den bald nachfolgenden Ausschluss der jüdischen Mitglieder aus der Berliner Ortsgruppe mit verantworten muss.[90]

Am 21. April 1938 wurden die Berliner Mitglieder informiert, dass die Ortsgruppe infolge der Angliederung an die Reichsschrifttumskammer »nur Mitglieder in unserer Liste führen könn[e], die in der Lage sind, ihren Arier-Nachweis zu erbringen«.[91] Das ist irreführend, denn die Goethe-Gesellschaft war von solchen Regelungen ausgenommen, und in der überlieferten Korrespondenz mit der Kammer findet sich keine solche Forderung.[92] Die Botschaft erreichte die jüdischen Adressaten in einer verzweifelten Situation. Deutsche Juden erhielten wenige Tage nach dem Rundschreiben der Ortsvereinigung den Befehl, ihr Vermögen anzumelden, um es »in Einklang mit den Belangen der deutschen Wirtschaft sicherzustellen«.[93] Im Klartext: Enteignung, und zwar in Milliardenhöhe, um die Aufrüstung mit zu finanzieren. Im Mai waren in Berlin jüdische Geschäfte beschmiert, Synagogen und Gebetshäuser beschädigt worden. Ziel war es, »durch Ausschreitungen, behördliche Schikanen und groß angelegte polizeiliche Verhaftungsaktionen die Juden vollkommen von der übrigen Bevölkerung zu isolieren und sie aus der Stadt zu vertreiben«.[94] Im Schatten dieser Verschärfung besprach am 6. und 7. Juni, wie von Spranger angeregt, auch der Vorstand die ›Judenfrage‹.

Es wird beschlossen, »den Herren Schulte Strathaus und Buttmann die Frage vorzulegen, ob und in welcher Weise die GG den Ortsgruppen die Behandlung der Arierfrage vorschreiben oder nahelegen solle«.[95] Wieder einmal sollen die wichtigen NSDAP-Mitglieder im Vorstand um Rat in heiklen Fragen angegangen werden. Allerdings heißt es weiter: »Nach Ansicht des Vorstandes besteht die Arierfrage praktisch nicht mehr.« Dies ging offenbar auf eine Äußerung Kippenbergs zurück, denn am nächsten Tag in einer Sitzung mit Ortsgruppenleitern und Henning von der ›Arbeitsgemeinschaft‹, der dieses Treffen nachdrücklich gefordert hatte,[96] meint Kippenberg, »dass die Juden bei der Hauptgesellschaft schon seit der Präsidentschaft Roethes nur eine sehr geringe Zahl innerhalb der GG ausmachen. Eine Umfrage bei den jetzigen Mitgliedern nach ihrer rassischen Zugehörigkeit erübrigt sich, da der Prozentsatz zu gering sei und durch Tod und freiwilligen Austritt bald ganz wegfallen werde«; dasselbe gelte für die Ortsgruppen. Er erfindet die neue, satzungswidrige Bestimmung, dass bestehende jüdische Mitglieder »nicht in die örtlichen Vorstände gewählt werden« dürfen, obwohl am Vortag festgehalten worden war: »Auf eine Anfrage von Hrn Scheidemantel hin wird noch festgestellt, dass der Vorstand satzungsgemäß keinen Einfluss auf die Wahl von Ortsgruppenvorsitzenden hat.« Das ›Führerprinzip‹ und den ›Arierparagraphen‹ realisierte Kippenberg auch ohne Satzungsänderung.

In der Vorstandssitzung der Goethe-Gesellschaft war 1936 festgehalten worden, ›Mischlinge‹ »können bedenkenlos aufgenommen werden«,[97] aber 1938 war die Situation undurchschaubar. Henning wollte es der Reichsschrifttumskammer überlassen, ob auch ›Volljuden‹ überhaupt noch Mitglieder der Ortsvereinigungen bleiben durften – er ignoriert

Kippenbergs Beschwichtigung. Es fällt auf, dass Henning die Juden in der Muttergesellschaft nicht erwähnt, die ja einen besonderen Status wegen ihrer Präsenz im Ausland genoss. Gegen Hennings Vorschlag meldet sich der NS-kritische Vorsitzende der Dresdner Ortsgruppe Emil Menke-Glückert: Er »schlägt aber vor – was die Versammlung billigt – das in Aussicht gestellte Reichsgesetz über die Judenfrage und seine Ausführungsbestimmungen abzuwarten, selbst wenn die Kammer (was Hr Dr. Henning für nicht ausgeschlossen hält) bis dahin die Handhabung bei den Ortsgruppen nicht decken sollte.« Das war ein Affront gegen den Vertreter der Reichsschrifttumskammer. Wieder einmal setzt sich die Parole Kippenbergs durch: Abwarten. In der Tat ist keine Entscheidung der Kammer über die Mitgliedschaft von Juden in den Ortsgruppen überliefert, so dass sich vorerst nichts ändert. Aber die Spannung steigt.[98]

Der Ausschluss *aller* verbliebenen jüdischen Mitglieder der Goethe-Gesellschaft inklusive Ortsgruppen erfolgte nach dem Novemberpogrom (›Reichskristallnacht‹). Die Gewalt in der Nacht vom 9./10. November 1938 wurde hauptsächlich von Goebbels vorangetrieben, angeblich um den Pariser Mord des deutschen Diplomaten Ernst vom Rath durch Herschel Grynszpan zu rächen: Ein »spontaner Ausbruch des Volkszorns« gegen Juden wurde inszeniert. Mit bislang beispielloser Grausamkeit wurden Synagogen niedergebrannt, Juden erniedrigt, geschlagen, zu Hunderten getötet, in Konzentrationslager verschleppt. Viele nahmen sich das Leben.

In dieser aufgeheizten Atmosphäre trifft sich der Arbeitsausschuss am 16. November 1938 in Kippenbergs Villa in Leipzig. Die Geschäftsstelle hat eine neue Liste vermutlicher jüdischer Mitglieder erarbeitet, der zufolge weniger als die Hälfte der Aufgelisteten wirklich oder auch nur möglicherweise Juden sind. Daraufhin beschwichtigt Kippenberg wie im Juni, mit dem Zusatz, dass jüdische Mitglieder seit Roethes Zeit »immer weniger und zuletzt fast garnicht mehr an den Jahresversammlungen« teilgenommen hätten. Sein erneuter Hinweis, »Anzunehmen sei, dass weitere jüdische Mitglieder in der allernächsten Zeit schon von selbst austreten würden«, nimmt angesichts des Pogroms dunklere Züge an.[99]

Vorstandssitzung der Goethe-Gesellschaft in Kippenbergs Villa in Leipzig, 16. Nov. 1938, von links, sitzend: Julius Petersen, Anton Kippenberg, Werner Deetjen, Eduard Scheidemantel, stehend: Hans Wahl, Ernst Beutler, Eduard Spranger, Hellmuth Freiherr von Maltzahn

Aber Kippenberg wird überstimmt. Sprangers Schritt hatte vielleicht doch einen Präzedenzfall für die Muttergesellschaft geschaffen. Nach »eingehender Aussprache«, in der Werner Deetjen den Präsidenten wohl unterstützte,[100] wird beschlossen, dem Vorstand folgende Mitteilung an die in Deutschland lebenden jüdischen Mitglieder zu empfehlen: »Unseren Mitgliedern teilen wir mit, dass der Vorstand der Goethe-Gesellschaft folgende Ausführungsbestimmung zu § 5 unserer Satzungen beschlossen hat: ›Im Inland lebende Reichsangehörige können nur Mitglieder der Goethe-Gesellschaft sein, wenn sie deutsche Reichsbürger sind oder das vorläufige Reichsbürgerrecht nach dem Reichsbürgergesetz vom 15. September 1935 (Reichsgesetzblatt I Seite 1146) besitzen.‹ Wir bitten diejenigen unserer Mitglieder, die diese Voraussetzung nicht erfüllen, uns sofort ihren Austritt melden zu wollen.«

Jüdische Mitglieder, die dem nicht nachkamen, sollten als Mitglieder gestrichen werden. Mit dieser sogenannten »Ausführungsbestimmung« wurde die Satzung auf verhängnisvolle Weise umgebogen, um die jüdischen Mitglieder loszuwerden. Kippenberg wurde ermächtigt, mit Schulte Strathaus telefonisch drei Fragen zu klären, die der Verbindungsmann im Braunen Haus wie folgt beantwortet: erstens sei die vorgesehene Nachricht nur an Mitglieder zu schicken, die einwandfrei Juden waren; zweitens dürften jüdische Mitglieder, die den Jahresbeitrag für 1938 bezahlt hätten, die entsprechenden Publikationen erhalten; drittens seien ausländischen Mitgliedern gegenüber »keinerlei Massnahmen zu treffen. Das Werbeblatt, das der diesjährigen Schrift beigelegt wird, wird den ins Ausland gehenden Exemplaren *nicht* beigelegt.«[101] Besonders die erste und letzte Richtlinie sollten Aufsehen im Ausland verhindern und das Ansehen des Regimes und der Goethe-Gesellschaft schützen.[102] Am 30. November 1938 ging das Rundschreiben an alle Vorstandsmitglieder. Da keine Einwände erhoben wurden, wurde die Aufforderung zum Austritt am 17. Dezember an die jüdischen Mitglieder geschickt – rechtzeitig zu Chanukka, dem hohen Lichterfest, das am selben Abend begann.[103]

Das Telefongespräch ist das vielleicht eklatanteste Beispiel der Verstrickung des Vereins in Zugeständnisse an das Regime. Die Goethe-Gesellschaft hatte wortwörtlich einen Draht ins Braune Haus in München, zum Stab Heß, und über diesen Weg nahm sie Anweisungen von einem Parteifunktionär in der neuen, brutaleren Phase der »Arierfrage« dankbar entgegen. Weit davon entfernt, durch die Berufung der Parteimänner in den Vorstand »eine möglichst große Eigenständigkeit der Goethe-Gesellschaft zu erhalten«,[104] besiegelte der Verein damit die Selbstgleichschaltung.

Die nachfolgenden Ereignisse zeigen, dass die Goethe-Gesellschaft auf eine zweifelhafte Rechtfertigung des Ausschlusses zurückgriff. Mindestens drei jüdische Mitglieder protestierten dagegen. Weder ihre Briefe noch die Antworten sind überliefert, aber eine Anfrage des Geschäftsführers Herbert Kunze an den Präsidenten vom 9. Januar 1939 gibt einen Anhaltspunkt: »Die beiliegenden Schreiben von drei ausgeschiedenen Mitgliedern müssten beantwortet werden. Mein Antwortentwurf nimmt noch auf die Verordnung der Reichskulturkammer vom 12. 11. 38 Bezug, weil diese Verordnung den ehemaligen Mitgliedern besser zeigt, dass eine freie Entscheidung für uns und für sie nicht besteht. Soll ich so antworten?«[105] In einem Protokoll des Ortsausschusses vom 13. Februar 1939 wird diese Angabe ergänzt: »Rückfragen und Beschwerden einzelner solcher ehemaligen Mitglieder« wurden nicht nur mit Hinweis auf Goebbels' Verordnung, sondern auch auf die »Erläuterung« der Thüringer Landesstelle des Reichspropagandaministeriums beantwortet, »nach der ›das an Juden ergangene Verbot des Besuches deutscher Kulturstätten generell auf *sämtliche* kulturellen Veranstaltungen, also auch auf die Veranstaltungen der Goethe-Gesellschaft und die Mitgliedschaft zu einer solchen kulturellen Organisation sich erstreckt‹«.[106] In Kunzes Brief vom 9. Januar wurde die thüringische Erläuterung jedoch nicht erwähnt. Daher liegt die Vermutung nahe, dass die Gesellschaft die Propagandastelle zwischen dem 9. Januar und dem 13. Februar um eine solche Richtlinie gebeten und diese bekommen hatte. Der Wortlaut des Gesetzes war in dieser Frage nämlich unklar. Es verbot Juden den Zutritt zu »Darbietungen der deutschen Kultur«, »insonderheit zu Theatern, Lichtspielunternehmen, Konzerten, Vorträgen, artistischen Unternehmen (Varietés, Kabaretts, Zirkusveranstaltungen usw.), Tanzvorführungen und Ausstellungen kultureller Art«[107] – was nicht eindeutig wissenschaftliche oder literarische Vereinigungen einschloss und sehr wohl erklärungsbedürftig war. Auch Berichte in den Zeitungen bezogen sich nicht auf Gesellschaften oder Vereine.[108]

Daher überzeugt folgende bisherige Annahme der Forschung nicht: »Mit diesen Verordnungen war der Spielraum des Vorstandes ausgeschöpft, man mußte handeln, und man handelte«, das heißt in der Sitzung vom 16. November 1938.[109] Auch die heutige Goethe-Gesellschaft übernimmt dankbar diese Linie, dass man (in dieser Sitzung) »keine andere Wahl« hatte als den Ausschluss der jüdischen Mitglieder.[110] Im Protokoll dieser Sitzung, in dem die ursprüngliche Entscheidung festgehalten wird, ist von Goebbels' Verordnung und der Thüringer Auslegung keine Rede, und auch im Schreiben an die jüdischen Mitglieder vom 17. Dezember 1938 werden die Verordnungen nicht angeführt, die der Gesellschaft doch sehr geholfen hätten, den Ausschluss zu rechtfertigen. Kunze behauptet am 9. Januar auch nicht, dass die Verordnungen der Entscheidung vom

16. November zu Grunde lagen (er sagt nicht: »dass eine freie Entscheidung für uns und für sie nicht *bestand*«, sondern: »besteht«). Außerdem schreibt er, dass »diese Verordnung den ehemaligen Mitgliedern *besser* zeigt«, dass die Gesellschaft keine Wahl habe – besser nämlich als die hilflose Berufung auf das Nürnberger Gesetz des Jahres 1935 im Rundschreiben an die Mitglieder. Die Proteste jüdischer Mitglieder sind daher vollkommen verständlich. Sie fragten sich zu Recht: Warum schließt ihr uns erst jetzt aus, nachdem das Nürnberger Gesetz seit drei Jahren besteht?

Die Antwort auf diese Frage war die aufgeladene Situation nach dem Novemberpogrom. Im engeren, rechtlichen Sinne handelte die Gesellschaft in der Tat im vorauseilenden Gehorsam. Die Goethe-Gesellschaft nahm an der Ausgrenzung gedemütigter Mitmenschen teil und rechtfertigte das mit einer eiskalten, irreführenden, juristischen Sprache – weit entfernt von der »freundliche[n] Form«, die Spranger in Aussicht gestellt hatte. Lothar Ehrlich ist zuzustimmen: Unstrittig habe »der Vorstand durch diese Aktion gegen die jüdischen Mitglieder, trotz allen jahrelangen Zögerns, im Kontext der systematischen Vernichtung der Juden moralische Schuld auf die Goethe-Gesellschaft gezogen«.[111] Immerhin war 1938 ein verhältnismäßig später Zeitpunkt für diesen Schritt. Die Beibehaltung der jüdischen Mitglieder wurde seit Januar oder Februar 1939 in der Tat unmöglich, aber die unheilschwangere Situation nach der ›Reichskristallnacht‹ entlastet die Goethe-Gesellschaft auch deswegen nicht, weil gerade danach sich die öffentliche Meinung stark gegen das Regime richtete: »Fast die Hälfte aller Verfahren, die Kritik an der ›Judenpolitik‹ des Regimes betrafen, wurden zwischen November 1938 und März 1939 eingeleitet.«[112] Sogar hohe Partei- und Regierungsvertreter waren von den Ereignissen schockiert – allerdings, wie viele Bürger, eher wegen Radau und Sachschäden als Judenhass.[113]

Kippenberg war wahrscheinlich selbst entsetzt, doch scheint er diese Gefühle für sich behalten zu haben. Ein mutiges Vorbild hatte er in seinem unmittelbaren Umfeld. Sein fünf Jahre älterer Bruder Hermann August Kippenberg war 1935 als Bremer Schulleiter in den Ruhestand getreten. Folgendes wird einer Parteistelle von einem »Gewährsmann« über den 69-Jährigen berichtet: »Kurze Zeit nach der Ermordung des deutschen Legationssekretärs vom Rath in Paris fand im Club zu Bremen ein Vortrag eines englischen Professors statt, der hauptsächlich über die Verständigung zwischen dem deutschen und englischen Volke sprach [Prof. G. R. Gair, Oxford: »Britain's Place in the Nordic World«]. Nach dem Vortrag bildeten sich einzelne Gruppen, die sich über den Vortrag o. ä. unterhielten. Neben der Gruppe mit dem englischen Professor und anderen ausländischen Gästen stand eine Gruppe, der sich auch ein Herr Kippenberg angeschlossen hatte. Dieser Herr Kippenberg äusserte, daß das Vorgehen gegen die Juden ein großes Unrecht sei, das man stark kritisieren müsse. Wegen der Gegenwart der ausländischen Gäste wurde Herr Kippenberg darauf hingewiesen, daß hier doch nicht der richtige Ort sei, diese Dinge zu diskutieren. Herr Kippenberg erwiderte darauf mit gehobener Stimme recht laut etwa: ›Das sehe ich nicht ein; es schadet nichts, wenn bekannt wird, daß große Teile des Deutschen Volkes mit dieser Behandlung nicht einverstanden sind.‹ Die in der Nähe stehenden Herren hatten den Eindruck, daß Herr Kippenberg diese Äusserung absichtlich mit so gehobener Stimme machte, um seine Stellungnahme auch den anwesenden Ausländern zu vermitteln.«

Bald darauf gestand August Kippenberg gegenüber dem NSDAP-Ortsgruppenleiter bereitwillig seine Aussage ein. Der Bericht vom 19. August 1940 schließt mit der Bemerkung, dass in der dazwischenliegenden Zeit irgendwelche Schritte gegen ihn »seitens der Ortsgruppe bisher nicht unternommen wurden«. Allerdings wurde er aus einer leitenden Stelle (wohl in der örtlichen Gruppe) des 1938 gleichgeschalteten Volksbunds für das Deutschtum im Ausland ausgeschlossen. Und 1941 wurde sein Antrag auf Mitgliedschaft in der NSDAP abgelehnt.[114] Andere Konsequenzen seines beherzten Auftretens sind nicht dokumentiert.

Nichts könnte unterschiedlicher sein als die Reaktion der beiden Brüder auf den Novemberpogrom. August übte offene Kritik daran und wiederholte sie vor einem Parteibonzen, eine Tat, deren ermutigende Wirkung auf Gleichgesinnte nicht unterschätzt werden sollte. Anton leitete eine Sitzung des Arbeitsausschusses der Goethe-Gesellschaft, der im vorauseilenden Gehorsam den Ausschluss der wenigen noch vorhandenen jüdischen Mitglieder beschloss. Die entmutigende Wirkung auf sie und ihre Freunde sollte gleichfalls nicht unterschätzt werden. Natürlich ist die unterschiedliche Ausgangslage zu beachten. August sprach für sich selbst, Anton leitete eine wichtige literarische Gesellschaft.

Nach der Entscheidung bleiben die ausgestoßenen jüdischen Mitglieder Zahlen. In der Sitzung des Ortsausschusses vom 13. Februar 1939 weist Hans Wahl »nachdrücklich auf den im Verhältnis zur Mitgliedzahl von etwa 3000 verschwindend geringen Bruchteil von 41 jüdischen Mitgliedern hin und auf den gänzlich unberechtigten früher gegen die Goethe-Gesellschaft erhobenen Vorwurf der Ueberjudung«.[115] Dies festzustellen war ihm wichtiger als jegliches Bedauern.

Die Berliner Ortsvereinigung verfuhr – ohne Rückhalt im Gesetz, in einer Weisung oder in ihrer Satzung – rigoroser als die Muttergesellschaft, die keine ›Halbjuden‹ oder ›Vierteljuden‹ ausstieß. Die Berliner Geschäftsführerin Elsa Karrass erklärt den Weimarern: »Mit unsern jüdischen Mitgliedern sind wir anders verfahren – wir haben ohne Berufung auf einen Gesetzesparagraphen den Ariernachweis verlangt. Wahrscheinlich sind dadurch manche ausgetreten, die nach Ihrem Verfahren hätten dabei bleiben können – die jedenfalls in Ihrer Liste noch stehen – aber wir Berliner mußten schon etwas rigoros sein, so leid es uns im Einzelfall manchmal tat, denn Halbjude ist in den meisten Fällen äußerlich vom Volljuden kaum zu unterscheiden, und wir mußten unsrer Ortsvereinigung, die unter dem unberechtigten Vorwurf, verjudet zu sein lange und schwer genug gelitten hat, ein wirklich arisches Ansehen geben. / Leider haben wir immer noch vereinzelt Halbjuden, die sich ausdrücklich auf das Reichsbürgergesetz berufen haben, aber da die Neuaufzunehmenden versichern müssen, daß sie arisch sind, wird sich der Zustrom weiterer Halbjuden hoffentlich abschneiden lassen.«[116]

Doch auch die Muttergesellschaft ging nun gegen ›halbjüdische‹ Mitglieder vor, sofern sie in leitenden Stellungen der Ortsvereinigungen waren. Im Januar 1939 schrieb ein Hamburger Mitglied an Hans Wahl, dass man zwei ungenannte Halbjuden aus dem Vorstand der Hamburger Ortsgruppe entfernen wolle, und bittet um Anweisung. Ein halbes Jahr vorher hatte Kippenberg dem Hamburger Vorsitzenden gesagt, sie sollten ein halbjüdisches Vorstandsmitglied »vorläufig behalten«, aber nun hatte der Novemberpogrom alles verändert.[117] Wahl teilt Kippenberg seine »persönliche Meinung« mit, halbjüdische Mitglieder wären in den Vorständen »nicht erwünscht«, und der Präsident antwortet: »Ich bin durchaus Ihrer Meinung. So wenig, wie wir in den Vorstand der Goethe-Gesellschaft Halbjuden aufnehmen würden – einst wie jetzt – so wenig sollten das die Ortsgruppen tun. Bestimmungen können in dieser Richtung vom Vorstand nicht getroffen werden; wir müssen uns an die Reichsgesetze halten. Wohl aber kann man im Zweifelsfalle den Ortsgruppen nahelegen, dass sie Halbjuden nicht in den Vorstand aufnehmen bezw. nicht wiederwählen. Eine taktvolle Form zu finden wäre dann Sache der betreffenden Persönlichkeiten, die die Ortsgruppe leiten.«[118]

Wahls Antwort nach Hamburg indes ist eindeutig: »Es ist mir völlig unverständlich, wie überhaupt ein Halbjude, möge die Definierung des Reichsbürgers sein wie sie wolle, den Wunsch haben kann, in einem Vorstand weiterhin zu bleiben. Ist er wirklich für die Sache so begeistert, so muß er sich doch sagen, daß jeden Augenblick eine Verfügung erscheinen kann, die Halbjuden aus Vorständen ausschließt und daß er dann die Vereinigung, die er eigentlich fördern möchte, schädigt. So scheint es mir ganz selbstverständlich, daß jeder Halbjude sich von Vorstandsämtern zurückzieht, und ebenso selbstverständlich, daß ein Vorsitzender mit Halbjuden in seinem Vorstand kaum ein Wort zu sprechen braucht, ohne daß diese im Interesse der Sache aus dem Vorstand ausscheiden. Dies ist meine persönliche Meinung. Für mich ist die Frage keine gesetzliche Angelegenheit, sondern eine des Taktes, und mein Gefühl dafür geht eben nun über die gesetzlichen Bestimmungen in diesem Falle hinaus.«[119]

Dem Weiterbestehen der Goethe-Gesellschaft räumten Wahl und Kippenberg absoluten Vorrang vor der Menschenwürde und den Menschenrechten bedrängter Einzelpersonen ein. Wahl nahm eifrig neue Gesetze vorweg. Eine entsprechende »Verfügung« kam aber nie. Juden wurden sogar noch als ›außerordentliche‹ Mitglieder der Hamburger Ortsvereinigung geführt, die nicht gleichzeitig Mitglieder der Muttergesellschaft waren.[120]

Einige jüdische Mitglieder traten – aus unbekannten Gründen – erst im Sommer 1939 aus der Muttergesellschaft aus, darunter zwei, die Opfer des Holocaust wurden. Heinrich Stahl, 1933 bis 1940 Vorsitzender der jüdischen Gemeinde Berlins, wurde im Juni 1942 nach Theresienstadt deportiert und starb dort im November desselben Jahres; Margarethe Cahen, geb. Koehler, wurde im November 1941 in Riga ermordet.[121] Nach diesen Austritten dürften nur die ›Reichsbürger‹ unter den Juden (›Halbjuden‹ oder ›Vierteljuden‹) in der Gesellschaft geblieben sein, aber es waren mit Sicherheit verschwindend wenige. Dem 71-jährigen Königsberger Ludwig Goldstein, der »in ganz dürftigen Verhältnissen« lebte, wurde im Juni 1939 sogar die ihm 1933 verliehene Patenschaft wieder entzogen – obwohl er ›Halbjude‹ und daher zur Mitgliedschaft berechtigt war.[122] Zur Hauptversammlung 1939 kam die Vereinsleitung zum ersten Mal im Dritten Reich dem jahrelang wiederholten Drängen der Mitglieder nach, ein Verzeichnis der Teilnehmer zu publizieren.[123] Der »Eiertanz« um die jüdischen Mitglieder war beendet, man konnte aufatmen und die Liste drucken.

Doch hörte vor allem Hans Wahl nicht auf, auf die bedrängten, gedemütigten Juden einzudreschen. Goethe wollte er weiterhin auf alle Kosten vom Makel des Philosemitismus freihalten, wo nötig mit amtlicher Unterstützung. Im November 1940 entsprach er der Forderung des Amtes Rosenberg nach einem Gutachten des Typoskripts von Dr. jur. Siegfried Goetze, *Goethe und das Judentum. Eine sachliche Darlegung.*[124] Der junge Nationalsozialist hatte behauptet, Goethe sei ein Judenfreund und wahrscheinlich sogar selbst Jude gewesen und daher untauglich als nationale Ikone. Dieses neuerliche Aufbäumen eines eingefleischten Ludendorffianers machte Wahl wütend. In seinem Gutachten moniert er, dass Goetze sich auf die Darstellung des jüdischen Autors Heinrich Teweles stütze: »Ein deutscher Mensch sollte sich schämen, sich die Steigbügel von einem Juden halten zu lassen.«[125] Wahl führt alle Belege für den angeblichen Antisemitismus Goethes zusammen und beruft sich wiederholt auf die »parteiamtliche« Schilderung des Themas, Franz Kochs Vortrag aus dem Jahre 1937.[126] Er setzt sich bei Goebbels erfolgreich für ein Leihverbot von Goetzes Schrift in der Deutschen Bücherei in Leipzig ein.[127]

Wahls Verhalten war allerdings – zumindest im Privaten – nicht stringent. Mit Julius Wahle, seinem ehemaligen Kollegen im Goethe- und

Schiller-Archiv, wechselte er freundschaftliche Briefe.[128] Im November 1940 schreibt er einen sehr zuvorkommenden Kondolenzbrief an Wahles Nichte, die dessen Tod in einem Brief an Deetjen bekanntgemacht hatte. Wahl teilt mit, dass er vorgehabt habe, Wahle zum 80. Geburtstag im Februar 1941 in Dresden aufzusuchen. Wenn das der Wahrheit entsprochen hätte, wäre es eine mutige Tat gewesen, da Kontakte zwischen Juden und Parteimitgliedern verboten waren; daher war diese Behauptung wohl eher ein »Lippenbekenntnis«.[129] »Es leben in Weimar noch so manche Freunde von ihm«, schreibt Wahl, »die von der Nachricht von seinem Hinscheiden bewegt werden [...]. Ich selbst habe ihn seit 1910 gekannt und mich seiner Förderung erfreuen dürfen.«[130] Der Kontrast zu anderen Aussagen Hans Wahls könnte nicht krasser sein. Um die Zeit der großen Jubiläumsveranstaltung war er entsetzt gewesen, dass er aufgrund der Namensverwandtschaft mit Julius Wahle verwechselt worden war, was er »schwer beleidigend« und eine »Verleumdung« nannte.[131] Wahl mag Wahle nicht direkt geschadet haben.[132] Das nimmt dem Widerspruch aber nichts von seiner Schärfe. Wahl verleugnete Wahle sogar gleich zweimal. Seit ihren Anfängen im Jahr 1885, so Wahl, »hat im Vorstand der Goethe-Gesellschaft niemals ein Jude gesessen, was für keine der deutschen litterarischen Gesellschaften sonst gelten kann«.[133] Ganz abgesehen vom ersten Präsidenten der Goethe-Gesellschaft, Eduard von Simson, amtierte Julius Wahle von 1920 bis 1931 im Vorstand – zusammen mit Hans Wahl. Dann, im Oktober 1939, fast ein Jahr nach Wahles Austritt aus der Goethe-Gesellschaft (er kam so der Aufforderung zur Abmeldung zuvor),[134] erreichte Hans Wahl eine Anfrage der Reichsstelle für Sippenforschung über die Herkunft des »ehemaligen (jüd.?) Direktors des Goethe-Archivs Wahle«.[135] Hans Wahls Antwort ist knapp und zwiespältig. Sie endet mit der Aussage: »Julius Wahle war Jude. Über seine Herkunft (Vorfahren usw.) ist hier nichts bekannt. Er war unverheiratet.«[136] Die Vergangenheitsform »war« sollte wohl andeuten, dass man keinen Kontakt mehr zu Wahle habe. Angesichts seiner freundlichen Korrespondenz mit Wahle war das in gewisser Hinsicht eine durchaus noble Erwiderung. Aber im Hauptteil seiner Antwort greift Wahl zu einer bedenklicheren Halbwahrheit: »Einen *Direktor* des Goethe- und Schiller-Archivs Wahle hat es nicht gegeben«, Wahle sei vielmehr »Archivar« gewesen. »Da das Archiv von 1920 [...] bis zur Übernahme der Leitung durch den Unterzeichneten am 1. Oktober 1928 ohne Direktor gewesen ist, ist es möglich, daß Wahle in der Zwischenzeit für den Direktor gehalten worden ist.«[137] Wahl wusste jedoch, dass Wahle 1920 bis zur Ernennung eines Direktors in der »Zeit des Interims« – die dann eben acht Jahre dauerte – beauftragt war, »die Direktorialgeschäfte zu führen«,[138] auch wenn er nicht als »Direktor« firmierte, sondern als »Leiter«. Wahl windet sich, um die Leitung der Weimarer Klassiker-Institute als so ›judenfrei‹ wie möglich erscheinen zu lassen.

Wahls Förderung des Antisemitismus blieb verborgen. Im Juni 1943 – also zu einem Zeitpunkt, als die meisten deutschen Juden entweder ausgewandert oder grausam ermordet worden waren – erreichte ihn ein Brief vom Verleger des Einhorn-Verlags, Walter Blumtritt, der sich gleichzeitig als neues Mitglied der Goethe-Gesellschaft anmeldete. Blumtritt wollte Victor Hehns 1887 erschienenes, einflussreiches Buch *Gedanken über Goethe* wieder drucken und verlangte von Wahl ein Gutachten, denn es sei »heutzutage ausserordentlich schwierig, das nötige Papier zu bekommen«.[139] Aus Hehns Buch stammt das berüchtigte Bonmot, mit Goethes Tod »begann das jüdische Zeitalter, in dem wir jetzt leben«.[140] Überhaupt ist das Buch mit Ausfällen gegen Juden gespickt. In seinem Gutachten setzt Wahl mit der bekannten Verschwörungstheorie einer jüdischen Kulturkabale ein: Dass das Buch seit 1895 nicht wieder gedruckt worden sei, habe »ohne Zweifel seinen Grund darin, daß die von jüdischen Autoren abgefaßten Goethe-Biographien von 1895 an verlegerisch und buchhändlerisch das Feld beherrschten«. Der Grund für den jüdischen Boykott des Buches? »Viktor Hehns Goethebuch ist eine ausgesprochen völkische Arbeit, deren antisemitischer Charakter nicht zu leugnen ist. Es wäre deshalb von hohem Wert, wenn dieses Buch [...] seine Wirkung wieder ausüben könnte; ja, es erscheint als eine Ehrenpflicht [...] gegenüber der heranwachsenden Jugend ihr den Zugang zu diesem bedeutenden Werk wieder zu ermöglichen.«[141] Die Jugend sollte von der Feindseligkeit der Juden gegen Goethe überzeugt werden. Zum Glück war Wahls Einsatz nicht erfolgreich – die Neuauflage erschien nicht.

Bei gegenteiligen Goethe-Darstellungen war Wahl nicht willfährig. 1934 ärgerte er sich über die Bitte eines ehemaligen – 1933 angeblich »krankheitshalber« pensionierten – Landgerichtsrats aus Schwerin, Raimund Eberhard, der eindeutig gegen den Nationalsozialismus und vor allem dessen Rassentheorie und -politik eingestellt war.[142] Er wollte sich die Mitgliederliste der Goethe-Gesellschaft gegen Entgelt leihen, damit der Wiener Verleger für eine Neuauflage seines 1932 publizierten Buches *Goethe und das Alte Testament* werben könne. »Durch den einsetzenden Juden Boykott und die überhand nehmende Verketzerung des Alt. Test.'s«, schrieb Eberhard, »ist nun der Absatz des Buches sehr zurückgegangen«. Spürbar gereizt, weigert sich Wahl, ein Buch zu fördern, »dessen Thema gegenwärtig bei der Öffentlichkeit nicht ein besonderes Interesse hervorrufen kann«.[143] Im Mai 1938 lehnte Wahl das Gesuch des Heine-Forschers und Mitglieds der Goethe-Gesellschaft Erich Loewenthal ab, zwei Briefe des jüdischen Philosophen Salomon Maimon, die sich im Goethe- und Schiller-Archiv befanden, zu publizieren – denn Goethe war willens, dem verarmten jüdischen Philosophen Maimon zu helfen. Ein Aufsatz zu Goethe und Maimon war daher unerwünscht.[144]

Ein weiteres Mal wurde die Goethe-Forschung verzerrt, diesmal im Bereich Goethe und Juden; sie verarmte zusehends. Die jüdischen Mitglieder konnte man jetzt vergessen und sich auf die neue Mission im Krieg konzentrieren.

Krieg und Privileg

Ein Vierteljahr nach der Hauptversammlung des Jahres 1939 fing der Zweite Weltkrieg an, als Deutschland am 1. September 1939 Polen überfiel und Großbritannien sowie Frankreich zwei Tage später Deutschland den Krieg erklärten. Der Krieg brachte einschneidende Veränderungen für die Goethe-Gesellschaft. Genauso wie andere Deutsche litten viele Mitglieder zunehmend unter Mangel, Hunger, Angst und schwerer Bombardierung. Im Januar 1945 berichtet Hans Wahl, man sei »im Archiv gerade dabei, auf einräumige Ofenheizung zusammenzuschrumpfen aus Mangel an Kohlen«.[145] Seine wissenschaftlichen Mitarbeiter im Archiv und Museum waren eingezogen, Archivar Max Hecker länger krankgeschrieben worden. Wahl war so schwer überarbeitet, dass er mehrere Klinikaufenthalte hatte und sich ein dauerhaftes Herzleiden zuzog.

Auf der Webseite der Goethe-Gesellschaft kann man heute in einer kurzen Darstellung ihrer Geschichte als einzige Äußerung zur Zeit des Nationalsozialismus lesen: »1939 hatte die Goethe-Gesellschaft ihre Tätigkeit einstellen müssen.«[146] Das trifft nur für die Hauptversammlungen und regulären Sitzungen zu, nicht aber für die Zeitschrift, den sichtbarsten Ausdruck der Gesellschaft, und die Ortsvereinigungen. Die Aussage vermittelt den Eindruck, das Regime hätte die Tätigkeit der Goethe-Gesellschaft aus ideologischen Gründen verhindert. Lothar Ehrlich zitiert ein Protokoll aus dem Jahr 1941, nach dem »angeblich« keine Hauptversammlungen mehr erlaubt seien.[147] Er setzt hinzu: »Die dokumentierte Begründung, ›infolge der Kriegsverhältnisse‹, verdeckt freilich die Wahrheit. Andere Gesellschaften tagten noch in Weimar und ›gleichgeschaltete‹ propagandistische Großveranstaltungen, auch kulturelle, fanden ohnehin statt.«

Hans Wahl selbst widerlegt die Ansicht, das Regime hätte gezielt die Tätigkeit der Goethe-Gesellschaft beeinträchtigt. Mitglied Dr. Otto Kähler, Rechtsanwalt in Kiel, hatte gelesen, dass sich die Kleist-Gesellschaft in Weimar versammeln durfte, und fordert eine Hauptversammlung. Wahl antwortet am 28. Juni 1943: »Bei dem Begrüßungsabend der Kleist-Gesellschaft ist ausser dem nicht vollständigen Vorstand nur ein Mitglied erschienen, bei der Tagung selbst etwa ein Dutzend« – ein klägliches Zeugnis für die Misere eines ›hart‹ gleichgeschalteten Vereins. Und er ergänzt: »Eine solche Zusammenkunft ist keine Tagung, wenn aber bei der Goethe-Gesellschaft 500–600 Leute kommen, so ist das verkehrsmässig, unterbringungsmäßig und ernährungsmäßig nicht durchführbar.«[148] Kippenberg meint sogar, dass bei einer Hauptversammlung »mit einem Zustrom von mehreren Tausend [!] Personen zu rechnen ist, die in den Weimarer Hotels nicht untergebracht werden können«.[149] Längere Bahnfahrten mussten in den späteren Kriegsjahren genehmigt werden, da die Bahn »Soldaten, Kriegsmaterial, Evakuierte, Zwangsarbeiter, Lebensmittel und deportierte Juden durch ganz Europa transportieren musste«; viele Hotels waren zu Lazaretts oder zu Heimen für Ausgebombte aus den Städten umfunktioniert worden.[150] 1943 berichtet Wahl über Flüchtlingsmassen in Weimar und setzt hinzu, dass »die Hotels und Pensionen längst von Berlin aus gefüllt sind, soweit sie nicht für [offizielle] Kongresse und ähnliche Dinge beansprucht werden«.[151] Im April 1941 wird Wahl beauftragt, »mit den zuständigen Stellen Fühlung« zur Möglichkeit einer Tagung im August zu nehmen; der Antrag wurde in Sauckels Büro »wohlwollend behandelt«, aber abgelehnt.[152] Im August 1944 musste sogar eine Gremiumsitzung mit höchstens zwanzig Teilnehmern »infolge der Zeitlage und der Bestimmungen« abgesagt werden.[153]

Weit davon entfernt, die Goethe-Gesellschaft zu behindern, förderte das Regime sie auf alle mögliche Weise. Die Goethe-Gesellschaft wurde zwischen 1943 und 1944 auf Grund einer Entscheidung in Magdeburg nicht von der Vergnügungssteuer befreit, da ihr Vermögen im Fall der Auflösung nicht an den Staat fallen sollte. Aber Hans Wahl schreibt direkt an den Reichsinnenminister Frick und mobilisiert Friedrich Stier vom Thüringer Ministerium für Volksbildung; Fricks – und dann Himmlers – Innenministerium setzte sich »[i]m Hinblick auf den hohen Rang der Goethegesellschaft« dann erfolgreich für die Begünstigung ein.[154]

Ein beeindruckendes Indiz für die Bedeutung der Gesellschaft in den Augen der Machthaber ist die Papierzuteilung, die zu einer politischen Waffe werden konnte.[155] Am Anfang des Krieges wurde der Ludendorff-Zeitschrift die Papierzuteilung gesperrt, sie musste ihr Erscheinen einstellen.[156] Das kam natürlich der Goethe-Gesellschaft zupass. Wissenschaftliche Forschung wurde durch die Zuteilung, an der das Propagandaministerium beteiligt war, nur dann gefördert, wenn sie »auf den Lebenskampf unseres Volkes von förderlichem Einfluß« war.[157]

Die Außenpolitik ist auch hier entscheidend. Um Beiträger zu gewinnen, prahlt Wahl während des Krieges: »Sie kennen ja die Zeitschrift, die wohl als einzige im Kriege weder an Umfang noch an Ausstattung und Papierqualität eingebüßt hat und zwar deshalb, weil gewünscht wird, daß sie, die Deutschzugewandten des Auslands erreicht, in jeder Weise unvermindert sich darbietet.«[158] In den Druckereien und Buchbindereien stockte es, weil es an Personal fehlte, aber nur »wichtige Wehrmachtaufträge« hatten vor der Zeitschrift Vorrang.[159] Für Kippenbergs populären *Insel-Almanach* wurde für 1943 die Papierzuteilung gestrichen, nicht aber für die Zeitschrift *Goethe* in seinem Verlag.[160] Kippenberg kann in diesem Jahr besonderer Papierknappheit sogar die »höchst erfreuliche Mitteilung machen: das Papier für die Zeitschrift ›Goethe‹ ist so reichlich ausgefallen, dass wir die Auflage auf fünftausend erhöhen könnten ohne den Umfang verringern zu müssen.«[161]

Am 4. Dezember 1943 vernichtete der schwerste Luftangriff des Krieges auf Leipzig das Insel-Verlagshaus und darin ein schon ausgedrucktes Heft der Zeitschrift. Zunächst herrschte Verzweiflung, aber ein Beiträger vermutete richtig, »daß gerade die Zeitschrift ›Goethe‹ besondere Hilfeleistung erfährt«.[162] Die gesamte Auflage durfte wieder gedruckt werden,[163] und das in einer Zeit häufiger Papierantragsperren.[164] Die Zeitschrift *Goethe* war offenbar nicht einmal von den im August 1944 einsetzenden Stilllegungsmaßnahmen im Rahmen des »totalen Kriegseinsatzes« betroffen, denn noch im Januar 1945 nimmt Wahl an, dass sie »keiner Einschränkung wesentlicher Art unterworfen sein wird« – obwohl er das Ende kommen sieht und daher erwartet, dass das geplante, wegen der Leipziger Katastrophe verspätete Doppelheft für 1944 »bis auf weiteres wohl das letzte sein wird«.[165] Es lag an Kriegseinwirkungen – nicht an einer politisch motivierten Erschwernis –, dass der »Jahresband« 1944 (allerdings mit nur zwei Drittel des bisherigen Umfangs) erst kurz vor Kriegsende gedruckt, aber nicht mehr gebunden und ausgeliefert werden konnte.[166] Dass überhaupt noch an eine Publikation zu denken war, ist nahezu ein Wunder, nicht nur wegen der Stilllegungsmaßnahmen, sondern auch, weil 1944 mehr als die Hälfte aller im Krieg über Deutschland abgeworfenen Bomben fielen. Aber Wahl hatte im Februar 1943 zuversichtlich vorhergesagt, »daß die Zeitschrift ›Goethe‹ einen längeren Atem haben wird, als manche andere bei den gegenwärtigen Umständen erwarten darf«.[167] Das war auch deswegen möglich, weil die Zeitschrift amtlich nicht als solche galt und daher von den Einschränkungen der Reichspressekammer vom 1. September 1944, dem »Todesdekret des deutschen

Zeitschriftenwesens«, nicht betroffen war.[168] Wer hätte 1933 gedacht, dass die Zeitschrift der Goethe-Gesellschaft zu den weniger als zehn Prozent der deutschen Zeitschriften zählen würde, die den Krieg bis Oktober 1944 überlebt hatten?

Buch und Volk: Die »Weltmission«

Die ›Eingliederung‹ der Goethe-Gesellschaft in die ›Arbeitsgemeinschaft literarische Gesellschaften und Vortragsveranstalter‹ in der Reichsschrifttumskammer brachte 1936 sofort vorteilhafte Vernetzungen für die Muttergesellschaft,[169] die von dieser ›Gleichschaltung‹ nur insofern berührt wurde, als sie sich ideologisch anpasste. Die Ortsvereinigungen mussten jedoch zum Teil Lesungen von zeitgenössischen – natürlich regimekonformen – Dichtern in ihr Programm aufnehmen. Im Sommer 1939 übernahm das ›Reichswerk Buch und Volk‹, eine neue Gliederung der Reichsschrifttumskammer, die Aufgaben der alten ›Arbeitsgemeinschaft‹.[170]

In der Aufforderung des ›Reichswerks‹ nach Eingliederung der Goethe-Gesellschaft vom 22. Februar 1940 ist als Folge des Krieges ein neuer, scharfer Ton spürbar: »Es entspricht der nationalsozialistischen Auffassung, dass heute ein Verein auf kulturellem Gebiete kein privates Eigenleben führen darf, sondern in gemeinsamer Front, wie sie das ›Reichswerk Buch und Volk‹ darstellt, auf schrifttumspolitischem und volksaufklärendem Gebiete höheren Weisungen folgt und somit an der Erfüllung öffentlicher Aufgaben mitwirkt.«[171] Wahl ist über diesen Brief von Abteilungsleiter Kurt Metzner besorgt, aber dieser versucht, ihn zu besänftigen,[172] und Kippenberg führt dann im Mai 1940 zwei »sehr freundliche, ja freundschaftliche« Gespräche mit Metzner, der von nun an sein bevorzugter Gesprächspartner wird.[173]

Metzner hält das Ergebnis dieser Besprechungen regierungsintern fest: Kippenberg habe »nachgewiesen, dass die Goethe-Gesellschaft streng wissenschaftlichen Charakter hat und auch nur Goethe-wissenschaftliche Ziele verfolgt«. Da die Kammer nicht für Wissenschaft zuständig ist, muss sich die Muttergesellschaft nicht in das ›Reichswerk‹ eingliedern.[174] Auch Wahl hatte gegenüber Metzner behauptet, die Gesellschaft sei »kein Literarischer Verein«, sondern »eine wissenschaftliche Gesellschaft«.[175] Das war dreist. Die Reichspressekammer – wie die Reichsschrifttumskammer ein Teil der Reichskulturkammer! – hatte bescheinigt, dass die Goethe-Gesellschaft *keine* wissenschaftliche Organisation sei, da sie so viele Laienmitglieder habe; Hans Wahl hatte ja Anfang 1938 diese Auslegung ausgeschlachtet, um einen Beitrag des jüdischen Autors Werner Milch, der nur wissenschaftlich veröffentlichen durfte, abzulehnen.[176] Je nachdem, ob man eine weitere Gleichschaltungsstufe vermeiden oder einen jüdischen Autor ausschließen wollte, konnte sich die Goethe-Gesellschaft wissenschaftlich oder nicht-wissenschaftlich geben.

Dem ›Reichswerk‹ mussten anfangs alle Ortsvereinigungen beitreten. Das bedeutet eine unvorhergesehene Gleichschaltung. Die im August 1940 erfolgte Aufforderung der Reichsschrifttumskammer an die betroffenen Ortsvereinigungen, eine »Einheitssatzung« einzuführen, nach der vor allem ihre Vorsitzenden von der Kammer bestätigt werden müssen,[177] löst einen »Notschrei« der Gruppe in Hannover aus,[178] obwohl der dortige Vorsitzende, der 78 Jahre alte Staatsanwalt a. D. Max Döring, seit 1933 NSDAP-Mitglied war.[179] Auch aus Dresden, wo die Ortsvereinigung unerwartet zur Mitgliedschaft aufgefordert worden war, meldet sich Protest, und Ende August regelt Kippenberg die Sache im persönlichen Gespräch mit Henning. Er berichtet nach Dresden: »ich kann Ihnen heute schon sagen, dass höchstwahrscheinlich im wesentlichen alles beim alten bleiben wird.«[180] Diese Beschwichtigung ist voreilig; Anfang Oktober redet Kippenberg ein zweites Mal »mit den massgebenden Herren in Berlin« auf der Suche nach einer Lösung.[181]

Kippenberg hatte Ende Oktober 1940 ausgiebig Gelegenheit, sich über die kulturpolitischen Ziele des Regimes und Goethes Rolle darin zu informieren. Er besuchte das zweite Weimarer Dichtertreffen, wo die »europäische Geltung« von Goethes Dichtung betont wurde.[182] Der NS-Schriftsteller Hermann Burte verkündete im Festvortrag: »In Goethe ist zum ersten Male die europäische Sendung der deutschen Dichtung augenscheinlich und geistfaßlich [!] erfüllt!«[183] Zwar habe Goethe auch Fremdes sich angeeignet, er habe es sich aber »seinem Wesen gleichgeschaltet«, seiner »urdeutschen, erzdeutschen Natur«. Und schließlich: *»ein Deutscher ist der Meister der Dichtung der Welt«,* in *Faust* werde »die Sendung der Deutschen Dichtung […] zum Triumph!« Goethe wurde zum Kronzeugen der geistigen Überlegenheit Deutschlands, die Arm in Arm mit der militärischen gehen sollte.

Anlässlich des Dichtertreffens besprach Hans Wahl mit Metzner die Gleichschaltung der Ortsgruppen.[184] Er argumentierte gegen die Einheitssatzung und verlangte die Ernennung der Vorsitzenden »im Einvernehmen mit ihm«. Metzner gab in seinem Bericht über das Gespräch eine lavierende Antwort auf diese Frage der Ernennungskompetenz und schob damit eine eigentliche Entscheidung auf.[185] Über Metzners Kopf hinweg traf Kippenberg den Veranstalter des Dichtertreffens, Rudolf Erckmann, mit dem er seit Jahren gute Beziehungen pflegte.[186] Erckmann war aber nicht in der Schrifttumskammer, sondern im Propagandaministerium (Leiter der Schrifttumsabteilung). Über diesen mächtigen Verbündeten wollte Kippenberg offenbar die »neue[n] Schwierigkeiten« mit den Ortsvereinigungen beseitigen, aber er scheint auch direkt mit Goebbels verhandelt zu haben.[187]

Kippenbergs Vorstoß führt zu einem internen Schreiben von Erckmann an die Reichsschrifttumskammer vom 31. Oktober 1940 – das wichtigste Dokument des NS-Regimes zur Goethe-Gesellschaft. Denn Erckmann berichtet, dass Kippenberg die Angelegenheit im Ministerium erörtert habe und dass »Reichsminister Dr. Goebbels persönlich Interesse an der Tätigkeit der Goethe-Gesellschaft nimmt«.[188] Das Interesse Goebbels' bestätigt die propagandistische Bedeutung, die er der Goethe-Gesellschaft beimisst. Aber dass Goebbels hier als Minister und nicht als Präsident der Reichskulturkammer bezeichnet wird, kommt einer Rüge an den Präsidenten der (zu dieser gehörigen) Reichsschrifttumskammer gleich und unterstreicht die Rolle der Gesellschaft in der auswärtigen Kulturpolitik, für die Goebbels als Propagandaminister eine Schlüsselrolle spielte. Denn nach einer Forderung zur Flexibilität bei den Satzungen der Ortsvereinigungen folgt an die Kammer die entscheidende Weisung: »Sie werden gebeten, dementsprechend zu verfahren und zu vermeiden, daß die Gesellschaft, die eine Weltmission gerade auch in kommender Zeit zu erfüllen hat, allzu sehr durch formale Maßnahmen eingeengt wird.«[189]

Da ist es wieder: »Weltmission«. Petersen hatte das Wort 1935 in einem vertraulichen Brief verwendet, wo es gleichfalls darum ging, die Gleichschaltung zu umschiffen.[190] Aber was bedeutete es? Wahl erwähnte in zahlreichen Briefen an Goebbels und andere den besonderen Vorzug der Goethe-Gesellschaft: Ein Fünftel der Mitglieder seien »Deutschzugewandte« oder »Deutschgesinnte« im Ausland.[191] Vor dem Krieg bedeutete die »Weltmission«, dass die Goethe-Gesellschaft hauptsächlich das Ansehen deutscher Kultur im Ausland propagieren sollte. Reichsbankpräsident Hjalmar Schacht schrieb 1937 zum Beispiel in der amerikanischen Zeitschrift *Foreign Affairs*: »Glaubt mir, meine amerikanischen Freunde, wenn ich sage, dass dies deutsche Volk noch dasselbe Volk ist, das der Welt Goethe schenkte.«[192] Aus Goebbels' Ministerium stammte vom 13. Juni 1939, als der Krieg schon vorbereitet wurde, der Hinweis für Journalisten: »Goethes Ansehen im Ausland, ein politischer Faktor der Gegenwart.«[193]

Jetzt wird aus der Weltmission eine Kriegsmission. Die Überlegenheit deutscher Kultur soll geltend gemacht werden, besonders gegenüber den unterworfenen Völkern, um die deutsche Hegemonie in Europa zu legitimieren. Erckmanns Formulierung »Weltmission, gerade auch in kommender Zeit« meint aber vor allem die Nachkriegszeit; in seiner Begrüßung beim Dichtertreffen spricht er von »der Mission, die unserem Volke nach Abschluß dieses Krieges vorgezeichnet ist, dieses Europa aus dem Geiste seines zukunftsträchtigen Volkes neu zu füllen und zu gestalten. Es sind große Dichter und Seher gewesen, die diese Entwicklung vorausgeschaut und angekündigt haben.«[194] Nach dem Präsidenten der Reichsschrifttumskammer Hanns Johst auf derselben Veranstaltung geht es darum, »der nach dem deutschen Triumph völlig veränderten Welt neue innere Werte vermitteln zu helfen«.[195] Gerade seit Herbst 1940 hatte der von Erckmann formulierte Gedanke Gestalt angenommen, »Europa von der Geistesmacht des neuen Deutschland zu überzeugen und damit selber geistig ordnend einzugreifen in das weltgeschichtliche Geschehen, das sich nach dem Siege in erst zu ahnendem Ausmaß vollziehen muß.«[196] Der arisch-nordische Mensch mit seiner erhabenen, tiefsinnigen ›Kultur‹

hatte das Recht zur »ordnenden« Herrschaft über die von oberflächlicher, jüdisch dominierter ›Zivilisation‹ geprägten europäischen Völker. Goethe war in dieser Idee und diesem Kampf zentral.

Die Kontrollversuche des Regimes richteten sich jetzt fast ausschließlich auf die Ortsvereinigungen, da sie so gut wie keine Auslandsbeziehungen unterhielten und daher keine Weltrolle spielten. Kippenberg behauptet wieder etwas voreilig, dass seine Bemühungen »doch Erfolg gehabt haben«.[197] Denn in Erckmanns Schreiben wird die für Hans Wahl zentrale Frage, wer die Vorsitzenden ernennt, gar nicht erwähnt. Dagegen macht Erckmann deutlich, dass nur »diejenigen Ortsvereinigungen [...], die sich mit der Durchführung von Dichterlesungen, aber auch gewisser Vortragsveranstaltungen befassen, zweckmässigerweise dem Reichswerk anzuschließen« sind. Der Ausdruck »gewisser Vortragsveranstaltungen« war verhängnisvoll vage.[198]

Die NS-kritischen Hamburger Vorsitzenden, Erich Grisebach und nach dessen Tod im April 1941 der Ordinarius für Pädagogik Wilhelm Flitner, wollten die Ortsvereinigung vom ›Reichswerk Buch und Volk‹ befreien lassen.[199] An die Reichsschrifttumskammer schrieb der Jurist Grisebach sogar frech: »Mit Büchern haben wir nichts zu tun und was ein Reichswerk ist, ist nicht ohne Erläuterung verständlich.«[200] Flitner wollte den Vorsitz der Hamburger Ortsvereinigung nicht annehmen, wenn er – was beim Verbleib im Reichswerk unvermeidlich war – der Kammer beitreten müsse.[201] Er erklärt, die Beschränkung auf Goethe werde der vereinbarten »Arbeitsteilung« mit der Nordischen Gesellschaft und der Raabe-Gesellschaft entsprechen, die Dichterabende veranstalten. Kippenberg bestätigt, dass die Hamburger Ortsgruppe von der Mitgliedschaft befreit werden müsste, wenn sie nach dem Vorbild der neuen Ortsvereinigungen in Leipzig (1940) und Bremen (1941) ein reines Goethezeit-Programm durchziehe.[202]

Es sollte aber anders kommen. Die Kammer bestätigt – ohne die verlangte Mitwirkung Hans Wahls – Flitner als von der Mitgliederversammlung gewählten »Vereinsleiter« und verlangt einen neuen Satzungsentwurf mit Führerprinzip.[203] Flitner sagt am 2. November 1942 zu, beantragt jedoch die Entlassung der Ortsvereinigung aus dem

Reichswerk. Der Antrag wird im Namen des Präsidenten der Kammer abgelehnt, weil »1. die Auslegung Goethescher Schriften und die Veranstaltung von Rezitationen aus Goethes Dichtungen Angelegenheiten im Zuständigkeitssinn der Reichsschrifttumskammer sind, 2. die Vereine ohne Beteiligung der örtlichen Stellen und ohne meine Genehmigung Vereinbarungen über die Änderung der kulturpolitischen Arbeit nicht treffen können.«[204] Die »Auslegung Goethescher Schriften« ist jedoch als wissenschaftlich anzusehen, so dass diese Mitteilung glatt die Kompetenz der Kammer überschreitet. Kippenberg hatte nur zwei Wochen früher die entgegengesetzte Vereinbarung bekräftigt: Goethe-Programme gehören nicht in die Zuständigkeit der Kammer.[205] Diese hatte im Februar 1942 die Berliner Ortsvereinigung von der Mitgliedschaft im ›Reichswerk‹ befreit, da Spranger bestätigt habe, dass sie Dichterlesungen nicht mehr anbieten würde.[206] Jetzt, am Ende desselben Jahres, wurde das im

Emil Menke-Glückert, Holzschnitt von Wilhelm Rudolf, 1947

Fall Hamburg abgelehnt – obwohl Flitner kaum NS-kritischer war als Spranger. Was war los?

Höchstwahrscheinlich spielten Ereignisse in Dresden eine Rolle in der strengeren Haltung der Kammer, und hier tritt die brennende Frage der Ernennung von Vorsitzenden in den Mittelpunkt.[207] Die Ortsgruppe Dresden der Goethe-Gesellschaft wurde von einem offenen NS-Gegner geleitet, Professor Dr. Emil Menke-Glückert (vgl. S. 190). »Sein Benehmen gegenüber seinen Volksgenossen hat großes Befremden hervorgerufen, daß er, selbst auf den ihm zuvor gebotenen Gruß ›Heil Hitler!‹ nur mit seinem alten Gruße dankt«, berichtete ein Parteifunktionär. »Seine Frau erklärte bei mir im Amtszimmer, daß er es seinen Kindern verbiete den deutschen Gruß anzuwenden.«[208] Auch in den Veranstaltungen der Goethe-Gesellschaft habe er »grundsätzlich nur den Gruß ›Guten Abend‹ gebraucht« und »auch Bekannten gegenüber nie ein Hehl aus seiner ablehnenden Stellung zum Nationalsozialismus gemacht«.

Die sächsische Gauleitung und die dortige Vertretung des Reichspropagandaministeriums drängen Menke-Glückert zum Rücktritt als Vorsitzender, weil er kein NSDAP-Mitglied ist, was aber formell nicht vorgeschrieben ist, so dass er sich weigert und es »darauf ankommen« lässt. Schließlich wird er auf einer von den Machthabern einberufenen Hauptversammlung abgesetzt und ein Dramaturg, der zufällig auch SS-Mann und Mitarbeiter in deren Sicherheitsdienst ist, als sein Nachfolger eingesetzt. Die Proteste Menke-Glückerts bei Kippenberg wehrt dieser mit der Begründung ab, dass die Muttergesellschaft sich nicht in die Zuständigkeit der Ortsvereinigungen einmischen dürfe. In diese hat Kippenberg sich sehr wohl eingemischt, als er im Alleingang bestimmte, dass die Vorstände der Ortsvereinigungen ›judenfrei‹ sein müssten. Er hätte sich bei der Reichsschrifttumskammer beschweren können, denn die Kammer gab intern zu, Menke-Glückert sei unrechtmäßig abgesetzt worden, und rügte deswegen das Reichspropagandaamt Sachsen. Hinter Menke-Glückerts Rücken traf Kippenberg einen anderen SS-Mann und Denunzianten aus der Ortsvereinigung und vereinbarte mit ihm das weitere Programm. Im Übrigen folgten für Menke-Glückert keine direkten Konsequenzen aus seiner widerspenstigen Haltung, obwohl gedroht wurde, gegen ihn

»schärfste Maßnahmen zur Anwendung zu bringen«, ihn also ins Konzentrationslager zu liefern. Aber die Gauleitung war auch verunsichert. Nach der ›harten‹ Gleichschaltung war sie nicht willens, eine neue Satzung zu forcieren, da das Aufsehen erregen und dem »politischen Prestige« amtlicher Stellen schaden würde.

Letztlich zeigen diese Ereignisse erneut, dass Zivilcourage im Dritten Reich nicht unbedingt ins KZ führte, obwohl es natürlich auch für das Gegenteil viele Beispiele gibt. Gerade der *öffentliche*, institutionell untermauerte Widerstand hatte mehr Aussicht auf Erfolg als individueller, wenn er nicht gerade auf den Umsturz des Regimes zielte: siehe die Fälle des Bischofs Galen in Münster oder die Proteste in der Rosenstraße in Berlin – oder die öffentlich geäußerte Kritik durch Anton Kippenbergs Bruder August. Auch die Solidarität war ein Faktor: Menke-Glückert hatte eine Menge Verbündete. Gegen ihn wurde erst später ein Verfahren eingeleitet, als er eine jüdische Familie unterstützte.[209]

Als die Goethe-Gesellschaft in Weimar 1936 mit ihren Ortsgruppen der Untergliederung der Reichsschrifttumskammer beigetreten war, hatte Martin Donndorf die Besorgnis geäußert, dass das Ministerium sich »zwischen uns und unsere eigenen Gruppen hineinklemmen kann, wenn letztere direkt der Gemeinschaft beitreten und mit dieser unmittelbar verhandeln und mit Anweisungen versehen werden«. Die Muttergesellschaft sollte »für die Gruppen eintreten«.[210] Er behielt Recht mit seinem Standpunkt; der Fall Menke-Glückert machte 1940 Kippenbergs Versagen deutlich.

Der neue, unnachgiebige Kurs der Reichsschrifttumskammer gegenüber der Hamburger Ortsvereinigung hängt nun, Ende 1942, sicher mit den vorangegangenen Dresdner Ereignissen zusammen. Hans Wahl hatte sich erfolgreich dafür eingesetzt, dass Bremen und Leipzig dem ›Reichswerk‹ nicht beitreten mussten, und gleichfalls argumentiert, dass »auch Dresden sich auf wissenschaftliche Vorträge zum Thema ›Goethe‹ beschränken wird« und daher nicht »eingliederungsfähig« sei.[211] Daher hätte Kippenberg sich für Hamburg einsetzen können, aber das tat er ebensowenig wie für Dresden in der Ernennung des Vorsitzenden. Vielmehr behauptete er um die Zeit der Hamburger Auseinandersetzung in einer Sitzung mit Vertretern der Ortsvereinigungen zynisch: »Schwierigkeiten von Seiten örtlicher [amtlicher] Stellen, die sich hier und dort einmal ergeben haben, sind durch die Bemühungen der Ortsvereinigungen überall beseitigt worden; heute genießen die Ortsvereinigungen z. Teil weitgehende Förderung. Der Präsident empfiehlt, das gute Einvernehmen [mit amtlichen Stellen] zu pflegen, und bittet um Benachrichtigung der Zentrale, falls sich wider Erwarten Schwierigkeiten nicht beseitigen lassen.«[212] Kippenberg kann vielleicht nur deswegen »Schwierigkeiten« ausschließen, weil die meisten Ortsvereinigungen jetzt ›zuverlässige‹ Vorsitzende hatten: Die große Mehrheit waren Parteimitglieder, drei von ihnen SS-Männer.[213] Dem entsprach aber auch das allgemeine Klima. Der Holocaust war in die schlimmste Phase getreten, es wurde seit Juni 1941 Krieg gegen den ›jüdischen Bolschewismus‹ in der Sowjetunion geführt, die Bomben fielen unaufhörlich und überall wurde Verrat gewittert. Die Zustimmung zum Regime schwächelte. Auch hier mussten die Ortsvereinigungen helfen.

Die »innere Front stärken«: Inhalte der Ortsvereinigungen

Wenn die Ortsvereinigungen der Goethe-Gesellschaft ›hart‹ gleichgeschaltet wurden, warum hatten sie einen so großen Erfolg? Nachdem die Mitgliederzahl der Muttergesellschaft sich seit 1936 und 1937 langsam erholte, ging sie erst im Jahre 1941 und besonders 1942 steil nach oben. Im April 1941 kann man fast 3200 Mitglieder verbuchen, Anfang Juli 1942 sind es 3983 und im November 4387, ein Vierteljahr später 4733 und Ende 1944 sogar fast 5500 – gegenüber Ende 1939 ein Plus von mehr als 80 Prozent.[214] Schon ist von einer »guten Finanzlage« die Rede,[215] und da auch die Kosten für die Hauptversammlungen entfallen, wird die Gesellschaft vom »Segen des Geldeingangs [...] erstickt«.[216] Schließlich muss eine Mitgliedersperre verhängt werden, da die Auflage der Zeitschrift doch nicht endlos gesteigert werden konnte und die Geschäftsstelle ausgelastet war.[217] Wie ist das zu erklären?

Die Schlüsselrolle spielte der Zulauf zu den Ortsvereinigungen, denn von diesen Mitgliedern traten die meisten (wie in den Satzungen vorgeschrieben) auch der Muttergesellschaft bei.[218] Anfang 1940 waren es nur noch sechs funktionierende Zweige – Berlin, Dresden, Hamburg, Hannover und (mit Einschränkungen) Chemnitz und Jena – aber neue schossen aus dem Boden.[219] In Bremen, wo August Kippenberg 1941 den Verein gründete, waren die Anmeldungen besonders zahlreich; nach knapp zwei Jahren zählten sie fast 600.[220] Die eingeschlafene Ortsvereinigung in Essen wurde wiedererweckt und trug auf Anhieb 93 neue Mitglieder bei;[221] die Gründung in Osnabrück brachte sofort 150.[222]

Dass Bremen und Essen in den Erklärungen für den Mitgliederanstieg besonders hervorgehoben wurden, gibt einen Anhaltspunkt: In diesen Städten wüteten die Fliegerangriffe besonders schlimm. Ja, die steilen Kurven der Mitgliederzahlen und der Bombentonnage decken sich auffallend. Die erfolgreichste neue Ortsvereinigung war in Leipzig, wofür man die Fliegerangriffe allerdings kaum verantwortlich machen kann. Am 28. Februar 1940 neu gegründet (sie war 1934 erloschen), hatte sie im November 1942, als sie unter der energischen Leitung des Studienrats Martin Loesche eine aufwändige Goethewoche mit Vorträgen und Konzerten veranstaltete, schon 928 Mitglieder,[223] eine eigene Bücherei und gut besuchte Seminare. In Weimar ist von Leipziger »Konkurrenz« zur Muttergesellschaft die Rede, von »Ehrgeiz« und »Betriebsamkeit«, die Kippenberg »auf die Nerven fällt«.[224] Das ist vielleicht verständlich, denn die Weimarer Muttergesellschaft konnte keine Hauptversammlungen einberufen, so dass sich die Aktivität der Goethe-Gesellschaft – abgesehen von der Zeitschrift – für die Dauer des Krieges auf die Ortsvereinigungen verlagerte.

Der Erfolg der Zweigvereine ist nicht einfach zu erklären. Seit 1945 ist die beliebteste Erklärung dafür eine Art von Widerstand. Um nur ein Beispiel zu nehmen: In Bremen behauptete August Kippenberg nach dem Krieg, dass er »1941 die Bremer Goethe-Gesellschaft in bewusstem Gegensatz zu dem undeutschen Geist des Nationalsozialismus begründet« habe.[225] Der von den Nazis verfolgte Bremer Sozialdemokrat Willy Dehnkamp bemerkte 1961: Zu den Klassikern griffen die Menschen in der NS-Zeit wieder, »um mit ihren Worten etwas von dem zu sagen, was sie mit eigenen Worten nicht sagen durften«; die Ortsvereinigung sei als »ein Bekenntnis zum geistigen Deutschland« gegründet worden.[226] Diese Absicht ist nicht undenkbar, doch wurde sie realisiert? Erklärt sie den Zulauf zu den Ortsvereinigungen?

Es gab mit Sicherheit unterschiedliche Gründe für den Beitritt. Ein ganz einfacher Grund kann im *eingeschränkten kulturellen Angebot* in deutschen Städten liegen. Immer mehr Theater, Opern- und Varietéhäuser, Konzertsäle sowie Kinos wurden im Luftkrieg zerstört oder litten an Personalmangel. Allerdings mussten auch die Ortsvereinigungen logistische Schwierigkeiten überwinden; in Berlin hatte man Mühe, einen »intakten Saal« zu finden,[227] Jena stellte seine Vorträge im Winter wegen »Heizungsschwierigkeiten« ein[228] und in einigen Städten verlegte man die Veranstaltungen auf Sonntagvormittag oder in die Vororte, um die nächtlichen Luftangriffe und Verdunkelung zu vermeiden.[229]

Das zusammengeschrumpfte kulturelle Leben hatte ebenfalls Auswirkungen auf das Gedeihen der Goethe-Gesellschaft: Goebbels setzte auf ›leichte‹ Unterhaltung, um die Moral zu stärken. Gerade Bildungsbürger mag dieses seichte Angebot zu seriöserer Kost getrieben haben – wohl ein Reflex des häufig bezeugten *›geistigen Hungers‹* im Krieg. Ein Mitglied der Goethe-Gesellschaft meint abschätzig, dass man den Anstieg der Mitgliederzahlen im Krieg »wohl teilweise als eine Art geistiger Inflationserscheinung bezeichnen oder damit erklären muß, daß der geistige Hunger der Menschen sich heute mangels andrer genügender Befriedigung auf die Teilnahme an solchen Vereinen wirft«.[230] Doch es war nach dem Zeugnis eines anderen Mitglieds nicht nur Mangel, sondern »das Bedürfnis nach einem *Ausgleich* auf geistigem Gebiete«, ein Bedürfnis, das »um so grösser ist, je schwieriger die äusseren Lebensumstände sich gestalten«.[231] Allerdings konnte das eine schwammige Vorstellung sein, etwa wenn Kippenberg 1940 erwartet, »dass Goethe demnächst im Mittelpunkt unseres geistigen Raumes stehen wird, aber nicht etwa mit seinen Werken nur sondern als Förderer und Symbol des Geistigen überhaupt«.[232]

Es ist obendrein oft bemerkt worden, dass die Goethe-Verehrung in Deutschland schon seit dem 19. Jahrhundert religiöse Züge aufwies, und diese Funktion als *Ersatzreligion* oder gar als Kult[233] scheint im Zweiten Weltkrieg immer mehr in den Vordergrund getreten zu sein. Nicht zuletzt durch den nationalsozialistischen »Kirchenkampf« waren – neben längerfristigen Säkularisierungsprozessen – für viele Menschen traditionelle religiöse Werte gefährdet. Die Todesgefahr führte manche in den Hedonismus, andere aber zur oft beschworenen Sinnsuche, um den Glaubensverlust zu kompensieren.[234] Der inflationäre Gebrauch von Begriffen wie »geweiht« oder »heilig« für das Goethehaus, zu dem man wie auf einer »Wallfahrt« »pilgerte« und das man mit »Weihe« und »Andacht« betrat, bezeugt die aus dem 19. Jahrhundert geerbte religiöse Funktion des Weimarer Klassikers, die in der NS-Zeit voll zur Entfaltung kommt.[235] Zum religiösen Aspekt gehört ein Thema, das im Titel eines von 1936 bis heute kontinuierlich publizierten Bestsellers (mehr als 40 000 Exemplare im Jahr 1942) zum Ausdruck kommt: *Trost bei Goethe.* Ernst Beutler hielt im zerbombten Bremen den Vortrag »Trost und Weisheit bei Goethe«, und dort bemerkte Martin Loesche 1942, als sein eigener Vortrag im Luftschutzkeller fortgesetzt werden musste: »Es waren Tage seelischer Hochspannung, Tage, die in Erinnerung bleiben, Tage echter Werte. Die Bremer suchten und fanden Trost bei Goethe.«[236] Kippenberg lobte, dass die Bremer Ortsvereinigung »auch in dieser schweren Zeit dem Geiste die Treue hält und die schöne zerstörte Welt im Herzen wieder aufbaut.«[237] Vermutlich bestand der Trost gerade in dieser Vorstellung, durch Treue zum Geist würde man eine Art Bollwerk gegen das Regime aufbauen – verwandt also mit dem umstrittenen Begriff der ›inneren Emigration‹.

Dass auf diese Weise von Goethe ein Trost ausging, ist ein sehr oberflächliches Phänomen, das zudem der Stabilisierung des Regimes durch *»innere Stärkung«* diente. Die »Staatsführung« – so heißt es schon wenige Wochen nach Kriegsanfang mit Bezug auf die Goethe-Gesellschaft – erwarte, »dass Einrichtungen, die durch Bewusstmachen echter deutscher Werte die innere Front stärken, erhalten und entsprechend ausgebaut werden.«[238] Die Leiter der Ortsvereinigungen verinnerlichten diese auf den militärischen Sieg fokussierten Ziele der Kulturpolitik. In Leipzig ließ der Gaupropagandaleiter verlauten, man habe »dringend notwendig, jedes Mittel anzuwenden, was dazu beiträgt, unseren persönlichen Einsatzwillen zu stärken und den Siegeswillen zu vertiefen, und darüber hinaus diese Stärkemittel weiterzugeben.« Und Martin Loesche meint, die dortige Ortsvereinigung habe »die Absicht, entsprechend den Richtlinien die ›Stärkemittel weiterzugeben‹«.[239] In Bremen bemerkt August Kippenberg 1942 auch ohne Anweisung der Partei, »was gerade jetzt das Entstehen neuester Vereinigungen [...] für unsere Kultur, die Stärkung der inneren Haltung und Widerstandskraft durch immer grössere Vertiefung in Goethes Wesen und Werk bedeutet.«[240]

Gelegentlich verkommt der Wille zum Durchhalten zu einer *Geste* gegen den Ungeist der Zeit. Mitglied Otto Kähler, der 1943 sich über das Ausbleiben einer Hauptversammlung beschwert hatte, berichtet von einer ›wilden‹ Mitgliederversammlung: »Woran liegt es wohl, daß sich zu Pfingsten immer eine große Anzahl Mitglieder der Gesellschaft auf der Dornburg vereinigt? Sie wollen sich eben in Goethes Geiste vereinigen. Dem Vorstande dürfte diese Tatsache nicht unbekannt geblieben sein. Will man diese Treffen ›illegal‹ nennen – warum denn sie nicht legalisieren und uns anderen auch Gelegenheit zur Teilnahme geben?«[241] Kähler nahm nicht selbst an der ›illegalen‹ Versammlung an den Dornburger Goethe-Stätten teil, so dass mögliche politische Implikationen der Aktion unbekannt sind. Es würde sich sowieso um die politischen Ansichten an der ›Basis‹ handeln, nicht in der Leitung der Gesellschaft, die diese Zusammenkünfte nicht autorisiert hatte.

Einige dieser Dokumente zeugen von einem Bedürfnis nach *Gemeinschaft,* die die Ortsvereinigungen befriedigten. Die vorhandenen Mitgliederlisten weisen dieselben bildungsbürgerlichen Schichten auf wie schon immer,[242] es handelte sich also um eine Art *Bildungsgemeinschaft*. Das Bildungsbürgertum hatte im Trauma des Krieges ein gesteigertes Bedürfnis nach dem Vertrauten, nach gemeinsamen Kulturerlebnissen.[243] Es war aber in doppelter Hinsicht eine verarmte Gemeinschaft. Einmal fehlten gerade Gruppen, die die Goethe-Gesellschaft bereichert hatten, indem sie den deutschnationalen Konsens der Gesellschaftsleitung in Frage stellten: Juden vor allem, aber auch politisch Querdenkende. Und außerdem fehlte fast vollständig der humanistische Goethe, ja alle Aspekte seiner geistigen Beweglichkeit, die nicht zum Nationalen, Völkischen und Militaristischen gehörten.

Welches Angebot bekamen denn die Mitglieder der Ortsvereinigungen? Widerständisches Gedankengut, wie die nachträgliche Beschreibung der Ortsvereinigung Bremen suggeriert?

Das Programm hing vom jeweiligen Ort ab. Bei den am schärfsten gleichgeschalteten Ortsvereinigungen (Essen, Hannover, Riga) wurden vor allem Lesungen durch NS-Dichter angeboten, daneben in unterschiedlichem Ausmaß das traditionelle (satzungsmäßige) Programm an Vorträgen, Lesungen und Liedervorführungen mit Inhalten zu Goethe und seinen Zeitgenossen. Andere Ortsvereinigungen kooperierten per Befehl mit gleichgeschalteten Partnervereinen, deren Vorträge die Mitglieder der Goethe-Gesellschaft meist kostenlos besuchen konnten. In Hamburg war das die altehrwürdige Patriotische Gesellschaft, in Berlin die Fichte-Gesellschaft, in Dresden der Literarische Verein. Auf diese Weise wurde die ärgste propagandistische Vereinnahmung der Kultur ›ausgelagert‹.

Aber auch in den Goethe-Vorträgen der am wenigsten gleichgeschalteten Ortsvereinigungen wurde meist ›der Deutsche Goethe‹ vorgestellt, der auch in den Beiträgen zur Zeitschrift der Goethe-Gesellschaft dominiert: zeitgemäß nationalistisch, patriotisch und kriegerisch. Themen sind »Genie und Abstammung, erläutert an Goethes Ahnentafel«, »Goethe und die Juden«, »Goethe und die Politik«, »Goethes Kampf um deutsche Art und Kunst«, »Goethes und Wilhelm Raabes Einstellung zum Vaterland« oder der Dauerbrenner »Goethes böhmische Reisen«.[244] Leider sind die Texte nicht überliefert, aber es ging hier mit Sicherheit nicht um die humanitären Werte Goethes, besonders bei ›braunen‹ Vortragenden wie dem Leiter der gleichgeschalteten Kleist-Gesellschaft, Georg Minde-Pouet oder Reichsdramaturg Rainer Schlösser.[245] Die Haltung anderer Vortragender können wir aus anderen Publikationen schließen: Dr. Hans Stephan sprach in Dresden über ein musikwissenschaftliches Thema, nachdem er in einer Zeitschrift des Amts Rosenberg beklagt hatte, dass der »materialistische Geist des Judentums« die Musik verdorben habe, ehe die »nationalsozialistische Revolution« sich »zu blutgebundener

Tradition zurück[wandte]«.[246] Ein weniger brisanter Titel wie Dr. Fritz Gerathewohls Vortrag über »Goethe und wir« (Dresden) konnte Zündstoff bergen, wie die Publikation des Vortrags unter dem Titel *Goethe in unserer Zeit* zeigt: Gerathewohl betont zum Beispiel Goethes »Abneigung gegen die Juden« anhand der auch von Hitler und Koch hervorgehobenen judenfeindlichen Stelle aus dem *Jahrmarktsfest zu Plundersweilern*, die sich in Wirklichkeit satirisch gegen den antisemitischen Sprecher richtet:

> Und dieses schlaue Volk sieht Einen Weg nur offen:
> So lang' die Ordnung steht, so lang' hat's nichts zu hoffen.
> Es nährt drum insgeheim den fast getüschten Brand,
> Und eh' wir's uns versehn, so flammt das ganze Land.[247]

Gerathewohl bezieht die Stelle auf das, was »wir in unseren Jahren erst eigentlich erlebten«, nämlich dass Juden beide Weltkriege angestiftet hätten, wie Hitler versicherte. Kein Wunder, dass der Vortrag auch vor der Hitlerjugend gehalten worden war.[248] Gerathewohl war nicht der Einzige, der das Goethe-Zitat im ›Volkstumskampf‹ mobilisierte. Am 18. und 19. Mai 1943 erschienen in Zeitungen im ganzen Reich gleichlautende Artikel mit der Überschrift »Goethe und die Juden. Ein oft unterschlagenes Zitat«, nämlich dieses.[249] Eine Darstellung Goethes als Antisemit in einem Vortrag vor der Dresdner Ortsvereinigung der Goethe-Gesellschaft präludierte somit eine Propagandakampagne des Regimes, die mitten im Holocaust die Judenverfolgung rechtfertigte.

Zeitgemäß war natürlich vor allem das Thema Krieg. Hans Wahl sprach in vier Ortsvereinigungen über »Der Kriegskommissar Goethe und seine Soldaten«.[250] Das Thema sei, so Wahl, »kein militärisches sondern ein menschlich-soziales«, aber nachdem er den Vortrag in der Berliner Ortsvereinigung gehört hatte, schrieb Spranger an ihn: »eine Bitte: schreiben Sie bald über den Friedenskommissar Goethe!«[251] Als Wahl der Bremer Ortsvereinigung dasselbe Thema anbot mit der Bemerkung, es habe »nichts zu tun mit Zeitkonjunktur«, zog August Kippenberg einen unverfänglicheren Vortrag über die Dornburger Schlösser vor, da er in der neuen Vereinigung »möglichst sorgfältig in der Einrichtung der Veranstaltungen vorgehen« wolle.[252] Der Kriegskommissar-Vortrag erhielt in Weimar laut Zeitungsbericht »langanhaltenden begeisterten« Beifall der Zuhörer.[253] Der als ›Hauptmann‹ auftretende (und als NS-Führungsoffizier tätige) Professor Dr. Erich Weniger behandelte »unter starkem Beifall der Hörer« das Thema »Goethe und die Generale« in sechs Ortsvereinigungen, aber auch »vor dem Oberkommando des Heeres«, was Wahl »mit großer Freude« hörte; Kippenberg machte daraus ein Buch.[254] Kaum nötig zu sagen, dass der ›Pazifist‹ Goethe, den die Nachkriegsforschung betont, hier nicht in Erscheinung trat. Vielmehr bemüht Weniger nicht aussagekräftige Begegnungen Goethes mit preußischen Generälen, um die Einheit von Weimar und Potsdam, Klassik und Militarismus, die Begeisterung des Dichters für den Freiheitskampf gegen Napoleon zu belegen.[255] In Leipzig trug Dr. Heinrich Jilek »Goethe und der slawische Südosten« vor und entsprach damit den Anweisungen des Propagandaministeriums, »die lebenswichtige Bedeutung« des »Südostraums« »für Deutschlands Zukunft aufzuzeigen« und dabei Goethes Übersetzungen serbischer Volkslieder zu mobilisieren.[256]

Sogar konventionelle Themen konnten ideologisch aufgeladen werden, wie Beutlers Vortrag »Der Kampf der deutschen und französischen Schauspielkunst«,[257] oder derjenige des Weimarer Parteigenossen (und ehemaligen Vorstandsmitglieds der Weimarer Ortsgruppe) Wolfgang Vulpius über »Die Wiederhinwendung Goethes zum germanischen Baustil«;[258] Reinhard Buchwald behandelte »Goethes Faustdichtung als deutscher Mythus vom Menschen«.[259] Insgesamt wurde der nationalsozialistischen Vorliebe für den jungen ›Revolutionär‹ Goethe Rechnung getragen, der die ›Deutsche Bewegung‹ (Sturm und Drang, Klassik, Romantik) eingeläutet und im umstrittenen Grenzgebiet Elsaß den rationalistischen Franzosen den Kampf angesagt habe. In diesen Vorträgen werden die Hörer wenig gefunden haben, »was sie mit eigenen Worten nicht sagen durften«. Vielmehr drohten die Ortsvereinigungen mit solchen Themen zu Propagandaveranstaltern zu verkommen. Daneben gab es durchaus auch unverfänglichere Themen, soweit wir das aus den Titeln beurteilen können: Goethes Altersweisheit, der Weimarer Hof und vor allem biographische Aspekte wie mehrfach Goethe und Marianne Willemer, ein sublimiertes sexuelles Thema, das auch heute noch zieht. Dennoch konnte Ideologie fast überall eingebracht werden.

Verschwindend wenige Vorträge weisen Titel auf, der eine zum herrschenden Ungeist querstehende Haltung andeutet. Der legendäre Walther Rehm, der über »Griechentum und deutscher Geist von Winckelmann bis Burckhardt« sprach, verweigerte sich konsequent dem Nationalsozialismus.[260] Trotz seines Titels (»deutscher Geist«) wird – wie in seinem bahnbrechenden Buch *Griechentum und Goethezeit* (1936) – der für die nationalsozialistische Ideologie problematische Klassizismus im Mittelpunkt gestanden haben. August Kippenberg signalisierte mit dem Titel »Goethe und Carlyle« die Bereitschaft, auf die ›Feind‹-Kultur einzugehen. Emil Menke-Glückert und seine Freunde nahmen vermutlich den *humanistischen* Goethe zum Vorbild. Diese kleine Bande gehörte jedoch nicht mehr zur Ortsvereinigung und vielleicht auch nicht mehr zur Goethe-Gesellschaft.

Der humanistische Goethe wurde mit diesen Mitgliedern ausgestoßen und wie die Regimegegner und Juden ins Exil gejagt. Wir finden ihn in den Bemühungen der 1933/1934 ausgetretenen Berliner Mitglieder Philipp Manes und Ludwig Sochaczewer im Vorzeige-Konzentrationslager Theresienstadt, wo Manes die Kulturveranstaltungen mit Beiträgen von Sochaczewer organisierte und Goethe ganz oben im Programm stand (redeten sie über die Goethe-Gesellschaft?).[261] Dieser Goethe fand seinen Weg nach London, wo der Philosoph und ehemaliges Mitglied der Goethe-Gesellschaft Ernst Cassirer einen Vortrag hielt, zu dem Julius Petersen, der zufällig in Cambridge war, erschien (was hatten sie einander zu sagen?).[262] Cassirer siedelte sich 1935 im schwedischen Gotenburg an, wo er sehr beliebte Vorträge zu Goethe hielt und sicher das wichtigste Element im ›britischen‹ Kultureinfluss war, den Hans Wahl mit besiegen sollte (kam Cassirer zu Wahls Vortrag?).[263]

In Deutschland war Goethe als Vertreter des ›besseren Deutschlands‹ spärlich vertreten. Es war vielmehr der nationalistische, antisemitische, kriegerische, kurz: der »Deutsche Goethe«, der spätestens 1936–1937 von der Goethe-Gesellschaft in Weimar durchgesetzt und vom Regime nachdrücklich propagiert wurde.

Goethe-Wissenschaft, braun – und farblos

Der Mitgliederzuwachs der Muttergesellschaft kam nicht nur über den Zulauf zu den Ortsvereinigungen, denn in den meisten Städten und Orten gab es keine Zweiggruppe. Aber warum traten Menschen in die Hauptgesellschaft ein, wenn sie weder zur ausgefallenen Pfingsttagung noch zu Vorträgen einer Ortsvereinigung gehen konnten?

Die Zeitschrift *Goethe* – der einzige nennenswerte Vorteil der Mitgliedschaft – war nach wie vor hybrid, eine Mischung aus ideologisierten und traditionellen Aufsätzen. Nach den Jahren 1936 bis 1938, in denen die starke Ideologisierung forciert wurde, wollte Wahl, wie bereits erwähnt, größere Namen aus der Wissenschaft gewinnen. Damit hatte er zunächst durchwachsenen Erfolg. 1938 erschienen noch die dunkelbraunen Aufsätze von Kindermann und Linden, daneben der Ausfall des Japaners Nishida gegen Spinoza. Ein »im besten Sinne ›aktueller‹ Aufsatz«[264] wurde von Franz Koch empfohlen: sein Schüler Günter Kabitzky untersuchte das Goethebild des NS-Vorzeigedichters Erwin Guido Kolbenheyer; im Zentrum der Analyse steht eine Rede aus dem Goethejahr 1932, in der Kolbenheyer als »Kämpfer für eine volksgebundene Weltanschauung […] das Goethebild von der Mißdeutung einer internationalen Geistigkeit [reinigt]«.[265] Allerdings folgen die schlimmsten Auswüchse aus der Feder von Vorstandsmitgliedern. Von Petersen stammt ein kulturpolitischer Vortrag über Goethe und das Elsaß (1940 – dazu später mehr), und einige Monate vor seinem Tod im Jahre 1941 wurde sein erschreckender Beitrag »Schiller und der Krieg« publiziert: Zum Auftakt zählt Petersen die Länder auf, die Schiller tangierten – Dänemark, Frankreich, Italien, Griechenland, sogar Russland –, dann »führt das Gedächtnis zu dem Dichter zurück, dessen Geist in Phantasie und Wirkungsgewalt jene Räume erflog, über denen gegenwärtig deutsche Wehrmacht zu Lande, zu Wasser und in der Luft waltet«, wo Deutschland »sein Lebensrecht allen anderen Völkern gegenüber durchsetz[e]«, er fragt: »Und hat seine Dichtung in anderthalb Jahrhunderten das Schwert schärfen helfen, das solche Wunder vollbrachte?« Der Tenor des dann Folgenden ist: »Schiller selbst war eine Soldatennatur.«[266] Auch ein Beitrag des Vorstandsmitglieds Ernst Bertram im ›Jahresheft‹ 1944 gehört zu den ideologisch belasteten.[267]

Inzwischen hatte sich aber um die Inhalte der Zeitschrift ein interner Streit geregt. Kippenberg bemängelte im Oktober 1938, sie sei »in der letzten Zeit ein wenig reichlich wissenschaftlich und philologisch« geworden. Der Verleger will auch die Laienmitglieder ansprechen und »in der Zeitschrift Dinge behandeln, die die Zeit näher angehen«. Einen Aufsatz über »Goethe und Sudetendeutschland« könnte man angesichts des »jetzt wiedergewonnenen nördlichen Teil[s]« gut gebrauchen.[268] Nach einem Treffen mit Wahl und weiterer Lektüre im neuesten Heft rudert Kippenberg zurück, aber es wurmt ihn noch nach Monaten, dass die Zeitschrift nicht »volkstümlicher« werde.[269] Ein Jahr später – bald nach Kriegsanfang – spitzt sich die Krise zu, da Kippenberg gegen einen schwierigen Aufsatz des naturwissenschaftlichen Beraters der Zeitschrift, Rupprecht Matthaei (durchaus ein ideologisch Belasteter), »die allergrößten Bedenken« äußert: »Wen soll von den 3000 Lesern unserer Zeitschrift dieser Aufsatz interessieren? Doch höchstens die Wissenschaftler oder wissenschaftlich besonders Interessierten.«[270] Matthaei kritisiert grundsätzlich diese wissenschaftsfremde Haltung des Präsidenten (und Verlegers),[271] was Wahl zum Argument gegenüber Kippenberg motiviert, »daß die Mitglieder dazu da sind, durch ihre Beiträge die Goethe-Gesellschaft in die Lage zu versetzen, in ihrem Organ auch Abhandlungen zu bringen, die sie nicht interessieren, wenn nur dadurch der Goethe-Wissenschaft auf irgendeinem Gebiete gedient wird. Das darf m. E. auch gelten für Abhandlungen, die den Widerspruch Andersdenkender herausfordern.« Wissenschaftsfern schließt er allerdings Arbeiten aus, die die »Ehrfurcht vor Goethes Schaffen« verletzen. Dann bietet er höflich, aber unmissverständlich seinen Rücktritt als Herausgeber an.[272] Kippenberg greift sofort zum Telefon und lenkt wieder ein.[273]

In diesen Jahren bat Hans Wahl weiterhin betont NS-nahe Wissenschaftler um Beiträge – unter ihnen zwei, die das Amt Rosenberg gerne in den Vorstand eingeschleust hätte: Heinz Kindermann (zum ideologisch hoffähig gewordenen Klopstock) und Gerhard Fricke (der während des Krieges mit Koch und Clemens Lugowski den ›Wissenschaftlichen

Einsatz der Germanistik im Kriege‹ leitete, der auch in Weimar tagte), außerdem Karl Justus Obenauer und Hermann Pongs.[274] Dabei hat Wahl nach der Auseinandersetzung mit Kippenberg mehr Freiheit in der Auswahl der Beiträge. Doch nach Kriegsanfang liefern wenige Angefragte das Versprochene.[275] Wahl muss letztlich Kippenberg recht geben und den veränderten Mitgliedererwartungen Rechnung tragen: bei der rasch wachsenden Gesellschaft wolle »unser allgemeines Publikum [...] umso weniger schwierige Wissenschaft verdauen«[276] – und Nichtwissenschaftler machen nach seiner Schätzung immerhin 90 Prozent der Mitgliedschaft aus.[277]

Zum Teil wegen der Absagen ist seit etwa dem dritten Kriegsjahr ein merkwürdiges Phänomen zu beobachten: Die Beiträge sind immer weniger ideologisch aufgeladen. Am auffallendsten ist das bei Autoren, deren ›braune‹ Beiträge in den Jahren 1936–1938 gedruckt worden waren, die aber jetzt fast völlig abstinente Aufsätze liefern: Fehse oder Linden zum Beispiel (1942), aber auch ein junger Schüler des ›Rassen-Günther‹ Hans F. K. Günther, Günter Schulz, dessen Aufsatz, den Wahl 1940 druckt, national, aber nicht nationalsozialistisch getönt ist.[278] Beim Parteigenossen und späteren Vizepräsidenten Hans Tümmler steht zwar eine kurze Verbeugung vor der »starke[n] Eindruckskraft und Zukunftsträchtigkeit, die der Reichsgedanke in unseren Tagen wieder ausstrahlt« und ein Kolbenheyer-Zitat am Anfang seines Aufsatzes, aber sonst ist dieser durchweg einfach (groß)deutschnational gestimmt.[279] Und ideologisch anfällige Themen – »Deutscher Geist und Dänemark« oder »Goethes Anteil am Wiederaufbau des Kölner Doms« – werden ohne große Zugeständnisse an den Nationalsozialismus gestaltet.[280]

Daneben stehen wissenschaftlich solide Arbeiten ohne jeglichen Bezug zur Politik außer einem gelegentlich durchscheinenden Nationalismus, der seit Jahrzehnten die Wissenschaft geprägt hatte. Hans Carossas berühmte Festrede 1938, »Wirkungen Goethes in der Gegenwart«, ist mit Recht immer wieder als klassisches Beispiel der ›inneren Emigration‹ gesehen worden.[281] Adolf Beck, der ja eine der beiden gekrönten Olympia-Preisschriften verfasst hatte, schreibt als Soldat den glänzenden, dem Ungeist der Zeit entgegengesetzten Aufsatz: »Der ›Geist der Reinheit‹

und die ›Idee des Reinen‹. Deutsches und Frühgriechisches in Goethes Humanitätsideal« (1942/1943). (Entgegen bisheriger Behauptungen war der spätere Hamburger Ordinarius Beck 1939 während eines Aufenthalts als Lektor in Amsterdam der NSDAP beigetreten, doch wurde er eingezogen, scheint sich nicht um den Kontakt zur Partei gekümmert zu haben und wurde gestrichen.[282]) Der Präsident selbst geht noch weiter. Gleich vor Becks Aufsatz stand 1943 Kippenbergs einleitender Beitrag »Die Hypsistarier« – über die Sekte, die Goethe als »zwischen Heiden, Juden und Christen geklemmt« bezeichnete, die aber wie das Judentum ohne einen Gottessohn auskommt. Dabei zollt Kippenberg dem jüdischen Glauben nicht nur vollen Respekt, sondern er zitiert auch einen »erfreuliche[n] Brief« (so Goethe) des jüdischen Komponisten Felix Mendelssohn.[283] Der Kontrast zu 1933 ist eklatant. Kam damals eine Mendelssohn-Vertonung für die Hauptversammlung »nicht in betracht«,[284] so lässt der Präsident zehn Jahre später im Leitaufsatz denselben ›nichtarischen‹ Freund Goethes ausführlich zu Wort kommen.

Die politische Abstinenz in den späteren Kriegsjahren wird von der Forschung zu anderen Zeitschriften bestätigt: In der Zeit des höchsten Regimeprestiges der späten 1930er Jahre war der Anteil der von NS-Inhalten geprägten Aufsätze viel höher als in den Kriegsjahren.[285] Seit 1942, als der Luftkrieg zu greifen begann, machte man sich mit dem Gedanken an eine deutsche Niederlage vertraut – und ging als Autor auf Nummer sicher. Auch Kippenberg wies am Anfang des Hypsistarier-Aufsatzes auf seine Freundschaft zu Karl Straube hin, den Leiter des Leipziger Thomanerchors, der schon 1926 der NSDAP beigetreten war und den Chor 1937 in die HJ überführt hatte.[286]

Die Zeitschrift *Goethe* unterlag höchstens informell einer ›Nachzensur‹ (einer Zensur nach der Publikation, nicht zuvor): Exemplare wurden nicht nur pro forma an das Propagandaministerium geschickt,[287] sondern persönlich an Rust – der ja auch zum Mitglied geworden war – und einen Mitarbeiter in seinem Reichserziehungsministerium. Denn Hans Wahl hält überraschenderweise als Ergebnis der »Verhandlung mit Berlin« im Mai 1940 fest, dass die Zeitschrift »als ein wissenschaftliches Organ in den Bereich des Reichswissenschaftsministeriums und nicht, wie von dort aus gewünscht, in den Bereich des Reichspropagandaministeriums gehört.«[288] Das ist nirgends in den erhaltenen Schreiben aus Berlin erwähnt, doch bestätigt es die bestehende informelle Verbindung zu Rusts Ministerium.[289] Die Zuständigkeit des relativ schwachen und mit anderen Aufgaben beschäftigten Rust galt nur der Zeitschrift. Für die Gesellschaft selbst war nach wie vor das Propagandaministerium wichtiger, das sich »sehr eingenommen für unsere Zeitschrift« zeigte, in deren Themenauswahl sich allerdings einzumischen versuchte.[290] Beanstandungen der Zeitschriften-Inhalte sind nicht überliefert.

Die Freiheit Hans Wahls, Aufsätze nach Belieben zu drucken, war natürlich begrenzt: Die Selbstzensur ersetzte wirksam die offizielle Zensur. Er lehnt zum Beispiel 1939 einen Aufsatz mit der These ab, dass »bei Goethe und nicht bei Nietzsche, das echte europäische Ideal der Menschenkultur lebt, kostbarer als je für uns Heutige«, wie die Autorin schreibt, denn er befürchtet »amtliche Kritik« wegen der Argumentation zu »asiatisch-bolschewistischen Auswirkungen der Nietzscheschen Auffassung«; das könne »z. Zt in keiner Zeitschrift Deutschlands gebracht werden«.[291] Er nahm nach wie vor keine Aufsätze von Juden auf und ließ sich gelegentlich Auskunft von Vertrauensleuten zukommen, wenn der Name eines Autors jüdisch klang.[292]

Es gibt zu wenige Anhaltspunkte dafür, ob die Zeitschrift die Mitgliederzahlen in die Höhe trieb. Für einige angehende Mitglieder bewiesen der neue Kurs der Goethe-Gesellschaft – zumal die ›Entjudung‹ – und die öffentlichen Gunstbezeigungen des Regimes zweifellos, dass es unbedenklich war, dem Verein beizutreten, gerade auch während des Krieges.

Die »Waffe des Geistes«: Im Kriegseinsatz

In der Zeitschrift *Goethe* erfolgte der Kriegseinsatz in einigen wenigen, für die Außenpolitik relevanten Beiträgen. In den ersten beiden Kriegsjahren muss Wahl die Publikation einiger Einsendungen aufschieben,

»weil nach gewissen Richtlinien« – offenbar vom Propagandaministerium – »manches vordringlich gemacht werden muß, was mit den Zeitläuften Zusammenhang hat«.[293] Die »vordringlichen« Aufsätze waren Petersens Rede »Goethe und das Elsaß«, die Ende 1940 publiziert wurde, der Beitrag des Luxemburger Schriftstellers Nikolaus Hein, »Goethe in Luxemburg«, der den Band 1941 eröffnete und mit einem Hinweis auf »die europäische Neuordnung im Sinne der Reichsidee« schließt, sowie der Aufsatz des SA- und NSDAP-Mitglieds Johannes Hoffmeister über Goethe und die Französische Revolution – auswärtige Kulturpolitik also, Arbeiten, die Karl Justus Obenauer in einer Rezension gezielt lobt.[294] Doch war das eine relativ karge Ernte. Andere Aufsätze, wie einen zu Goethe und Südosteuropa, den das Regime wünschte, war man willens zu beauftragen, doch fand man keinen Experten.[295]

Daher setzte man sich in erster Linie nicht in der Zeitschrift für den Krieg ein, sondern in anderen Maßnahmen. Bescheiden ist noch die Kranzschleife der Gesellschaft, »Dem Deutschen Dichter Goethe zum Geburtstage 1940« gewidmet, mit einem schamlos aus dem Kontext gerissenen *Faust*-Zitat:

> Träumt ihr den Friedenstag?
> Träume, wer träumen mag!
> Krieg! ist das Losungswort,
> Sieg! und so klingt es fort.[296]

Im Dienst der auswärtigen Kulturpolitik beschwört Hans Wahl 1942 in einem Zeitungsartikel »die gewaltige geistige Gestalt des deutschen Goethe, der die ganze Welt zur Ehrfurcht vor deutschem Wesen zwingt und auch heute mitten im Kriege die Deutschzugewandten der Erde im Glauben an Deutschland festhält«.[297] Zur Stärkung der inneren Front scheute Wahl vor Fälschung nicht zurück. Goethe habe, schreibt er in diesem Artikel, »ein kleines Bild gezeichnet, auf dem ein beschilderter, gepanzer ter Arm schirmend eine deutsche Landschaft vor Gewitterstürmen deckt, und dazu die Worte geschrieben:

›Manches Herrliche der Welt
Ist in Krieg und Streit zerronnen.
Wer beschützet und erhält
Hat das Schönste Los gewonnen.‹«

Nach Wahls Deutung schirmen die Waffen Deutschland vor angreifenden Feinden (nach dem Regime war es ein Verteidigungskrieg). Um zu dieser propagandistischen Auslegung zu gelangen, muss Wahl jedoch Goethe manipulieren, nach dessen Selbstinterpretation keine »deutsche Landschaft« geschützt wird, sondern »ein aufgeschlagenes Buch und beigefügte Kunstwerkzeuge«, wie das auf seinem Bild erkennbar ist.[298] Goethe wurde verbogen und zur ›Abwehr‹ der Feinde eingesetzt, die angeblich den Krieg angefacht hätten. Wahl unterstützte Briefpartner sogar in der grotesken Instrumentalisierung von Goethe-Zitaten im Luftkrieg, zum Beispiel: »fändet ihr / Was gestern ihr gebaut schon wieder eingestürzt, / Ameisen gleich nur frisch die Trümmern aufgeräumt!«[299]

Einige Propaganda-Projekte wurden vom Regime angeregt, andere von verschiedenen Partnern im Ausland oder auf Initiative der Gesellschaft. Zu Letzteren gehörte der Einsatz im Elsass. Seit dem deutsch-französischen Krieg 1870–1871 zu Deutschland geschlagen, wechselte das Elsass 1918 wieder zu Frankreich. Petersen legitimierte die deutsche Eroberung im Jahre 1940 in einer Rede, die er am 22. November in seinem Heimatort Straßburg hielt und die als »Goethes Elsaß« in der Zeitschrift *Goethe* publiziert wurde.[300] Er triumphiert mit höhnischem Blick auf die Eröffnung der dortigen Universität genau 21 Jahre früher durch den französischen Staatspräsidenten, der »vor aller Welt sich auf Goethe berief als Zeugen für den welschen Charakter des in Besitz genommenen Landes.«[301] Am Schluss weist er auf Goethe und Erwin von Steinbach hin, »ein verpflichtendes Vermächtnis [...], das das durch Adolf Hitler geeinte Großdeutschland antritt als Vollstrecker seines im geschichtlichen Volkstum begründeten ewigen Rechtes.«[302]

Damit nicht genug: Ein neuer Zweig der Goethe-Gesellschaft wurde im besetzten Elsass gegründet, die ›Landesvereinigung Oberrhein‹. Sie war von vornherein auf Kriegseinsatz getrimmt. Die treibende Kraft dahinter war SS-Untersturmführer Albert Schmitt-Claden, Direktor des neugegründeten Straßburger Goethehauses, der die Vereinigung unter maßgeblicher Beteiligung des berüchtigten NS-Germanisten Gerhard Fricke, der 1941 an die neue Reichsuniversität Straßburg berufen worden war, vom 22. bis 24. Mai 1943 feierlich ins Leben rief.[303] Eine ganze Reihe von NS-nahen Dichtern war im Einsatz, unter anderen der Schweizer Dramatiker Hermann Burte, der ja in Weimar Goethe zum *»Meister der Dichtung der Welt«* gekürt hatte.[304] Der Vorsitzende war der berüchtigte Paul Schmitthenner, der ohne Mitwirkung der Fakultät zum Professor für Kriegsgeschichte und Wehrkunde an der Universität Heidelberg berufen worden war; er war SS-Offizier und wurde durch ›Führererlass‹ zum badischen Kultusminister ernannt. Die Geschäfte führte Schmitt-Claden, der dem SS-Projekt ›Ahnenerbe‹ die Umgestaltung des Klosters Odilienberg zu einer »nordischen, kultischen Weihe- und Feierstätte« und einem »germanischen SS-Schulungs- und Forschungsinstitut« vorschlug – und er führte in seinem Antrag Goethe an, für den der Odilienberg als Ursprung des Namens »Ottilie« aus den *Wahlverwandtschaften* gedient hatte.[305] Vor diesem illustren Publikum betont Kippenberg in seiner Festrede, man bedürfe »inmitten des gewaltigen Völkerringens«, aber auch »in der grossen späteren Zeit der Behauptung« – er hat Goebbels' Betonung der Weltmission der Goethe-Gesellschaft in der Nachkriegszeit beherzigt – »*aller* Waffen, nicht zum wenigsten der des Geistes«, und solche seien auch die Ortsvereinigungen der Goethe-Gesellschaft. Er begrüßt das Dritte Reich unbeirrt mit denselben Formeln wie auf der Hauptversammlung des Jahres 1933. Doch erwähnt er auch: Der jüdische Verleger »Salomon Hirzel – das soll ihm unvergessen bleiben – trat damals [Mitte des 19. Jahrhunderts] fest und bescheiden in den Kampf für Goethe ein« als geistiger Ahnherr der Goethe-Gesellschaft[306] (1936 hatte er das jüdische Gesicht des ersten Präsidenten aus der Vereinsgeschichte verschwinden lassen!).[307] Der Widerspruch zwischen diesem Signal der Toleranz und der kämpferischen Essenz der Rede kennzeichnet Kippenbergs zwiespältige Haltung.

Andere Initiativen kamen aus der Mitgliedschaft, wurden aber von der Vereinsleitung begrüßt und gefördert. Zur Gründung einer Ortsvereinigung in Danzig gibt Kippenberg seine »freudige Zustimmung«, denn es sei »ein gutes Omen, [...] dass in einem zweiten wiedergewonnenen deutschen Gebiet eine Ortsvereinigung der Goethe-Gesellschaft gebildet werden soll«.[308] Schon zwei Jahre zuvor hatte er mit Wahl Bestrebungen im besetzten Osten unterstützt. Der verantwortliche Beamte für höhere Schulen bei der Regierung in Litzmannstadt schrieb im September 1941 einen heute bizarr anmutenden Brief an Hans Wahl. Litzmannstadt war die deutsche Bezeichnung für Łódź (Polen), wo mehr als ein Jahr vorher das berüchtigte, zweitgrößte NS-Ghetto eingerichtet worden war, das auch in Wochenschauberichten vorgeführt wurde: Etwa 160 000 Juden wurden unter menschenunwürdigen Bedingungen im abgeriegelten Lager im Norden der Stadt eingesperrt; Deportationen begannen im Januar 1942. Der Beamte, Dr. Fritz Wendt, kannte Wahl vielleicht von den Hauptversammlungen her.[309] Er schreibt, dass man in Litzmannstadt in einem Bereich sei, »der noch heute und gerade heute im schärfsten Volkstumskampfe steht«, eine übliche Bezeichnung für den Kampf gegen ›minderwertige‹ Völker, Polen wie Juden. In den höheren Schulen werde es »besonders notwendig sein, den aus allen osteuropäischen Landschaften zusammenströmenden deutschen Kindern, die verstärkt werden durch junge Kameraden fast aller Gaue des Altreichs, nicht nur buchmässig deutsche Kultur zu übermittlen, sondern sie organisch hineinwachsen zu lassen in den grossen kulturellen Mutterboden deutschen Volkstums. Hierbei kommen wir aber ohne Goethe nicht voran.« Da die umgesiedelten Volksdeutschen trotz ihrer Abstammung noch der »Germanisierung« bedurften, befürwortet Wahl im Einverständnis mit dem Präsidenten Kippenberg die geschlossene Aufnahme sämtlicher Schulen in Litzmannstadt als Mitglieder der Goethe-Gesellschaft.[310] Damit rückten die Amtsträger der Goethe-Gesellschaft in bedenkliche Nähe der allerdings geheimen Vorbereitungen zum Völkermord, der die öffentlich bekannten Eroberungen und Umsiedlungen begleitete. Aus der Türkei kommt 1944 eine weitere merkwürdige Anfrage. Der berüchtigte Frankfurter Germanistikprofessor Hennig Brinkmann, der 1943 an die Universität Istanbul entsandt worden war, »um die dortige Germanistik zu kontrollieren«, und bei den Fakultätssitzungen gelegentlich in seiner SA-Uniform erschien, richtete an seinen Bekannten Hans Wahl eine Bitte. Es dürfe, so Brinkmann, »kein Schritt unterlassen werden, der die kulturpolitische Verbindung der Türkei mit dem Reiche verstärken kann. Unsere Kultur und Dichtung sind so mächtig, dass es genügt, sie da unten für uns sprechen zu lassen. Unser stärkster Repräsentant aber ist natürlich Goethe, und gerade für ihn besteht in der gegenwärtigen kulturellen Situation der Türkei eine erfreuliche Aufgeschlossenheit.« Er bittet deshalb Hans Wahl um Hilfe, eine türkische Landesvereinigung der Goethe-Gesellschaft zu gründen, denn die Kriegslage zwinge dazu, »alles zu tun, was unseren kulturpolitischen Einfluss auf das Ausland steigern kann«. Konkret: Die Türkei, offiziell neutral, lieferte Rohstoffe im Tausch gegen Rüstung aus Deutschland, aber die Alliierten konkurrierten mit Deutschland um Einfluss im wirtschaftlichen Bereich – und der türkische Präsident und seine Minister seien große Goethe-Verehrer. Allerdings steht man vor demselben Problem, das Wahl aus Schweden kannte; Brinkmann schreibt: »Der Vorgang muss natürlich so verlaufen, dass nach aussen [!] die Initiative auf türkischer Seite liegt, damit sie nicht als deutsches Propagandamanöver diskriminiert wird.« Wahl, der Brinkmann offenbar aus dessen Jenaer Tagen kannte, willigt gerne ein, als persönlichen Gefallen, aber auch »aus kulturpolitischem Grunde«; auch er betont, dass die Türken »wenigstens nach außen hin« als Urheber erscheinen müssten.[311] Damit wird die Aktion in der Tat als Propagandamanöver enttarnt.

Hans Wahl rühmt sich öfters seiner direkt propagandistischen Tätigkeit. Er berichtet zum Beispiel im April 1941, dass er »über Richtstrahler nach USA und nach dem näheren Osten im Auftrage der Propaganda-Abteilung des Auswärtigen Amtes zu sprechen habe«.[312] Im November desselben Jahres bediente Wahl auch den Dänischen Rundfunk[313] und wurde von derselben Propagandastelle im Oktober 1942 zu einem Vortrag nach Kopenhagen abkommandiert,[314] so wie er überhaupt »dauernd vom Reichspropagandaministerium und von der Überwachungsstelle für das deutsche Schrifttum und vom Reichswissenschaftsministerium beansprucht« wurde.[315]

Wahl signalisierte außerdem seine »Bereitwilligkeit, die Arbeit der Jenaer Studenten für den studentischen Kriegsleistungskampf zu unterstützen«; sie durchkämmten Werke »Goethes und anderer grosser Geister des Jena-Weimarer Kulturkreises« nach Material für Propaganda gegen ›Feindstaaten‹ (besonders Großbritannien), und sie hatten »bereits beachtliche Ergebnisse erzielt«. Der Leiter dieser Gruppe beim Reichsstudentenführer war »deshalb zuversichtlich, dass aus Ihren Weimarer Archiven sich noch eine Menge Material ergeben wird, das wir dann der deutschen Propaganda für die geistigen Auseinandersetzungen der Gegenwart zur Verfügung stellen können«.[316] Wahl trug auch Faksimiles von Goethe und Schiller zur Ausstellung des Propagandaministeriums »Deutschland in seinem Kampf um Weltgeltung« bei.[317] Mit all diesen Aktionen unterstützte der Vizepräsident der Goethe-Gesellschaft direkt die propagandistischen Anstrengungen des Regimes.

Spranger und die Gestapo

Drei Vorstandsmitglieder wurden wegen angeblichen Verrats untersucht. Schulte Strathaus stellte ein Horoskop für den verräterischen Flug seines Chefs Rudolf Heß nach Großbritannien am 10. Mai 1941 und wurde später in das KZ Sachsenhausen gebracht, aus dem er im März 1943 entlassen und dann von Buttmann in der Bayerischen Staatsbibliothek angestellt wurde.[318] Ernst Bertram wurde 1944 bei Himmler denunziert, weil er in den 1920er Jahren angeblich freimaurerische Gedichte, die nun von einer Kölner Zeitung wieder abgedruckt wurden, verfasst hatte, doch wurde der Verdacht auf Freimaurerei entkräftet und Bertrams politische Zuverlässigkeit bescheinigt.[319] In beiden Fällen hatte der Verdacht keine Implikationen für eine Beurteilung der Goethe-Gesellschaft.

Beim Schicksal des zweiten Vizepräsidenten Eduard Spranger ist Opposition immerhin denkbar. Sein demütigendes Einlenken im Jahre 1933 sollte ihn nicht vor Anfeindungen schützen. In den nachfolgenden Jahren war er ein aktives Mitglied der Berliner Mittwochsgesellschaft, die zwar selbst keine Widerstandsbewegung war, aus der aber einige Teilnehmer an der Verschwörung gegen Hitler vom 20. Juli 1944 hervorgingen –

Spranger und den anderen Mitgliedern offenbar nicht bewusst. Ein oder zwei der Vorträge Sprangers vor der Mittwochsgesellschaft zeugen allerdings von einer verhaltenen, ethisch begründeten Kritik am Nationalsozialismus.[320] Seine Abneigung gegen das Regime geht aus den Briefen hervor, die er in den folgenden Jahren an Kippenberg schrieb.[321]

Sprangers Ruf war bei Teilen des Regimes nachhaltig beschädigt. Er galt 1935 und noch 1942 beim Amt Rosenberg als Vortragender vor der NS-Kulturgemeinde beziehungsweise im Volksbildungswesen als »untragbar«, und zwar als »Wortführer der liberalistischen Wissenschaft« und »Sprecher konfessionalistischer Tendenzen«.[322] Im Frühsommer 1934 griff ihn die HJ-Zeitschrift *Wille und Macht* scharf an und bezichtigte ihn, in einem Vortrag vor der Kant-Gesellschaft ein »nationalsozialistisches Mäntelchen« umgehängt zu haben, das »die Formulierung alten liberalistischen Gedankengutes geschickt getarnt« habe. Allerdings deutete ein Kommentator im *Völkischen Beobachter* denselben Vortrag – zum Verdruss des HJ-Autors – ganz anders: »Diese klare Vorstellung Sprangers wird man in der Folgezeit sehr beachten müssen!«[323] Und das Auswärtige Amt engagierte ihn schon bald nach dem Sommersemester 1933 für Vorträge im Ausland, wo er großes Renommee genoss.[324] Insgesamt wurde er jedoch eher abgelehnt.

Nach dem Scheitern des Attentats vom 20. Juli 1944 wurden auch andere Mitglieder der Mittwochsgesellschaft festgenommen, und Spranger kam für zehn Wochen in Gestapohaft in Moabit, wo er ab Mitte Oktober verhört wurde. Der Berliner Lehrer und spätere Präsident der Goethe-Gesellschaft Bruno Wachsmuth berichtet Anfang November nach Weimar, dass Spranger »von manchem der wirklich Verwickelten als weltanschaulicher Kronzeuge angegeben wurde. Er war so in das gefährliche Licht eines indirekten geistigen Urhebers gewesen [sic].« Er werde jedoch bald entlassen werden: »Ein Segen ist ihm das Japan-Jahr geworden.«[325] Der japanische Botschafter Ōshima Hiroshi soll sich nämlich erfolgreich für Sprangers Entlassung eingesetzt haben.[326] Privat nennt Wahl die Haft Sprangers »eine Schmach für Deutschland«, zu der »Irrdenkende« verleitet wurden.[327]

Noch im Gefängnis las Spranger die Korrekturen am Aufsatz »Goethe über die Phantasie«, der das ›Jahresheft‹ 1944 der Zeitschrift *Goethe* eröffnen sollte.[328] Nach seiner Entlassung berichtet ihm Hans Wahl geheimnisvoll von einer an alle Schriftleiter gerichteten Anordnung des Thüringer Reichspropagandaamtes, die »nicht nur Sie« betreffe, und er fragt: »Glauben Sie, daß Sie in Ihrer wissenschaftlich-publizistischen Tätigkeit jetzt noch behindert sind oder werden?« Spranger antwortet: »Ist das gegen mich Verfügte gegenstandslos gewesen, so kann man auch keine anderen Maßnahmen auf mich anwenden. Die Tatsache, daß ich mich wieder in voller beruflicher Tätigkeit befinde und daß dies behördlich sogar gewünscht worden ist, besagt m. E. mehr als die Möglichkeit, in einer Zeitschrift einen Aufsatz zu veröffentlichen.« Er sagt über die Anordnung sogar: »wenn ich je hören sollte, daß sie auf mich angewandt wird, so würde ich als Mitglied der [Preußischen] Akademie Beschwerde erheben.«[329]

Das war eine kaum verschleierte Drohung auch gegen Wahl. Dieser schiebt die Verantwortung für sein Zögern auf Kippenberg, der »unentschieden« gewesen sei; er selbst habe den Aufsatz Sprangers schon an der Spitze des Heftes stehen. Kippenberg wolle auch keine neue Auflage von Sprangers Bestseller in der Insel-Bücherei, *Goethes Weltanschauung* (1933, weitere Auflagen bis 1936) machen, obwohl das Werk laut Wahl »Studenten im Felde […] außerordentlich willkommen« sei, »wie ich immer wieder merke«; Kippenberg sei oft »tief verzweifelt und dann immer leicht geneigt, auch als Verleger den Mut zu verlieren.«[330] Tatsächlich hatte Kippenberg im Juni 1942 angeordnet, dass die Nachricht von der Verleihung der Goldenen Medaille der Goethe-Gesellschaft an Spranger »nicht in die Presse kommen soll«: »Wir wollen die Sache ganz mit Stillschweigen behandeln.«[331]

Die Behandlung Sprangers durch Kippenberg ist kein Ruhmesblatt in der Geschichte der Goethe-Gesellschaft. Aber aus seiner Gestapo-Haft kann keine Opposition gegen das Regime herausgelesen werden. Er schließt den Briefwechsel mit Wahl zur Frage der Publikation seines Aufsatzes mit dem vertraulichen Hinweis, »daß der Rechtsrat der Universität beauftragt sein soll, zu verbreiten, daß auf mir auch nicht der Schatten eines Verdachtes geblieben sei«.[332] Die Gestapo konnte an Spranger jedenfalls keine Anhaltspunkte für Widerstand feststellen. Er war rehabilitiert.

Unbeirrt in den Untergang

Gerade als das Ansehen der NS-Führung an einem Tiefpunkt angekommen ist – nach den verheerenden Fliegerangriffen und Feuerstürmen am 28. Juni bis 8. Juli 1943 in Köln und vom 24. Juli bis 3. August 1943 in Hamburg, als sich viele Deutsche sogar genötigt fanden, »über ihre eigene Schuld an der Ermordung der Juden zu sprechen«, über die es in den Medien im Mai und Juni »eine Fülle von Anspielungen« gab[333] –, bekennen sich Wahl und Kippenberg zum Regime. Der bekannte Schiller-Biograph Reinhard Buchwald war beauftragt worden, einen Aufsatz für die Zeitschrift *Goethe* unter dem Titel »Goethe im deutschen Geistesleben nach dem Weltkrieg« zu verfassen. Nach einiger Korrespondenz lehnte Wahl den Beitrag am 4. August 1943 mit Zustimmung Kippenbergs ab. Beide üben eine sachliche Kritik, die Begründung genug gewesen wäre, aber sie gehen weiter: Buchwald habe sich nicht mit den »Änderungen in der Geistesstruktur Deutschlands« seit 1933 befasst – so Kippenberg. Wahl setzt hinzu: »Ich kann diese Meinung kaum entkräften; ja ich könnte mir denken, dass uns von bestimmter interessierter [d. h. amtlicher] Seite vorgehalten würde: wozu das, wenn ihr die Linie nicht über 1933 hinaus zieht und dabei zeigt, was gelenktes Geistesleben bedeutet. Wenn man, wie ich, an dieser Lenkung, ja Wendung der Jugend in Deutschland in entscheidender Stunde und am entscheidenden Ort beteiligt war, so versteht man, warum dieser Einwand zu erwarten ist.«[334] Wahl sieht das von den Nationalsozialisten gelenkte Geistesleben – Bücherverbrennung, Gleichschaltung, Zensur, Ausschaltung von Kritikern und Demokraten, Konzentrationslager, ganz zu schweigen von der Verfolgung jüdischer Kulturschaffender – immer noch mit ungetrübten Augen und prahlt mit seinen Kooperationen mit der Hitlerjugend in den Jahren 1936 bis 1938. Jetzt, nach Eroberungskrieg und Stalingrad, nach Entrechtung und Deportation deutscher Juden, mitten in den Schrecken des Luftkriegs, der so viele Deutsche zur inneren Abwendung von Hitler bewegte, rühmt sich Hans Wahl ohne Druck seiner Unterstützung des Nationalsozialismus.

Diese Treue auch in dunkelster Zeit ist wohl der Begünstigung zuzuschreiben, die der Goethe-Gesellschaft und den Goethestätten in Weimar zukam. Das Goethehaus sollte – zeitweise als »behelfsmässiges Museum« – auf Grund von Anweisungen der Propaganda- und Wissenschaftsministerien »gerade während des Krieges zur Stärkung der inneren Front mehr als je« offengehalten werden, denn Besucherzahlen waren gerade unter Soldaten »außerordentlich hoch«.[335] Erst bei fortschreitender Verschlimmerung des Luftkriegs werden Goethehaus und -museum leergeräumt: »An der Erhaltung der hiesigen Kulturstätten hat der Führer ein ganz besonderes Interesse.«[336]

Zuerst trifft es das Geburtshaus Goethes in Frankfurt: Nach früheren Schäden wurde es am Todestag Goethes 1944 zusammen mit einem Großteil der Altstadt von britischen Bombern völlig zerstört. Der Direktor Ernst Beutler möchte einen »Aufruf« (wohl zu Spenden für den Wiederaufbau) in die Zeitschrift *Goethe* rücken, aber Kippenberg vertröstet ihn auf später. Beutler kann nur »den Kopf schütteln«: »Was für ein Malheur ist auf Kippenbergs Seele gefallen! Später, später – wieviel Zutrauen zur Welt liegt in diesem später!« Wahl schlägt auch Bebilderung und eine »Trauerode« von Carossa oder Bertram »auf den Tod des Goethehauses« vor.[337] Schließlich kann er Kippenberg überreden, einen kurzen Text von Beutler zu veröffentlichen, der allerdings kein Aufruf wurde, sondern eine emotional aufgeladene Beschreibung der Zerstörung.[338]

Schließlich, am 9. Februar 1945, im größten Fliegerangriff auf Weimar, schlägt eine amerikanische Bombe auch in das Goethehaus am Frauenplan ein. Gerüchte über totale Zerstörung stellen sich allmählich als übertrieben heraus, aber der Schaden ist schlimm genug.[339] Dasselbe Jahresheft, das Beutlers »Trauerakkord« eröffnet, schließt mit Wahls von verhaltener Wut gekennzeichneter Beschreibung der Schäden in Weimar. Er betont den internationalen Aspekt, wenn er den »friedlichen und von allen Kulturfreunden der gesamten Erde geliebten Zauber« Weimars betont, wo dieser Frieden »aufgerissen« wurde. Er beschwört die »Weltfeier« 1932, als die »Vertreter aller [!] Nationen der Erde dem Genius des

Großen huldigten«. »Wir hören, wie der entsandte Repräsentant Englands [John G. Robertson] die ihm ›zuteil gewordene hohe Aufgabe‹ erfüllt, ›den Tribut der Verehrung seines Volkes am letzten Ruheplatz des großen deutschen Dichters niederzulegen‹. Im Prasseln der Flammen und Bersten der Balken vernehmen wir die Worte des Vertreters der Vereinigten Staaten von Nordamerika [Carl Frederick Schreiber]: ›Den tiefen Dank für das, was Goethe meinem jungen Volke zuverlässig werden wird, ihn entbiete ich heute im voraus schon dem deutschen Volke!‹«

Wahl zitiert dann den britischen Außenminister Sir John Simon: Goethe sei »einer der unverrückbaren Pfeiler, auf die wir die Brücke legen müssen, auf der die Menschheit [...] zu einer neuen Welt und einer freundlichen Zusammenarbeit schreiten möge.« Und er versucht, die Engländer der Heuchelei zu überführen: »Aber was ist der freundschaftliche Austausch von Worten, Gesinnungen und Versprüchen, feierlich bekräftigt in hohen Sternstunden der Menschheit zur Ehre eines der

Beschädigtes Goethehaus in Weimar, wohl 9. Feb. 1945

größten Geister der Welt, wenn die freventlich entfachte Kriegsfurie es allen Gutgesinnten auf beiden Seiten unmöglich macht, die Brücke auf dem Pfeiler zu befestigen!«[340]

Die Unterstellung, die Briten oder Amerikaner hätten die Kriegsfurie entfacht, ist natürlich reine Propaganda – und desto widerlicher, weil Hans Wahl selbst die ideologische Vorbereitung des Krieges und mitten im Krieg den Antisemitismus förderte. Man kann einer Einschätzung der Reaktionen auf den Luftangriff aus dem Jahr 1948 zustimmen: »Das Wehgeschrei, das darüber einsetzte, war nur zu werten als das von Heuchlern, die über den wirklichen Verlust, den die deutsche Nation und die ganze kultivierte Welt erlitten hat, hinwegtäuschen wollten, da sie selbst ja bedenken- und skrupellos eine ganze Welt und ihre Kulturgüter in Trümmer gelegt hätten.«[341] Wahr ist nur, dass die Alliierten den verheerenden Luftkrieg in der vergeblichen Hoffnung führten, dass die deutsche Bevölkerung sich gegen ihre Regierung auflehnen würde. Wahl ist nahe daran, die offizielle Linie zu unterstützen, dass nämlich die »Kulturbarbaren« und ihre jüdischen Drahtzieher die Kulturstätten gezielt zerstört hätten, obwohl keine militärischen Ziele in der Nähe waren: »War das Goethehaus eine V2-Fabrik?«, wird höhnisch in einer Zeitung gefragt; die einzige Erklärung für den »Terrorangriff« der »Luftbarbaren« sei, »daß in einem jüdisch regierten Europa für deutsche Geistes- und Kulturzentren kein Platz ist«.[342] Hans Wahl wusste es besser: Er hatte wenige Monate vorher beim Oberbürgermeister dagegen protestiert, dass unter anderem »zwischen dem Goethe- und Schillerhaus ungefähr in der Mitte« »noch Anfertigung kriegswichtiger Artikel stattfindet«.[343] – Es fällt auf, dass in Wahls Glosse der 426 Toten des Luftangriffs auf Weimar nicht gedacht wird. Das entsprach den amtlichen Richtlinien, dass über die zivilen Opfer der Luftangriffe nicht berichtet werden durfte, über die Zerstörung der Kulturdenkmäler durch den »jüdischen Terror« jedoch schon.[344] Aber Hans Wahl lebte sowieso für die Häuser unter seiner Direktion, sie waren seine höchste Priorität.

Wahls Artikel »Weimar. 9. Februar 1945« leitet in die Nachkriegszeit über, denn dieses »Jahresheft« der Zeitschrift konnte erst nach dem Krieg versandt werden. Hans Wahl wurde in den Kriegsjahren immer wichtiger, und er stellte sich selbst und die Goethe-Gesellschaft in den Dienst des

Krieges. Das war im Ersten Weltkrieg nicht anders gewesen, und die Vereinsleiter gehörten zur großen Mehrheit der Deutschen, die nie daran gedacht hätten, eine deutsche Niederlage zu wünschen. Aber Wahl und Kippenberg wussten, dass ihre aktive Unterstützung des Krieges – und der den Krieg vorbereitenden Außenpolitik – ein mörderisches Regime stärkte.

Deutschland hatte den Krieg verloren, aber die Goethe-Gesellschaft hatte das NS-Regime für den ›Deutschen Goethe‹ gewonnen. Nun musste sie unter einem neuen Regime einen anderen Goethe suchen.

KAPITEL 6

Ausblick und Fazit

Die Anpassung der wichtigsten literarischen Gesellschaft in Deutschland an das NS-Regime, das ihr im Gegenzug beachtliche Vorteile verschaffte, war ein Faustischer Pakt. Doch diese Metapher stößt bei Ablauf des Paktes an ihre Grenzen. Denn die Goethe-Gesellschaft starb nach dem Krieg keines schmählichen Todes und wurde nicht in die Hölle geschleift, erlitt also kein »greulich und erschrecklich Spektakel«, wie das alte Faustbuch berichtet. Die Wirklichkeit ist banaler und meist nachsichtiger. Der Ausgang für die Goethe-Gesellschaft und ihre Amtsträger gleicht eher dem Schicksal von Goethes Faust, der sieben Leben auf dem Gewissen hat, aber vom Autor dennoch Gnade erfährt. Wie Faust blickt sie nicht in die eigene dunkle Vergangenheit zurück; aber im Gegensatz zu ihm lebt sie weiter und schließt neue Bündnisse.

Zu den ersten Handlungen der Goethe-Gesellschaft nach der amerikanischen Befreiung der Stadt Weimar am 12. April 1945 gehörte eine erneute Satzungsverletzung, wie sie in der NS-Zeit gang und gäbe waren. Der Stadtkommandant Major William M. Brown war im Zivilleben Germanistikprofessor in New York und deshalb Weimar wohlgesinnt. Wahl schlägt vor, ihm die lebenslange Ehrenmitgliedschaft zu verleihen. Dazu gehören laut Satzung zwar »hervorragende Verdienste um die Goethe-Gesellschaft und ihre Aufgaben«, und Wahl gibt auch unumwunden zu: »Davon kann im Falle Brown naturgemaeß nicht die Rede sein.«[1] Trotzdem wird die Ehrung – auch ohne Absegnung durch den Vorstand – umgesetzt, weil es nützlich sein kann, sich den neuen Machthaber warmzuhalten. Kurz vorher hatte er geholfen, die in den letzten Kriegstagen auf Sauckels Befehl in Jena versteckten Särge Goethes und Schillers zu finden.[2]

Wenige Monate später – die Amerikaner haben sich im Juli 1945 vertragsgemäß aus Thüringen zurückgezogen – müssen sich Goethe-Gesellschaft und Klassikerinstitute jedoch wohl oder übel an die sowjetische Besatzungsmacht gewöhnen. Die Sowjets sperren sämtliche Bankkonten, so dass die Goethe-Gesellschaft »völlig mittellos« dasteht.[3] Trotzdem kann Hans Wahl auf Befehl der Sowjets am Goethegeburtstag 1945 das Museum wieder eröffnen – das Goethehaus war erst 1949 an der Reihe –, diesmal mit einem Raum zu Goethes Beziehungen zu Russland.[4] Die deutsche Teilung bringt riesige Probleme hinsichtlich Devisen, Bankenverbindungen, Verschickung der Zeitschrift und Kommunikation nicht nur mit den Mitgliedern, sondern auch mit dem Präsidenten Kippenberg mit sich, der sich in Marburg aufhält, schließlich im Westen und dabei zunächst »absolut untätig« bleibt.[5]

Damit wächst Hans Wahls Bedeutung. Er handelt von März bis Mai 1946 bei den Sowjets die Wiederzulassung der Gesellschaft aus.[6] Die Forderung der Sowjetadministration, eine Mitgliederkartei mit Angaben über NS-Belastungen einzurichten, verwirft Kippenberg als nicht erfüllbar und stellt die Trennung der Gesellschaft in Ost und West in Aussicht, aber die Sowjets haben ihre Forderung inzwischen selbst aufgegeben.[7] Dafür scheint 1948 nach der Währungsreform eine Abwanderung der Gesellschaft in den Westen bevorzustehen, jedenfalls droht Wahl damit.[8]

Ansonsten passt er sich den neuen politischen Verhältnissen ausgezeichnet an. Er wird stellvertretender Vorsitzender der Weimarer Ortsgruppe des Kulturbundes zur demokratischen Erneuerung Deutschlands und vom russischen Oberbefehlshaber zum Vorstandsmitglied der Gesellschaft zum Studium der Kultur der Sowjetunion ernannt.[9] Wahl muss sich wegen seiner Vergangenheit natürlich verantworten. Er gehört zu den Unterzeichnern einer Erklärung von prominenten Weimarern an die amerikanische Militärverwaltung, dass die Stadtbürger nichts von den Zuständen in Buchenwald wussten[10] – obwohl Wahl als Ratsherr viel mit Buchenwald zu tun hatte. Es ist charakteristisch für seine Überzeugungskünste, dass ein von den Sowjets vorgesehener Ausschluss ehemaliger NSDAP-Mitglieder aus dem Vorstand der Goethe-Gesellschaft diejenigen ausnimmt, die erst 1937/1938 und daher »nominell« eingetreten sind – das heißt, Wahl selbst.[11] Dabei helfen ihm ›Persilscheine‹ von Verbündeten. Sogar in der Lokalzeitung wird aus dem Mann, der noch 1943 »gelenktes Geistesleben« in Nazideutschland gelobt hatte, »ein in sich geschlossener und gefestigter politischer Charakter, dem nichts fremder und verhaßter erscheinen muß als die faschistische Knebelung und Knechtung des freien Geistes«.[12] Zu Wahls Gunsten wirkt sich aus, dass er gemeinsam mit anderen in den letzten Kriegstagen den Oberbürgermeister zur kampflosen Übergabe der Stadt überredet hatte. Dies war ein Delikt, auf dem damals die Todesstrafe stand. Wahl behauptet, die gegen die Besatzer gerichtete Terrorgruppe ›Werwolf‹ habe ihn »auf die Abschußliste gesetzt«, was nicht belegbar ist.[13]

Überprüfbar sind jedoch die inflationären Versuche, ›die Nazis‹ umfassend zu Goethefeinden umzumünzen. Wahl lässt im Goethehaus eine Tafel anbringen: »Der ›Führer des Dritten Reiches‹ hat das Goethehaus nie betreten.«[14] Als Führer des Dritten Reiches war Hitler in der Tat nie dort, vorher aber schon; Wahl hatte ihn ja 1925 persönlich durch das Haus geführt. Der Satz war jedenfalls listig formuliert und mündete in der beabsichtigten Legende, Hitler habe zu keinem Zeitpunkt das Haus am Frauenplan betreten.[15] Wahl gibt dann am 10. August 1946 eine in fast allen Aspekten irreführende kulturpolitische Erklärung ab: Die Nationalsozialisten hätten sich »ablehnend gegenüber Goethe« verhalten, der Klassiker sei »aus der Reihe der erwünschten Ahnen deutschen Geistes gestrichen« worden.[16] Das Museum werde daher, so schreibt Wahl in einer anderen Eingabe, nicht nur »das humanistische Ideengut Goethes« darstellen, sondern auch »die scharf ablehnende Stellung des dritten Reiches gegenüber Goethe als Träger dieser Ideen in kurzen prägnanten Sätzen umreißen«.[17] Er fand leicht einen passenden Satz von Rosenberg; doch die *positiven* Würdigungen Goethes von Rosenberg, den Wahl sogar in der NS-Zeit zitiert hatte,[18] sowie von Hitler, Goebbels, Ziegler, Frick, Schirach, Rust, Bartels, vielen anderen und Wahl selbst unterschlug er.

Nach Wahls Tod erweiterte ein Apologet die Legende in Bezug auf dessen ganze Arbeit in der Goethe-Gesellschaft: Wahl habe die Zeitschrift *Goethe* »ohne verzerrende Zwangsauflage antisemitischer, freimaurerfeindlicher und kriegsstimmungsfördernder Art« fortgeführt.[19] Daran ist nur richtig, dass Wahl nicht gezwungen wurde, solche Inhalte aufzunehmen – er tat es freiwillig. Schon Bartels' Aufsatz im ersten Jahrgang ist antisemitisch, Wahls darauffolgender Beitrag betont Goethes freimaurerfeindliche Haltung. Die Kriegsstimmung förderten unter anderem Petersens Elsaß-Vortrag und Kippenbergs Ansprachen vor der Hauptversammlung 1939 sowie bei der Gründung der Bremer Ortsvereinigung 1941 und der ›Landesvereinigung Oberrhein‹ 1943.

Von der Zeitschrift *Goethe* lag der »Jahresband« für 1944 am Kriegsende fertig gedruckt, aber nicht geheftet vor, er wurde erst 1946 und 1947 an die Mitglieder ausgeliefert, nachdem er zuerst die amerikanische und dann die sowjetische Zensur passiert hatte (nicht die nationalsozialistische, wie gelegentlich behauptet worden ist).[20] Die einzigen von den Sowjets überklebten Stellen waren im Aufsatz »Goethe als Gestalter deutscher Geschichte und deutschen Wesens« des Vorstandsmitglieds Ernst Bertram: Ein letztes Mal, als Geisterstimme aus der braunen Vergangenheit, hatte Bertram ein Zitat verdreht, dieses Mal, um die Angst vor den anrückenden Russen zu schüren.[21] Ab 1947 erscheinen dann neue Zeitschriftenhefte mit zeitgemäßen Beiträgen: Eröffnet von Goethe-Zitaten zum Thema »Friede den Völkern und Menschen«, enthält der Band den Beitrag des ehemaligen Herausgebers der Zeitschrift des Nationalsozialistischen Lehrerbunds (und späteren Vizepräsidenten der Goethe-Gesellschaft) Hans Tümmler, »Der Friede des klassischen Weimar«,[22] sowie weitere Konjunkturbeiträge wie »Goethes Anstoß zur russischen Ikonenforschung« von Hans Wahl oder einen Beitrag aus dem ehemaligen »Feindland England« von L. A. Willoughby.

Den Vorstandsmitgliedern, die in der Partei waren, erging es in den verschiedenen Besatzungszonen verhältnismäßig gut. NSDAP-Mitglied Nr. 4 Rudolf Buttmann wurde von den Münchner Gerichten unterschiedlich beurteilt, denn er konnte sie überzeugen, dass er sich nach starkem Engagement seit 1935 zunehmend vom Nationalsozialismus distanziert hatte, was allerdings nur bedingt zutrifft.[23] Ernst Schulte Strathaus übte zunächst die unterschiedlichsten Tätigkeiten aus,[24] was für ein Entnazifizierungsurteil auf schwere Belastung schließen lässt, doch scheint darüber nichts bekannt geworden zu sein. Der Komponist Werner Egk beschwert sich 1948, dass Hans Severus Ziegler »im Rheinland in hocheleganter Aufmachung in zahlreichen kulturellen Veranstaltungen gesichtet wurde und dass er erklärt hat, es ginge ihm prima, niemand dächte daran ihn zu belästigen. Er war tatsächlich nicht einen Tag im Lager gesessen«, obwohl er »mit dem blutigen Adolf innigst befreundet« und »in Thüringen einer der schlimmsten Kulturfeinde war«, »auch rein formal aufs schwerste belastet«.[25] Ziegler betätigte sich im rechtsextremistischen Milieu und publizierte 1964 *Adolf Hitler aus dem Erleben dargestellt.*[26] In Marbach wurde der greise Ex-Parteigenosse Otto von Güntter als »Mitläufer« eingestuft – die niedrigste Stufe der Belastung –, scheute sich allerdings, »unter den gegenwärtigen Verhältnissen« zu einer Vorstandssitzung in die Ostzone zu fahren.[27]

Den Nicht-Parteimitgliedern ging es unterschiedlich. Ernst Bertram wurde seines Lehramtes an der Universität Köln enthoben, da er »zu den Ernährern des Nationalsozialismus« gehörte, doch wurde er 1950 rehabilitiert; Beutler, der als Direktor des Freien Deutschen Hochstifts in Frankfurt fortwirkte, forderte Bertrams Ausschluss aus dem Vorstand.[28] Eduard Spranger, der die jüdischen Mitglieder der Berliner Ortsgruppe in vorauseilendem Gehorsam ausgeschlossen, aber in Gestapohaft gesessen hatte, wurde zum kommissarischen Rektor der alten Universität Berlin ernannt und 1946 auf einen Lehrstuhl in Tübingen berufen.

Hans Wahl erlag am 18. Februar 1949 einem schweren Herzschlag, mitten in den Vorbereitungen zur ersten Hauptversammlung seit 1939. Sie fiel aus, denn, so Kippenberg: »Es ist niemand mehr da. Ich fürchte um den Bestand der Goethe-Gesellschaft überhaupt.«[29] Als Kippenberg am 21. September 1950 starb, war die ›alte Garde‹ vollständig abgetreten. Mit dem neuen Präsidenten Bruno Wachsmuth fing das nächste große Kapitel der Geschichte der Goethe-Gesellschaft in der DDR an. Mit dem SED-Regime hatte die Gesellschaft mehr Schwierigkeiten als mit dem nationalsozialistischen; die direkte Vereinnahmung durch den Kulturbund stellte die Gleichschaltung durch Goebbels in den Schatten. Über die Jahrzehnte konnte man unter dem Druck der SED die Teilung der Gesellschaft zeitweise, besonders 1967, nur durch kluges Manövrieren vermeiden.[30]

***

Wie ist die Goethe-Gesellschaft in der NS-Zeit zu beurteilen? Helles steht neben Dunklem, ein Janus-Gesicht wie bei Goethe auch. Zwar blieb sie – auch wegen der hinhaltenden Strategien der Präsidenten Petersen und besonders Kippenberg – relativ selbständig. Aber diese verhältnismäßige Autonomie war Teil eines perfiden Faustischen Paktes: Die Gesellschaft wurde in die Ideologie, Kulturpolitik und Propaganda des Regimes eingebunden. Die Auswirkungen waren weniger schlimm als etwa in der Kleist-Gesellschaft, aber nur, weil die Anstrengungen der Goethe-Gesellschaft auf kulturpolitischem Gebiet meist hinter den Kulissen stattfanden. Gerade wegen ihrer »Weltmission«, ihrer internationalen Verbindungen, wurde sie vom Regime bevorzugt. Das bedeutete allerdings auch, dass sie mit doppelter Zunge sprechen musste, insbesondere wenn es darum ging, die Behandlung jüdischer Mitglieder zu vertuschen.

Die Gesellschaft hielt ihre jüdischen Mitglieder viel länger als die meisten anderen vergleichbaren Gesellschaften, zumindest am Anfang aus finanziellen Gründen. Sie nahm – satzungswidrig – keine neuen auf und warb verschlüsselt nur um ›Arier‹. Als der Verein 1938 die wenigen noch verbliebenen Juden ausschloss, erfolgte das zunächst in der Ortsgruppe Berlin, wo man über gesetzliche Bestimmungen hinausging, bevor der Novemberpogrom auch die Muttergesellschaft unter Druck setzte. Und diese erfand nach dem Pogrom eine irreführende Erklärung für den Ausschluss ihrer jüdischen Mitglieder, nachdem einige von ihnen protestiert hatten; es war keineswegs so, dass die Gesellschaft »keine andere Wahl hatte«. Druck kam zunächst nur vom relativ machtlosen Amt Rosenberg, aber die Goethe-Gesellschaft hatte sich an dessen Rivalen Goebbels angeschlossen, dem sehr daran gelegen war, den ›Deutschen Goethe‹ in der internationalen Kulturpolitik einzusetzen, um die Überlegenheit der deutschen Kultur zu beweisen. Goebbels begünstigte die Goethe-Gesellschaft mehrmals, zum Beispiel als er die Ludendorff-Debatte verbot oder die Regeln der Gleichschaltung umbog. Die bevorzugte Papierzuteilung zeigt eindrücklich den privilegierten Status der Gesellschaft.

Die Goethe-Gesellschaft erlag wohl nur einmal (im Festvortrag von Srbik) der Versuchung, Goethes feindselige Äußerungen über Juden in ihren Publikationen zu feiern. Das ist ein beachtlicher Erfolg. Doch diese Abstinenz beruhte auf der »Weltmission«, die Goebbels der Gesellschaft zugedacht hatte, und passt nicht zu dem praktizierten Antisemitismus der Präsidenten und Vizepräsidenten. Die Stimmen der jüdischen Mitglieder – wo sie überliefert sind – zeigen, dass antisemitische Ausfälle von einigen Autoren der Zeitschrift, aber auch von den Leitern der Gesellschaft sehr wohl zur Entmutigung der jüdischen Mitglieder ihren Teil beitrugen – gewöhnlich in kodifizierten Vokabeln wie »artgemäß«, »arisch«, »Volksgemeinschaft« oder »deutsch«.

Die Gesellschaftsführer erscheinen differenzierter als bisher. Julius Petersen hatte mehr als seine berüchtigten Bemerkungen über Goethe, die SS und SA auf dem Gewissen; er schrieb auch während des Krieges bedrückende Beiträge für die Zeitschrift. Er setzte die Gleichschaltung gegen Martin Donndorfs Bedenken durch und wollte eine nationalsozialistische Olympia-Preisschrift auszeichnen. Kippenberg wird gemeinhin meist viel positiver als Petersen gesehen, aber die Unterschiede verringern sich jetzt. Kippenberg passte sich gleichfalls in Ansprachen an, wenn auch nicht so krass wie Petersen. Nachdem er 1938 die Präsidentschaft übernommen hatte, stellte er sich bereitwillig in den Dienst der Propaganda für Hitlers Aggressionspolitik und erfand ganz ohne gesetzlichen Rückhalt die Regel, dass Juden nicht in den Vorständen der Ortsvereinigungen sitzen durften. Entgegen dieser Intervention behauptete Kippenberg das Prinzip der Nichteinmischung in die Angelegenheiten der Ortsvereinigungen, wenn es darum ging, sie gegen staatliche Eingriffe zu schützen. Trotzdem: Obwohl er sich in den 1920er Jahren als Antisemit bezeichnet haben soll, hatte Kippenberg in der NS-Zeit offenbar Bedenken gegen die Judenverfolgung. Er äußerte sich zunehmend tolerant: 1943 zitierte er rühmend den jüdischen Komponisten Felix Mendelssohn Bartholdy und lobte in seiner Straßburger Rede, die Kriegspropaganda enthielt, auch Salomon Hirzel vor einem SS-lastigen Publikum. Ihm ist auch durchaus anzurechnen, dass er dem aus ideologischen Gründen entlassenen Erfurter Museumsdirektor Herbert Kunze als Geschäftsführer der Gesellschaft Unterschlupf gewährte.[31] Interessanterweise gibt es bei Hans Wahl, der schon seit Jahren im Kreuzfeuer der Kritik steht, nicht nur neu bekannt gewordene *Be*lastungen – die Beförderung des ausdrücklich antisemitischen Buches von Victor Hehn oder seine Apologie für »gelenktes Geistesleben« im Dritten Reich –, sondern ebenso *ent*lastende Aspekte, etwa die Bestrebung, den wissenschaftlichen Ruf der Zeitschrift *Goethe* nach den kämpferischen Anfängen wiederherzustellen. Er war es auch, der sich Petersens Vorschlag, einen HJ-Vertreter in den Vorstand zu berufen, am nachdrücklichsten widersetzte. Trotzdem bleibt er so etwas wie der schwarze Engel der Goethe-Gesellschaft, ihr Scharnier zum Regime und dabei nicht zuletzt zur Reichsjugendführung. Bei seinen nachweislich zahlreichen Un- und Halbwahrheiten erledigt sich am deutlichsten die bis heute verbreitete Meinung, profunde Goethe-Kenntnisse würden unweigerlich bessere Menschen hervorbringen.

Die eingehende Archivrecherche hat auch einige wenige bisher kritisierte Aspekte der Tätigkeit der Gesellschaft in ein positiveres Licht gerückt. Das gilt insbesondere für die Ernennung des üblen Antisemiten Adolf Bartels zum Ehrenbürger im Jahr 1937, denn das geschah nur nach Erpressung durch ein nationalsozialistisches Mitglied in Verbindung mit dem Gauleiter Sauckel. Es gibt auch keine Anzeichen dafür, dass das ehemalige Vorstandsmitglied Julius Wahle 1933 zum Rücktritt als Mitglied des Ortsausschusses gezwungen wurde. Doch musste er 1938 austreten, um dem drohenden Ausschluss zuvorzukommen.

Wie hätten sich die Vereinsleiter verhalten sollen? Ihre Situation war durchaus schwierig und ihr Hauptanliegen zielte leider allein auf das Überleben der Goethe-Gesellschaft. Nach dem Krieg meldete sich ein langjähriger, inzwischen im Exil lebender Kritiker der Gesellschaft, der Schriftsteller Emil Ludwig, zu Wort. Er meinte 1947, die Entscheidungsträger der Goethe-Gesellschaft hätten 1933 die »Pflicht« gehabt, »öffentlich den Verzicht auf ihre Ämter zu erklären und die Gesellschaft aufzulösen«, statt »den Geist von Weimar zu verfälschen oder zu verleugnen und der Gewalt zu dienen«.[32] Dem kann man nur zustimmen, zumal Kippenberg den radikalen Schritt der Auflösung mehrmals überlegte, auch für den Fall, dass die Frage der jüdischen Mitglieder akut werden sollte. Eine Ortsvereinigung der Goethe-Gesellschaft – in Dessau – löste sich in der Tat schon eine Woche nach Hitlers Machtübernahme auf, aber aus einem Grund, der der Muttergesellschaft fremd war: Ihr Leiter war ein demokratischer Politiker, ein anderer Gründer war »Kulturbolschewist«, und beide waren maßgeblich daran beteiligt gewesen, das aus Weimar herausgeekelte Bauhaus nach Dessau zu holen.[33] Ein Auflösungsbeschluss – begründet durch nachweisbare finanzielle Probleme – hätte für die Gesellschaftsleitung keine nennenswerten Folgen gehabt; möglicherweise hätte die Gesellschaft ihre »Weltmission« sogar zur Verhandlungsmasse machen konnen.[34] Hätte die Gesellschaft im Jahr 1933, 1935 oder 1938 ihre Tätigkeit eingestellt, statt sich zu prostituieren, dann hätte sie sich nach dem Krieg vielleicht nicht mit Lügen und Ausreden durchlavieren müssen.[35]

Jetzt wurde nämlich die Geschichte der Goethe-Gesellschaft umgeschrieben. Wahl erinnerte sich am 26. November 1945 gegenüber Ernst Beutler an »manches […], was schwer zu durchkämpfen war und innere Opfer erforderte mit dem einzigen Ziel, das Angesicht Goethes sauber durch die Jahre zu bringen«.[36] Diese Legende lebt noch immer: Der Präsident der Goethe-Gesellschaft behauptete 2005, die Gesellschaft habe im Dritten Reich »den Kompromiß mit den politisch Herrschenden« gesucht, »nicht zuletzt in der Hoffnung, in ihnen Verbündete bei der Bewahrung und Rettung humaner Werte zu finden«.[37] Zu ihren Hoffnungen gehörten humane Werte jedoch nicht. Das Angesicht Goethes wurde in der von Hans Wahl herausgegebenen Zeitschrift und auf den Hauptversammlungen reichlich beschmutzt: Es war der »Deutsche Goethe« – und die Goethe-Gesellschaft selbst –, die Wahl durch die düsteren Jahre bringen wollte.

Nach dem Krieg musste Wahl jedoch die Unabhängigkeit der Goethe-Gesellschaft (und auch seine eigene) vom NS-Regime betonen – auch um den Preis »innerer Opfer«, nämlich der Verlogenheit. Im September 1946 meldet sich Dr. Erich Staedler, der nach einem 1943 eingesandten Beitrag für die Zeitschrift *Goethe* fragt, denn Wahl hatte die Arbeit damals »eine Meisterleistung an Konzentration und sicherer Klarheit« genannt und die Publikation in Aussicht gestellt. Dazu kam es jedoch nicht.[38] Staedler rätselt jetzt über den Grund: »Ich kann mir wohl denken, daß es Ihnen als Belastung erscheinen mußte, einen Autor zu publizieren, der abseits der Goebbels'schen Reichsschrifttumskammer stand, und dies mit Vorsatz und Überlegung.« Wahl reagiert verärgert: »Davon haben wir nichts gewußt, es hätte uns auch nicht im Geringsten interessiert, und die von Ihnen geäußerte Meinung ist eigentlich eine Kränkung.«[39] Wahl hat ein kurzes Gedächtnis. Er hatte ja den jüdischen Autor Werner Milch gefragt, ob er Mitglied der Kammer sei – und (fälschlich) behauptet, er tue das bei jedem potenziellen Beiträger.[40] Mehr noch: Sein Brief an Staedler datiert vom selben Tag (2. Juni 1943) wie seine Frage an Goebbels, ob er etwas vom französischen Schriftsteller Paul Valéry über Goethe in Übersetzung drucken könne: »Ich weiß nun nicht, wie wir deutscherseits zu Valéry stehen, und ob gegen ihn als Person Bedenken vorliegen.«[41]

Schon in der NS-Zeit wurden die Beziehungen zu Goebbels verdeckt, die ausländischen Mitglieder betrogen. Die Verstrickung war sicher tiefer, als heute noch rekonstruiert werden kann, denn fast eine ganze Akte wurde nach 1945 beseitigt. Sie hatte die Überschrift »Organisation der Gesellschaft ab Mai 1933«, wurde aber in der Korrespondenz »Gleichschaltung«, »Nichtarier« oder »Arierfragen« genannt.[42] Sie enthielt Briefe von jüdischen Mitgliedern – von denen nur die vorteilhaften behalten wurden –, vermutlich aber auch Korrespondenz mit den Machthabern zur ›Judenfrage‹.[43] Höchstwahrscheinlich ließ Wahl diese Akte in den Jahren 1945/1946 verschwinden, vielleicht tat dies jedoch seine Frau Dora, als sie nach seinem Tod im Jahre 1949 in seinem Büro an seinem Nachlass arbeiten durfte – was Gerüchte und Proteste auslöste.[44] Aber auch ohne diese Schriftstücke ist die Belastung schwer genug.

Die Behauptungen Wahls im Antrag zur Wiederzulassung der Gesellschaft bei der Sowjetischen Militäradministration Thüringen wurden schon zitiert (S. 13). Es ist klar geworden, wie fragwürdig diese Sätze sind. Wahl hat im engeren Sinne Recht, dass die Goethe-Gesellschaft die »übliche Gleichschaltung« nicht erfuhr, aber die ›weiche‹ (die 1939 endete) war desto effektiver, neben der amtlichen auch die »Selbstnazifizierung«.[45] Die Muttergesellschaft besaß dabei das Privileg, von den Richtlinien befreit zu sein: Martin Donndorf musste zum Beispiel keine eidesstattliche Erklärung zur arischen Abstammung der Vorstandsmitglieder abgeben. Die ›harte‹ Variante wurde den Ortsvereinigungen von der Muttergesellschaft aufgezwungen; drei von ihnen hatten am Ende SS-Männer als Vorsitzende. Sie haben keineswegs »nach ihren alten Satzungen [ge]arbeitet« und haben sehr wohl »das Führerprinzip [...] eingeführt«. Die Hauptgesellschaft behielt ihre alte Satzung, verletzte sie jedoch wiederholt. »Förderung durch die NSDAP« bekam sie in der Tat wenig (nur vom Auswärtigen Amt für Besucher bei Hauptversammlungen), was letztlich jedoch die Selbständigkeit nicht garantierte. Dass die NSDAP »die Gestalt Goethes und sein Lebenswerk als gegnerische Kraft betrachtet und behandelt« habe, wie Wahl behauptet, ist seine fragwürdigste These; gerade die Goethe-Gesellschaft half, die »gegnerische« Haltung vieler Nationalsozialisten zu Goethe zu überwinden.

Die Goethe-Gesellschaft scheute sich auch nicht, im Bündnis mit dem Regime zu Verboten und Denunziationen zu greifen: vor allem gegen Mathilde Ludendorff, gegen die Deutsche Bücherei, die Siegfried Goetzes Buch über Goethe und das Judentum verlieh, aber auch gegen die gefälschten *Memoiren um die Titanen.* Das sind zum Teil Gegner, denen wenige heute Sympathie entgegenbringen werden. Aber die Gesellschaft nutzte die schrecklichste Diktatur, um Goethe-Gegner zu besiegen, paktierte außerdem mit der Reichsjugendführung, holte NSDAP-Mitglieder in den Vorstand und folgte ihren Anweisungen.

Ein kurzer Vergleich mit anderen literarischen Gesellschaften zeigt die ganz besondere Situation der Goethe-Gesellschaft. Die andere große Goethe-Institution, das Freie Deutsche Hochstift mit Goethes Geburtshaus in Frankfurt am Main, war staatlich subventioniert und litt daher unter einschneidenden Eingriffen – und zusammen mit dem Ruf Frankfurts als ›jüdische‹ Stadt trug auch Direktor Ernst Beutlers Ehe mit einer jüdischen Frau zu seiner anhaltenden Bedrängnis bei.[46] Allerdings profitierte auch das Hochstift von seinen internationalen Verbindungen. Der Vorsitzende des Schwäbischen Schillervereins, Otto von Güntter – zugleich Vorstandsmitglied der Goethe-Gesellschaft –, wurde 1933 zum NSDAP-Mitglied. Der Verein, Vorgänger der heutigen Deutschen Schillergesellschaft, schloss ihre jüdischen Mitglieder 1934 praktisch aus. Güntter wurde 1938 von oben durch den NS-Kulturfunktionär Georg Schmückle ersetzt, der den Verein allerdings nicht so extrem gleichschaltete, wie man wohl erwarten könnte; er half sogar einem oppositionellen Schriftsteller und dessen jüdischer Ehefrau zur Emigration nach Amerika.[47] Von der sich 1933 freiwillig ›hart‹ gleichgeschalteten Kleist-Gesellschaft war schon die Rede; auch sie verlor ihre Selbständigkeit, als sie staatliche Mittel erhielt.[48] Die Görres-Gesellschaft war katholisch und schon deshalb massivem Druck und Eingriffen ausgesetzt, die 1941 schließlich zur Zwangsauflösung führten[49] – ein Schicksal, das bei der privilegierten Goethe-Gesellschaft undenkbar gewesen wäre. Ein Beispiel für eine Selbstauflösung gibt die Gesellschaft für deutsche Literatur in Berlin. Durch diesen Schritt vermied sie 1938 den drohenden Zugriff auf ihre Mitgliederlisten. Doch war ihr Vorsitzender, das uns bekannte Mitglied der Goethe-Gesellschaft Max Herrmann, selbst Jude, wie fast ein Viertel der Mitglieder, was bei der Goethe-Gesellschaft mit ihrer schon vor 1933 spürbar gewordenen antisemitischen Tendenz ebenfalls undenkbar gewesen wäre.[50]

Aufschlussreich ist der Vergleich zur 1864 gegründeten Deutschen Shakespeare-Gesellschaft, denn sie war in Weimar zu Hause und personell eng mit der Goethe-Gesellschaft verzahnt.[51] Ihr Präsident war der Direktor der Landesbibliothek Werner Deetjen, der auch im Vorstand der Goethe-Gesellschaft war. Bis 1934 folgte Deetjen dem Weimarer Schwesterverein in wesentlichen Punkten; in der entscheidenden Sitzung des Geschäftsführenden Ausschusses im Dezember 1933 waren ähnliche Entscheidungen getroffen worden wie im Monat zuvor vom Arbeitsausschuss der Goethe-Gesellschaft. Deetjen beantragte sogar am Tag nach Hans Wahl die NSDAP-Mitgliedschaft. Aber in der Zwischenzeit war die Shakespeare-Gesellschaft notgedrungen einen anderen

Weg gegangen. Ihre Mitgliederzahl war im Jahr 1934 auf 345 gesunken, so dass sie dringend finanzieller Hilfe bedurfte und sie bei mehreren Reichsorganen auch erhielt – im Tausch gegen unbedingte Unterwerfung. Im selben Jahr wie die Goethe-Gesellschaft (1936) wurde sie gleichgeschaltet, aber in der ›Vereinigung zwischenstaatlicher Verbände‹ im Umfeld des Auswärtigen Amtes. Nach und nach wurden profilierte Nazis in den Vorstand oder Geschäftsführenden Ausschuss geholt: Heinz Kindermann, der Reichsdramaturg Rainer Schlösser, der ›Rassen-Günther‹ (Hans F. K. Günther); Vizepräsident war Hans Severus Ziegler. Im Krieg musste ein Vertreter der ›Vereinigung zwischenstaatlicher Verbände‹ zu allen Gremiensitzungen hinzugezogen werden und alle Beschlüsse unterzeichnen; die Gesellschaft musste sogar Propagandamaterial an ausländische Kontaktpersonen schicken. Man machte unmissverständlich klar, dass sie im Sinne der auswärtigen Kulturpolitik »ausschließlich als Gesellschaft mit ausländischen Beziehungen bezuschußt« wurde.[52] Die Shakespeare-Vereinigung hatte es jedoch schwer, den »germanischen« Shakespeare in einen Deutschen zu verwandeln. Da hatte man mit Goethe eindeutig leichteres Spiel, die Überlegenheit der deutschen Kultur zu propagieren. Im Jahr 1941 löste die ›Vereinigung zwischenstaatlicher Verbände‹ ihre Beziehung zur Shakespeare-Gesellschaft. Angesichts der bevorzugten Situation der Goethe-Gesellschaft ist es erstaunlich, dass sie ihre jüdischen Mitglieder ausschloss, die Shakespeare-Gesellschaft nicht.

Die Lage der Goethe-Gesellschaft im Dritten Reich war im Vergleich zu all diesen Gesellschaften äußerst ›günstig‹. Das lässt Wahl den Vorsitzenden der Wilhelm-Busch-Gesellschaft in Hannover genüsslich wissen, als diese von der dortigen Gauvertretung des Propagandaministeriums bedrängt und in eine »Notlage« versetzt wurde. Auf die Frage des Vorsitzenden, ob Schulte Strathaus wohl auch bei ihnen in den Vorstand eintreten werde, antwortet Wahl überheblich: »Ich glaube nicht, daß er, wenn Sie an ihn herantreten, annimmt.« Der Unterschied liege in der rein lokalen Bedeutung der Wilhelm Busch Gesellschaft und in der überregionalen der Goethe-Gesellschaft, denn »die Vorstandsmitglieder sind auf alle Gaue Groß-Deutschlands verteilt; die Goethe-Gesellschaft hat infolgedessen nur mit Reichsstellen zu tun oder zu tun gehabt.« Sie habe

»weder örtliche noch gauliche Schwierigkeiten gehabt« – eine kühne Behauptung, doch konnte sie solche Schwierigkeiten wenigstens überwinden – und habe sogar mit Ziegler einen Vertreter Thüringens im Vorstand.[53] Was die Goethe-Gesellschaft all diesen Vereinen voraus hatte, war eindeutig ihre – und Goethes – internationale Bedeutung.

***

Bisherige Annahmen der Forschung zum Dritten Reich wurden in dieser Studie mit neuen Beispielen bestätigt: die Bedeutung von Generationsverhältnissen in der politischen Einstellung der Akteure, zumal der ablehnenden Grundhaltung vieler älterer Menschen (hier: Donndorf, Grisebach, Menke-Glückert), die »Polykratie« des NS-Regimes, die die Goethe-Gesellschaft erfolgreich ausnutzen konnte, und die Freiräume, die dieses »Führungschaos«, aber auch Beamtenstatus, Solidarität und vor allem finanzielle Selbständigkeit einer privaten Organisation boten, solange ihre Leiter keine Juden oder offenen Regimegegner waren. Dass Zivilcourage auch im Dritten Reich nicht immer zu harter Bestrafung führte, zeigen erneut die Fälle August Kippenberg und Emil Menke-Glückert.

Neue Facetten werden jedoch im Hinblick auf die Außenpolitik sichtbar. Die auswärtige Kulturpolitik – von der Forschung wenig beachtet – war für die NS-Führung wesentlich wichtiger als oft angenommen. Die »Weltmission«, mit der Goethe und die Goethe-Gesellschaft im Krieg und sogar im besiegten Europa betraut waren, indem sie nicht nur die »innere Front stärken«, sondern auch die Überlegenheit der deutschen Kultur beweisen sollten, legt nahe, dass die Führer des Dritten Reichs die Wirkungsmacht der Kultur maßlos überschätzten. Doch datiert das Selbstverständnis der Deutschen als Kulturnation, die zentrale Rolle der Kultur in der deutschen Identitätsfindung nicht erst von den Nationalsozialisten her und hörte auch nicht 1945 auf. Deswegen war die Ausstrahlung, die die Kultur auf die Jugend, auf Soldaten und vor allem auf Bildungsbürger hatte, wenigstens punktuell mit Sicherheit politisch bedeutsam. Allerdings scheint das Regime mit der Zeit diese Funktion der hohen Kultur aus den Augen verloren zu haben, was angesichts des Krieges und der drohenden Niederlage nicht wundert: Goethe wurde zuletzt 1943 von Goebbels in die antisemitische Propaganda eingespannt. Die Gesellschaft selbst wiederum hatte noch 1944 die kulturpolitische Sendung Goethes fest im Blick. Im polnischen Łódź konnte ein Mitglied die Parole ausgeben, bei der Indoktrination ausländischer »Volksdeutscher« »kommen wir [...] ohne Goethe nicht voran«, in Istanbul sprach ein anderes Mitglied die Losung »Unser stärkster Repräsentant aber ist natürlich Goethe« aus. Dass diese Hoffnungen auch bei der Leitung der Goethe-Gesellschaft Resonanz fanden, zeugt von einem bedenkenswerten Realitätsverlust.

Illusionen prägten auch das Goethebild und die Goetheforschung in der Nachkriegszeit. Hier können nur kurze Überlegungen angestellt werden. Bekanntlich setzte nun eine angestrengte, überzogene Wende zum humanistischen, völkerverbindenden, toleranten Goethe ein. Hans Wahls Konzeption der neuen Einrichtung des Goethe-Nationalmuseums liegt nach dem Urteil von Paul Kahl eine neue Ideologie zu Grunde, nämlich »die der ahistorischen Aufspaltung zwischen einem guten, humanen und schuldlosen Deutschland im Zeichen Goethes einerseits und andererseits den zurückliegenden zwölf Jahren des Dritten Reiches.«[54] Diese Trennung gilt in Deutschland überhaupt, und den Gründen gilt es nachzuforschen.

Die Goethe-Forscher und -Verehrer, die das Dritte Reich durchlebt hatten, kannten den ›Deutschen Goethe‹ intim. Sie wussten, dass einiges am braunen Goethebild Hand und Fuß hatte. Goethe hatte sich vor dem Nationalismus seiner Zeit verbeugt, wenn auch als Spätbekehrter. Wie die Nazis lehnte er Geheimgesellschaften und Freimaurerei ab. Einige seiner judenfeindlichen Äußerungen zielten auf Trennung von Christen und Juden. Die nationalsozialistische Verwendung dieser Äußerungen trieb die Goetheaner der Nachkriegszeit in eine unhaltbare entgegengesetzte Position, bei der alles Politische an Goethe vorbildlich war – und das Thema der Judenfeindlichkeit konsequent vermieden wurde.[55] Wenn das Thema überhaupt angesprochen wurde, konnte man bequem die These der Judenfeindlichkeit Goethes als Naziposition verwerfen. Die endlos wiederholte Feststellung Richard Alewyns im Goethejahr 1949, »Zwischen uns und Weimar liegt Buchenwald«, trug paradoxerweise zu dieser Abwehrhaltung bei, denn Alewyn und seine Nachfolger beschworen Klassik und Nationalsozialismus zwar als Aspekte deutscher Identität, trennten sie aber säuberlich voneinander, hier »die Humanität«, dort »die Bestialität«.[56] Goethe wurde in den ersten Nachkriegsjahren zum politischen Alibi einer ganzen Generation mobilisiert und desto sicherer politisch verharmlost.

Diese Selbstreinigung der Goetheaner anhand von Goethes angeblich demokratiefreundlicher Gesinnung wird schon bei Hans Wahl deutlich, von dem ein Thüringer Minister im Oktober 1945 frech sagte, er sei »mit seinem ganzen Denken und Fühlen so tief mit Goethes Geist und Weltanschauung verwachsen, daß man ihn schon aus diesem Grunde als Antifaschisten ansprechen kann«.[57] Aus Goethe, dem Gegner der Demokratie, wurde nach 1945 ein Leuchtturm demokratischer Gesinnung, aus dem verspäteten, lavierenden Nationalisten wurde ein entschiedener Apostel der Völkerverständigung. Als Kriegsgegner wurde Goethe nicht verfälscht, er war das in der Tat. Aber er »repräsentierte« nicht »den deutschen Geist der Freiheit«, wie ein vom amerikanischen Major Brown am Goethehaus angebrachtes Schild behauptete, denn die Alliierten und die Nachkriegsdeutschen missbrauchten Goethe für die Sache der Freiheit und Menschenrechte kaum weniger als die Nazis für Krieg und Nationalismus.[58] Das brennende Thema Judenfeindlichkeit wurde nach 1945 weitgehend verschwiegen und erst in den 1970er und 1980er Jahren zu *dem* Prüfstein einer neuen Auseinandersetzung mit dem Nationalsozialismus. Dass dies nicht früher geschah, ist vielleicht zu einem nicht geringen Teil das Verdienst der Judenfeindlichkeit Goethes, um die alle Goetheaner einen großen Bogen machten. Die ›Judenfrage‹ hatte in ihren Überlegungen keinen Platz, weil Goethe nach dem Krieg als Erlöser der Nation erschien und die Forscher wussten, dass die nationalsozialistischen Deuter des Dichters in diesem Punkt nicht ganz im Unrecht gewesen waren. Auch dies gehört zur Geschichte einer Verdrängung.

ANHANG

Zur Textgestalt und Zitierweise

In allen Zitaten werden die Texte grundsätzlich originalgetreu wiedergegeben, außer dass eindeutige Tippfehler stillschweigend korrigiert wurden. Unterstrichene Stellen in Handschriften und Sperrdruck in Druckwerken werden durch Kursivschrift wiedergegeben, ein neuer Absatz durch einen Schrägstrich (/). Zusätze des Verfassers stehen in eckigen Klammern. Zitate stehen innerhalb von doppelten, distanzierend verwendete Ausdrücke wie ›der Führer‹ in einfachen Anführungszeichen.

In den Anmerkungen wird mit Verfassernamen und Seitenzahl auf Einträge in der Bibliographie verwiesen (Quellen, S. 343; Forschungen, S. 349); im Fall eines Autors mit mehr als einem Eintrag wird zusätzlich zum Verfassernamen auch ein Kurztitel angegeben. Zeitungsartikel werden in der Regel nur einmal zitiert und erscheinen nicht in der Bibliographie, sondern mit vollständigen Angaben in der Anmerkung. Titel von Zeitungsartikeln werden nur dann angeführt, wenn sie besonders aussagekräftig sind, Seitenzahlen nur dann, wenn es sich um die Titelseite handelt. Im Fall des *Völkischen Beobachters* wird meist nach der Norddeutschen Ausgabe (abgekürzt »A«) zitiert, andere Ausgaben werden gekennzeichnet. Abkürzungen, die in den Anmerkungen vorkommen, sind auf S. 360 verzeichnet. Briefe werden in der Form »Donndorf an Petersen ...« mit Datum und Quelle gekennzeichnet; nähere Angaben zu Papier, Briefkopf, Aktenzeichen, Vermerken usw. werden nur gemacht, wenn sie relevant erschienen. Ortsangaben für Briefe werden ausgelassen, wenn es sich um Weimar (für die dort Ansässigen, inklusive der Thüringer Regierung), Berlin (für Julius Petersen, Eduard Spranger oder Reichsbehörden) oder Leipzig (für Anton Kippenberg) handelt. Zahlreiche Dokumente sind oft in Ab- oder Durchschriften vorhanden, die nicht alle angegeben werden, nach Möglichkeit wird nach dem Original zitiert. Die allermeisten Briefe im GSA, die aus Weimar geschickt wurden, und im Bundesarchiv von Reichsbehörden sind Durchschläge ohne Briefkopf.

Anmerkungen

KAPITEL 1

1 Unten (S. 133) zitiert.

2 *Dichtung und Wahrheit,* I/4, MA 16, S. 163. Vgl. dazu und zum Folgenden Wilson: Goethes Haltung.

3 *Wilhelm Meisters Wanderjahre,* I/4 (MA 17, S. 616); hier ist keine ironische Distanz des Erzählers erkennbar. Vgl. Wilson: Goethes Haltung, S. 26f.

4 An Bettine Brentano, 3. bzw. 20. April 1808, WA IV/20, S. 42, 50.

5 An Willemers in Frankfurt, 11.–17. Juli 1817, WA IV/28, S. 183.

6 An Sulpiz Boisserée, 24. Juni 1816, WA IV/27, S. 64.

7 Gesprächsbericht von Friedrich von Müller, 23. Sept. 1823, *Gespräche* 3/1, Nr. 5261; vgl. Goethes Tagebuch vom selben Tag sowie vom 16. April 1823, WA III/28, S. 120, 38.

8 *Wanderjahre,* III/11, MA 17, S. 633.

9 Vgl. dazu ausführlich Wilson: Judenfreund.

10 Vgl. MA 1.1, S. 531–533; dazu unten, S. 150, 219.

11 Hans Wahl an Hildegard Lehnert, 29. Mai 1935, GSA 150/M 149, Bl. 290; vgl. unten, S. 140f. Beim 1991 aufgeflammten Streit um meine entsprechende These ging es vor allem darum, ob Goethe diese Absicht beim Eintritt in den Illuminatenorden hatte; ein Zeugnis besagt, dass Goethe und Carl August »von Anfang an […] sehr großes Mißtrauen« gegen den Orden hegten. Dass Goethe sich später feindselig gegen Geheimbünde verhielt, ist unumstritten. Vgl. Wilson: *Geheimräte,* S. 106–129, 139–162, 329; Wilson: *Unterirdische Gänge.*

12 In vieler Hinsicht unbrauchbar, doch mit wertvollem Material ist die offizielle Geschichte der Goethe-Gesellschaft aus dem Jahre 1936 von Wolfgang Goetz, der Vorarbeiten von Alfred Bergmann übernahm; relativ unkritisch im Jahre 1962 Wolfgang Leppmann (S. 132–159); kritischer dann aus dem Geiste der 1970er Jahre Karl Robert Mandelkow (Bd. 1, S. 224–232; 2, S. 83–86). Auch die Arbeiten von Bahr und Borchmeyer bringen neue Gesichtspunkte. Die einzigen auf Archivalien basierenden Studien sind der sehr gute Überblick des Präsidenten Karl-Heinz Hahn (leider ohne Quellenangaben); kritisch, aber an wesentlichen Punkten fehlerhaft der Aufsatz von Stenzel zur Zeitschrift *Goethe*;

kritisch die Arbeiten von Justus H. Ulbricht, gelegentlich apologetisch diejenigen von Holger Dainat, der ein größeres Projekt zur Gesamtgeschichte der Goethe-Gesellschaft vorbereitet. Die Aufsätze dieser drei Forscher bringen trotz der Unzulänglichkeit der Quellenbasis wesentliche Impulse. Der einzige Aufsatz, der die NS-Zeit detaillierter auf Grund einer Auswahl entscheidender Archivalien untersucht, stammt vom damaligen Vizepräsidenten Lothar Ehrlich (1999). Er wechselt zwischen kritischer Analyse und Betonung der angeblich humanitätsgeleiteten Goethe-Forschung unter der Ägide der Goethe-Gesellschaft. Ehrlichs Pionierstudie erschließt zum ersten Mal viele der Ereignisse und Themen, die in der vorliegenden Untersuchung weitergeführt werden. – Die gleichfalls quellengestützten Aufsätze des derzeitigen Präsidenten Jochen Golz und die Broschüre von Karl J. Reiter zur Vor- und Frühgeschichte bzw. Gründung der Gesellschaft bringen wichtige Hintergrundaspekte für die vorliegende Untersuchung. (Zu den Quellen für meine Studie vgl. S. 340.)

13 Volker Wahl, zit. Ehrlich: Gleichschaltung, S. 264; vgl. Lehrke, Nr. 208.

14 Bahr: Petersen, S. 138. Bahr schrieb 2007 allerdings auf der Grundlage von Ehrlichs Aufsatz, nach 1935 habe das Regime beschlossen, dass die Goethe-Gesellschaft kulturpolitisch irrelevant sei (Goethe Society, S. 64).

15 Vgl. dazu Barner, bes. S. 29–31, S. 32 f. sowie Wilson: Goethes Haltung; Jasper.

16 Vgl. Hahn, S. 31–36, dort aber auch S. 35 f. zu den Ausnahmen.

17 Ehrlich / John, S. IX; vgl. Ulbricht: Im Herzen; ders.: »Wo liegt Weimar?« Vgl. außerdem zur Goethe-Gesellschaft in der Weimarer Republik die entsprechenden Abschnitte bei Hahn, Mandelkow sowie die Arbeiten von Neumann.

18 Nach Fritz Engel in *Berliner Tageblatt,* 12. Juni 1922; vgl. Monty Jacobs in *Vossische Zeitung,* 12. Juni 1922, und dazu Victor Michels an Gustav Roethe mit Antwortschreiben, Jena, 28. Juni 1922, Berlin, 9. Juli 1922, GSA 149 / 22, Bl. 25, 28 f.

19 Roethe an Donndorf, 11. Mai 1925, GSA 49 / 24, Bl. 67 f., hier Bl. 67.

20 Engel (Anm. 18).

21 M. J. (Monty Jacobs) in *Vossische Zeitung,* 10. Juni 1922.

22 Bericht über Mitgliederversammlung der Ortsgruppe Berlin am 19. Okt. 1922, GSA 149 / 22, Bl. 88–91; vgl. Dr. Oskar Guttmann an Goethe-Ges., Breslau, 17. Mai 1924, GSA 149 / 23, Bl. 29.

23 Roethe an Donndorf bzw. Michels, 28. April 1926, GSA 149 / 25, Bl. 88–93, hier Bl. 89 f., im Zusammenhang einer Denkschrift der Ortsgruppe Berlin, die mehr Einfluss der Ortsgruppen vorsah.

24 Engel (Anm. 18).

25 Rechtsanwalt Viktor Reisner an den Geschäftsführenden Ausschuss, Breslau, 27. Aug. 1926, GSA 149 / NZ E 62, Bl. 93.

26 Alfred Döblin an den Geschäftsführenden Ausschuss, Berlin, 25. Aug. 1926; Roethe an Donndorf, Berlin, 29. Aug. 1926, GSA 149 / NZ E 62, Bl. 91, 94; die anderen Protestbriefe von Dr. Carl Dreyfuss, Dr. med. W(illy) Alexander-Katz

und M(oritz) Baer: ebd., Bl. 101, 108. Zu dieser und anderen Kontroversen um die Mitgliederlisten erscheint demnächst ein Aufsatz des Verfassers.

27 Sechs kritische Artikel: GSA 49 / NZ E 62, Bl. 102–105.

28 Moritz Goldstein: Goethe-Reaktion. Gewöhnliche und ungewöhnliche Mitglieder. In: *Vossische Zeitung,* 26. Aug. 1926, GSA 49 / NZ E 62, Bl. 104.

29 So Hahn: Goethe-Gesellschaft, S. 38.

30 Michels, S. xviii; Hahn (ebd.), S. 40 f.; siehe den Pressespiegel sowie vier sich auf die Rede beziehende Austrittserklärungen in GSA 149 / 11, Bl. 55–79.

31 Hetzpolitik in der Goethegesellschaft, in: *Vossische Zeitung,* 11. Juni 1927.

32 Fritz Engel in *Berliner Tageblatt,* 13. Juni 1927; dort auch Kritik an Michels' Roethe-Nachruf. Das *Tageblatt* hatte schon am 18. Dez. 1926 nach der Ankündigung des Festredners berichtet, dessen Staatsphilosophie sei als *»Katechismus der Hakenkreuzgemeinschaft«* bezeichnet worden. Man erwarte, dass Wundt nachzuweisen suchen werde, »daß Goethe auch schon völkisch im Sinne Hitlers und Wundts war.« (vgl. dazu Neumann: Zukunft, S. 69, dort ausgelassene Stellen).

33 Vgl. Neumann: Zukunft.

34 Vgl. Oellers (Hrsg.) 1, S. 269–273; Boden, S. 97–100.

35 Hahn: Goethe-Gesellschaft, S. 43 (dort auch zum Folgenden). Zu Petersen vgl. Boden; Boden / Fischer; Bahr: Petersen, sowie *IGL* 3, S. 1385–1388.

36 Vgl. Hahn: Mann; Bahr: Goethe Society, S. 56 f.; Hohmann.

37 Wahl an Petersen, 4. Juli 1930, GSA 149 / 190, Bl. 190.

38 Mandelkow 2, S. 78. Mandelkow zitiert nur die unsinnigsten Auswüchse nationalsozialistischer Goethe-Auslegung; es fällt auf, dass er das Thema Goethe und Juden im betreffenden Abschnitt nur einmal andeutet, indem er Franz Kochs »Schandschrift« in einem Nebensatz erwähnt.

39 Borchmeyer: Goethe (2001), S. 203.

40 Eckart, S. 25. Eckart weist die Goethezitate in Anmerkungen nach: »Wir dulden [...]«: »Göthe: ›Wilhelm Meisters Wanderjahre‹« (MA 17, S. 633); »Sie haben [...]«, »Und dieses [...]«: »Göthe: Das Jahrmarktsfest zu Plundersweiler[n]« (MA 1.1, S. 531 f.); »Ich enthalte mich [...]«: »Göthe: Tag- und Jahresfeste« (vgl. die richtige Quelle oben, Anm. 5). Alle Zitate außer dem letzten erschienen in einer häufigen Quelle für Hitler, Fritschs *Handbuch der Judenfrage,* S. 61–64 (auch das nächste aus *Mein Kampf*).

41 So die Kritik von Esh, Plewnia und Tyrell (S. 194) gegen Nolte; vgl. auch Friedländer, S. 113. Hitler stritt das *Zwiegespräch* nie ab. Es erschien in wenigstens zwei Neuauflagen (1924 und 1925), und im Dritten Reich erlebte es – mit Eckart – eine Renaissance.

42 Hitler: *Mein Kampf,* S. [330]/813 (Erstausgabe: »Helot«); vgl. die dort angeführte Literatur.

43 Rudolf Buttmann: Allgemeiner Überblick über meine politische Entwicklung

(wohl 1946), S. 20; Bayerisches Hauptstaatsarchiv, Nachlass Buttmann 196; zur Gültigkeit dieser Aussage vgl. Kap. 3, Anm. 187.

44 Ziegler: *Hitler aus dem Erleben dargestellt* (1964), zit. nach Kahl (Hrsg.) 2, Nr. 1061.

45 Anka Stalherm; vgl. Longerich: *Goebbels,* bes. S. 118–122.

46 Rudolph, S. 16.

47 Nach übereinstimmenden Berichten von Friedrich Voigt und Hans Wahl zum Treffen mit Hitler am 10. Nov. 1934 im Hotel Elephant in Weimar: Kahl (Hrsg.) 2, Nr. 1207, 1211, 1368.

48 Dazu und zum Folgenden Kahl, S. 191–193.

49 Ziegler (vgl. Anm. 44); Schirach: *Ich glaubte an Hitler* (1967), beide nach Kahl (Hrsg.) 2, Nr. 1047 f. Richtig: »Schüttelt …«, von Arndt für Frühjahr 1813 bezeugt, *Gespräche* 2, Nr. 3708.

50 Goebbels: Tagebuch zum 20. Aug. 1924, vgl. Kahl (Hrsg.) 2, Nr. 1042; Longerich: *Goebbels,* S. 61.

51 Vgl. Goebbels: Tagebuch am 12. Nov. 1934: »Besuch mit Führer im Schiller-Sterbezimmer. Ergreifend! Dieser Mann wäre unser Mann geworden. Goethe vielleicht Demokrat. Weltbürger!« (Bd. 3 / I).

52 Schirach: *Ich glaubte an Hitler,* S. 75; so auch 1923 in Goebbels' Roman *Michael* (dazu Mathieu, S. 82 f.).

53 Engel (vgl. Anm. 18, 32).

54 Wahl an Rudolf Kayser, 5. Sept. 1935, GSA 150 / M 147, Bl. 477.

55 Wahl im Gutachten über Siegfried Goetzes Schrift »Goethe und das Judentum«, 19. oder 20. Dez. 1940, GSA 150 / A 750, Bl. 108; Wahl an Karl Lüdde, 16. Jan. 1939, GSA 149 / 1008, Bl. 426.

56 Rosenberg an Wahl mit Antwortschreiben, 9. bzw. 19. Dez. 1927, Kahl (Hrsg.) 2, Nr. 1057, 1059, Albrecht / Skowronski, S. 177.

57 Im Goetze-Gutachten (wie Anm. 55) sowie an Rudolf Kayser, 5. Sept. 1935 (Anm. 54)

58 Zum frühen Kampfbund vgl. Bollmus, S. 27–39; zu Wahl und dem Weimarer Kampfbund vgl. Ulbricht: Wahl, S. 185 f.; ders.: »Heimat«, S. 172–191; V. Wahl: Exorzismus, S. 262–265, überholt durch Albrecht / Skowronski. Zu den Kontroversen um Hans Wahl vgl. zusammenfassend Bomski / Rüdiger sowie Stefan Matuschek in *GJb* 133 (2016), S. 232–236.

59 Kippenberg an Roethe, 24. Juni 1922, GSA 149 / 22, Bl. 31.

60 Kessler 8, S. 401 (Dank an Lothar Ehrlich für diesen Hinweis).

61 *Völkischer Beobachter,* 10. Feb. 1932, zit. nach Zeller (Hrsg.) 1, S. 60, 71; Ehrlich: Gleichschaltung, S. 246.

62 Donndorf an Kippenberg, 18. Feb. 1932, GSA 149 / 32, Bl. 140.

63 Petersen an Donndorf, 23. Dez. 1932, GSA 149 / 141, Bl. 266 f.

KAPITEL 2

1 Alfred Bergmann in einer Denkschrift, 4. März 1935, GSA 149/192(2), Bl. 409–414, hier Bl. 410.

2 Donndorf an Kippenberg, 27. Mai 1933, GSA 149/33, Bl. 79 (Nachtrag); in vielen Fällen habe man sich auf den »Namensklang« verlassen. Es entspricht wohl derselben Statistik, wenn in einem anderen Dokument »etwa 250« Mitglieder als des Judentums »stark verdächtig« eingestuft wurden. Vertraulicher Anhang zum Prot. Arbeitsausschuss, 25. Nov. 1933 (vgl. S. 56), Bl. 60.

3 Vgl. Donndorf an Kippenberg, 31. März 1933, GSA 149/33, Bl. 47; der Brief Wahles, vermutlich vom Vortag, ist nicht überliefert; der Aufruf datiert vom 29. März. Zu Wahle vgl. Schulz-Beer/Wahl.

4 »Man empfiehlt dem Ortsausschuss, in seiner Sitzung vor Pfingsten beim Vorstand die Bitte auszusprechen, dass er Wahle *halten* solle.« Donndorfs Protokoll einer Besprechung (Donndorf, Kippenberg, Deetjen, Wahl) vom 1. April 1933, GSA 149/33, Bl. 52 f.; vgl. GSA 149/88, Bl. 34–39.

5 Prot. Vorstand, 6. Juni 1933, GSA 149/89, Bl. 270–281 (Entwurf von Alfred Bergmann mit Korrekturen von Donndorf und Kippenberg), hier Bl. 278; die Stelle wurde aus der Endfassung gestrichen: GSA 149/192(2), Bl. 559–562, hier Bl. 561.

6 Julius Roth an Hans Wahl mit Antwortschreiben, 23. bzw. 26. Nov. 1935, GSA 150/M 147, Bl. 467 f.

7 Müller/Stein, S. 70.

8 Aus einer Rede des Reichstagsabgeordneten Werner Willikens im Feb. 1934; Kershaw wählt diesen Spruch als Leitmotiv zum Verhalten der Bevölkerung gegenüber Hitler (Kershaw 1, bes. S. 663–744).

9 Manes an Kippenberg, Berlin, 11. Mai 1933, GSA 149/273, Bl. 65.

10 Kippenberg an Donndorf, 17. Mai 1933, GSA 149/33, Bl. 68 (mit Konzept für den Brief an Manes, Bl. 69); Donndorf an Manes, 19. Mai 1933, GSA 149/273, Bl. 71.

11 Donndorf an Kippenberg, 18. Mai 1933, GSA 149/33, Bl. 70.

12 Vgl. die Teilnehmerverzeichnisse, GSA 149/766 (1), Bl. 1–27 f.–48.

13 »[…] die Gesellschaft hat augenblicklich rund 3200 Mitglieder, davon rund 3100 zahlende. Abgemeldet haben sich für 1933 557, für 1934 355, insgesamt 912 Mitglieder. Diesen Austritten stehen 1934 39 Anmeldungen gegenüber, darunter befinden sich 33 Mitglieder, die eine frühere Austrittserklärung rückgängig gemacht haben.« Prot. Arbeitsausschuss, 2.–3. Feb. 1934, GSA 149/192(2), Bl. 524–526, hier Bl. 524.

14 Prot. Ortsausschuss, 18. Nov. 1933, GSA 149/192(2), Bl. 538–542, hier Bl. 541.

15 GSA 149/182, Bl. 277 (mit Korrekturen Donndorfs für eine Neuauflage 1935).

16 Willy Salomon an Goethe-Ges., Frankfurt, 24. April 1933, GSA 149 / 273, Bl. 102. Ähnlich der Berliner Amtsgerichtsrat Dr. Reinhold Regensburger (Bl. 95) und der Literaturkritiker Arthur Eloesser (Bl. 18–21, zu ihm vgl. unten).

17 Julius Stiebel an Goethe-Ges., Berlin, 15. Dez. 1933, GSA 149 / 273, Bl. 108.

18 Richard Wiener an Goethe-Ges., Berlin, 17. Juni 1933 bzw. 31. Jan. 1934, GSA 149 / 273, Bl. 116, 114.

19 Dr. Kessner (Kurfürstendamm 57) an den Ortsausschuss, 17. Dez. 1933 (nach der ursprünglichen Austrittserklärung vom 15. Sept.), GSA 149 / 273, Bl. 45.

20 Apotheker (unleserlicher Vorname) Rosenthal (Kant-Apotheke) an den Ortsausschuss, Königsberg, 28. Dez. 1933, GSA 149 / 273, Bl. 91, Vermerk Donndorfs: »*Zur A[rbeits-] A[usschuss-] Sitzung* wegen *grundsätzlicher* Stellungnahme hins[ichtlich] der Zusagen, die *Nichtariern* gemacht werden können & sollen.«

21 Richard Robinow, Hamburg, 16. Nov. 1933, mit Antwort Donndorfs 23. Dez., GSA 149 / 273, Bl. 92 f.

22 Martin Sommerfeld an Goethe-Ges., Scarsdale / New York, 14. Jan. 1934, bzw. Frankfurt, 9. Mai 1933, GSA 149 / 273, Bl. 98 f. Zu Sommerfeld vgl. *IGL* 3, S. 1760 f. (Winfried Siebers).

23 Dr. Erich Cerf an Goethe-Ges., Leipzig, 6. Jan. 1934; ursprüngliche Austrittserklärung o. D. (erhalten am 22. Dez. 1933). GSA 149 / 273, Bl. 11 f.

24 Dr. Oswald Barber an Goethe-Ges., Hamburg, 22. Dez. 1933, GSA 149 / 273, Bl. 4–6.

25 Donndorf an Petersen, 17. Nov. 1934, 149 / 180, Bl. 193.

26 Geschäftsstelle an Dr. Johannes Fuchs, 13. Jan. 1934, GSA 149 / 273, Bl. 24. Ähnlich: Geschäftsstelle an Julius Stiebel, 10. Jan. 1934, ebd., Bl. 107. Vgl. das Muster, Bl. 115 sowie GSA 149 / 262, Bl. 117.

27 Ludwig Goldstein an Vorstand, Königsberg / Pr., 15. April 1933 (erhalten 18. April), GSA 149 / 1344, Bl. 52; vgl. Ledebur, S. 269.

28 Donndorf an Goldstein, 22. April 1933, GSA 149 / 1344, Bl. 51, Vermerk von Anna Günther: »Nicht abgesandt, weil inzwischen ein Brief von Herrn Geheimrat Preuss eingetroffen war.«

29 Willy Preuß an Vorstand, Königsberg / Pr., 21. April 1933 (erhalten 24. April), GSA 149 / 1344, Bl. 48 f.

30 Protokollentwurf Ortsausschuss, 25. April 1933, GSA 149 / 89, Bl. 292–298, hier Bl. 297. Vgl. Donndorf an Goldstein bzw. an Preuß, 29. April 1933, GSA 149 / 1344, Bl. 46 f.

31 Wahl an Carl Frederick Schreiber, GSA 150 / M 146, Bl. 198. Schreiber, Kurator der bedeutenden Goethe-Sammlung von William A. Speck, nahm als Vertreter der American Goethe Society an den Goethe-Feiern 1932 und 1935 teil; vgl. Schreiber: Goethe und Amerika, in: *JbGG* 18 (1932), S. 71–79; *JbGG* 20 (1935), S. 217. – Zu Presseberichten (schon im März) über Gewalttätigkeiten gegen Juden vgl. Kershaw 1, S. 597.

32 Text: http://www.holocaust-chronologie.de/chronologie/1933/maerz.html. Donndorf hatte zwei Tage nach der Publikation des Aufrufs eine entsprechende Stellungnahme angeregt: an Kippenberg, 31. März 1933, GSA 149/33, Bl. 47.

33 Flodoard von Biedermann an Victor Michels, 30. Okt. 1926, Neumann: Zukunft, S. 63.

34 Vgl. die Dokumentation von Henning/Leschinsky, S. 3–90, dort 5 Beiträge aus der *New York Times*. Sprangers Erklärung seines Rücktritts lasen die Weimarer in der gemäßigt-liberalen *Deutschen Allgemeinen Zeitung*, 27. April 1933, GSA 149/180, Bl. 491 (angeklebt an Durchschlag des Briefes von Donndorf an Spranger, 29. April).

35 Text in Wulf: *Literatur*, S. 44f. (die nachfolgenden Zitate ebd.); Datum nach Strätz, S. 353.

36 30. April 1933, Tenorth, S. 95. Die Zusage einer Audienz bei Hitler, um die Spranger gebeten hatte, wurde am 3. Mai wieder abgesagt (ebd., S. 95f.).

37 Im Aufsatz »Hochschule und Staat«, zit. Tenorth, S. 104.

38 Vgl. Henning/Leschinsky: Dokumentation, S. 75 (zu den Hintergründen vgl. Henning/Leschinsky: Unterstützung, S. 23–25); Auszüge aus Sprangers Kolleg in der *Deutschen Zeitung* vom 28. April 1933: Henning/Leschinsky, S. 68; »Kern«: aus Sprangers Aufsatz »März 1933« in der Fachzeitschrift *Die Erziehung*, zit. nach Ortmeyer, S. 175, dort auch Sprangers Kritik am »übersteigerten Antisemitismus«.

39 Strätz, S. 358 (das Verbot wurde vor dem 2. Mai beschlossen, galt aber offenbar nur für Berlin).

40 Vgl. Spranger: Mein Konflikt, S. 92.

41 Zeitungsbericht aus der *Vossischen Zeitung*, 11. Mai 1933, in Wulf: *Literatur*, S. 46f.; vgl. S. 48f., sowie aus dem *Neuköllner Tageblatt*, 12. Mai 1933, in: Poliakov/Wulf, S. 119f., und *Völkischer Beobachter*, 13. Mai 1933. Vgl. Henning/Leschinsky: Unterstützung, S. 30; zu Baeumler: Grüttner: *Lexikon*, S. 18.

42 Aus Sprangers Stellungnahme in der *DAZ* (vgl. oben, Anm. 34).

43 Anon.: Zum Rücktrittsgesuch Sprangers, in: *DAZ*, o. D. (30. April 1933, Beiblatt), GSA 149/180, Bl. 491 (an Durchschlag von Brief Donndorfs an Spranger, 29. April), sowie in *Deutsche Zeitung*, 30. April 1933, in: Henning/Leschinsky, S. 69. Die Erklärung der Deutschen Studentenschaft gegen Spranger in der *Deutschen Zeitung* vom 28. April 1933: Henning/Leschinsky, S. 67.

44 Vgl. Spranger: Mein Konflikt, S. 94, sowie *Berliner Tageblatt*, 13. Juni 1933, in: Henning/Leschinsky, S. 52.

45 Sprangers Notizen zu 24.–26. April 1933 (zum 25. April abends: »Klärung der etwaig kommenden Verhandlungspunkte«), Tenorth/Henning (Hrsg.): Aufzeichnungen, S. 130; vgl. Spranger an Kippenberg, 4. Juni 1933: »Ich würde noch weiter Widerstand leisten, wenn ich bei meinen rastlosen Zukunftserwägungen die Aussicht auf irgend einen Beruf mit einem gesicherten Jahreseinkommen

von 3000 M gefunden hätte. Aber daran ist auch nicht zu denken; werden doch selbst ganz private Zeitschriften jetzt einfach zwangsweise gleichgeschaltet. Mit 51 Jahren darf man sich über die Chance des Wiedergerufen werdens keine Illusionen machen.« DLA A:Kippenberg-Archiv, 64.1517/2. Das Ministerium hatte mit der Entlassung Sprangers auf Grund des Gesetzes zur Wiederherstellung des Berufsbeamtentums gedroht, statt der ehrenvolleren und finanziell günstigeren Emeritierung. Vgl. Tenorth, S. 96–99.

46 Bertram an Kippenberg, 26. April 1933, DLA A:Kippenberg-Archiv, 64.1074/4, Antwortschreiben: 28. April 1933, GSA 149/33, Bl. 14–16 (Bertram hatte irrtümlich angenommen, die Münchner Goethe-Gesellschaft, die Manns Vortrag veranstaltete, sei eine Ortsgruppe der Goethe-Gesellschaft). Zu dem am 16./17. April 1933 veröffentlichten, u. a. von Richard Strauss und Hans Pfitzner unterschriebenen Protest gegen Mann vgl. Wulf: *Musik,* S. 314–316.

47 Eisermann, S. 142 (dort ohne Datum; der Brief muss noch vor der Rückkehr Sprangers in sein Amt erfolgt und daher aus Amerika geschickt worden sein).

48 Donndorf an Spranger, 29. April 1933, GSA 149/180, Bl. 491.

49 Kippenberg an Bertram, 28. April 1933, GSA 149/33, Bl. 14–16.

50 Spranger an Kippenberg, 18. Juni 1933, DLA A:Kippenberg-Archiv, 64.1517/3.

51 Spranger an Kippenberg, 4. Juni 1933, DLA A:Kippenberg-Archiv, 64.1517/2.

52 Vgl. Henning/Leschinsky: Unterstützung, S. 15–20.

53 Ortmeyer, S. 181 f.: »ein ganzes Programm konstruktiver Kritik am Nationalsozialismus«.

54 Ermatinger sympathisierte wenigstens später mit den Nationalsozialisten. Vgl. *IGL* 1, S. 448 f. (Julian Schütt) sowie Schütt, S. 78–81.

55 Vgl. Donndorf an Petersen, 14. Dez. 1932, GSA 149/141, Bl. 268.

56 Prot. Arbeitsausschuss, 21. Jan. 1933, GSA 149/32, Bl. 289–294, hier Bl. 289.

57 Spranger an Donndorf, 25. Feb. 1933, GSA 149/766(2), Bl. 24.

58 Ermatinger an Donndorf, Palermo, 17. März 1933 (erhalten am 21. März), GSA 149/766(2), Bl. 12 f. Donndorf hatte ihm am 9. März Sprangers Vorschläge geschickt (ebd., Bl. 16).

59 Donndorf an Kippenberg, 31. März 1933, GSA 149/33, Bl. 47 (es handelt sich um Wahl und Deetjen).

60 Donndorf an Ermatinger, 1. April 1933, GSA 149/766(2), Bl. 4.

61 Kippenberg an Donndorf, 3. April 1933, GSA 149/33, Bl. 48.

62 Donndorf an Wahl, Deetjen, Scheidemantel, 4. April 1933, GSA 149/766 (2), Bl. 1; vgl. Donndorf an Kippenberg, 28. April 1933, GSA 149/33, Bl. 63. Ermatinger hatte dieselbe Sorge geäußert, vgl. Kippenberg an Bertram, 6. April 1933, GSA 149/33, Bl. 5–7.

63 Aktennotiz bzw. Vermerk Donndorfs, 5. bzw. 6. April 1933, GSA 149/766(1), Bl. 224, 221.

64 Ermatinger an Donndorf, Florenz, 4. April 1933 (erhalten 6. April), zit. nach

Notiz Donndorfs, ebd. Bertram war einverstanden, da er Kippenbergs Vorbehalte gegen Ermatinger nicht teilte. Bertram an Kippenberg, Locarno, 9. April 1933 (erhalten 11. April), GSA 149/33, Bl. 8f., sowie 26. April 1933, DLA A:Kippenberg, 64.1074/4.

65 Die Kontaktperson war vielleicht Ministerrat Dr. Friedrich Stieve, Leiter der Kulturpolitischen Abteilung des Auswärtigen Amtes, mit dem Petersen und Kippenberg wegen Finanzierung der Teilnahme von Studenten bzw. Ausländern an Hauptversammlungen in Verbindung standen. Vgl. Stieve an Petersen, Berlin, 16. Feb. 1933, GSA 149/33, Bl. 179; Kippenberg an Donndorf, 27. Feb. 1933, ebd., Bl. 36f.; Petersen an Kippenberg, 22. Feb. 1933, ebd., Bl. 180; Petersen an Donndorf, 31. Mai, 11. und 22. Juni 1935, GSA 149/141, Bl. 117, 114, 105f. Die NSDAP unterstützte die erstarkende NS-nahe Nationale Front gegen die Schweizer Regierung. Dies wurde in der Goethe-Gesellschaft bekannt; vgl. Bertram an Kippenberg, Locarno, 9. April 1933 (wie Anm. 64). Ein Zeitungsartikel gegen staatlich anerkannten ›Kulturbolschewismus‹ in der Schweiz wurde am 11. Mai 1933 in Verbindung mit der Hauptversammlung besprochen. Anon.: Eine Provokation – deutsch-schweizerische Gefahr (Ausschnitt aus unbekannter Zeitung, vermutlich *Thüringer Staatszeitung*), o. D., GSA 149/766(1), Bl. 198; die Besprechung war am 11. Mai (Donndorf, Kippenberg, Wahl): ebd., Bl. 195.

66 Kippenberg an Bertram mit Antwortschreiben, 6. bzw. 9. April 1933, GSA 149/33, Bl. 8f. bzw. Bl. 5–7 (die folgenden Zitate ebd., Bl. 9).

67 Kippenberg an Bertram, 11. April 1933, GSA 149/33, Bl. 10–12. Bertram war in diesem Punkt mit Kippenberg einig: an Kippenberg, 26. April 1933, DLA A:Kippenberg, 64.1074/4.

68 An Ernst Glöckner, 7. und 8. Mai 1933, Wulf: *Literatur*, S. 57; vgl. Conrady: *Völkisch-nationale Germanistik*, S. 42f.

69 Klee: *Personenlexikon*, S. 44; Conrady: *Völkisch-nationale Germanistik*, S. 41f.; Sarkowsky, S. 303, 335.

70 Bertram: Deutscher Aufbruch. Eine Rede vor studentischer Jugend, in: *Deutsche Zeitschrift*, 46 (Juli 1933), S. 613, zit. nach Conrady: *Völkisch-nationale Germanistik*, S. 39.

71 Bertram an Kippenberg, 26. April 1933, DLA A:Kippenberg, 64.1074/4; Kippenberg an Bertram, 28. April 1933, GSA 149/33, Bl. 14–16.

72 1937 berichtete ein anderes Vorstandsmitglied, Rudolf Buttmann, von privat geäußertem Zwiespalt Bertrams gegenüber dem Regime: »Er ist sehr betrübt; tröstet seine Bonner [richtig: Kölner] Studenten, die täglich mit Klagen zu ihm kommen, er ist rückhaltlos für das III. Reich, leidet aber immer mehr unter den Fehlern. [...] Er ist stets der Gleiche, will das III. Reich bejahen, kommt aber (buchstäblich) aus dem Achselzucken u. Kopfschütteln nicht heraus.« Buttmanns Tagebuch zum 18. bzw. 19. Mai 1937, Bayerisches Hauptstaatsarchiv, Nachlass Buchmann 87, S. 26, 36.

73 Kippenberg an Bertram, 22. Mai 1933, GSA 149/33, Bl. 20f.

74 Prot. Ortsausschuss, 18. Mai 1933, GSA 149/192(2), Bl. 567–571. Siehe die Anregung Donndorfs in einem Brief an Kippenberg, 11. März 1933, GSA 149/33, Bl. 40.

75 Notizen von Anna Günther (Geschäftsstelle), 19. Mai 1933, GSA 149/267, Bl. 53; BArch R 9361-IX Kartei/4020479; die Information zum »Bund« verdanke ich Martin Finkenberger (Bonn).

76 Boye an Vorstand der Goethe-Ges., Halle, 18. Mai 1933, GSA 149/267, Bl. 54; »und Dr. Ziegler« fügte Boye nachträglich ein. Vgl. Ehrlich: Gleichschaltung, S. 252; Stenzel: *Goethe,* S. 132.

77 Donndorf an Kippenberg, 20. Mai 1933, GSA 149/33, Bl. 77; vgl. Ehrlich: Gleichschaltung, S. 252.

78 »Der Türmer«: Rund um den dicken Kasseturm [...], in: *Thüringische Staatszeitung »Der Nationalsozialist«,* 13. Mai 1933. Vgl. Stenzel: *Goethe,* S. 132.

79 Donndorf an Kippenberg, 20. Mai 1933, GSA 149/33, Bl. 77; vgl. dazu Ehrlich: Gleichschaltung, S. 252.

80 Kippenberg an Donndorf, 22. Mai 1933, GSA 149/33, Bl. 78, vgl. Ehrlich: Gleichschaltung, S. 252 Anm.; Donndorf an Boye, 24. Mai 1933, GSA 149/267, Bl. 50. Wahl muss auch die Fehler im Artikel berichtigt haben: Mann war kein Mitglied; eine Neuwahl war nicht vorgesehen.

81 Die wichtigsten Einladungen: GSA 149/766(1), Bl. 156–164. Nur vom persönlichen Referenten Fricks liegt eine Antwort vor: er sei »dienstlich verhindert«. An Donndorf, 23. Mai 1933, ebd., Bl. 154.

82 Kippenberg an Bertram, 28. April 1933, GSA 149/33, Bl. 14–16; ähnlich noch am 22. Mai, ebd., Bl. 20f.

83 Hagemeyer an Kippenberg, 20. Mai 1933, Sarkowski, S. 310, zum Folgenden: S. 307–319.

84 Kippenberg an Bertram in Locarno, 6. April 1933, GSA 149/33, Bl. 5–7. Vgl. Kippenberg an Donndorf, 29. Mai 1933, GSA 149/766(1), Bl. 138, sowie Donndorf an Kippenberg mit Antwortschreiben, 28. April und 5. Mai 1933, GSA 149/33, Bl. 63, 66.

85 Planck an Kippenberg, Berlin, 12. bzw. 25. Mai 1933, DLA A:Kippenberg-Archiv, 64.1415/1, GSA 149/33, Bl. 172; vgl. ders. an Donndorf, 31. Mai 1933, GSA 149/766(1), Bl. 127. Plancks Anwesenheit wurde in der Presse eigens hervorgehoben; vgl. GSA 149/766(2), Bl. 184.

86 Prot. Ortsausschuss, 18. Mai 1933, GSA 149/192(2), Bl. 567–571, hier Bl. 567. Zu Liepe vgl. *IGL* 2, S. 1092–1094 (Mechthild Kirsch).

87 Fritz Klein an Vorstand, Berlin, 9. Juni 1933, GSA 149/766(1), Bl. 98. Anlass für das von Hitler verfügte vorübergehende Verbot und die Entlassung Kleins war ein Artikel über Hitlers Behandlung des österreichischen Bundeskanzlers Dollfuss.

88 Kippenberg an Spranger, 14. Juli 1933, GSA 149/33, Bl. 197. Hier auch große Erleichterung über die Schlichtung von Sprangers Streit: »So sind Sie Ihrer Lehrtätigkeit gottlob erhalten geblieben und können und werden weiterhin auf die deutsche Jugend wirken. Der Gedanke wäre unerträglich gewesen, dass auch Sie zeitig totgeschlagen worden wären.«

89 Bergmann: Hauptversammlung 1933, S. 264 (zu Donnerstag, 8. Juni 1933).

90 Ebd., S. 265.

91 Ermatinger, S. 241 f., 244.

92 *Zu brüderlichem Andenken Wielands. 1813,* MA 9, S. 945–965 (von Ermatinger wurde die Stelle »Ausländer [...] mit seinen Gesinnungen« herangezogen, S. 958 f.).

93 v. H. in *Thüringische Staatszeitung,* 12. Juni 1933; GSA 149/766(2), Bl. 172. Siehe Heinemanns positivere Würdigung der »Alceste«-Aufführung, ebd., 10. Juni 1933, sowie Gustav Zimmermann (Leipzig): Der Staatsmann Goethe, in: ebd., 9. Juni 1933. Vgl. Heinemanns Lebenslauf vom 10. März 1939, BArch R 9361-V/5976 (RSK).

94 Donndorf an Ermatinger, 17. Juni 1933, GSA 149/992, Bl. 93.

95 »In seinen einleitenden Worten betonte der 1. Vizepräsident Kippenberg [...], daß die Goethe-Gesellschaft tiefsten Anteil an der staatlichen, sittlichen und geistigen Erneuerung des deutschen Volkes nehme und damit im Geiste des früheren Präsidenten Geheimrat Roethe handele, der bereits in einer Zeit, in der es mancherseits nicht verstanden wurde, den Geist von Potsdam und Weimar in der Synthese als geistige Grundlage Deutschlands erfordert habe.« *Völkischer Beobachter* (A), 13. Juni 1933, GSA 149/766(2), Bl. 174; *Thüringische Staatszeitung,* 10. Juni 1933.

96 Kippenberg an Spranger, 14. Juli 1933, GSA 149/33, Bl. 197; vgl. Kippenberg an Donndorf, 1. Sept. 1933, GSA 149/180, Bl. 451, sowie *Leipziger Neueste Nachrichten,* 11. Juni 1933; GSA 149/766(2), Bl. 184, die anderen Zeitungsberichte ebd., Bl. 172–193.

97 v. H.: Ausklang der Goethetage (vgl. oben, Anm. 93).

98 Vgl. Verzeichnis »Anmeldung zur Hauptversammlung 1932 [und 1933]«: GSA 149/766(1), Bl. 1–27, hier Bl. 20, 28; »Frau Geh. Rat Rosenthal« wurde über die Adresse Kahlaischestr. (in Bl. 28–48, Nr. 90) aus dem Vergleich mit dem *Adressbuch der Stadt Jena 1933* als »Klara Rosenthal, Geh. Justizrats-W[itt]we« identifiziert (S. 284), also Clara Fanny Rosenthal geb. Ellstaetter (geb. 1863), Freitod am 11. oder 12. Nov. 1941 in Jena.

99 Mögliche jüdische Teilnehmer sind Hans bzw. Ilse Sachs (GSA 149/766(1), Bl. 21).

100 Kippenberg an Donndorf, 27. Februar 1933, GSA 149/33, Bl. 36 f.

101 Donndorf an Kippenberg, 3. März 1933, GSA 149/33, Bl. 38 (das nächste Zitat ebd.). Hitlers Angriff – Antwort auf eine Kritik Bolz' am Nationalsozialismus –

fiel in einer Rede in Stuttgart am 15. Februar, die im Rundfunk übertragen und am nächsten Tag im *Völkischen Beobachter* veröffentlicht wurde. Es lässt sich nicht mehr feststellen, ob Donndorf vor oder nach dieser Rede sein nicht erhaltenes »Werbeschreiben« an Bolz schickte und daher ob er damit ein politisches Zeichen setzen wollte. Vgl. Domarus 1/1, S. 210–212; Kershaw 1, S. 577.

102 Auskunft dank Patrick Wagner (Halle). Noch 1938 war Schmidt-Ott in der Goethe-Gesellschaft so angesehen, dass Petersen dessen Besuch der Hauptversammlung herausstellte (an Anna Günther, 20. Mai 1938, GSA 149/143, Bl. 188; vgl. GSA 149/180, Bl. 507).

103 Petersen an Donndorf, »z. Z. auf dem Dampfer City of Detroit auf nächtlicher Fahrt auf dem Eriesee zwischen Buffalo u Detroit«, 21. Mai 1933 (erhalten 2. Juni), GSA 149/180, Bl. 474f. (die folgenden Zitate ebd.). Vgl. Ehrlich: Gleichschaltung, S. 253.

104 Prot. Vorstand, 8. Juni 1933, GSA 149/192(2), Bl. 559–562, hier Bl. 559.

105 Vgl. Kippenberg an Donndorf, 29. Juni 1933: »Mit der Schaltungsfrage werden wir uns in der nächsten Sitzung des Arbeitsausschusses zu beschäftigen haben, aber ich bin der Meinung, dass vor der Rückkehr unseres Präsidenten nichts geschehen kann.« GSA 149/33, Bl. 90f.

106 Elsa Karrass (geb. Freiin von Biedermann) an Anna Günther, 15. Aug. 1933, GSA 149/593, Bl. 394 (Wiedergabe von Kendzia, S. 23: »der Jude verläßt uns«).

107 Vgl. Terwey, bes. S. 42, 49ff. Zu Eloessers bzw. Fuldas Beziehungen zu Petersen seit etwa 1920: DLA A:Petersen, 62.152 bzw. 62.179. Fulda trat am 29. Mai 1933, also noch vor der Hauptversammlung, aus, Eloesser »aus wirtschaftlichen Gründen« erst am 15. Dez. 1933 (also nach dem Austritt aus der Ortsgruppe); er kam dem Appell zum Widerruf und Angebot zum ermäßigten Mitgliedsbeitrag nach, teilte aber Ende 1934 mit, dass er auch diesen nicht mehr bezahlen könne. Die Geschäftsstelle versuchte, ihn zu halten, »denn einem Mitglied, das uns seit 1892 die Treue gehalten hat, möchten wir die Zugehörigkeit zu unserer Gesellschaft ermöglichen, solange unsere Verhältnisse gestatten« (27. Feb. 1935), aber Eloesser reagierte nicht mehr. GSA 149/273, Bl. 18–21, 27.

108 Hans Wahl: Fragebogen zur Bearbeitung des Aufnahmeantrages für die RSK, 1. Sept. 1938, BArch R 9361-V/39 055.

109 Vgl. Terwey, S. 134–140.

110 Vgl. Friedländer, S. 33.

111 Biedermann an Vorstandsmitglieder, 28. Sept. 1933, Protokollbuch der Ortsvereinigung Berlin der Goethe-Gesellschaft (hs. von Karrass und dann Spranger; paginiert), GSA 149/NZ E 60, S. 20f.

112 Donndorf an Petersen, 21. Okt. 1933, GSA 149/180, Bl. 436.

113 Kendzia, S. 14.

114 Petersen an Donndorf, 3. Nov. 1933, GSA 149/180, Bl. 432; vgl. Kendzia, S. 24. Donndorf an Petersen, 1. Nov.: »Wie ist es denn übrigens mit der Gleichschal-

tung in der Ortsgr. Berlin gegangen, hat Herr v. B. sich wirklich halten können?!« (ebd., Bl. 433). Protokoll der Gleichschaltungssitzung vom 30. Okt. 1933: GSA 149/NZ E 60, S. 22 f.; dort heißt es, die Versammlung stimmte der Satzungsänderung »ohne Debatte einstimmig zu«.

115 Vgl. Geschäftsstelle (Anna Günther) an Biedermann, 12. Okt. 1933, GSA 149/593, Bl. 391.

116 Vgl. Osborn an Petersen, Feb. 1930, DLA A: Petersen, 62.370.

117 Prot. Arbeitsausschuss, 2./3. Feb. 1934, GSA 149/32, Bl. 269–271, hier Bl. 270 f.

118 Robert Petsch an Petersen, Hamburg, 27. Okt. 1934, GSA 149/640, Bl. 264.

119 Petsch: Jahresbericht 1934 (für das Jb.), erhalten 14. Mai 1934, GSA 149/640, Bl. 284.

120 Prot. Arbeitsausschuss, 7. Okt. 1934, 149/32, Bl. 229–236, hier Bl. 236.

121 Donndorf an Petersen, 21. Okt. 1933, GSA 149/180, Bl. 436. Am 10. Oktober hatte sich Donndorf gegenüber dem aus Amerika zurückgekehrten Petersen wegen Kippenbergs Untätigkeit beschwert (GSA 149/180, Bl. 440).

122 Donndorf an Kippenberg, 27. Juni 1933, 149/33, Bl. 88 (das nächste Zitat ebd.); vgl. Ehrlich: Gleichschaltung, S. 252.

123 Donndorf an Unbekannt, 3. Juli 1933, Konzept auf der Rückseite eines Makulaturblattes (untere Hälfte abgeschnitten), GSA 149/180, Bl. 464: »Wir wären Ihnen, in Beantwortung Ihres gef. Schreibens vom 30. v. Mon. [=30. Juni 1933] dankbar für eine nähere Nachweisung der Bestimmungen des ›Gleichschaltungsgesetzes‹, das auf unseren Fall Anwendung zu finden hat. Auf Erkundigung beim hiesigen Stadtvorstand wurde uns eröffnet, dass präzise Bestimmungen für literarisch-wissenschaftliche Privatvereine unserer Art offenbar nicht existieren, dass es aber üblich sei und zweckmässig sein würde, die bestehenden öffentlich rechtlichen Vorschriften entsprechend anzuwenden. Ueber diese letzteren war aber auch keine volle Klarheit zu gewinnen. Wenn wir recht unterrichtet sind, müsste der Einfluss der Natio- [der Rest ist abgeschnitten; sinngemäß: der Nationalsozialistischen Deutschen Arbeiterpartei]«. Donndorf hatte am 2. Juli in einem Vermerk auf einem Brief Kippenbergs vom Vortag geschrieben: »Ich werde morgen beim Stadtvorstand das *Gleichsch[altung]sgesetz*, das mir unbekannt war, einsehen.« GSA 149/33, Bl. 93 f. Auch Petersen betont, dass »kein Gesetz« die Gleichschaltung von literarischen Gesellschaften fordere (vgl. Prot. Arbeitsausschuss, 25. Nov. 1933, unten, S. 271, Anm. 7, Bl. 61).

124 Donndorf an Petersen, 21. Okt. 1933, GSA 149/180, Bl. 436 (der Schriftsteller war Siegfried Paris). Nach der von Donndorf zitierten Stelle heißt es in demselben Satz, der durchgängig im Sperrdruck erscheint: »[...] *gleichgültig, ob es sich dabei um Vereinsveranstaltungen handelt, um solche privater Art, oder um Veranstaltungen irgendwelcher Unternehmungen.*« Vgl. *Thüringische Staatszeitung*, 13. Okt. 1933, Kahl (Hrsg.) 2, Nr. 1157; vgl. dazu Albrecht/Skowronski, S. 180, und zur Mitwirkung von Paris im Kampfbund vgl Stenzel: Woche, S. 90, 92.

125 Petersen an Donndorf, 3. Nov. 1933, GSA 149/180, Bl. 432.
126 Vgl. Bollmus, S. 39–54.
127 Ehrlich: Gleichschaltung, S. 247; Dainat, S. 230.

KAPITEL 3

1 Petersen an Kippenberg, 21. Mai 1933 (GSA 149/180, Bl. 474 f., hier Bl. 475; vgl. oben, S. 49 f.).
2 Heinemann habe »Behauptungen über Dr. Ziegler aufgestellt, von denen er genau wußte, daß sie nicht zutrafen.« Leiter des Thüringischen Geheimen Staatspolizeiamtes (unterschr. [Walter] Ortlepp), an RSK, Weimar, 30. Okt. 1935, BArch R 9361-V/5976. Vgl. das Tagebuch Alfred Ahners vom 11. April 1935 und 17. Feb. 1936, Anders (Hrsg), S. 217 f. (diesen Hinweis verdanke ich Jens Riederer).
3 Donndorf an Petersen, 11. Sept. 1934, GSA 149/141, Bl. 189 f., hier Bl. 190.
4 Wahl an Wilhelm Böhm, 1. Aug. 1935, GSA 150/A 733, Bl. 6. Vgl. Post: Machtübernahme, S. 27–33.
5 Vgl. Wächtler an Franz Ludwig Metzner im Reichsinnenministerium, 2. Mai 1933, sowie Sauckel an dens., 3. Juni 1933, Kahl (Hrsg.) 2, Nr. 1144 f.
6 Prot. Vorstand, 8. Juni 1933, GSA 149/192(2), Bl. 559–562, hier Bl. 559.
7 »*Streng vertraulich! Anhang zum Protokoll der Sitzung des Arbeitsausschusses* der Goethe-Gesellschaft«, 25. Nov. 1933, anwesend: Petersen, Biedermann, Donndorf, Kippenberg, Scheidemantel, Wahl, als Schriftführer Bergmann, »hinzugezogen Hr. Deetjen«, GSA 149/10, Bl. 60–62 (im Folgenden im Text zitiert).
8 Petersen an Donndorf, 3. Nov. 1933, GSA 149/180, Bl. 432; Scholz, S. 87.
9 In den späten 1930er Jahren war in der Kleist-Gesellschaft von »schweren Krisenjahre[n]« die Rede, »die das Weiterbestehen der Gesellschaft dauernd ernstlich gefährdet«. Vgl. An unsere Mitglieder. Nov. 1937, unterschr. Minde-Pouet, Vogel, GSA 149/545, Bl. 36 f.
10 Petersen an Donndorf, 3. Nov. 1933, GSA 149/180, Bl. 432 (vgl. Ehrlich: Gleichschaltung, S. 254), Antwort auf Donndorfs Schreiben vom 21. Okt., ebd., Bl. 436, vgl. GSA 149/545, Bl. 73.
11 Vgl. besonders Ehrlich: Gleichschaltung, S. 252, 259 f. (dazu weiter unten); Stenzel: *Goethe*, S. 134.
12 Vgl. die diversen Programme im Schriftwechsel mit der Kleist-Ges., GSA 149/545.
13 Die Kleist-Gesellschaft »scheint doch übers Ziel hinauszuschiessen, wir hörten erst kürzlich von Hans Martin Elster u. einem andern Berliner Herrn, der es wissen müsste, dass eine Nachprüfung des Ariertums bei *einfachen Mitgliedern* bisher nicht gefordert wird.« Donndorf an Petersen, 9. Nov. 1933, GSA 149/180,

Bl. 431; vgl. Scholz, S. 88. Der Schriftsteller Elster war seit 1. Mai 1933 Mitglied der NSDAP sowie Mitglied des Kampfbundes, dann in der Pressestelle für Beamte der Reichsleitung NSDAP tätig. Vgl. BArch R 9361-IX Kartei/7730652; Barbian, S. 80–87.

14 Petersen war im Jahre 1921 einer der Gründer der Kleist-Gesellschaft sowie Vorsitzender mit Georg Minde-Pouet (vgl. Peter Staengle, *IGL* 2, S. 1230–1232) und hielt den Gründungsvortrag; auch Kippenberg war im Vorstand. GSA 149/545, Bl. 108 f.

15 Diese Aussage Wahls (seit der Neugründung des Kampfbunds Thüringen am 12. Oktober 1933 der Gaufachschaftsleiter für Wissenschaft im Kampfbund) bestätigt Petersen in der Sitzung nach einem Gespräch mit dem NS-Vorzeigedichter Hanns Johst, der gleichfalls seit 1928 im Kampfbund war (zu Johsts Beziehungen zu Petersen vgl. DLA A: Petersen, 66.1019).

16 Prot. Arbeitsausschuss, 25. Nov. 1933, GSA 149/32, Bl. 276–280, hier Bl. 276.

17 In den vier Wochen zwischen der Gleichschaltungssitzung und diesem November-Bericht waren offenbar keine Juden ausgetreten; die meisten Austritte waren vor der Gleichschaltung erfolgt, andere folgten zur statutmäßigen Frist am Ende des Jahres.

18 Vgl. Zeller (Hrsg.) 1, S. 117–122; Barbian, S. 71–79.

19 Anna Günther an Unbekannt (»Sehr geehrter Herr Professor«), 22. Dez. 1933, GSA 149/192(2), Bl. 533 (das Dokument befindet sich in einer Handakte Wahls). Als »Gründer« nennt Günther »Reg.-Rat Hirsch (unter ›Denkmals-Hirsch‹ bekannt)« sowie »Dr. Lerche u. ›ein‹ Jenaer Univ.-Professor«. Mit Letzterem ist wahrscheinlich Arthur Witte gemeint (vgl. Pöthe, S. 858 f.). Dr. jur. Karl Gustav Hirsch (geb. 1876) war bis 1935 Angestellter beim Thüringischen Kreisamt Weimar und beschäftigte sich intensiv mit der beabsichtigten Errichtung des Reichsehrenmals für Weltkriegsgefallene in Bad Berka (Auskunft dank LATh-HStAW).

20 Stenographische Aufnahme der Ansprache Petersens auf der Hauptversammlung 1937 (diese Stelle steht nicht in der Endfassung) am 18. Mai 1937, mit Korrekturen Petersens, GSA 149/774, Bl. 137–148, hier Bl. 146. Petersens Erzählung löste im Publikum »Heiterkeit« aus.

21 Vgl. Donndorf an Scheidemantel, 21. April 1933: »Wie es scheint, haben Sie ja Ziegler inzwischen in den Nat.Ausschuss zugewählt und ist alles friedlich und zweckmässig verlaufen.« (GSA 149/766 (1), Bl. 214; vgl. *Thüringische Staatszeitung*, 18. April 1933).

22 v. H. (Albrecht von Heinemann) in *Völkischer Beobachter* (A), 17. Juni 1933. Zum Deutschen Schillerbund und zum Vorsitzenden Eduard Scheidemantel, der dieses Bekenntnis aussprach, vgl. Ulbricht: Im Herzen, S. 150 f., 155, und zu den Festspielen vgl. Riederer, S. 335–350, Neumann: *Hebbelrezeption,* S. 99–125.

23 Vom Reichsinnenministerium 5000 RM, von Goebbels 3000 RM und vom Auswärtige Amt 500 RM (Neumann: *Hebbelrezeption,* S. 113). Das Auswärtige

Amt gewährte der Goethe-Gesellschaft 1000 RM für Reisekosten ausländischer Studierenden: Prot. Ortsausschuss, 25. April 1933, GSA 149 / 192(2), Bl. 575–577, hier Bl. 576.

24 Petersen an Donndorf, 13. Dez. 1933, GSA 149 / 141, Bl. 237–239, hier Bl. 237. Der Vorschlag stammte von Scheidemantel.

25 Heinemann: Ausklang der Goethetage (vgl. 2. Kap., Anm. 93). – Hans Wahl und Max Hecker wurden im März 1934 in den Vorstand des Schillerbunds berufen (Ulbricht: »Heimat«, S. 171), aber die Hintergründe sind nicht bekannt.

26 »Entwurf einer Satzungsänderung«, unterz. Donndorf, 7. Dez. 1933; GSA 149 / 192(2), Bl. 536 f., hier Bl. 536; erster Entwurf: GSA 149 / 10, Bl. 9.

27 In der Kurzfassung des Protokolls: »*Gleichschaltung & damit Zusammenhängendes.* [...] Das Ergebniß ist, daß eine Aenderung der Satzungen für notwendig gehalten wird. H. Donndorf soll einen Entwurf der abgeänderten Satzungen ausarbeiten. Sodann wird der A[rbeits] A[usschuss] im Januar zur Beratung dieser Frage wieder zusammentreten.« Protokollauszug, GSA 149 / 10, Bl. 11; vgl. GSA 149 / 32, Bl. 277.

28 Kahl (Hrsg.) 2, Nr. 1170, 1068, 1076 ff., 1204 sowie Kahl: *Erfindung,* S. 155, 177.

29 Beutler an Petersen, 6. Jan. 1934, DLA, D:Petersen / Goethe, D62.677 / 1 (danach die weiteren Zitate). Vgl. Kippenberg: *Briefwechsel,* S. 516 f.

30 Es ging 1939 um Beutlers jüdische Ehefrau und Umgang mit anderen Juden; vgl. Seng, S. 376–451.

31 Petersen an Kippenberg, 10. Jan. 1934, Kippenberg: *Briefwechsel,* Nr. 369; am selben Tag schrieb Petersen an Donndorf, dass »von irgendeinem auf uns ausgeübten Zwang keine Rede sein kann« (GSA 149 / 180, Bl. 407).

32 Vgl. dazu Seng, S. 289; zu Subventionen: S. 391, 393.

33 Grüttner: Wissenschaftspolitik, S. 25 (nach Frank-Rutger Hausmann); zu Vossler vgl. Gumbrecht.

34 Zit. nach Petersen an Donndorf, 10. Jan. 1934, GSA 149 / 180, Bl. 407 (dort auch die nächsten Zitate). Vgl. Donndorf an Petersen, 11. Jan. 1934, GSA 149 / 141, Bl. 233.

35 *National-Zeitung,* 26. Aug. 1935, mit Bezug auf Anfang 1934, zit. nach Kahl: *Erfindung,* S. 178 f.

36 Donndorf an Kippenberg, 11. Mai 1934, GSA 149 / 180, Bl. 341. Auch Ende 1934 gelangten entsprechende Zeitungsberichte an die Geschäftsstelle. »Jedenfalls wird das Jubiläum der Gesellschaft zu einer großen nationalen Feier werden, denn im Gegensatz zu früheren Jahren, da die große Zahl der – jetzt ausgeschiedenen – jüdischen Mitglieder gar zu gern Goethes internationale Bedeutung betonte, stellt man jetzt Goethe den Deutschen in den Mittelpunkt der Betrachtung.« *NS. Schlesische Tageszeitung,* Breslau, 11. Dez. 1934, sowie *Frankfurter Oder-Zeitung,* 12. Dez. 1934; GSA 149 / 772, Bl. 93, 95.

37 Kippenberg an Petersen, 18. Dez. 1933, Kippenberg: *Briefwechsel,* Nr. 368.

38 Zu Buttmann vgl. insbesondere die gründliche Dissertation von Wanninger (der ich im Weiteren folge) sowie die gleichfalls aus Archivquellen schöpfende Chronik von Simon.
39 Vgl. Wanninger, S. 549 f.
40 Simon, S. 7.
41 Grüttner: *Lexikon,* S. 34.
42 Vgl. die von Simon (S. 10) zitierten Erinnerungen von Walter Conrad, Kirchenreferent im Innenministerium, sowie ausführlich Wanninger, S. 203–279.
43 *Völkischer Beobachter* (A), 4. Mai 1933.
44 Buttmann an Wahl, München, 17. Dez. 1935, GSA 150 / A 734, Bl. 428 f., hier Bl. 429.
45 Simon, S. 18, nach Walter Conrad. Zu Buttmanns Beziehungen zu Frick vgl. Neliba, S. 134 f.
46 Vgl. Nagel, S. 67 f. mit Literatur; Grüttner: *Lexikon*, S. 34.
47 Bergdolt (Hauptgemeinschaftsleiter München), »Politische Beurteilung« von Buttmann, München, 19. Feb. 1944, mit Nachsatz von (Gaustabsamtsleiter München-Oberbayern Bertus) Gerdes, BArch R 9361-II / 138 669; Buttmanns Antrag an die Gauleitung München, 4. Dez. 1940, ebd., vgl. Simon, S. 22.
48 Vgl. Happel, S. 43–45.
49 Erste Verstimmungen datieren von Jan./Feb. 1934; vgl. Simon, S. 13 f.
50 Wanninger, S. 547, vgl. 546.
51 Wanninger, S. 546.
52 Petersen an Kippenberg, 10. Jan. 1934, Kippenberg: *Briefwechsel,* Nr. 369; vgl. Stenzel: *Goethe,* S. 133.
53 Donndorf hatte diesen Plan schon angedeutet; vgl. oben, S. 43.
54 Jens Malte Fischer, zit. nach Kirsch, S. 50; vgl. Andreas Pilger, *IGL* 2, S. 930–932.
55 Vgl. Anna Günther: »Notizen von einer Besprechung am 31. Juli 1935« (Entwurf), 3. Aug. 1935, GSA 149 / 180, Bl. 2–5, hier Bl. 4: »Deetjen rät von K. [am Rande: »Kindermann«] ab, da er hier gegen die Nat. Soz. gesprochen habe.« Dieser Satz ist in Bleistift in Klammern gesetzt und durchgestrichen (die Korrekturen stammen von Deetjen und Wahl). Es handelt sich in diesem Dokument um die Nachfolge des verstorbenen Danziger Vertreters im Vorstand (Strunk); Kindermann, Professor in Danzig, hatte sich nicht undeutlich darum beworben. Vgl. Kindermann bzw. Petersen bzw. Deetjen an Kippenberg, 19. bzw. 22 Feb. bzw 31. März 1933, GSA 149 / 33, Bl. 161, 180, 106; Deetjen an Petersen, 25. März 1933, GSA 149 / 28a, Bl. 14; Prot. Vorstand, 5. Juni 1936, GSA 149 / 182, Bl. 159–163, hier Bl. 159.
56 Dies trotz persönlichem Ärger mit Kindermann, der laut anonymer Denunziation aus Danzig Petersen plagiiert und »öffentlich als gänzlich unphilosophischen Kopf bezeichnet« haben soll. Petersen an Deetjen, Baltimore / USA, 21. Mai 1933, GSA 132 / 701, unfol.

57 Prot. Arbeitsausschuss, 2./3. Feb. 1934, GSA 149/192(2), Bl. 524–526, hier Bl. 524; Prot. Ortsausschuss, 12. März 1934, ebd., Bl. 508–511, hier Bl. 508.

58 Prot. Arbeitsausschuss, 2./3. Feb. 1934, ebd., Bl. 524.

59 Vgl. Stenzel: *Goethe,* S. 133; V. Wahl: Exorzismus, S. 260.

60 Vgl. *Völkischer Beobachter,* 13. Okt. 1943. Zu Ziegler vgl. außerdem Stenzel: »Pg. Goethe«?, S. 229–233, sowie Zieglers Angaben in BArch R 9361-V/64539 (RTK) und seine Erinnerungen *Adolf Hitler aus dem Erleben dargestellt* (2. Aufl. Göttingen 1964).

61 Notizen von Anna Günther, 19. Mai 1933, GSA 149/267, Bl. 53.

62 Prot. Ortsauschuss, 12. März 1934, GSA 149/192(2), Bl. 508–511, hier Bl. 508; Donndorf an Petersen, Muldenstein, 20. März 1934, GSA 149/141, Bl. 227f., hier Bl. 227.

63 Vgl. Ledebur, S. 114 u. ö.; oben, Anm. 21.

64 Petersen an Kippenberg, 10. Jan. 1934 (vgl. Anm. 52).

65 Wahl an Kurt Schuder, 16. Juni 1934, GSA 150/M 148, Bl. 363.

66 Bollmus, S. 236–250; zu Martin Broszats Begriff der »Polykratie der Ressorts« vgl. ebd., S. 14.

67 (Max) Freiherr von Meysenbug an Sekretariat GSA, Grünau, 12. Juli 1933 (offene Postkarte, Poststempel: Dresden Neust[adt], 13. Juli): »Ich empfing Ihren Eilbrief heute morgen u. habe den Empfang auch des Herrn Prof. Dr. Kippenberg beantragt. Die Sache steht z. Zt. so, daß ein Empfang durch den Herrn Propaganda-Minister nicht vor etwa 2–3 Wochen, eventuell etwas später, zu erwarten ist. Ich erhalte Nachricht u. werde sie sowohl Herrn Prof. Dr. Wahl, wie H. Prof. Dr. Kippenberg weitergeben.« GSA 150/A 726, Bl. 16. Meysenbug war als »Gast des Führers« in Bayreuth (Meysenbug an Börries v. Münchhausen, Pyla-sur-mer, 18. Aug. 1940, GSA 69/2354); spätere Schwierigkeiten mit seiner Aufnahme in die NSDAP wurden beseitigt, nachdem »die Kanzlei des Führers die Angelegenheit dringend anmahnt[e]«. Hauptamtsleiter Schneider im Braunen Haus an Walter Eck (Gauschatzmeister Hessen-Nassau), 8. Sept. 1941, BArch (Slg. BDC) Parteikorrespondenz, Meysenbug, Max Frhr. von, 18.2.1879.

68 Donndorf an Petersen, 11. Jan. 1934, Abschrift, GSA 149/141, Bl. 233.

69 Dähnhardt (Mitglied des Verwaltungsbeirates der RSK) an Goethe-Ges., 27. Feb. 1934 (Briefkopf: Arbeitsgemeinschaft […] in der RSK), GSA 149/180, Bl. 377. Zu Dähnhardt vgl. Barbian, S. 237.

70 Petersen an Deetjen, 22. April 1934, GSA 132/701, unfol.; vgl. Donndorf an Petersen, 17. April 1934, GSA 149/141, Bl. 221f.

71 Petersen an Donndorf, 3. Mai 1934, GSA 149/180, Bl. 344.

72 Donndorf an Petersen, 6. Mai 1934, ebd., Bl. 343.

73 Schulte Strathaus an Petersen, 6. Mai 1934, GSA 149/767(2), Bl. 6.

74 Petersen an Donndorf, 9. Mai 1934, GSA 149/180, Bl. 342.

75 Kippenberg an Petersen, 11. Mai 1934, Kippenberg: *Briefwechsel,* Nr. 373; vgl. Stenzel: *Goethe,* S. 134.

76 Barbian, S. 323.

77 Vgl. Schulte Strathaus: *Kippiana,* S. 11 f. u. ö. Zu Schulte Strathaus vgl. Hanns Theo Schmitz-Otto und Rudolf Adolph: In Memoriam Ernst Schulte Strathaus, ebd. S. 61–65 (dort nichts zu seiner Tätigkeit im Amt Heß); Longerich: *Stellvertreter,* S. 30; Grüttner: *Lexikon,* S. 155; Barbian, S. 322–326. Seine Tätigkeit für die Goethe-Gesellschaft stellt eine wichtige Quelle für Schulte Strathaus' literaturpolitische Rolle dar, die »im einzelnen nicht mehr rekonstruierbar« sei (Barbian, S. 323 f.).

78 Wahl an W. Lampe, Vorstand der Wilh.-Busch-Ges. in Hannover, 8. Dez. 1938, GSA 149/192, Bl. 5.

79 Vgl. Aicher/Drepper, S. 122 f.

80 Vgl. Schulte Strathaus' Briefe vom 8. Okt. 1940, Heiber: *Akten,* S. 630 f.

81 Prot. Vorstand, 24. Mai 1934, GSA 149/192(2), Bl. 491–498, hier Bl. 491 f.

82 Prot. Vorstand (Entwurf), 24. Mai 1934, GSA 149/89, Bl. 180–182, hier Bl. 180.

83 Prot. erweiterter Arbeitsausschuss (Entwurf), 27. Apr. 1935, »Vertraulich«, GSA 149/89, Bl. 98–104, hier Bl. 100 (Streichung Donndorfs); die Endfassung ohne diesen Satz: GSA 149/192, Bl. 388–395, hier Bl. 391. Anwesend: Petersen, Donndorf, Kippenberg, Scheidemantel, Spranger, Wahl, als Schriftführer Bergmann; »auf besondere Einladung«: Buttmann, Deetjen, Klein.

84 So aber Dainat: »Ruhe«, S. 232, ähnlich Bahr: Goethe Society, S. 65.

85 Petersen an Donndorf, 9. Mai 1934, GSA 149/180, Bl. 342.

86 Z. B. im Brief an Lampe (oben, Anm. 86).

87 Nagel, S. 67; *Reichsgesetzblatt* 1934, Teil I, S. 375.

88 Wahl beschwerte sich 1936 gegenüber Rust, dass keine Kammer für Wissenschaft gegründet worden sei: an Donndorf, 12. Jan. 1937, GSA 149/1000, Bl. 329.

89 *ATLZD,* 25. Mai 1934.

90 Bergmann: Hauptversammlung 1934, S. 266 (dort die folgenden Zitate aus Petersen). Vgl. Bahr: Petersen, S. 142.

91 Zu Börnes Kritik am »Fürstenknecht« Goethe vgl. Mandelkow 1, S. 109–115.

92 Vgl. Adam, S. 63; Bahr: Petersen, S. 142–144.

93 Petersen an Kippenberg, 22. Dez. 1918, Kippenberg: *Briefwechsel,* Nr. 225; Bahr: Petersen, S. 144.

94 Petersen an Donndorf, »z. Z. Auf dem Dampfer City of Detroit auf nächtlicher Fahrt auf dem Eriesee zwischen Buffalo u Detroit«, 21. Mai 1933, GSA 149/180, Bl. 474 f., hier Bl. 475. – Petersen widerspricht hier der Meinung Christoph Königs (Fachgeschichte, S. 385–388), dass sein Vortrag in Amerika im Grunde nichts mit Nazideutschland zu tun hatte. Vgl. *The Sun,* Baltimore, 27. April 1933, S. 7, in DLA D:Petersen, D62.585/2 sowie D62.583/3).

95 Allein in den *New York Times* vom 18. Mai 1933 erschienen fünf Beiträge.
96 Petersen: *Sehnsucht,* S. 51; die nächsten Zitate: S. 54, 61. Vgl. König, S. 386; Bahr: Goethe Society, S. 59–61.
97 »Heil dem Führer!«: aus dem Gedicht »Bleiben, Gehen« in *Wilhelm Meisters Wanderjahre,* MA 17, S. 641; vgl. S. 1197. »Auf freiem Grund mit freiem Volke stehn«: *Faust II*, v. 11 580; vgl. den Kommentar von Albrecht Schöne, der allerdings die weitverbreitete nationalsozialistische Vereinnahmung dieses Verses übergeht und nur diejenige in der DDR kritisiert (FA 7.2, S. 745–752).
98 Flavius (d. h. Erich Kaiser): Literarische Leichenschändung, *Pariser Tageblatt*, 20. Juli 1934, S. 2.
99 Karl Max in *Neuer Vorwärts* (Paris), 20. Juli 1934, zit. Häntzschel, S. 309.
100 Anon.: Profanation littéraire, in: *Le Temps,* 22. Juli 1934: »un hitlérien cent pour cent«; »On a bien lu: Schiller et Goethe pères spirituels du mouvement nazi … Le professeur Petersen ne manque pas d'audace« (meine Übersetzung); GSA 149 / 11, Bl. 8. Der Ausschnitt ist auf dem unten besprochenen Brief von Mélanie Wieniawska geklebt, wurde aber nicht von ihr geschickt; eine andere Kopie in Donndorfs Handakte: GSA 149 / 180, Bl. 273.
101 Max Wundt sowie Rainer Schlösser an Petersen, Tübingen, 15. bzw. 26. Juni 1934, DLA A: Petersen, 62.1159, 66.1095 / 1.
102 Bergmann: Hauptversammlung 1934, S. 267; vgl. Stenzel: »Pg. Goethe«?, S. 239. Schulte Strathaus protestierte gegen die eigenmächtige Änderung seines ursprünglichen Wortlauts »Urgrund, aus dem aufquoll, was in Hamann […] deutsch ist« (an Bergmann, 26. Juli 1934, GSA 149 / 993, Bl. 65).
103 Richard Gebhard an Vorstand, 15. Dez. 1936, GSA 149 / 11, Bl. 7.
104 Bertram, S. 243–247 (die nachfolgenden Zitate: S. 221, 227). Donndorf fand den Vortrag »sehr schön«: an Anna Günther, Muldenstein, 13. Sept. 1934, GSA 149 / 180, Bl. 248.
105 So aber Stenzel: »Pg. Goethe?«, S. 241.
106 Er heiratete 1889 in Brüssel die Dresdner Bankertochter Melanią Hilsheimer (Auskunft dank der Henryk Wieniawski-Musikgesellschaft in Poznań). Vgl. auch dies. an Geschäftsführenden Ausschuss, 26. Aug. 1926, GSA 149 / NZ E 62, Bl. 157.
107 Mélanie Wieniawska an Goethe-Ges., Brüssel, 26. Dez. 1934, GSA 149 / 11, Bl. 10 (Vermerk: »Mitgld. seit 1889«), mit Anspielung auf Goethes Gedicht »Über allen Gipfeln«.
108 Geschäftsstelle (i. A. [Anna] Günther) an Mélanie Wieniawska mit Antwortschreiben, 19. bzw. 29. Jan. 1935, ebd,, Bl. 9 (Entwurf von Donndorf: Bl. 10), 8.
109 Zum Folgenden vgl. Bollmus, bes. Kap. 2.
110 Petersen an Donndorf, 16. Nov. 1934, GSA 149 / 10, Bl. 42 (Abschrift); vgl. Ehrlich: Gleichschaltung, S. 255. Zum nicht überlieferten Brief vom Amt Rosenberg (wohl Heinz Schaefer, s. u.) vgl. Kap. 6.

111 Vgl. Rosenberg an Bouhler mit Antwortschreiben, 25. bzw. 27. Sept. 1934; Heiber: *Akten,* S. 96. Zu anderen Fällen in den Jahren 1938/1939 vgl. ebd., S. 393, 420. Auch Goebbels war später gegen Schulte Strathaus eingestellt: *Tagebücher,* 18. März 1941, I/9, S. 194. Schulte Strathaus sprach selbst von »Überschneidungen und Reibungen«, durch die er »mit Rosenberg, Goebbels und Ley verkracht« gewesen sei: »Niederschrift der Unterredung Schulte Strathaus' mit Dr. Heinrich Bennecke, 12.11.1963«, Archiv des Instituts für Zeitgeschichte München, ZS 2089.

112 Vgl. Rosenberg an Heß, 2. und 14. Nov. 1934, Heiber: *Akten,* S. 105.

113 Donndorf an Petersen, 17. Nov. 1934, GSA 149/180, Bl. 193; daraus die nachfolgenden Zitate.

114 Petersen an Donndorf, 2. Jan. 1935, GSA 149/180, Bl. 167 (das nächste Zitat ebd.).

115 Der Beauftragte des Führers (...), Abteilung Verbände, gez. (Heinz) Schaefer, an Petersen, 19. Dez. 1934, GSA 149/14, Bl. 68; in vollem Wortlaut von Petersen zitiert: Kippenberg: *Briefwechsel,* Nr. 387.

116 Kippenberg an Petersen, 4. Jan. 1935, Kippenberg: *Briefwechsel,* Nr. 388, korrigiert nach GSA 149/32, Bl. 428. Vgl. Dainat: »Ruhe«, S. 230.

117 Donndorf an Petersen, 24. Jan. 1935 (GSA 149/141, Bl. 155), mit Text von Donndorfs Brief an das Amt Rosenberg vom 21. Jan. und der Antwort vom 23. Jan.

118 Vgl. *Mitgliederverzeichnis* 1926, S. 13.

119 Hansheinrich Dransmann (Gauobmann der NSKG Groß-Berlin), Friedrich Wilhelm Herzog und Dr. Werner Kurz (Leiter der Abt. Musik bzw. Theater im Reichsamt der NSKG). Tagung der Kleist-Ges., 30. Nov.–2. Dez. 1934, GSA 149/545, Bl. 67 f.

120 O. B.: Lebendige Vergangenheit. Dr. Stang spricht auf der Reichstagung der NS-Kulturgemeinde, in: *Berliner Tageblatt,* Nr. 274, 12. Juni 1935 (Abendausgabe), daraus die folgenden Zitate. Ähnlich wie das *BT* berichtete die ehemals bürgerliche, von Donndorf oft zitierte *Deutsche Allgemeine Zeitung* am 12. Juni 1935 (Abendausgabe).

121 Das Mitglied der Goethe-Gesellschaft Wilhelm Oest sowie Petersen und Buttmann waren der Meinung, dass die Ansprachen von Stang und Minde-Pouet eindeutig auf die Goethe-Gesellschaft zielten. Oest an Vorstand, Dresden, 21. Juni 1935, mit Zitaten aus *Dresdner Neueste Nachrichten,* 13. Juni 1935, GSA 149/1123, Bl. 102 f., hier Bl. 103. Buttmann berichtet sogar auf Grund der Aussagen Petersens, Stang habe auf der NSKG-Tagung ausdrücklich »die ›Eingliederung der G.-G.‹« verlangt. Buttmann an seine Ehefrau, Weimar, 26. Aug. 1935, Bayerische Staatsbibliothek, Nachlass Buttmann 64/2 (Hinweis dank Susanne Wanninger). Vgl. Scholz, S. 90 f., nach dem Minde-Pouet die Goethe-Gesellschaft in Briefen zur Düsseldorfer Tagung nicht erwähnt, sowie den Artikel in der *DAZ* (vgl. Anm. 120).

122 Georg Minde-Pouet: Um das Schicksal der wissenschaftlichen Gesellschaften, in: *Berliner Tageblatt,* 23. Juni 1935 (Sonntagsausgabe); daraus die nächsten Zitate.

123 Korn war Leiter der Rubrik »Geistiges Leben«, in der diese Beiträge erschienen (Payk, S. 41). Zu seinem späteren Schicksal vgl. Korn, S. 307–315; Goebbels, *Tagebücher,* 6. März 1941, I / 9, S. 173; Payk, S. 46.

124 Petersen scheint derselben Meinung zu sein. Vgl. Prot. Vorstand, 25./26. Aug. 1935, Entwurf (vgl. Anm. 129), Bl. 44.

125 Karl Korn: Um das Schicksal der literarischen Gesellschaften. Eine Diskussion, in: *Berliner Tageblatt,* 30. Juni 1935; daraus die nächsten Zitate. Korn erwähnt diese Episode in seinen Memoiren *Lange Lehrzeit* nicht.

126 Zu den Ereignissen um den Erweiterungsbau vgl. Kahl: *Erfindung,* S. 163–188.

127 Donndorf an Petersen, 10. Sept. 1935: »In der Judendebatte ließ ich Ihren einleitenden Vortrag (Stang! Minde Pouet!) weg, tilgte auch *Namen* der Redner.« GSA 149 / 182, Bl. 382.

128 Prot. Vorstand, 25./26. Aug. 1935, Auszug; »(Das *vollständige* Protokoll liegt in der Geschäftsstelle aus und kann auf Wunsch zur Einsicht übersandt werden.)«, GSA 149 / 79, Bl. 25-[59] (fehlerhafte Foliierung), hier Bl. 25 (25. Aug.). Zu Stoffregen vgl. Barbian, S. 208; Klee: *Kulturlexikon,* S. 535 f., beide ohne Erwähnung seiner Rolle im Amt Rosenberg.

129 Petersen berichtet auch über einen in den Akten (GSA 149 / 10, Bl. 40) liegenden Artikel aus einer Zeitung, die Petersen irrtümlich für den *Völkischen Beobachter* hält, in dem die Goethe-Gesellschaft als »verjudet« bezeichnet worden sei. Außerdem habe das Berliner Mitglied Max Grauert geschrieben, »daß ein Aufgehen der Gesellschaft in der N. S.-Kulturgemeinde ihr Ende bedeute.« Prot. Vorstand, 25./26. Aug. 1935, Entwurf (Bergmann) mit Korrekturen Donndorfs, GSA 149 / 89, Bl. 44–54, hier Bl. 44; daraus die folgenden Zitate. Anwesend: Petersen, Beutler, Burckhardt, Buttmann, Deetjen, Donndorf, v. Güntter, Kippenberg, Klein, v. Molo, Scheidemantel, Spranger, Wahl, Bergmann.

130 Vgl. Wahl an Strauss, 1. Juni 1934, GSA 150 / A 730, Bl. 340, Kahl (Hrsg.) 2, Nr. 1190.

131 Stangs Anmeldung mit drei Kollegen: Amtsleitung NSKG an Geschäftsstelle, 13. Aug. 1935, GSA 149 / 770, Bl. 152; Abmeldung am 23. Aug.: ebd., Bl. 7. Minde-Pouets Anmeldung ist auf Bl. 6 notiert, nicht aber seine Abmeldung. Die beiden Mitglieder im Vorstand der Kleist-Gesellschaft waren Herzog und Kurz, vgl. oben, Anm. 119.

132 Zur Teilnahme von Kurz (vgl. vorige Anm.) und Hagemeyer vgl. Petersen / Bergmann: Jahresbericht 1934 / 35, S. 218 f. Zu Hagemeyers Rolle im Amt Rosenberg in diesen Jahren vgl. Barbian, S. 270–277.

133 Rosenberg war in der Kirchenpolitik ein Kritiker Buttmanns; vgl. Rosenbergs Tagebuch vom 17. Mai 1934, S. 128.

134 Bis zu diesem Zeitpunkt: vgl. Rosenberg, S. 129, 131.
135 Vgl. auch den Brief Buttmanns an seine Frau (Anm. 121).
136 Wahl machte später dasselbe Argument; vgl. das Goetze-Gutachten (unten, S. 319, Anm. 133), hier Bl. 108.
137 Petersen an Beauftragten des Führers (...), 3. Sept. 1935, GSA 149/262, Bl. 31 (Durchschrift mit Vermerk Anna Graßhoffs, dass die Ausfertigung am 2. Sept. an Petersen geschickt wurde); vgl. Kippenberg an Geschäftsstelle, 30. Aug. 1935, mit Anlage (ebd., Bl. 29). Auf diesem Blatt steht ein Vermerk Donndorfs vom 1. Sept.: »Bitte, nur die Reinschrift auszufertigen so wie von H Kipp. (& Schulte-Strathaus) entworfen. Der Passus ›Neuaufnahmen‹ ... mag stimmen. Es waren wohl nur einige Wiederaufnahmen v. Leuten, die auf meine beruhigenden Erklärungen *wieder* eingetreten sind.« Vgl. Prot. Vorstand (wie Anm. 128), GSA 149/79, Bl. 25; Petersen an Donndorf, 4. Sept. 1935, GSA 149/182, Bl. 387.
138 Buttmann an seine Ehefrau, 26./27. Aug. 1935 (Anm. 121). Buttmann hatte nach der Absage von Rust »fast das Gefühl, dass unsere Feier staatlicherseits ›geschnitten‹ wird. Nur Schulte-Strathaus vom Heß'schen Stabe u. einen unbekannten Vertreter Rosenbergs hatte die Partei entsandt.« Hagemeyer war jedoch keineswegs unbedeutend; zum Urlaub der Minister wusste Buttmann offenbar nichts.
139 Donndorf an Kippenberg, Salzungen, 13. Juli 1935, GSA 149/32, Bl. 50.
140 Geschäftsstelle an Petersen, 16. Aug. 1935, GSA 149/769, Bl. 236; Petersen/Bergmann: Hauptversammlung 1935, S. 219.
141 Dr. Oskar Gold, Wien, an Goethe-Ges., sowie Antwort, 3. bzw. 8. Juli 1935; Paul Kanter aus Breslau an Goethe-Ges. sowie Antwort, 27. bzw. 29. Juli 1935, GSA 149/771, Bl. 142, 140, 120, 119.
142 Teilnehmerverzeichnis: GSA 149/770, Bl. 2–31.
143 Donndorf an Petersen, 17. Juni 1935 (Abschrift), GSA 149/769, Bl. 380.
144 Kippenberg an Donndorf, 15. Juli 1935, GSA 149/180, Bl. 28. Petersens Zustimmung: an Donndorf, 18. Juni 1935, ebd., Bl. 61. Kippenberg war also vermutlich dafür verantwortlich, dass die Ehrung aus dem Programm gestrichen wurde; vgl. Donndorf an Petersen, Salzungen, 2. Juli 1935, ebd., Bl. 43.
145 Anna Günther an Donndorf, 6. Juli 1935; GSA 149/141, Bl. 89–92.
146 Anna Günther: »Notizen von einer Besprechung am 31.7.35«, 3. Aug. 1935, GSA 149/180, Bl. 2–5, hier Bl. 5. Ein Vorwand dafür war freilich auch, dass nicht alle Gründungsmitglieder zur Hauptversammlung erscheinen würden. Vgl. Donndorf an Kippenberg, Salzungen, 13. Juli 1935, GSA 149/32, Bl. 50.
147 Petersen an Donndorf, Murnau, 17. Sept. 1936, GSA 149/143, Bl. 317.
148 Kippenberg an Donndorf, 25. Aug. 1934, GSA 149/180, Bl. 271 f.
149 GSA 149/769, Bl. 134–143, hier Bl. 136 f. Donndorf an Petersen, 6. Mai 1934, GSA 149/180, Bl. 343. Petersen hatte für die Goethe-Gesellschaft einen Kranz am Grab Friedlaenders niedergelegt. Donndorf nannte Friedlaender »un-

sern [...] alten Freund«; am 25. Mai 1924 hatte er gegenüber Roethe die Ehrung »des allezeit hilfsbereiten, sympathischen Musikgelehrten« befürwortet (GSA 149 / 23, Bl. 33).

150 Vgl. Prot. Arbeitsausschuss, 7. Okt. 1934, GSA 149 / 192(2), Bl. 452–460, hier Bl. 456, sowie Georg Schünemann: In memoriam. Max Friedlaender, *GJb* 21 (1935), S. 204–207.

151 Geschäftsstelle (Graßhoff) an den Bankier Albert Strauss in Frankfurt, 25. März 1936, GSA 149 / 273, Bl. 104 (wohl nach Entwurf Donndorfs): »Dass wir auch nichtarischen Mitgliedern unbefangen gegenüberstehen und Verdienste um unsere Goethesache dankbar zu würdigen wissen, wird Ihnen der Aufsatz zum Gedächtnis unseres verehrten alten Max Friedländer im letzten Jahrbuch (1935) beweisen.«

152 Vgl. Prot. Ortsausschuss, 25. April 1933, GSA 149 / 192(2), Bl. 575–577, hier Bl. 576.

153 *New Yorker Staats-Zeitung und Herold*, 2. Juli 1935, S. 1, 6, GSA 149 / 722, Bl. 236 f.

154 Baruch an Leopold Eisele (Schatzmeister der Goethe-Ges.), New York, 10. Jan. 1934, GSA 149 / 722, Bl. 311–313.

155 NSDAP-Gaukartei, BArch R 9361-IX Kartei / 3 851 093 (Aufnahme: 1. Jan. 1936); vgl. Jacobsen, S. 541.

156 *New Yorker Staats-Zeitung und Herold*, 4. Juli 1935, GSA 149 / 722, Bl. 235.

157 Donndorf erwähnte die Ehrung auf der Hauptversammlung 1936; vgl. Petersen u. a.: Hauptversammlung 1936, S. 148.

158 *New York Times*, 4. März 1933, S. 9.

159 Petersen an Kippenberg, »Dampfer City of Detroit auf der nächtlichen Fahrt von Buffalo nach Detroit auf dem Eriesee«, 21. Mai 1933, GSA 149 / 33, Bl. 182.

160 Prot. Arbeitsausschuss, 25. Nov. 1933, GSA 149 / 32, Bl. 276–280, hier Bl. 276.

161 Prot. Vorstand, 24. Mai 1934, GSA 149 / 192(2), Bl. 491–493, hier Bl. 491; Petersen übernahm die Aufgabe, das Telegramm an Cooper zu schreiben (Prot. Ortsausschuss, 25. Mai 1934, ebd., Bl. 496).

162 Prot. Mitglieder des Ortsausschusses, 18. Sept. 1936, GSA 149 / 182, Bl. 65–67, hier Bl. 66. Evans (1878 oder 1879–1976), war Germanistikprofessor an der Temple University in Philadelphia / USA (Dank an Margery N. Sly, Temple University Libraries). Vgl. Petersen u. a.: Hauptversammlung 1937, S. 146. Zu Donndorfs Ärger über die Auszeichnung von Evans vgl. seinen Brief an Anna Günther, (Muldenstein), 16. Juli 1936, GSA 149 / 143, Bl. 334; vgl. auch Evans an Hans Wahl, Philadelphia, 23. Aug. 1936, GSA 150 / A 735, Bl. 270.

163 Zur Spaltung vgl. Hoecherl Alden, S. 402–408 und die dort angeführten Forschungen.

164 Prot. Vorstand, 24. Mai 1934, GSA 149 / 192(2), Bl. 491–493, hier Bl. 491. Zu Scholtes freundschaftlichen Beziehungen zu Petersen vgl. DLA D. Petersen / Goe-

the, D62.719; A: Petersen, 66.1116. Zu Cooper und Scholte vgl. Petersen / Bergman: Hauptversammlung 1935, S. 219.

165 Petersen an Kippenberg, 8. Aug. 1934, Kippenberg: *Briefwechsel*, Nr. 378.

166 Prot. erweiterter Arbeitsausschuss, 27. Apr. 1935 (»Vertraulich«), GSA 149 / 192, Bl. 388–395, hier Bl. 388 (die nächsten Zitate ebd.). Anwesend: Petersen, Donndorf, Kippenberg, Scheidemantel, Spranger, Wahl, Bergmann, Buttmann, Deetjen, Klein; Ziegler war eingeladen, sagte aber ab (die Sitzung war in Berlin). Petersen hatte auf Niederlagen Hitlers bei der Stresa-Konferenz und den Genfer Abrüstungsverhandlungen hingewiesen. – Vgl. auch Prot. Arbeitsausschuss, 11. März 1935, GSA 149 / 192, Bl. 402.

167 Petersen an Karl Wilhelm Oest in Dresden, 26. Juni 1935, GSA 149 / 1123, Bl. 97.

168 Vgl. oben, S. 58, 60; dazu auch Kippenberg an Petersen, 22. Feb. 1934, Kippenberg: *Briefwechsel*, Nr. 371; vgl. Nr. 379 f., sowie oben, S. 77 (»diese Sache selbst in der Hand behalten«).

169 Donndorf an Anna Günther, 7. Juli 1935, GSA 149 / 141, Bl. 86.

170 Petersen an Oest, 26. Juni 1935 (vgl. Anm. 167). Petersen übernahm hier z. T. wörtlich das Argument von Donndorf aus einem Brief, den er gerade erhalten hatte: 24. Juni 1935, GSA 149 / 141, Bl. 102[-102a], hier Bl. [102a].

171 Kippenberg an Donndorf, 8. Aug. 1935, GSA 149 / 182, Bl. 414.

172 Donndorf an Petersen, 9. Aug. 1935, GSA 149 / 182, Bl. 413; vgl. Aktennotiz Donndorfs über eine Besprechung mit Deetjen und Wahl, 5. Nov. 1935, GSA 149 / 769, Bl. 54.

173 Dainat: »Ruhe«, S. 229.

174 Muster des Petersen-Briefes im Namen des Vorstandes, 4. Juli 1935, GSA 149 / 770, Bl. 219.

175 Schreiben an Petersen von: Privatsekretär Rosenbergs Thilo v. Trotha, 13. Aug. 1935; Chef der Kanzlei des Führers der N. S. D. A. P. / Stabsleiter, 5. Aug. 1935; Chefsekretärin Görings, 18. Juli 1935 (GSA 149 / 770, Bl. 230, 253, 257). Das Büro des Außenministers Neurath teilt am 14. Aug. lediglich mit, dass dieser »zu seinem aufrichtigen Bedauern nicht in der Lage sein wird« zu kommen (ebd., Bl. 246), nachdem es dessen Teilnahme offengelassen hatte (Petersen an Donndorf, 11. Juli 1935, GSA 149 / 180, Bl. 30).

176 Goebbels' Persönlicher Adjutant an Petersen, Berlin, 9. Juni 1935, GSA 149 / 769, Bl. 330.

177 *Manchester Guardian*, 19. Sept. 1935, S. 9.

178 Petersen an Donndorf, 11. Juli 1935, GSA 149 / 180, Bl. 30. Vgl. GSA 149 / 770, Bl. 130 f., sowie die Anmeldungen von Ehrengästen, ebd., Bl. 6. Die Einladung ging schon am 22. Juni 1935 an Rust (GSA 149 / 180, Bl. 53).

179 Persönlicher Adjutant von Rust (unterschr. [von] Reichmeister) an Petersen in Weimar, Berlin, 26. Aug. 1935, eing. bei der Post um 17.30 Uhr. In der stenographischen Aufnahme von Petersens Begrüßung wurde Rusts Teilnahme am

nächsten Tag angekündigt (GSA 149/769, Bl. 135; fehlt im gedruckten Bericht, *JbGG* 21 [1935], S. 218). Vgl. Donndorf an Bergmann (für das Protokoll), 28. Sept. 1935, GSA 149/182, Bl. 363. Rusts Ministerium bat am 6. Juli 1935 um »einige Stichworte für die Rede des Herrn Ministers [...] und insbesondere auch etwas Material zur Geschichte der Goethe-Gesellschaft« (Ministerialrat Dr. Zierold an Petersen, GSA 149/769, Bl. 333); am 21. Aug. teilte von Reichmeister Petersen mit, Rust werde an der Festsitzung »gern teilnehmen, muss aber am Nachmittag Weimar wieder verlassen, da abends seine Anwesenheit zu einer anderen Veranstaltung hier in Berlin dringend notwendig ist« (ebd., Bl. 219; Vermerk von Anna Günther: »Ankunft im Kraftwagen a. 27. 8. 35 ½ 10 Uhr am Hotel Elefant«); am nächsten Tag bat er um ein genaues Stenogramm von Rusts Rede (GSA 149/770, Bl. 130) und telefonierte mit der Geschäftsstelle, um den Besuch zu regeln (Aktennotiz von Anna Günther, ebd. Bl. 131).

180 Hauptversammlung 1935, S. 218 f.

181 Will G. Moore in *Manchester Guardian*, 1. Okt. 1935, S. 13 (zusammen mit einer Replik des Berichterstatters). Moore – späterer Romanist in Oxford – schickte seinen Artikel an Maltzahn in Weimar; vgl. GSA 149/1125, Bl. 168 f.

182 Ehrlich: Gleichschaltung, S. 256. Vgl. Anmeldungen von Ehrengästen, GSA 149/770, Bl. 7, sowie Notiz Anna Günthers, 24. Aug. 1935, ebd., Bl. 122; Buttmann: Allgemeiner Überblick (S. 260, Anm. 43), S. 20, und den Briefwechsel Sauckels mit François-Poncet und der Reichskanzlei (Anm. 225). Sauckel ließ Ziegler der Goethe-Gesellschaft die »herzlichsten Grüße und Glückwünsche« aussprechen (Petersen/Bergmann: Jahresbericht 1935, S. 241) und die Ansprache halten, offenbar weil er selbst in den Tagen vorher so sehr von den Parteifeierlichkeiten in Anspruch genommen worden war.

183 Petersen an Hitler, 3. Juli 1935, in Kahl (Hrsg.) 2, Nr. 1237.

184 Petersen an Donndorf, 3. Juli 1935, GSA 149/141, Bl. 95; vgl. auch zur persönlichen Überreichung Kahl: *Erfindung*, S. 180. Petersen wurde in der Reichskanzlei aufgefordert, auch noch die dortigen Staatssekretäre, Hans Heinrich Lammers und Otto Meissner, sowie Reichsleiter Philipp Bouhler einzuladen: Petersen an Anna Günther, 3. Juli 1935, GSA 149/141, Bl. 94.

185 Donndorf an Petersen, 26. Juli 1935 (Auszug), GSA 149/180, Bl. 18. Vgl. Kahl: *Erfindung*, S. 180.

186 Der persönliche Referent des Führers und Reichskanzlers (unterschr. Ministerialrat Dr. [Willy] Meerwald) an Vorstand der Goethe-Gesellschaft, Berchtesgaden, 18. Aug. 1935, GSA 149/769, Bl. 230; vgl. Kahl: *Erfindung*, S. 181.

187 An Volksbildungsminister Wächtler, 20. Aug. 1935, vgl. Kahl: *Erfindung*, S. 181. – Buttmann berichtet, Hitler habe nicht auf das unten angeführte Telegramm geantwortet und leitet zum Teil daraus den Schluss ab, »Die Goethe-Gesellschaft erfreute sich, ich weiß nicht, warum, bei A. H. keines Ansehens.« Doch hatte Hitler ja zuerst seine Begrüßung geschickt; Buttmanns Äußerung ist Teil einer

Selbstrechtfertigung nach dem Krieg und dient allzu deutlich der Schlussfolgerung: »Also auch hier [d. h. als Vorstandsmitglied der Goethe-Gesellschaft] befand ich mich im [?] Gegensatz zu A. H. und der Partei überhaupt.« Allerdings wird Buttmanns Einschätzung für die Zeit vor 1933, als er näheren Umgang mit Hitler hatte, zutreffen. Buttmann: Allgemeiner Überblick über meine politische Entwicklung (wohl 1946), Bayerisches Hauptstaatsarchiv, Nachlass Buttmann 196, S. 20.

188 Vgl. Domarus 1 / 1, S. 521; DNB-Bericht »Der Führer bei der Marine. Mehrtägiger Besuch zum Artillerieschießen auf der Ostsee«, in: *DAZ,* 26. Aug. 1935, S. 1.

189 Goebbels: *Tagebücher* I / 3 / 1, S. 257. Goebbels war außerdem bei den Bergungsarbeiten nach einem großen Unglück beim Bau der S-Bahn beschäftigt.

190 Kippenberg an Donndorf, 21. Sept. 1933: »Noch stärker aber sind meine Bedenken gegen das Strauss'sche ›Heldenleben‹. Wir müssen etwas anderes finden.« (GSA 149 / 141, Bl. 249). Strauss wurde am 15. Nov. 1933 zum Präsidenten der Reichsmusikkammer ernannt.

191 Vgl. u. a. Prot. Ortsausschuss, 6. Nov. 1934, GSA 149 / 180, Bl. 199–203, hier Bl. 200; Donndorf an Petersen, 17. Nov. 1934: »Weder für die Ehrenmitgliedschaft, noch für die Medaille scheinen mir die Voraussetzungen so recht gegeben zu sein, doch darf man es bei einer so ungewöhnlichen Persönlichkeit auch nicht so genau nehmen!« (ebd., Bl. 193). Noch am 22. Nov. 1934 schrieb Kippenberg an Donndorf: »Meister Richard Strauss werde ich schon für die Sache gewinnen« (ebd., Bl. 190).

192 Kippenberg an Donndorf, 5. Feb. 1935, GSA 149 / 769, Bl. 480.

193 Vgl. dazu Splitt: Strauss' Brief, sowie Splitt: *Strauss.*

194 Vgl. Splitt: *Strauss,* S. 206–208.

195 Vgl. ebd., S. 212.

196 Vgl. Donndorfs Bericht über eine Besprechung mit Wahl und Deetjen, 23. Feb. 1935, GSA 149 / 180, Bl. 156. Raabe wurde nach Aufhebung der Mitgliedersperre, rückwirkend zum 1. Mai 1937, zum NSDAP-Mitglied.

197 Vgl. die Sammlung in GSA 149 / 772, Bl. 1–95. Zu Raabe summarisch: Klee: *Kulturlexikon,* S. 426 f.

198 Hauptversammlung 1935, S. 218; vgl. den Entwurf zum Telegramm (wohl von Kippenberg), unterschrieben Petersen, Kippenberg, Wahl, o. D., GSA 149 / 32, Bl. 186. Vgl. Kahl: *Erfindung,* S. 179.

199 FA I, 2, S. 1209 (1826 entstanden).

200 »Wahlspruch«: vgl. Wahl: Weimar. 9. Februar 1945, S. 220.

201 Petersen / Bergmann: Jahresbericht 1934 / 35, S. 252. Zur Jubiläumsfeier der Wahl der NSDAP in Thüringen am 26. Aug. 1932 vgl. Donndorf an Petersen, 18. Mai 1935, GSA 149 / 180, Bl. 90.

202 Petersen / Bergmann: Jahresbericht 1934 / 35, S. 218 (das nächste Zitat ebd.) »Eins und alles«: FA I, 2, S. 494 f.

203 Petersen: Goetheverehrung, S. 23; vgl. Kahl: *Erfindung,* S. 179.

204 Petersen / Bergmann: Jahresbericht 1934 / 35, S. 254; vgl. Mandelkow (Hrsg.) 4, S. 177; Kahl: *Erfindung,* S. 182.

205 Petersen: Goetheverehrung, S. 4, die nächsten Zitate: S. 10, 13 f., 16, 18, 23.

206 Borchmeyer: Widerspiel, S. 90; Bahr: Petersen, S. 145; Bahr: Goethe Society, S. 61–63; Mandelkow (Hrsg.) 4, S. 514.

207 Vgl. dazu Bahr: Petersen, S. 144 f. sowie *Gespräche* 2, S. 793 f.

208 In der »Geschichte der Goethe-Gesellschaft«, PDF: http://www.goethe-gesellschaft.de/gesellschaft.html. Borchmeyer stellt diese Perspektive zu Recht in Frage (Widerspiel, S. 90).

209 Palma, 25. Mai 1935; Kessler 9, S. 640.

210 Zu diesen Ereignissen vgl. Jacobsen, S. 410–416; Kershaw 1, S. 688–702.

211 Vgl. https://archive.org/stream/RedeDesFhrersUndReichskanzlersAdolfHitler-VorDemReichstagAm21.Mai/MicrosoftWord-Ah19350521_djvu.txt (Zugriff 30. April 2018).

212 Vgl. Wilhelm Böhm in *Hannoverscher Kurier,* 3. Sept. 1935; *Neue Freie Presse,* Wien, 28. Aug. 1935; *Neue Leipziger-Zeitung,* 28. Aug. 1935; *Thüringer Allgemeine Zeitung Erfurt,* 29. Aug. 1935, GSA 149 / 772, Bl. 17, 22, 100. Vgl. dagegen Bahr: Petersen, S. 146 sowie ders.: Goethe Society, S. 64.

213 Unbekannt an Petersen, 1934, DLA D:Petersen / Goethe, D62.748.

214 Tischrede Zieglers, 26. Aug. 1935, Petersen / Bergmann: Jahresbericht 1934 / 35, S. 239 f.; vgl. Kahl (Hrsg.) 2, Nr. 1258.

215 Ebd., S. 244 (das Einzige der 12 Grußworte, das vollständig im Jahrbuch gedruckt wurde).

216 Petersen / Bergmann: Jahresbericht 1934 / 35, S. 253; Kahl (Hrsg.) 2, Nr. 1271. Die Presse berichtete, Ziegler habe Goethe in die nationalsozialistische Ideologie eingespannt: Anon. (Major Wiesner) in *Thüringer Allgemeine Zeitung Erfurt,* 29. Aug. 1935, GSA 149 / 772, Bl. 15; GSA 149 / 770, Bl. 27.

217 Vgl. die Reden vom Vorstandsmitglied der Goethe-Ges. und Vorsitzenden des gleichgeschalteten Schwäbischen Schillervereins Otto von Güntter, aber vor allem vom Weimarer Oberbürgermeister Walther Felix Müller, dessen Entgleisung nicht in den schriftlichen Bericht übernommen wurde: Die Stadt Weimar sei entschlossen, »zu ihrem Teile dazu beizutragen, dass das kostbare Erbe jener Zeit, das Geistesgut Goethes und Schillers und der anderen grossen Dichter und Denker gepflegt und gefördert und hinübergeführt wird in die neue Zeit, in das dritte Reich unseres grossen Führers Adolf Hitler, der, aufbauend auf dem geistigen Erbe der Vergangenheit, gewillt ist, unser Volk auch auf geistig-literarischem Gebiete zu einer neuen Blüte zu führen.« (Stenogramm, GSA 149 / 769, Bl. 156–158, Güntter: Bl. 176 f.; vgl. Petersen / Bergmann: Jahresbericht 1934 / 35, S. 244, 249).

218 GSA 149 / 769, Bl. 135.

219 Hohlfeld, S. 277.

220 Freies Deutsches Hochstift an das Kulturamt des OB, Frankfurt/M., 7. Feb. 1938, Auszug, GSA 149/34, Bl. 446.

221 GSA 149/769, Bl. 165 (das nächste Zitat: S. 166). Vgl. Petersen/Bergmann: Jahresbericht 1934/35, S. 246.

222 Vgl. Kershaw 1, S. 693, 695.

223 Bahr: Goethe Society, S. 56.

224 Buttmann: Allgemeiner Überblick (vgl. Anm. 187), S. 20. Zu François-Poncets ›privater‹ Teilnahme, für die Petersen mit Friedrich Stieve vom Auswärtigen Amt Rücksprache hielt, vgl. Anna Günther: Notizen von einer Besprechung am 31. Juli 1935 (vgl. Anm. 55), Bl. 3; Donndorf an Petersen, 9. bzw. 20. Aug. 1935, GSA 149/141, Bl. 68 f., 59.

225 Vgl. Sauckel an Leiter der Reichskanzlei Hans Heinrich Lammers, 21. Okt. 1935 (mit Abschrift vom Dankschreiben François-Poncets vom 29. Aug. 1935); Lammers an Sauckel, 1. Nov. 1935: »Ich werde nicht verfehlen, den Führer und Reichskanzler gelegentlich von dem Inhalt dieses Schreibens [von François-Poncet] in Kenntnis zu setzen.« LATh-HStAW Reichsstatthalter in Thüringen 415, Bl. 10–12.

226 *Jenaische Zeitung*, 28. Aug. 1935, GSA 149/772, Bl. 18. Unter den vielen Zeitungen, die gerade über Hitlers Anteil am Goethe-Nationalmuseum sowie über die Berufung Schulte Strathaus' in den Vorstand berichteten, sind vor allem die bei Bildungsbürgern beliebtesten vertreten: *DAZ* (Reichsausg., Berlin), *Frankfurter Zeitung* (Reichsausg.), beide am 28. Aug. 1935, in GSA 149/772, Bl. 100.

227 Amt für Kunstpflege, Kulturpolitisches Archiv (Aktenzeichen: Dr. Gk/G., also der Leiter des Archivs Herbert Gerigk) an das Geheime Staatspolizeiamt, Berlin, 2. Sept. 1935, Vermerk: »Termin 21./9. not.«, BArch NS 15/69, Bl. 21.

228 A(lfred) R(ichard) Meyer an (Günter) Schumann (SA-Dichter und Leiter der ›Gruppe Schriftsteller‹ in der RSK), 29. März 1939, ebd. Zu Schumann und Meyer vgl. Barbian, S. 211 f., 269; Jörg Deuter in *NDB* 17 (1994), S. 327 f. Vgl. Blunck an RSK, Mölenhoff, 24. März 1939 (erhalten 27. März), Schumann an Blunck, Berlin, 30. März 1939, BArch R 9361-V/7017. Ehrlich (Gleichschaltung, S. 258 Anm.) hat diese Dokumente zuerst entdeckt.

229 Anna Graßhoff an Donndorf in Muldenstein, 4. Okt. 1935 (GSA 149/141, Bl. 40). Vgl. Donndorf an Petersen, 19. Nov. 1935: »Aus dem Protokoll sehen Sie auch, dass der Mitgliederbestand weiter abbröckelt – jetzt wohl meistens Nichtarier –.« (ebd., Bl. 17 f., hier Bl. 18). Auf der Hauptversammlung präzisierte Donndorf (ohne ›Nichtarier‹ zu nennen): seit Ende August seien für das Jahr 1935 149 Ab- und 145 Anmeldungen zu verbuchen (Hauptversammlung 1936, S. 151).

KAPITEL 4

1 So Donndorfs Schätzung, vgl. Petersen u.a.: Hauptversammlung 1936, S. 151.

2 Donndorf an Petersen, 13. Sept. 1935, GSA 149/141, Bl. 52.

3 Petersen u.a.: Hauptversammlung 1937, S. 146. Vgl. auch Stenzel: »Pg. Goethe«?, S. 235.

4 Dainat macht hauptsächlich Carossas Festvortrag und Publikation »Wirkungen Goethes in der Gegenwart« (1938) für den Anstieg verantwortlich (»Ruhe«, S. 234–236), doch kann das nicht für die Anfänge der Entwicklung vor 1938 gelten. Zur Kriegszeit vgl. Kap. 5.

5 Der Vorstand macht die Resonanz der Feiern 1932 und 1935 für »diesen Aufschwung der Mitgliederzahl [...] nach den Jahren des grössten Tiefstands« verantwortlich, doch war der Tiefstand nach 1932; erst nach 1935 erholten sich die Zahlen. Prot. Vorstand, 17. Mai 1937, GSA 149/28a, Bl. 17–19, hier Bl. 18 f.

6 *Thüringische Staatszeitung*, 28. Okt. 1935, Kahl (Hrsg.) 2, Nr. 1289.

7 28. Okt. 1935; Goebbels: *Tagebücher* I/3/1, S. 318.

8 Petersen an Kippenberg, 21. Mai 1933 (oben, S. 281, Anm. 159); vgl. Ehrlich: Gleichschaltung, S. 252 f.

9 Prot. Vorstand, 5. Juni 1936, GSA 149/182, Bl. 159–163, hier Bl. 160, nach einem Vorschlag von Erich Grisebach vom 19. Feb. 1936; vgl. Donndorf an Grisebach, 17. Feb. 1936, ebd. Bl. 237.

10 Donndorf an Anna Günther, Muldenstein, 22. Sept. 1935, GSA 149/141, Bl. 49 (Antwort auf ihre Anregung vom Vortag, GSA 149/182, Bl. 274). Der »Appell« wurde nach Verabschiedung der Nürnberger Gesetze nicht mehr an jüdische Ausgetretene geschickt (vgl. GSA 149/273).

11 Petersen an Donndorf, 31. Jan. 1936, GSA 149/182, Bl. 248.

12 Donndorf an Grisebach, 17. Feb. 1936, ebd., Bl. 237.

13 Donndorf an Petersen, 27. Feb. 1936, ebd., Bl. 233. Petersens Genehmigung: an Wahl, 28. Feb., 1936, GSA 149/997, Bl. 149.

14 Der Text steht auf dem hinteren Einband von allen vier Heften des Jahrgangs 1936 der Vierteljahresschrift *Goethe* (das Hervorgehobene ist im Original fettgedruckt).

15 Wahl an Petersen, 25. Feb. 1936, GSA 149/190, Bl. 87.

16 Alfred Hirsch an Goethe-Ges., Frankfurt/Oder, 30. April 1936, Antwortschreiben vom 6. Mai 1936 und Entwürfe Donndorfs, GSA 149/273, Bl. 35–37.

17 Anna Günther an Elsa Karrass, 11. Okt. 1937, GSA 149/593, Bl. 137, die Liste: ebd., Bl. 138 f.; Identifikation nach den Adressen in der ›Residentenliste‹ (1939) des Bundesarchivs.

18 Lewald an Petersen, z. Z. Sils Maria, 1. Juli 1935, GSA 149/769, Bl. 350 f.

19 Beck: Der olympische Gedanke, S. 16, 55 f.

20 Zilchert war allen bekannt und brachte auf der Hauptversammlung 1935 den Trinkspruch »im Namen der Sudetendeutschen aus«. Petersen / Bergmann: Hauptversammlung 1935, S. 241.

21 Beck / Zilchert, S. 124; vgl. Eckermann, 12. März 1828, MA 19, S. 622.

22 Beck / Zilchert, S. 156 (das nächste Zitat ebd., S. 162); vgl. *Maskenzug* 1818, MA 11.1.1, S. 351.

23 Vgl. Petersens Beurteilung von zehn Preisschriften (Anlage zum Brief vom 13. Mai 1936), GSA 149 / 29, Bl. 35, 32.

24 Petersen an Wahl, 13. bzw. 26. Mai 1936, GSA 149 / 192(1), Bl. 252, 255; Wahl an Petersen, 15. Mai 1936, GSA 149 / 29, Bl. 34.

25 Petersens Beurteilung (s. Anm. 23), Bl. 35.

26 Anfang und Schluss seien »konjunkturmässig«: Wahl an Petersen, 15. Mai 1936, GSA 149 / 29, Bl. 34. Bei Schaumkells Identität sind Wahl und Petersen im Bilde; vgl. ebd. sowie Petersens Beurteilung (Anm. 23). Wahl weiß auch von einem publizierten Aufsatz Schaumkells: An Petersen, 27. Mai 1936, ebd., Bl. 30; Schaumkell: Goethe und das Preußentum, in: *Zeitschrift für Politik* 24 (1934), S. 451–464.

27 Notizen von unbekannter Hand (nicht Wahls oder Petersens), übereinstimmend mit Petersens Brief an Wahl, 3. Juni 1935, GSA 149 / 192(1), Bl. 248 f..

28 NSDAP-Gauleitung Hamburg an RSK, 25. Mai 1938, BArch R 9361-V / 24 576, unfol.

29 Kleibömer, S. 858 f. Möglicherweise handelt es sich um den für *Goethe* abgelehnten Aufsatz; ein Sonderdruck wurde 1939 an das GSA geschickt.

30 Petersens Beurteilung (s. Anm. 23), Bl. 35 (zu Nr. 23); vgl. Wahl an Kleibömer, 23. Juni 1936, GSA 149 / 996, Bl. 408.

31 Wahl an Kleibömer, 2. Juli 1936, GSA 149 / 996, Bl. 410.

32 Zwei der Preisschriften wurden in der Vierteljahresschrift publiziert, und zwar von auch diesmal nach politischen Kriterien ausgesuchten Autoren: Linden sowie dem Vertreter der ›Auslandsdeutschen‹ im Vorstand, dem Finanzsenator der heiß umkämpften Freien Stadt Danzig, Ernst Volkmann. Vgl. Linden: Gedanke; Volkmann: Körperschulung; Linden an Wahl, 28. Juni 1936 sowie Volkmann an Wahl, 29. Juni 1936, GSA 149 / 997, Bl. 17, 421. Zu Volkmann vgl. BArch R 1501 / 211 659 bzw. 211 660.

33 *Offizieller Rundgang,* S. 9. Vgl. E. H. J.: Goethe in der Walhalla, in: *Handelsblatt der Schlesischen Zeitung,* 5. Nov. 1936, GSA 149 / 1002(2), Bl. 151.

34 Es war das berühmte Bild von Friedrich Wilhelm Facius. Vgl. Wahls Korrespondenz mit Oberregierungsrat Dr. (Wilhelm) Ziegler (RMVP), 24. Juni – 29. Juli 1936, GSA 150 / A 738, Bl. 77–83; Wahl an Kippenberg, 18. Juli 1936 (Wahl hatte die Ausstellung besucht), GSA 150 / A 735, Bl. 177; Wahls Bericht in Petersen: Hauptversammlung 1937, S. 150.

35 »Es kann die Spur von meinen Erdetagen nicht in Aeonen untergehn!«, *Faust,*

11 583 f. Das Zitat soll betonen, dass der »Weiheraum« kein »Tempel der Erinnerung« sei, sondern »Feierstätte lebendigen Fortwirkens!« *Amtlicher Führer,* S. 19; *Offizieller Rundgang,* S. 10.

36 Dokumentation der Kontroverse: Zeller (Hrsg.) 1, S. 228–243; vgl. auch Ruppelt, S. 20–23.

37 Petersen an Kippenberg, 9. Feb. 1935, Kippenberg: *Briefwechsel,* Nr. 389.

38 Petersen / Bergmann: Hauptversammlung 1935, S. 221. Vor Hecker war an Eduard Scheidemantel, dann an das Dresdner Mitglied Karl Wilhelm Oest für das Schiller-Buch gedacht. Vgl. Prot. Arbeitsausschusssitzung, 2.–3. Feb. 1934; GSA 149 / 32, Bl. 269–271, hier Bl. 269; Prot. Ortsausschuss 12. März 1934, GSA 149 / 192(2), Bl. 508–511, hier Bl. 510; Prot. Vorstand, 24. Mai 1934, GSA 149 / 192(2), Bl. 491–493, hier Bl. 492, sowie zahlreiche andere Dokumente besonders zu den Verwicklungen um Oest.

39 Donndorf an Petersen, 14. Jan. 1936, GSA 149 / 143, Bl. 400.

40 Prot. Ortsausschuss, 20. Jan. 1936, GSA 149 / 182, Bl. 265–271, hier Bl. 269. Vgl. die in GSA 149 / 1125 gesammelten Zeitungsausschnitte.

41 Ludendorff, S. 129–195. Vgl. auch verschiedene Beiträge in der Zeitschrift *Am heiligen Quell deutscher Kraft,* bes. Nr. 20, 20. Jan. 1936, S. 810–814; Nr. 24, 20. März 1936, S. 989; Nr. 3, 5. Mai 1936, S. 101–105; Nr. 5, 5. Juni 1936, S. 189–193, 204 f.

42 Hecker an Petersen, 29. Feb. 1936, GSA 149 / 1125, Bl. 2–4.

43 Prot. Arbeitsausschuss, 27. März 1936, GSA 149 / 192(2), Bl. 275–280, hier Bl. 275. Donndorf bestätigt in einem Brief an Petersen, dass in dieser Sache »auf die Mitwirkung der Herren Buttmann und Schulte-Strathaus Gewicht gelegt wird« (21. Mai 1936, GSA 149 / 143, Bl. 354).

44 Amt Rosenberg (A[lfred] Baeumler) an Wahl, 6. Jan. 1936, GSA 150 / A 734, Bl. 404.

45 Wahl an Kippenberg, 13. Jan. 1936, GSA 150 / A 737, Bl. 47.

46 Q. E.: Um Schillers Tod, in: *Völkischer Beobachter,* 26. April 1936, sowie dazu F. H. H.: Prüfstein (7), in: *Am heiligen Quell deutscher Kraft,* Nr. 5, 5. Juni 1936, GSA 149 / 1125, Bl. 219, 187; dort nennt Mathilde Ludendorff ein anderes NSDAP-Blatt im Gau Franken, das sie gegen Hecker unterstützte.

47 Wahl an Kurt Jagow, 13. Jan. 1936, GSA 150 / A 736, Bl. 370 f. Die Goethe-Gesellschaft überlegte einen Angriff durch Adolf Bartels im *Völkischen Beobachter* (Prot. Ortsausschuss, 20. Jan. 1934, GSA 149 / 182, Bl. 265–271, hier Bl. 270; vgl. auch Donndorf an Petersen, 8. Feb. 1936, GSA 149 / 143, Bl. 391). Bartels kritisierte die Ludendorff-These 1938 in *Westermanns Monatsheften;* vgl. Ruppelt, S. 211, Anm. 106. Auch eine preiswerte, »volkstümliche« Darstellung der Tatsachen wurde mehrfach vorgeschlagen, u. a. von Oest, dem Verleger Karl Rauch (an Petersen, Markkleeberg-Ost bei Leipzig, 10. Juni 1936, DLA D:Petersen / Goethe Ludendorff, D62.767 / 16) und Raimund Eberhard (an die Goethe-Ges.,

Schwerin, 9. Juni 1936, ebd. 772/4). Jedenfalls konnte sich Wahl auf Ludendorffkritische Äußerungen des *VB*-Herausgebers Rosenberg beziehen (vgl. Wahl: Antworten, S. 75–77).

48 Wahls Schreiben an Goebbels ist nicht überliefert. Er kündigte es am 9. Feb. 1936 für den nächsten Tag an (an Donndorf, GSA 149/182, Bl. 240), aber das ihm noch fehlende Exemplar von Ludendorffs Buch wurde nicht wie erwartet am nächsten Tag geliefert, sondern erst am 12. Feb. (GSA 150/A 786, Bl. 188 f.). Am 13. Feb. hat Ziegler den Durchschlag des Briefes (an Hans Wahl, GSA 149/190, Bl. 15, Abschrift).

49 Ziegler an Wahl, 13. Feb. 1936, ebd. Ziegler verwendete Wahls Satz auch in einer Rede vor Jenaer Studenten am 13. Mai 1936; vgl. Ziegler: Kulturaufgaben, S. 9; Wahl an Petersen, 18. Mai 1936, GSA 149/190, Bl. 11.

50 Zu ungenannten sowjetischen Berichten vgl. Lö (d. h. Walter Löhde) in: *Am heiligen Quell Deutscher Kraft,* Nr. 20, 20. Jan. 1936, S. 810–814, hier S. 813. Nach der Hauptversammlung erschien ein entsprechender Artikel in der Moskauer Zeitung der deutschen Sektion der Kommunistischen Internationale, in dem Goethe und Schiller als »die wahrhaft großen Geister alter Zeiten« bezeichnet wurden: K. R.: Ein sonderbarer Kulturkampf. Womit sich die Goethe-Gesellschaft im Dritten Reich beschäftigt, in: *Deutsche Zentral-Zeitung,* 26. Juli 1936, GSA 149/1125, Bl. 42.

51 Petersen u. a.: Hauptversammlung 1936, S. 153. Ähnlich in seiner Rede vor den Jenaer Studenten; Ziegler: Kulturaufgaben, S. 9.

52 Petersen u. a.: Hauptversammlung 1936, S. 146.

53 Günther Weidauer an Petersen, Lauter/Sachsen, 14. Juni 1936, DLA D:Petersen/Goethe-Ludendorff, D62.768/7.

54 Helene von Busse an Petersen, Dresden, 8. Juni 1936, DLA D:Petersen/Goethe-Ludendorff, D62.766/9. Einige andere Zuschriften in Zeller (Hrsg.) 1, S. 239–243.

55 Ing. Fritz Stange an Petersen, Cottbus, 6. Juli 1936, DLA D:Petersen/Goethe-Ludendorff, D62.767/20.

56 Helmuth Koenenkamp an Sauckel, Bremen, Juni 1936, LATh-HStAW, Reichsstatthalter 415, Bl. 22.

57 Hans Wahl schrieb schon am 18. Mai 1936 an Petersen: »Die Führung der Mathilde-Bücher in Volksbüchereien ist verboten.« GSA 149/190, Bl. 11.

58 Presseanweisung, 10. Juni 1936, Bohrmann 4, S. 604–606, hier S. 605 (aus Notizen von Journalisten rekonstruiert). Dass es sich um Goebbels selbst handelt, wird aus der in Anm. 264 zitierten Stelle deutlich.

59 Petersen an Donndorf, Murnau, 24. oder 27. Juli 1936, GSA 149/143, Bl. 331; Bohrmann 4, S. 605 f.; dort Berichte aus der *Frankfurter Zeitung*, 9. bzw. 10. Juni 1936; zum Verbot des Vortrags vom Mediziner Veil in Jena vgl. Wahl an Petersen, 19. Juni 1935, DLA D:Petersen/Goethe-Ludendorff, D62.765. Die Behaup-

tung Sarkowskis, Heckers Buch sei nicht beschlagnahmt worden (S. 405), ist irrtümlich. Irreführend sind die Versuche, Heckers Buch als »erfolgreiche Opposition« gegen den Nationalsozialismus hinzustellen (Bahr: Goethe Society, S. 65).

60 Donndorf an Anna Günther, Muldenstein, 16. Juli 1936, sowie an Petersen, 28. Juli 1937, GSA 149 / 143, Bl. 334, 327.

61 *Germania,* 10. Juni 1936; *Magdeburgische Zeitung,* 9. Juni 1936; *Duisburg-Hamborner General-Anzeiger* bzw. *Hamburger Fremdenblatt,* 8. Juni 1936; GSA 149 / 1125, Bl. 180–183.

62 Wahl an Donndorf, 9. Feb. 1936, GSA 149 / 182, Bl. 240 (Auszug: GSA 149 / 1123, Bl. 29).

63 »Selbstverständlich werde ich auch bei den obersten Reichsstellen alles Erdenkliche tun und einmal dem Führer die Schaffung eines Gesetzes zum Schutze geschichtlicher Persönlichkeiten und damit der nationalen Ehre vorschlagen, mit dem man dann eines Tages einer Frau Ludendorff und ihren hysterischen Genossen den Mund verbieten kann.« Ziegler an Wahl, 13. Feb. 1936, GSA 149 / 190, Bl. 15; vgl. Albrecht / Skowronski, S. 181 f. Hitlers Hass: Buchheim, S. 365 f. Laut Zeitungsberichten kündigte Ziegler einen solchen Antrag an Hitler in der Hauptversammlung an. Vgl.: Hauptversammlung der Goethe-Gesellschaft. Vorschlag eines Gesetzes zum Schutze der Großen der Nation. [...] In: *General-Anzeiger,* Stettin, Nr. 160, 8. Juni 1936, GSA 149 / 773, Bl. 271. Ähnlich: »Ein Gesetz zum Schutze großer Persönlichkeiten ist angeregt, fast angekündigt.« Goethegesellschaft. In: *Die Hilfe*, Berlin, Nr. 12, 20. Juni 1936, ebd.; Steinbeck, *Völkischer Beobachter*, 9. Juni 1936, GSA 149 / 773, Bl. 267.

64 Pappenheim / Gustedt 1, S. 303 f. Vgl. Willi Schaber an GSA mit Antwortschreiben von Wahl, Brünn, 14. Feb. bzw. 10. März 1936, GSA 150 / A 738, Bl. 227 f.

65 Wahl: Verfälschtes Goethebild, S. 80. Eine Akte zu Kühn ist im Bundesarchiv nicht überliefert.

66 Wahl an Petersen, 18. Mai 1936, GSA 149 / 190, Bl. 11.

67 Vgl. die Korrespondenz Wahls v. a. mit Kurt Jagow und Heinz Wismann, 10. Jan. – 30. Juni 1936, GSA 150 / A 736, Bl. 357–381; zu Kippenbergs Beziehungen zu Wismann: Sarkowski, S. 314. Der Weimarer NS-Dichter Heinrich Lilienfein, der auch als Referenz für Wahl gedient hatte, vermittelte den Kontakt. Vgl. Wahl an Petersen, 16. bzw. 19. Juni 1936, GSA 149 / 190, Bl. 6; DLA D:Petersen / Goethe-Ludendorff, D62.765. Während der Buchwoche im Oktober traf Goebbels Ziegler und Lilienfein, Vorstandsmitglieder der Schillerstiftung (Goebbels, *Tagebücher* I / 3 / II, S. 226 f. zum 26. Okt. 1936). Zu Lilienfein vgl. Stenzel: Sänger, S. 255, und zum Gutachten vgl. S. 315, Anm. 71.

68 Presseanweisung, 17. Okt. 1936; Bohrmann 6, S. 1223–1225; ähnlich das Dokument in Ruppelt, S. 146–148.

69 Ministerialrat Heinz Wismann (RMVP) an Wahl, 23. Juni 1936, GSA 150 / M

149, Bl. 3 (Abschrift für Kippenberg, mit Ankündigung des Verbots: GSA 50/3617,2).

70 In: »Zusammenstellung der Verordnungen bezw. Presse-Erlasse, die auf die Vorgänge bei Schillers Tod und Beerdigung Bezug haben oder darauf angewendet werden«, 6. März 1940, GSA 149/1125, Bl. 14: »Presse-Erlass vom 19.10.1936 [sic]. (Sinngemässe Wiedergabe des wichtigsten Inhalts)«. Die Zusammenstellung wurde mit Sicherheit von Wahl veranlasst, denn am 23. Juni 1941 beschrieb er den »Presse-Erlaß« mit denselben Ausdrücken in einem Brief an Dähnhardt (vgl. S. 330, Anm. 289). Wahls Anregung: an Heinz Wismann (RMVP), 30. Juni 1936, GSA 150/A 736, Bl. 380 f. Merkwürdigerweise konnten die Briten vom Verbot lesen; vgl. Book on Goethe to be Confiscated. From our own Correspondent, in: *Manchester Guardian*, 26. Juni 1936. Zum Verbot vgl. auch Johann Ambrosius Barth Verlagsbuchhandlung (gez. A. Meiner) an Petersen, 16. Juni und 2. Juli 1936, DLA D:Petersen/Goethe-Ludendorff, D62. 766/2.

71 Goebbels: Rede, S. 325. Vgl. Buchheim, S. 367 (mit falscher Angabe, die Äußerung sei im Januar 1936 im *Berliner Lokal-Anzeiger* gedruckt worden); ihm folgt Ruppelt, S. 22.

72 Vgl. Erich Ludendorff: Kundgebung, in: *Am heiligen Quell deutscher Kraft*, Nr. 19, 5. Jan. 1937, S. 753.

73 25. Aug. 1937, *Tagebücher*, Bd. I/4, S. 281.

74 Vgl. vor allem: In Anwesenheit des Führers. Die dritte Jahrestagung der Reichskulturkammer. [...] Tätigkeitsbericht des Präsidenten der Reichskulturkammer Dr. Goebbels [...], in: *Völkischer Beobachter*, 28. Nov. 1936, S. 1–2 (mit Text der Rede).

75 Adolf Beck an Hans Wahl, 28. Nov. 1936, GSA 149/996, Bl. 17.

76 Wahl an Donndorf, 9. Feb. 1936, GSA 149/182, Bl. 240; ähnlich: Wahl an Petersen, 13. Feb. 1936, GSA 149/997, Bl. 144 (sein Brief an Goebbels »geht *nicht* zu Lasten der Gesellschaft«); Donndorf an Petersen, 29. Apr. 1936, GSA 149/143, Bl. 361 f.

77 Noch am 22. Juni 1944 war Goebbels mit Hitler einig, dass Goethe politisch ein »krasser Egoist« sei, und wieder fällt der Vergleich mit Richard Strauss. Goebbels: *Tagebücher* II/12, S. 528.

78 Wahl an Petsch mit Antwortschreiben, 22. bzw. 25. April 1937, GSA 149/1004, Bl. 169 f.

79 Wahl an Petsch, 3. Mai 1937, ebd., Bl. 171 f. – Man könnte einwenden, dass Wahl hier umgekehrt die Ludendorffianer und Hitlerjugend vorschiebt, um grundsätzlich Kritik an Goethe abzulehnen, und man könnte den innovativen Germanisten Otto Mann anführen; dessen Aufsatz war Wahl »unbehaglich«, da Mann »durch Anlegung von Maßstäben, die natürlich auch subjektiv waren, Goethe aus seiner Verabsolutierung lösen wollte, was für den allgemein gebildeten Leser Abschnitt für Abschnitt wie eine Herabsetzung aussah« (Wahl an Peter-

sen, 4. Jan. 1937, GSA 149 / 190, Bl. 30; vgl. Mann an Wahl, Heidelberg, 30. 7. 36, GSA 149 / 997, Bl. 42). Aber auch Manns Aufsatz wurde eventuell wegen der bedrohlichen Ludendorff-Attacken nicht gedruckt, denn das Verbot griff nicht hundertprozentig. Weiter zu Mann: Wahl an Petersen, 26. Aug. 1936 (GSA 149 / 190, Bl. 178), Antwortschreiben aus Murnau, 3. Okt. 1936 (GSA 149 / 997, Bl. 181; vgl. Bl. 182.), Wahl an Petersen, 10. bzw. 20 Feb. 1937 (GSA 149 / 1004, Bl. 127 f.); Karin Buselmeier, *IGL* 2, S. 1153 f.

80 Vgl. BArch R 9361-IX Kartei / 2 931 195.

81 Franz Biermann an Petersen mit Beilage, 16. Dez. 1935, GSA 149 / 10, Bl. 36 f.

82 Petersen an Donndorf, München, 3. Jan. 1936, GSA 149 / 182, Bl. 284 (die nächsten Zitate ebd.).

83 Donndorf an Petersen, 7. Jan. 1936, GSA 149 / 182, Bl. 283.

84 Satzungen des Wissenschaftlichen Vereins Hamm (Westf.), März 1934, GSA 149 / 10, Bl. 37, § 3.

85 Donndorf an Wahl, 8. Feb. 1936, GSA 149 / 182, Bl. 242.

86 Henning wurde zum 1. April 1936 Geschäftsführer; vgl. Jatho, S. 20, zur Gründung des Goethebundes ebd., S. 6. Zu Kippenbergs Besuch beim Jubiläumsfest des Goethe-Bundes im März 1939 vgl. GSA 149 / 34, Bl. 404–417.

87 Otto Henning an Petersen, 13. Mai 1936, GSA 149 / 13, Bl. 108, mit Anlage, Bl. 114.

88 Donndorf an Petersen, 3. Juni 1936, GSA 149 / 182; vgl. Payr (Reichsstelle zur Förderung des deutschen Schrifttums im Amt Rosenberg) an Kindermann, 30. Mai 1936; Kindermann an Ortsausschuss, Danzig, 1. Juni 1936, GSA 149 / 773, Bl. 120 f.; Donndorf an Reichsstelle (…), 3. Juni 1936, GSA 149 / 182, Bl. 167.

89 Zwar ist im Protokoll von der »Muttergesellschaft« die Rede, doch in der ganzen Argumentation bis dahin geht es um die Gesellschaft mit Ortsgruppen, und die nachfolgenden Ereignisse bestätigen das.

90 Prot. Vorstand, 5./6. Juni 1936, GSA 149 / 182, Bl. 159–163 (Korrekturexemplar); anwesend 5. Juni: Petersen, Bertram, Deetjen, Donndorf, v. Güntter, Kippenberg, Scheidemantel, Schulte Strathaus, Wahl; Hecker als Protokollführer; am 6. Juni zusätzlich Beutler, Buttmann, Planck, Spranger; Kippenberg fehlte.

91 Wieland Schmidt an Geschäftsstelle, 21. Okt. 1936, GSA 149 / 13, Bl. 65.

92 Petersen u. a.: Hauptversammlung 1935, S. 144 (Donndorfs Geschäftsbericht).

93 Formular der ›Arbeitsgemeinschaft‹, o. D., GSA 149 / 13, Bl. 101.

94 Prot. Vorstand, 5./6. Juni 1936 (oben, Anm. 90).

95 »Fragebogen für die Vereinsanmeldung« zur Arbeitsgemeinschaft (von Donndorf ausgefüllt), 30. Juni 1936, GSA 149 / 182, Bl. 140 f. Die vier NSDAP-Mitglieder waren Buttmann, von Güntter, Schulte Strathaus und Ziegler (Deetjen und Wahl beantragten erst 1937 die Mitgliedschaft).

96 Donndorf an Petersen, 16. Juni 1936, GSA 149 / 143, Bl. 350 f.; »Erklärung über die arische Abstammung der Vorstandsmitglieder« (Donndorf), 30. Juni 1936,

GSA 149/182, Bl. 142 (ein vorgedrucktes Formular in 149/13, Bl. 94, hat denselben Wortlaut, außer »Eidesstattliche Erklärung«, wobei »Eidesstattliche« durchgestrichen ist); vgl. auch Bl. 141. – Donndorf schrieb am 6. Jan. 1934 an Petsch: »unser Vorstand, sein Arbeitsausschuss und der Weimarer Ortsausschuss sind rein arisch zusammengesetzt, soweit wir das *ohne* Beiziehung von Attesten bis zur dritten Generation aufwärts behaupten können«. GSA 149/640, Bl. 315.

97 Donndorf an Petsch, 1. Juli 1934, GSA 149/640, Bl. 276.

98 Donndorf an Petersen mit Antwortschreiben, 16. bzw. 20. Juni 1936; GSA 149/143, Bl. 350 f., 349, die Anmeldung vom 30. Juni 1936: ebd., Bl. 139.

99 So Wieland Schmidt nach Gesprächen mit Henning, vgl. Anm. 91.

100 Donndorf an Wieland Schmidt, 30. Okt. 1936, GSA 149/13, Bl. 63.

101 Petsch an Petersen, 27. Okt. 1934, GSA 149/640, Bl. 264.

102 Grisebach an Geschäftsstelle, 15. Feb. 1936, GSA 149/640, Bl. 113 (die nächsten Zitate ebd.).

103 Grisebach zitiert hier aus einem Brief der Geschäftsstelle (Anna Günther) an ihn, 7. Feb. 1936, GSA 149/640, Bl. 115.

104 Donndorf an Erich Grisebach, 17. Feb. 1936, GSA 149/182, Bl. 237.

105 Grisebach an Geschäftsstelle, Hamburg, 7. Okt. 1936, GSA 149/13, Bl. 67.

106 Grisebach an Kippenberg, Hamburg, 6. Nov. 1939, ebd., Bl. 10.

107 Petersen an Donndorf, 1. Feb. 1933, GSA 149/180, Bl. 519.

108 Vgl. z. B. Petersen an Kippenberg, 29. Juli und 29. Okt. 1927, Kippenberg: *Briefwechsel,* Nr. 298, 300. Zu den Vorschlägen aus dem Jahre 1922 vgl. Stenzel: *Goethe,* S. 131.

109 Spranger an Kippenberg, 23. März 1933, GSA 149/33, Bl. 185 f. Zur Umplanung vgl. Prot. Arbeitsausschuss, 21. Jan. 1933, GSA 149/32, Bl. 289–294, hier Bl. 292.

110 Kippenberg am 9. Juni 1933, Bergmann: Hauptversammlung 1933, S. 265.

111 Bergmann: Hauptversammlung 1934, S. 267.

112 Rittmeister a. D. (Helmuth) Brussatis an Goethe-Ges., Zittau, 16. Sept. 1934, GSA 149/982, Bl. 159.

113 Brussatis an Goethe-Ges., Zittau, 31. Okt. 1934, GSA 149/11, Bl. 26 (Antwort auf Brief der Geschäftsstelle, 27. Okt., GSA 149/982, Bl. 162). Vgl. Prot. Ortsausschuss, 7. Okt. 1934, GSA 149/192(2), Bl. 452–460, hier Bl. 459, sowie Donndorf an Geschäftsstelle, 27. Nov. 1934, GSA 149/180, Bl. 188.

114 Karl Wilhelm Oest an Vorstand, 16. Juni 1935, mit Anlagen, GSA 149/1123, Bl. 106–115, hier Bl. 106.

115 Donndorf: Prot. Besprechung vom 11. März 1935 (niedergeschrieben 25. März 1935), GSA 149/180, Bl. 131 (ohne die anderen Mitglieder des Arbeitsausschusses, Spranger, Scheidemantel und Hecker, die in der regulären Sitzung zuvor anwesend gewesen waren; die Ergebnisse dieser Besprechung wurden nach

Rücksprache mit Wahl und Deetjen bestätigt). Vgl. Prot. Arbeitsausschuss, 25. März 1935, GSA 149/192(2), Bl. 400.

116 Prot. Arbeitsausschuss, 11. März 1935, GSA 149/192(2), Bl. 403–408, hier Bl. 403. – Donndorf bezieht sich auf 2310 »Vollmitglieder« (also ohne Ehrenmitgliedschaften oder Mitgliedschaften auf Lebenszeit); die New Yorker Mitglieder sind in dieser Zahl wohl nicht enthalten.

117 Kippenberg an Böhm, 25. Juli 1935, GSA 149/32, Bl. 98 f.

118 Anna Günther: »Notizen von einer Besprechung am 31.7.35.«, 3. Aug. 1935, GSA 149/180, Bl. 2–5, hier Bl. 2.

119 Prot. Vorstand, 25. August 1935 (Auszug), GSA 149/79, Bl. 25–59 (fehlerhafte Foliierung), hier Bl. 57.

120 Petersen an Donndorf, 23. Juli 1935, Kippenberg: *Briefwechsel,* Nr. 406, Anlage.

121 Zu den nacheinander erwogenen, jüngeren Kandidaten Wolfgang von Einsiedel, Georg Keferstein und Wolfgang Kayser sowie dem Jenaer Prof. Arthur Witte vgl. Prot. Vorstand, 8. Juni 1933 (GSA 149/192(2), Bl. 559–562, hier Bl. 560 [Einsiedel]); Prot. Arbeitsausschuss 21. Jan. 1933 und 25. Nov. 1933 (GSA 149/32, Bl. 289–294, hier Bl. 293 bzw. Bl. 276–280, hier Bl. 278), Petersen an Donndorf mit Antwortschreiben, 13. bzw. 17. Dez. 1933 (GSA 149/141, Bl. 238, 235 f.) sowie Pöthe, S. 857–859.

122 Kippenberg an Petersen, 19. Juli 1935, Kippenberg: *Briefwechsel,* Nr. 405.

123 Das geschah mit lauer Unterstützung des ehrwürdigen Germanisten Hermann August Korff, damals noch Mitglied der Goethe-Gesellschaft, der 1926 Obenauers Habilitation in Leipzig angeregt hatte (Korff an Petersen (?), Leipzig, 5. Sept. 1927, GSA 149/190, Bl. 151). Obenauer wurde 1929 neben Koch und Fricke als möglicher Bearbeiter eines Bandes der »Schriften« in Erwägung gezogen (Prot. Arbeitsausschuss, 16. Okt. 1929; 149/32, Bl. 359–365; vgl. Prot. Vorstand, 23./24. Mai 1929, GSA 149/32, Bl. 373–378). Grund für die Ablehnungen v. a. von Spranger war vielleicht Obenauers anthroposophischer Ansatz.

124 Zu Obenauer: Simon (Hrsg.): *Germanistik,* S. 56–86; Grüttner: *Lexikon,* S. 125 f.; Andreas Pilger in *NDB* 19 (1999), S. 381 f.; Thomas Pittrof, *IGL* 2, S. 1342 f.

125 Vgl. Tilitzki, S. 229.

126 BArch R 9361-VIII Kartei/3 080 440, R 9361-IX Kartei/3 510 715.

127 Vgl. Petersen an Wahl, Oberhof, 5. Sept. 1935, GSA 149/141, Bl. 53.

128 Vgl. Prot. Vorstand, 12. Juni 1930, GSA 149/32, Bl. 328–335, hier Bl. 330. Zu Koch vgl. Müller/Nottscheid, S. 160, Anm. 491 und die dort angeführte Literatur; *IGL* 2, S. 966–968 (Wolfgang Höppner).

129 Vgl. Koch: Chamberlains Goethe, in: *Deutsches Volkstum* 9, 12 (1927); Koch: E. G. Kolbenheyer, in: *Zeitwende* 4, 1 (1928), S. 79–84, sowie *Sudetendeutsches Jahrbuch* (1929). Wahrscheinlich schlug Kippenberg Koch vor, denn später nominierte er ihn als Mitwirkenden an der Vierteljahresschrift: an Petersen, 26. Nov. 1935, Kippenberg: *Briefwechsel,* Nr. 413.

130 Petersen an Kippenberg, 6. Nov. 1935, Kippenberg: *Briefwechsel,* Nr. 410; vgl. GSA 149/997, Bl. 111 f., sowie Petersen an Wahl, 6. Nov. 1935: »Koch hat leider nach langen Verhandlungen abgelehnt« (ebd., Bl. 110).

131 Stenzels kurzer Hinweis (*Goethe,* S. 139) auf die Absage Kochs gibt den irreführenden Eindruck, dass für Kochs Absage ideologische Gründe im Vordergrund standen. Koch schreibt am 2. Nov. 1935 an Petersen: »Nachdem ich mir alles noch einmal reiflich überlegt und überschlafen habe, bin ich doch zu dem Entschluß gekommen, Sie zu bitten, von einer Betrauung meiner Person mit der Herausgabe der Vierteljahresschrift absehen und mir diesen Entschluß nicht übel nehmen zu wollen. Ich habe mich bei dem Zusammensein mit meinem ohnedies geduldigen Verleger verpflichtet, meine Literaturgeschichte [...] bis zum Frühjahr zu vollenden. Zum gleichen Termin soll ich einen Teil einer neuen größeren Arbeit abliefern. [...] Ich versage mich aus persönlichen Gründen ungern Ihrem so außerordentlich freundlichen und liebenswürdigen Angebot [...]« (GSA 149/190, Bl. 112). Die guten Beziehungen zwischen den beiden um diese Zeit gehen eindeutig aus den anderen Formulierungen in diesem Brief hervor. Petersen und Koch trafen sich wohl am 31. Okt.; vgl. Petersen an Donndorf, 30. Okt. 1935, GSA 149/182, Bl. 321.

132 Koch an Wahl, 24. Feb. 1936; Wahl, der »als Gauberater für Wissenschaft« Koch am 19. Feb. als Herausgeber eines Themenheftes heranzuziehen versucht hatte, war mit Kochs Vorschlag einverstanden, doch verlief das Projekt im Sand. GSA 149/996, Bl. 426–428, vgl. Bl. 429 f.

133 Kippenberg an Petersen, 9. Nov. 1935, Kippenberg: *Briefwechsel,* Nr. 411.

134 Kippenberg an Petersen, 3. Okt. 1935, ebd., Nr. 409.

135 Vgl. die beiden in Anm. 130 angeführten Briefe Petersens vom 6. Nov. 1935 sowie Kippenberg an Petersen, 9. Nov. 1935 (Anm. 133). Wahl hatte selbst dafür plädiert, dass *einer* die Hauptverantwortung übernehmen müsse (Besprechung am 31. Juli 1935 (vgl. Anm. 55), hier Bl. 3.

136 Petersen an Wahl, 22. Nov. 1935, GSA 149/997, Bl. 115.

137 NSDAP-Mitglieder: Buttmann, Matthaei (seit 1932), Karl Alexander von Müller; NS-Nahe: Bertram und der Kunsthistoriker Wilhelm Pinder. Die anderen Mitwirkenden waren Kippenberg, Petersen und Spranger. Wahl beschwerte sich, dass nur Petersen tatsächlich half, doch wurden die anderen schon zur Mitwirkung aufgefordert, mithin keine »Vorzeige-Nazis«.

138 Vgl. Kippenberg an Petersen, 24. Juli 1935, Kippenberg: *Briefwechsel,* Nr. 405.

139 Petersen schrieb an Wahl, dessen Berufung sei »die einzig mögliche Lösung«, aber auf einer Abschrift dieses Briefes unterstrich Donndorf diese Stelle in Rötel und schrieb an den Rand: »!?« Anna Günther an Donndorf, 23. Nov. 1935 (mit Zitat aus Petersens Brief an Wahl vom 22. Nov., vgl. unten, Anm. 141), GSA 149/182, Bl. 305. – Auf Vorbehalte Wahls gegenüber Anna Günther, die in der Geschäftsstelle eng mit Donndorf zusammenarbeitete, deutet ihr Brief an

Donndorf vom 23. Nov. 1935 hin: »Ueber die *Vierteljahrsschrift* hat sich Herr Prof. Wahl einige Male gegen mich geäussert, er hat aber, glaube ich, nicht gern, wenn sich die Geschäftsstelle darum kümmert, oder darüber berichtet.« GSA 149/141, Bl. 14 f., hier Bl. 14.

140 Wahl an Petersen, 18. Nov. 1935, GSA 149/190, Bl. 107 (die nächsten Zitate ebd.). Es handelte sich um den Dramaturgen und Protegé Zieglers, Otto zur Nedden (vgl. BArch R 9361-IX Kartei/30151125, in die NSDAP eingetreten 1. Jan. 1931); nach einmaliger »Bühnenschau« (*Goethe* 1 [1936], S. 70–72) wurde er später durch Dr. Ernst Nobbe ersetzt.

141 Petersen an Wahl, 22. Nov. 1935, GSA 149/997, Bl. 115; Petersen an Kippenberg, 22. Nov. 1935, Kippenberg: *Briefwechsel,* Nr. 412.

142 Pinder wurde erst 1941 vom Amt Rosenberg angegriffen; vgl. Mathieu, S. 232–236. Andere von Wahl Vorgeschlagene wurden nicht für die Zeitschrift gewonnen: die NS-Dichter Erwin Guido Kolbenheyer und Rudolf Binder, aber auch der Germanist Hermann Pongs, der nach Wahls Plan im Olympia-Heft das Thema »Der Dichter als Herold nationaler Ertüchtigung« behandeln sollte. GSA 149/190, Bl. 108–111. Zu Pongs vgl. Hartmut Ferenschild in *IGL* 2, S. 1421 f. und die dort angeführte Literatur sowie Adam; zu Binder: Klee: *Kulturlexikon,* S. 49.

143 Wahl an Petersen, 18. Nov. 1935, mit Anlage, GSA 149/190, Bl. 107 f.–111 (ursprünglich: »völkischer Verbundenheit«). Zu Rosenbergs Ideen der rassischen Verbundenheit »nordischer« griechischer und deutscher Völker vgl. Mathieu, S. 183–189, 192–194.

144 GSA 150/A 734, Bl. 399–446.

145 Vgl. Grüttner: *Lexikon,* S. 75; Klee: *Personenlexikon,* S. 254. Heyse wurde 1936 gegen den Willen der Fakultät nach Göttingen berufen.

146 Grüttner: *Lexikon,* S. 51.

147 Alfred Baeumler antwortet am 6. Jan. 1936 an Wahl, dass Rosenberg »an dieser Sache lebhaft Anteil nimmt« und ihn beauftragt habe, am 11. Jan. Wahl zu treffen, da er zu einer Tagung in Weimar sein wolle (GSA 150/A 734, Bl. 404). Wahl traf Baeumler zusammen mit Heinz Wismann vom RMVP, der offenbar an derselben Tagung teilnahm. Zum Ergebnis des Treffens vgl. oben, S. 113.

148 Die Professoren: Hans André in Braunsberg/Ostpreußen; Wilhelm Böhm; Hans Böker in Jena; Edgar Dacqué in München; Kühnemann in Breslau; Rupprecht Matthaei in Erlangen, Wilhelm Troll in Halle; außerdem war Friedrich Muckle vertreten.

149 An Böhm schreibt Wahl am 20. April 1936, mit der »Vierteljahresschrift« hatte »die ganze Frage ja nichts zu tun. Sie ist ja auch gestellt worden, ehe nach der Ablehnung Franz Kochs in letzter Minute die Zeitschrift auf Weimar sitzen blieb« (GSA 150/A 734, Bl. 436; ähnlich an Matthaei, 2. April 1936, ebd., Bl. 407). Koch lehnte die Aufgabe am 2. Nov. 1935 ab; vor dem 9. Nov. hat Kip-

penberg Wahl die Herausgeberschaft angetragen, am 18. Nov. sagte Wahl zu; die Anfrage ist vom 5. Dez. datiert.

150 Wahl an Wilhelm Fehse, 11. Dez. 1935, GSA 149/996, Bl. 113 (aus dem »Allgemeinen Anschreiben«, an das der Brief angeklebt ist).

151 Wahl an Fehse, 10. Dez. 1935, GSA 150/A 734, Bl. 422; an Muckle, 20. Dez. 1935, GSA 149/997, Bl. 89; an Linden, 2. Okt. 1936, ebd., Bl. 21. Andere Indizien: Böhm antwortet am 15. April 1936 auf Wahls Rundbrief, Petersen habe ihm »vor Wochen« gesagt, »dass die ganze Enquete für d[as] Augustheft in Aussicht genommen sei.« (GSA 150/A 734, Bl. 439, mit Anlage, Bl. 437–438). Und am 27. Aug. 1936 schickt Wahl seinem engsten Mitwirkenden an der Vierteljahresschrift, Petersen, sechs der wichtigsten eingegangenen Stellungnahmen, von Matthaei, André, Dacqué, Buttmann, Böker, Linden (GSA 149/190, Bl. 70–85). Wahls Brief hat den Briefkopf der Vierteljahresschrift und wurde von Petersen unter seine Korrespondenz dazu eingereiht (Petersens Zeichen: 1c).

152 Den Aufsatz des Fünften, Matthaeis »Goethes biologische Farbenlehre« (*Goethe* 1, H. 1, S. 42–54) analysiert Mandelkow: *Goethe in Deutschland* 1, S. 95 f. Ideologisch aufschlussreich: Matthaei an Wahl, Bad Mergentheim, 14. März 1936, GSA 150/A 734, Bl. 408–411; vgl. auch Grüttner: *Lexikon,* S. 114 f.

153 Wahl an Adolf Bartels, 10. Aug. 1936, GSA 149/996, Bl. 13; vgl. Wahl an Petersen und Antwortschreiben, 1. bzw. 9. Sept. 1936, GSA 149/997, Bl. 175–177.

154 Walter Löhde in *Am heiligen Quelle deutscher Kraft,* Nr. 5, 5. Juni 1936, S. 189–193.

155 Bartels an Wahl, »z. Z. Büsum, Holstein«, 15. Sept. 1936, GSA 149/996, Bl. 14.

156 Bartels: Goethe und sein Volk, S. 231; die nächsten Zitate ebd., S. 231–234. Zum Auftakt seines Aufsatzes zur Zeitschrift *Goethe* (S. 127) schreibt Stenzel diesen Beitrag irrtümlich Hans Wahl zu (von Rosebrock übernommen, S. 209).

157 Auf das eigene Buch *Goethe der Deutsche* (1932) und den Wunsch, einen »Essay« zum Thema »Goethe und der Nationalsozialismus« zu schreiben, hatte Bartels in seiner Antwort auf Wahls Anfrage hingewiesen (Weimar, 8. Dez.1935, GSA 150/A 734, Bl. 442).

158 Vgl. MA 19, S. 494 (Bartels' Hervorhebung). Auch Kindermann (s. u.) zitiert diese »seherisch[e]« Stelle (S. 83 f.).

159 Bartels, S. 234 (seine Hervorhebung). Vgl. Goethe: *Gespräche* 2, S. 866 f.

160 Wilhelm Fehse an Wahl, Salzwedel, 9. Dez. 1935, GSA 150/A 734, Bl. 423.

161 Vgl. den Briefwechsel zwischen Wahl und Fehse, 11.–26. Dez. 1935; am 28. Juni 1936 fragt Fehse nach dem Drucktermin seines Aufsatzes: »Ich will nicht hoffen, daß Sie sich inzwischen davon überzeugt haben, daß er zu unartig für unsere zartfühlende Welt ist.« GSA 149/996, Bl. 114, 116, 121.

162 Fehse, S. 105 (die nächsten Zitate: 106, 113).

163 Zum Kontext vgl. MA 13.1, S. 501 (»Dämon der Völker« ist Fehses Ausdruck).

164 Petersen an Wahl, 20. Jan. 1936, GSA 149/997, Bl. 133.

165 Kindermann, S. 58 f.; die nächsten Zitate: S. 60, 62, 65 f., 66, 76, 79 f., 83, 58.

166 Kindermann, S. 60; vgl. *Maximen und Reflexionen* Nr. 682, MA 17, S. 842 f.
167 Zu Albrecht Schönes Behandlung dieses Verses vgl. oben, S. 277, Anm. 97.
168 Kindermann an Wahl, Münster, Ostern 1937 (d. h. um 28./29. März 1937), mit Antwortschreiben vom 5. April 1937, GSA 149/1003, Bl. 393 f.
169 Registrande des Schriftwechsels im GSA, zum 6. Jan. (Anfrage) bzw. 11. Jan. (Antwort) 1934, GSA 150/A 786, Bl. 42 f. Die Briefe selbst sind in der entsprechenden Akte GSA 150/A 729 nicht überliefert.
170 Wahl an Kindermann, 9. Dez. 1936, GSA 150/A 737, Bl. 46.
171 Petersen an Wahl, 26. Juni 1937, GSA 149/1004, Bl. 143.
172 Petersen an Wahl, 5. Juli 1937, ebd., Bl. 145, vgl. Antwort vom 6. Juli, DLA D:Petersen/Goethe, 62.726/3, bzw. GSA 149/1004, Bl. 146; GSA 149/1003, Bl. 392–397.
173 Zum Fall Reinhard Buchwald vgl. Kap. 5, S. 235.
174 Wahl an Spranger, 15. Feb. 1938, GSA 149/1006, Bl. 111.
175 Zu Linden vgl. BArch R 9361-V/7839; Carsten Kretschmann in *IGL* 2, S. 1098 f.
176 Linden: *Aufgaben,* S. [v], 46.
177 Wahl an Linden, 24. Aug. 1933, GSA 150/M 146, Bl. 43 (Wahl hatte das Buch »angelesen«).
178 Linden an Wahl, Leipzig, 12. Dez. 1935, GSA 150/A 734, Bl. 414 f.
179 Linden: Ringen, S. 158 f.; die nächsten Zitate: S. 159, 177, 164 f., 178, 180.
180 Linden an Wahl, Leipzig, 12. Nov. 1937, GSA 149/1004, Bl. 33; vgl. Wahl an Linden, 2. Okt. 1936, GSA 149/997, Bl. 21.
181 Petersen an Wahl, 2. Juni 1937, GSA 149/1004, Bl. 141 (das nächste Zitat ebd.).
182 Wahl an Petersen, 17. Juni 1937, GSA 149/28a, Bl. 22.
183 Prof. Schulten aus Erlangen an Wahl mit Antwortschreiben, 7. Okt. bzw. 9. Nov. 1938, GSA 149/1006, Bl. 190, 192; Linden: Ringen, S. 159.
184 Vgl. dazu und zum Folgenden Wahl: Antworten.
185 Vom Direktor des Staatsarchivs Willy Flach für das Jahrbuch 1935; Prot. Arbeitsausschuss, 7. Okt. 1934, GSA 149/192(2), Bl. 452–460, hier Bl. 457; Prot. Ortsausschuss, 6. Nov. 1934, GSA 149/180, Bl. 199–203, hier Bl. 201.
186 Anon. in *Eisenacher Tagespost*, 28. Aug. 1935; *ATLZD,* 26. Aug. 1935, Kahl (Hrsg.) 2, Nr. 1256.
187 Reichsausschuß für Volksgesundheitsdienst, i. A. Heckenberger (Hackenberger?) an Goethe-Archiv (sic), mit Antwortschreiben vom GSA, 9. bzw. 16. Dez. 1935; GSA 150/A 734, Bl. 89 f.
188 Vgl. Wahl an Bergmann mit Antwortschreiben, 18. bzw. 21. Sept. 1935, GSA 150/A 734, Bl. 469, 464.
189 Wahl: Antworten, S. 75.
190 Vgl. oben, S. 32 (Goldstein bezeichnet sich als »kerndeutschen Mann«).
191 Wahl an Petersen, 26. Aug. 1936, GSA 149/190, Bl. 178. Wahl hatte das Thema schon berührt; Wahl: Antworten, S. 75–77.

192 Wahl verwechselte anfangs die Rosenkreuzer mit ihren Gegnern, den Illuminaten. Vgl. seinen Briefwechsel aus Nonnenhorn (Bodensee) mit Alfred Bergmann im GSA zwischen 18. und 30. Sept. 1935, GSA 150 / A 734, Bl. 377, 386, 391 f., 464, 469.

193 Wahl: Goethe und das Logenwesen, S. 239 f.; das nächste Zitat: S. 240. Wahl zitiert hier aus Goethes Gutachten *Die Freimaurerei in Jena betreffend* (1807), das er vollständig wiedergegeben hatte, allerdings mit eigenen, als solche nicht kenntlich gemachten Hervorhebungen, die die Gefahr der Freimaurerei für den Staat betonten. Vgl. FA 27, S. 41–44 sowie oben, S. 12.

194 Zu Rosenbergs Attacken besonders im Aufsatz »Der Fall Ludendorffs« (1931) vgl. Piper, S. 173–178.

195 Dr. H. Fl. in *Dresdner Anzeiger*, Nr. 175, 28. Juni 38. Alle im Folgenden zitierten Zeitungs- und Zeitschriftentexte sind enthalten in GSA 149 / 1002.

196 Dr. M. (Malberg) in *Thüringer Gauzeitung*, 10. Apr. 1938 (dazu Stenzel: Malberg, S. 266). Zu Kontakten der Goethe-Gesellschaft mit Malberg vgl. Prot. Ortsausschuss, 18. Sept. 1936, GSA 149 / 182, Bl. 67; zu Kindermanns Aufsatz weiterhin H. O. Roecker in *Beilage zum Schwäbischen Merkur*, 29. März 1938.

197 Gleichlautend: *Literaturblatt der Kreuz-Zeitung*, 8. Nov. 1936, und *8 Uhr-Abendblatt. National-Zeitung*, 2. Ausg., Berliner Spätblatt, 9. Nov. 1936.

198 *Völkischer Beobachter*, 20. Okt. 1936; vgl. Stenzel: *Goethe*, S. 141.

199 Goethe »hielt die Tätigkeit der Freimaurer für staatsgefährlich«. Georg Lange in *Das deutsche Buch*, 10. Dez. 1936; Ilse Hechler in *Frankfurter Zeitung* (vgl. unten, Anm. 204).

200 Z. B. die *Königsberger Allgemeine Zeitung*, 27. Juni 1936 (vgl. Stenzel: *Goethe*, S. 141).

201 Rez. von H. 1, 1936, *Deutschösterreichische Lehrerzeitung*, Nr. 9, Sept. 1936.

202 Pirmin Biedermann: Rez. von *Goethe*, Jg. 1, H. 1–4, in: *Die Literatur*, Jg. 39, H. 12, S. 756.

203 Rez. von H. 1, 1936, *Dresdner Anzeiger*, 11. Dez. 1936.

204 Ilse Hechler: Goethe und die Gegenwart (Rez. von Jg. 1, H. 1–3), in *Frankfurter Zeitung*, Reichsausg., 6. Dez. 1936.

205 Vgl. in den vorigen Anmerkungen die Beiträge in *Die Literatur*, *Deutschösterreichische Lehrerzeitung*, sowie: Literaturgeschichtliches, in: *Velhagen & Klasings Monatshefte*, 12. Jg., H. 4, S. 9 f.; L. Brun: Rez. von *Goethe* (wohl H. 3), *Langes Modernes*, Okt.-Nov. 1937, sowie mehrere andere in GSA 149 / 1002.

206 Karl Justus Obenauer: Goethezeit und Goethe. Ein Literaturbericht, in. *Zs. f. Dt. Bildung* 13, 5 (1937), S. 249–254, hier S. 253.

207 Ulrich Pretzel: Rez. von *Goethe* 3, H. 1 (1938), in: *Anzeiger f. dt. Altertum u. dt. Lit.* 57, 1 (1938), S. 49 f. Zu Pretzel, zumal seinen »menschlichen Gesten gegenüber jüdischen Kollegen«, vgl. Nottscheid / Richter, S. 285–288 u. ö.

208 Birnbaum an Wahl, Berlin, 30. März 1938, GSA 149 / 1005, Bl. 86 (eine Antwort

ist nicht überliefert), sowie am 12. Dez. 1937, GSA 149 / 1003, Bl. 53: Fehse hatte für den Goethebiografen Richard Moritz Meyer den von Antisemiten benutzten zweiten Vornamen »Moses« mit abschätzigen Bemerkungen verwendet (Raabe und Goethe, S. 286). Wahls Antwort am 30. Dez., »Die Bemerkung über Richard M. Meyer hatte ich eingeklammert und gehofft, daß sie getilgt worden sei. Bei einem so alten Philologen wie Fehse habe ich keine Korrektur mitgelesen« (ebd., Bl. 54), ist irreführend. Am 8. Okt. 1937 hatte er Fehse über diesen Aufsatz geschrieben: »Ihre Arbeit habe ich gestern mit größtem Genuß und dankbarem Gefühl gelesen und sie heute nach Leipzig zum Satz geschickt [...] [d. h. ohne Fehse die Gelegenheit zur Änderung der angeblich eingeklammerten Stelle zu geben]. Sie erhalten nach Eingang die erste Korrektur« (ebd., Bl. 130); Fehse am 26. Okt. 1937: »Hiermit reiche ich Ihnen die Korrektur zurück. Bei der Geringfügigkeit der Änderungen darf ich wohl auf eine Zusendung der Revision verzichten« (ebd., Bl. 133), also bekam er keine 2. Korrektur.

209 Petersen an Wahl, 29. Okt. 1937, GSA 150 / A 740, Bl. 469 f. (Petersen schlägt auch den jungen Jenaer Germanisten Ernst Vincent vor, aber Wahl schrieb nicht an diesen.)

210 Wundt erkundigte sich am 11. Feb. 1937, ob in Goethes Spinoza-Exemplar, wie von Lockemann in Jena berichtet, so gut wie keine Lesespuren seien; Wahl bestätigt das fünf Tage später. GSA 150 / M 150, Bl. 545, 547.

211 Wahl an Friedrich Meinecke, 30. Nov. 1937, GSA 149 / 1004, Bl. 78; vgl. das Muster für diesen Rundbrief: GSA 149 / 1005, Bl. 3.

212 Antworten von Meinecke und Rehm am 2. Dez. 1937, GSA 149 / 1004, Bl. 79, 196, vgl. Wahl an Weinhandl, 8. Apr. 1937, ebd., Bl. 335; Heidegger an Wahl, Freiburg / Br., 5. Dez. 1937, GSA 149 / 1003, Bl. 203. Eine Antwort von Wundt ist nicht überliefert.

213 Kurt Karl Eberlein in Berlin an Wahl mit Antwortschreiben, 10. bzw. 14. Jan. 1937, GSA 149 / 1003, Bl. 96 f. Zu Meinecke im frühen Dritten Reich vgl. Ritter.

214 Petersen an Wahl, 18. Nov. 1936, GSA 149 / 997, Bl. 187.

215 In Coehns Personalakte wird er als Nicht-Reichsbürger bezeichnet: Universitätsarchiv Göttingen Kur. 10 118 (Dank an Angelika Handschuck). Er war allerdings vielleicht ›Halbjude‹ mit einer jüdischen Ehefrau oder in der jüdischen Religionsgemeinschaft. – Im Dritten Reich wurden bis 1940 einzelne Aufsätze jüdischer Autoren veröffentlicht, aber den betreffenden Zeitschriften wurden oft staatliche Mittel entzogen. Vgl. Ehlers, S. 156–167 (Dank an Patrick Wagner für diesen Hinweis); zur *Historischen Zeitschrift* vgl. Ritter. Die Zeitschrift *Goethe* wurde jedoch nicht staatlich subventioniert.

216 Wahl an Petersen, 23. Nov. 1936, GSA 149 / 190, Bl. 67. In Wahls freundlichem Briefwechsel mit Coehn über dessen Aufsatz wird dessen Abstammung nicht berührt (GSA 149 / 1003, Bl. 63–70).

217 Pirmin Biedermann in *Die Literatur*, Jg. 40, H. 9 (1937), S. 566 (dort das Zitat);

Georg Schmitz in *Handelsteil des Abendblattes, Schlesische Zeitung,* o. D. (eing. 15. Apr. 1937); Anon. in *Beilage zum Schwäbischen Merkur,* 8. April 1937. GSA 149 / 1002, Bl. 140, 103 f.

218 Insel-Verlag (Karl Weisser) an die Geschäftsstelle, 3. April 1937, GSA 149 / 999, Bl. 265.

219 Tagesordnung zur Vorstandssitzung, 17.–18. Mai 1937, mit hs. Notizen Donndorfs, GSA 149 / 183, Bl. 45. Im Protokoll wird über eine entsprechende Diskussion nicht berichtet (GSA 149 / 28a, Bl. 17–19). Coehn starb im März 1938 im 75. Lebensjahr; Todesanzeige: GSA 149 / 1005, Bl. 106.

220 Letzteres nach einer eigenen Aussage; vgl. Strickhausen, bes. S. 440–442.

221 Werner Milch an Wahl, Wolfshau / Riesengeb., 29. Mai 1937, GSA 149 / 1004, Bl. 102, vgl. Bl. 100 f. Milch hatte Petersen und Wahl seine Publikationen geschickt: Wahl an Milch, 8. April 1935, GSA 150 / A 732, Bl. 68; Petersen an Milch, 21. Mai 1930 bzw. 26. Aug. 1934, DLA A: Milch, W., 87. 46. 29 bzw. 30.

222 Wahl an Milch, 16. Juni 1937, GSA 149 / 1004, Bl. 103. Vgl. die einfache Bitte um Zusendung der Hefte: PPK an Verlag der Goethe-Ges., Berlin, 8. Juni 1937, GSA 149 / 14, Bl. 78.

223 Die PPK wäre zu diesem Zeitpunkt im Fall einer wissenschaftlichen Zeitschrift hauptsächlich damit beschäftigt, Hitler-Zitate zu prüfen. Vgl. Barbian, S. 311 (zur PPK insgesamt: S. 298–321).

224 Das geht aus den ausführlichen Korrespondenzen mit Verfassern in GSA 149 / 996–1016 hervor.

225 Milch an Wahl, Wolfshau, 18. Juni 1937, GSA 149 / 1004, Bl. 104.

226 Wahl an RSK mit Antwortschreiben (i. A. Einhard [?]), 24. Juli bzw. 3. Aug. 1937, GSA 150 / A 740, Bl. 540 f. Zu Kippenbergs Verhalten in einem ähnlichen Fall um Richard Alewyn vgl. Sarkowski, S. 306.

227 Milch an Wahl mit Antwortschreiben, 4. bzw. 19. Jan. 1938, GSA 149 / 1005, Bl. 466 f., 469. Es handelte sich um Dokumente Achim bzw. Bettine von Arnims, die unter dem Namen des Besitzers, Walther Encke-von Arnim, publiziert werden sollten.

228 Reichsverband der deutschen Zeitschriften-Verleger in der Reichspressekammer an Goethe-Ges., Berlin, 19. Jan. 1938, GSA 149 / 1000, Bl. 203; vgl. den Antrag vom 14. Dez. 1937, ebd., Bl. 208 f.

229 Wahl an Donndorf, 12. Jan. 1937, GSA 149 / 1000, Bl. 329. Vgl. Schulte Strathaus an Wahl, 26. Juli 1937, sowie die Berufung auf Schulte Strathaus in Koppetschs Ankündigung der entsprechenden Entscheidung des Vorstands im Schreiben an den Reichsverband, 18. Feb. 1938, ebd., Bl. 266, 200.

230 Zu diesem langwierigen Verfahren vgl. die umfangreiche Korrespondenz in GSA 149 / 1000 und die Darstellung bei Stenzel: *Goethe,* S. 143–146.

231 So hatte die Reichspressekammer entschieden, aber Wahl hätte das schon im vergangenen Juli mit gutem Gewissen angeben können; jetzt war es sinnlos. Die

Zeitschrift fiel doch nicht ins Regelwerk der Reichspressekammer, so dass deren Befund nur eine praktische Folge für den Herausgeber hatte: Er durfte jeden wissenschaftlichen Autor aufnehmen. Vgl. Reichsverband (unterz. Doggenfuss, Geschäftsführer) an Donndorf, 5. Feb. 1937, GSA 149/1000, Bl. 308; Wahl an Milch, 4. Feb. 1938, GSA 149/1005, Bl. 471. – Im weiteren Briefwechsel behandelt Wahl wohlwollend Milchs Antrag auf Publikation von Arnim-Briefen aus dem GSA an anderer Stelle: Milch an Wahl mit zwei Antwortschreiben, 24. Jan. bzw. 2. Feb. und 31. März 1938, GSA 150/A 743, Bl. 424–426.

232 Buttmann an Petersen, München, 1. Feb. 1936, GSA 149/996, Bl. 68. Zum Fall Milch vgl. weiterhin Milch an Wahl mit Antwortschreiben, 24. Jan. bzw. 4. Feb. 1938, GSA 149/1005, Bl. 470 f.; GSA 150/A 743, Bl. 424–426.

233 Wahl an Eva Siebels mit Antwortschreiben, 29. bzw. 30. Jan. 1937, GSA 149/1004, Bl. 240 f. Siebels war gefügig: »Für die Entfernung des Spinoza-Satzes danke ich Ihnen. Aus den von Ihnen genannten Gründen hatte ich ihn schon einmal aus dem Manuskript verbannt, er schlich sich dann aber wieder ein.«

234 Nishida, S. 138.

235 Spranger an Wahl mit Antwortschreiben, 6. bzw. 9. April 1938, GSA 149/1006, Bl. 118, 113.

236 Vgl. Koch und dazu Heibel, S. 465 f. Koch wiederholte seinen Vortrag in der Münchner Vortragsreihe des Instituts am 18. Jan. 1938 (Heibel, S. 626); ein Auszug erschien im *Völkischen Beobachter,* 20. Jan. 1938 (Reichsausgabe).

237 »Wie sollte man z. B. den Kampf gegen die Freimaurer gewinnen, indem man Goethe angreift? Man kann die Weltmacht der Halbbildung und des Liberalismus nicht treffen, wenn man die Bildung im tiefsten Sinne abweist.« Frank, S. 99. Wahl half Koch mit Material aus Goethes Bibliothek: an Koch, 1. April 1937 sowie dazugehörige Schreiben, GSA 150/M 150, Bl. 220 f.

238 Koch, S. 119 (die folgenden Zitate: S. 122–132).

239 Koch zitiert Goethes Brief an Zelter vom 19. Mai 1812, MA 20.1, S. 280 f.

240 MA 17, S. 633.

241 Koch zitiert nach einer der vielen Ausgaben, die den Text zensierten; nach der Handschrift heißt es: »der jüdische und Christliche Praß«! Vgl. *Gespräche* 1, Nr. 1128, mit Korrektur: Bd. 5, S. 100.

242 »Judisches [sic] Volk«, in *Schema zu einem Volksbuch, historischen Inhalts* (1808), MA 9, S. 609.

243 *Wanderjahre,* II/2, MA 17, S. 390.

244 Vgl. Wundt: Judentum, S. 79 f. Wundt veröffentlichte 1944 *Die Wurzeln der deutschen Philosophie in Stamm und Rasse* (Berlin 1944).

245 *Frankfurter Zeitung*, 18. Dez. 1937; *Völkischer Beobachter*, 22. Jan. 1938, zit. nach Heiber, S. 626.

246 Wahl an Petersen, 16. Juni 1936, GSA 149/190, Bl. 6. Zu Schirach und Goethe vgl. Wortmann, S. 21–23, 151 f.; Lothar Frhr. von Biedermann an Wahl, Berlin,

11. Feb. 1942 (»ein so besonderes Goetheinteresse«), GSA 150 / A 756, Bl. 82. Wahl und Ziegler kannten Schirach seit dessen Jugend: Wahl an Karl Wilhelm Oest, 2. März 1938, GSA 150 / M 184a, Bl. 2; Wortmann, S. 34–40.

247 Obergebietsführer (Karl) Cerff (Leiter des Kulturamts, Reichsjugendführung) an Wahl, Berlin, 13. Juni 1936, Kahl (Hrsg.) 2, Nr. 1297. Zur Gründung des Kulturamts im Herbst 1935 und zu Cerff vgl. Buddrus: *Totale Erziehung,* S. 142, 1131 f.; zur mündlichen Einladung, die vermutlich nach dem 27. April erfolgte, als eine vorbereitende Tagung des Kulturamts in Heidelberg zu Ende ging, vgl. Wahl an Cerff, 25. Juni 1936, Kahl (Hrsg.) 2, Nr. 1299; vgl. auch *Völkischer Beobachter,* 25. April 1936.

248 Wahl an Heinz Wismann mit Antwortschreiben, 18. bzw. 23. Juni 1936 (erhalten am 25. Juni), GSA 150 / M 149, Bl. 1, 3.

249 Wahl an Cerff, 25. Juni 1936 (Anm. 247; er deutet in diesem Brief den eigentlichen Grund an, den Ludendorff-Streit).

250 Wahl an Petersen, 19. Juni 1936, DLA D:Petersen / Goethe-Ludendorff, D62.765.

251 So das von Wahl gewählte Thema: an Cerff, 25. Juni 1936 (Anm. 247).

252 Wahl an Linden, 29. Juni 1936, GSA 149 / 997, Bl. 18; vgl. Linden an Wahl, 28. Juni 1936, ebd., Bl. 17.

253 Linden an Wahl, Leipzig, 6. Aug. 1936, ebd., Bl. 19.

254 Vgl. *Völkischer Beobachter*, 14. Juli 1936, S. 1 f.

255 Th. A. Schröter an Wahl, Geestemünde, 13. Dez. 1936, vgl. auch Willy Ramm an »Verlag der Goethe-Gesellschaft«, Berlin, 20. Okt. 1936; Prof. Dr. Trusen an Wahl, Wernigerode, 9. Nov. 1936, GSA 149 / 997, Bl. 386, 250, 408.

256 Wahl an Linden, 2. Okt. 1936, GSA 149 / 997, Bl. 20.

257 Scharführer (Ernst) Ziegler (Leiter, Kulturabteilung der Thüringer HJ) an Wahl, 20. Nov. 1936, GSA 149 / 997, Bl. 456; vgl. Wahl an Ziegler, 5. Nov. 1936, ebd., Bl. 455.

258 Linden an Wahl, Leipzig, 15. April 1937, GSA 149 / 1004, Bl. 24. Vgl. *Goethes Leben und Werk* (Velhagen & Klasing, 1937); in einem Vierteljahr wurden über 5000 Exemplare verkauft, angeblich ohne dass Lehrer das Heft vorschreiben durften.

259 Linden: *Goethes Leben,* S. 2.

260 Wahl an Wilhelm Oest, 25. April 1938, GSA 150 / M 184a, Bl. 6.

261 Wahl an Reinhard Buchwald, 4. Aug. 1943, GSA 9 / 35, unfol.

262 Linden an Wahl mit Antwortschreiben, 15. bzw. 17. April 1937, GSA 149 / 1004, Bl. 24 f.

263 Vgl. Schirach: Goethe-Rede; Schirach: *Goethe an uns.* Die Ausgabe 1943 trägt den Vermerk 121.–170. Tausend. Zu Schirachs Rede vgl. Mathieu, S. 253–257 (doch vgl. unten, Anm. 302). Zu Schirach vgl. seine Autobiographie sowie Wortmann; Grüttner: *Lexikon,* S. 148; Kirsten, S. 114–119.

264 Zu einem solchen Konflikt vgl. Bohrmann 5/I, S. 271.
265 Vgl. Buddrus: *Totale Erziehung*, S. 142 f.
266 5. Juni 1937, Bohrmann 5/II, S. 449
267 15. Juni 1937, Bohrmann 5/II, S. 485.
268 Wahl an Karl Wilhelm Oest, 2. März 1938, GSA 150/M 184a, Bl. 2.
269 Zu Hecker: Wahl an Günter Kaufmann (Hauptschriftleiter, *Wille und Macht*), 25. Mai 1937, GSA 150/A 740, Bl. 61, sowie Hecker an dens., 27. Okt. 1938, GSA 150/A 744, Bl. 530 (mit ausdrücklichem Hinweis auf ein Goethe-Zitat in Schirachs Rede, das das Archiv zusammen mit anderen Zitaten ausgesucht hatte); Linden an Wahl, Leipzig, 3. Juni 1937, GSA 149/1004, Bl. 31, sowie das in der nächsten Anmerkung angeführte Antwortschreiben. Goethe-Medaille: Petersen u. a.: Hauptversammlung 1937, S. 142, 151.
270 Wahl an Linden, 4. Juni 1937: für das Heft solle nach Schirachs Absicht Material »von mehreren Seiten zusammengetragen« werden, GSA 149/1004, Bl. 32; vgl. Günter Kaufmann an Wahl, 3. März 1938, GSA 150/A 743, Bl. 173.
271 Vgl. Riederer, S. 335–350.
272 Vgl. NSDAP Reichsjugendführung (unterschr. [Gerhard] Bennewitz, Oberbannführer, Chef des Amtes für weltanschauliche Schulung) an Wahl (GSA) mit Antwortschreiben, 28. bzw. 29. April 1937, GSA 150/A 739, Bl. 84 f. (Dass es sich um das Heft der Festspiele ging, geht aus der Erwähnung der Weimarer Druckerei Dietsch und Brückner hervor.) Die Mitarbeit des Goethe- und Schiller-Archivs wurde in den Fotonachweisen des Heftes verschwiegen.
273 Wahl an Karl Wilhelm Oest, 25. April 1938, GSA 149/M 184a, Bl. 6.
274 Oberbannführer Dr. K. Lapper: Das zweite Reichsführerlager der HJ. in Weimar, in: *ATLZD*, Nr. 133, 20. Mai 1937, S. 1; Riederer, S. 337.
275 Hans Ewers: Der Gewinn des HJ.-Reichsführerlagers in Weimar, in: *ATLZD*, Nr. 143, 30. Mai 1937, S. 1 f. (das nächste Zitat ebd.).
276 Wahl an Petsch, 3. Mai 1937, GSA 149/1004, Bl. 171 f.
277 Petersen u. a.: Hauptversammlung 1937, S. 142.
278 Wahl: Bekenntnis, S. 153 f., 155 f. Vgl. Günter Kaufmann, Goethe als Vorbild unserer Jugendführer, *Thüringer Gauzeitung*, 21. Mai 1937.
279 Wahl: Bekenntnis, S. 157. Da dasselbe Hitlerzitat vorne im Programm der Festspiele steht, rechnet Wahl dieses wohl irrtümlich zum Reichsführerlager.
280 Vgl. oben, S. 115.
281 Dr. M. (Hans Malberg?): Festtage der Goethe-Gesellschaft in Weimar. [...] Goethe und die Jugend. In: *ATLZD*, Nr. 151, 8. Juni 1938 (Bericht Wahls; im Original in Fettdruck).
282 Allein 19 Zeitungen brachten eine Variante der Überschrift »Die deutsche Jugend bekennt sich wieder zu Goethe«. Gesammelt in GSA 149/775, Bl. 478–557. Vgl. Max Kommerell: *Jugend ohne Goethe* (1931).

283 Paul Kersten: Kein Goethe ohne Jugend. Hauptversammlung der Goethe-Gesellschaft, in: *Berliner Lokal-Anzeiger*, 19. Mai 1937, GSA 149 / 774, Bl. 420.
284 Wahl an (Ernst) Ziegler, 5. Nov. 1936, GSA 149 / 997, Bl. 455.
285 Scharführer Ziegler an Wahl, 20. Nov. 36, ebd., Bl. 456. Ziegler übersandte 1938 das von Hans Wahl als »prachtvoll« bezeichnete Heft *Kulturwille der neuen Nation*. Vgl. Vereinigung Freunde des Goethehauses an E. A. Ziegler, 24. März 1938, GSA 150 / A 744, Bl. 560.
286 Wahl an Linden, 4. Juni 1937, GSA 149 / 1004, Bl. 32; vgl. Wahl an Linden, 2. Okt. 1936, GSA 149 / 997, Bl. 21.
287 Kaufmann an Wahl mit Antwortschreiben, 3. bzw. 5. Juli 1937, GSA 149 / 1003, Bl. 384 f.; Wahl an Petersen, 6. Juli 1937, DLA D:Petersen / Goethe, 62.726 / 3.
288 GSA (wohl Wahl) an Zentralverlag der NSDAP Franz Eher, 30. Dez. 1938, GSA 150 / A 744, Bl. 558.
289 Wahl an Oest, 25. April 1938 (vgl. oben, Anm. 273).
290 Wortmann, S. 145–148; zu Schirachs Goethe-Rede ebd., S. 151 f.; zum Verhältnis der HJ zu Schule und Eltern vgl. Klönne, 52–57.
291 Schirach: Goethe-Rede, S. 5 f. (das nächste Zitat: S. 7). Kippenberg: »Tiefer denn je könne man sich heute zu Goethe bekennen, der ja auch ein Erziehungsideal aufgestellt habe, das in mancher Hinsicht mit dem der Gegenwart verwandt sei.« *Vossische Zeitung*, Abendausg., 10. Juni 1933.
292 Goethesche Prägung der Erziehung im Dritten Reich. Der Reichsjugendführer eröffnete die Weimar-Festspiele, in: *DAZ*, Morgenausg., 15. Juni 1937.
293 Schirach: Goethe-Rede, S. 7; zu Hitler und Goebbels vgl. oben, S. 118, 157.
294 *Wanderjahre* II / 1, MA 17, S. 385–388.
295 Hans Ewers (Schriftleiter) in *ATLZD*, 30. Mai 1937, S. 1; »Goethe als Erzieher«. Kulturpolitische Rede Baldur von Schirachs [...], in: *ATLZD*, 15. Juni 1937, S. 1; Kulturpolitische Rede Baldur von Schirachs: Goethe als Erzieher. [...], in: *Völkischer Beobachter*, 16. Juni 1937; Leitartikel, *DAZ*, Morgenausg., 18. Juni 1937, S. 1.
296 Siegfried Raetzer in *Westdeutscher Beobachter*, Köln, 19. Juni 1936, GSA 149 / 773, Bl. 271.
297 Ziegler: Weimar, S. 28, 30.
298 *Thüringer Gauzeitung*, 25. April 1938, Kahl (Hrsg.) 2, Nr. 1331.
299 Schirach: Vom musischen Menschen, S. 19 f., 16.
300 Conrady: Ein Junge, S. 210.
301 Mathieu, S. 254; ihm folgend: Buddrus: *Totale Erziehung*, S. 158 Anm.
302 (1.) Goethe schreibt: »[...] aus diesen drei Ehrfurchten entspringt die oberste Ehrfurcht, die Ehrfurcht vor sich selbst, und jene entwickeln sich abermals aus dieser, so daß der Mensch zum Höchsten gelangt, was er zu erreichen fähig ist, daß er sich selbst für das Beste halten darf was Gott und Natur hervorgebracht haben [...]« (MA 17, S. 388); Schirachs Goethe-Zitat: »Die oberste Ehrfurcht

aber ist – nach Goethe – die Ehrfurcht vor sich selbst, so daß der Mensch zum Höchsten gelangt, was er zu erreichen fähig ist« (*Goethe an uns,* S. 7). (2.) In einem Zitat aus *Maximen und Reflexionen* sind nur zwei kleine Fehler, die den Sinn nicht entstellen; vgl. ebd., S. 517, Anm. 26; WA I, 42 / 2, S. 211. (3.) Als »Nicht belegt« bezeichnet Mandelkow das Zitat: »Deutschland ist und bleibt auf ewig das wahre Vaterland meines Geistes und Herzens«, das nach Schirach einem Gespräch Goethes mit Luden entstammt. Es wurde schon von Biedermann irrtümlich als Aussage Bernhard von Beskows beschrieben, danach richtig C. G. von Brinckmanns (Grumach (Hrsg.), *Gespräche* 4, S. 403; vgl. *Gespräche* (Biedermann / Herwig) 4, S. 127 zu Nr. 1429). Immer wieder wurde es als Aussage Goethes bezeichnet. – Gravierender ist der Spruch des Gehülfen aus den *Wahlverwandtschaften*: »Man erziehe die Knaben zu Dienern am Staate und die Mädchen zu Müttern, so wird es überall wohlstehen« (*Goethe an uns,* S. 7); bei Goethe fehlt »am Staate« (MA 9, S. 451). Auf den Fehler wies 1938 ein Leser die Schriftleitung von *Wille und Macht* hin, die sich an Hecker wandte; dieser schreibt: »Unter den Goethe-Aussprüchen, die das Goethe- und Schiller-Archiv seinerzeit der Schriftleitung der Zeitschrift ›Wille und Macht‹ zur Verfügung gestellt hat, hat sich der fragliche Ausspruch Goethes nicht befunden«; er mutmaßt, dass »bei einer früheren Zusammenkunft der HJ Goethes Wort schon in dieser Weise erweitert worden« sei (27. Okt. 1938, GSA 150 / A 744, Bl. 530). Kaufmann antwortete: »Sinngemäss dürfte wohl Goethe im ganzen Zusammenhang an die Erziehung der Knaben zu Dienern am Staate *gedacht* haben. Immerhin werde ich selbstverständlich bei einer neuen Auflage diesen Zusatz fortlassen« (29. Okt. 1938, ebd., Bl. 528). Das geschah nicht. Die Ergänzung, die auch dem Kontext nach wohl nicht in Goethes Absicht lag, wurde aber auch von Hans Wahl verwendet (Bekenntnis, S. 156) und bekam dann ein Eigenleben, in Rosenbergs *Nationalsozialistischen Monatsheften* in einem Bericht über das Reichsführerlager (8. Jg., H. 88, Juli 1937, S. 635), aber auch Buddrus (Einmal, S. 141 Anm.; *Totale Erziehung,* S. 158 Anm.) und Merseburger (S. 344) verwenden Schirachs Fassung ohne Korrektur, nachdem Mandelkow (*Goethe im Urteil* 4, S. 516) sie 1984 berichtigt hatte. – Die anderen Goethe-Zitate sind bei Mandelkow nachgewiesen. Mathieu schreibt irrtümlich, dass das Zitat »Die Jugend bildet sich wieder an der Jugend« »wahrscheinlich von Schirach stammt« (S. 254). Zum Spruch »Männer sollen von Jugend auf Uniform tragen […]« behauptet Mathieu gleichfalls irrtümlich: »Dieser Satz steht nicht in den *Wahlverwandtschaften*« (S. 254). Riederer (S. 386, Anm. 76) weist auf Mathieus Fehler hin, »weil auch er dessen [d. h. Schirachs] Kenntnisse von Goethes Werken unterschätzt.«

303 Petersen u. a.: Hauptversammlung 1937, S. 144; vgl. WA I, 4, S. 57, mit Lesarten: WA I, 5, S. 35. Auf den Missbrauch eines Gedichts von Gottfried Keller in Petersens Rede auf der Hauptversammlung 1935 wies schon der Zeitgenosse Jonas Fränkel hin (S. 263, vgl. Bahr. Petersen, S. 145).

304 Boye an Vorstand, 3. Mai 1937, GSA 149 / 267, Bl. 49. Die Auszeichnung durch Hitler war auf Antrag von Vorstandsmitglied Hans Severus Ziegler geschehen (Fuller, S. 177).

305 Petersen an Boye, 8. Mai 1937, GSA 149 / 267, Bl. 48.

306 Auszug aus Prot. Vorstand, 17. Mai 1937, »(aus d. Manuskript, *nicht* vervielfältigt)«, GSA 149 / 267, Bl. 47.

307 Tagebuch zu 17. Mai 1937, Bayerisches Hauptstaatsarchiv, Nachlass Buttmann 87, S. 25. Anwesend: Petersen, Bertram, Beutler, Buttmann, Deetjen, Donndorf, von Güntter, Kippenberg, von Molo, Scheidemantel, Wahl und Maltzahn als Schriftführer. Prot. Vorstand, 17.–18. Mai 1937, GSA 149 / 28a, Bl. 17–19 (hier wird die Beratung über Bartels nicht erwähnt).

308 Boye an Petersen, Halle, 25. Juli 1937, Vermerk von Anna Günther: »Eingeg. b. H. Dr. Donndorf a. 4. 9. 37 [!]«, GSA 149 / 267, Bl. 46. Offenbar hatte Petersen den Brief Boyes in seinem Haus im bayerischen Murnau bekommen und erst am 3. Sept. an Donndorf geschickt (vgl. nächste Anm.).

309 Petersen (aus Murnau) an Donndorf mit Antwortschreiben, 3. bzw. 14. Sept. 1937, GSA 149 / 143, Bl. 231 f., 230.

310 Auszug aus dem ungekürzten Protokoll der Arbeitsausschuss-Sitzung, 21. Okt. 1937, GSA 149 / 267, Bl. 39. Kippenbergs Endfassung des Protokolls erwähnt Boyes Erpressung nicht: Kippenberg an Geschäftsstelle, 10. Nov. 1937, GSA 149 / 143, Bl. 222.

311 Petersen an Bartels, 14. (?) Nov. 1937, GSA 149 / 267, Bl. 35; undat. Entwurf: Bl. 28. Vgl. Koppetsch an Petersen, 26. Nov. 1937, GSA 149 / 143, Bl. 218.

312 Bartels an Petersen (Karte), 28. Nov. 1937, GSA 149 / 267, Bl. 24. Bartels dankte Petersen für die Urkunde und schrieb: »Hoffentlich ist es mir beschieden, noch einige wertvolle Arbeit im Geiste der Goethe-Gesellschaft zu leisten.« 28. Aug. 1938, GSA 149 / 28a, Bl. 67.

313 Ehrlich: Gleichschaltung, S. 263.

314 Boye an Donndorf, Halle, 23. Nov. 1937, GSA 149 / 267, Bl. 33. Donndorfs Operation und Tod am 26. bzw. 28. Nov. verzögerte die Antwort (von Koppetsch am 30. Nov., Bl. 29).

315 Vgl. Dr. M. (Malberg?) in *ATLZD,* Nr. 151, 8. Juni 1938; E–t in *Thüringer Gauzeitung*, 8. Juni 1938; *Der Angriff* (Spätausgabe), 8. Juni 1938; *Thüringer Allgemeine Zeitung*, Erfurt, 9. Juni 1938; Ernst Beutler in *Frankfurter Zeitung* (Reichsausg.), 11. Juni 1938; GSA 149 / 775, Bl. 576, 544, 536, 487, 473.

316 Hohenstein an Wahl, Darmstadt, 19. Dez. 1937, GSA 150 / M 151, Bl. 187.

317 Wahl an Ziegler, 28. Dez. 1937, GSA 150 / M 151, Bl. 186.

318 Hohenstein an Wahl, Darmstadt, 20. Aug. und 9. Sept. 1938, GSA 149 / 192, Bl. 43, GSA 150 / A 743, Bl. 104 f.

319 Vgl. Bartels' RSK-Akte, BArch R 9361-V / 13 221. Obwohl Wahl versprochen hatte, in der Sache Hohensteins gegen Bartels an die RSK zu schreiben, ist kein

Brief von ihm in der RSK-Akte vorhanden. Allerdings könnte dieser in einer anderen Akte sein, denn Bartels war bei der RSK nicht erfasst.

320 Wahl an Adolf Bartels, 28. Dez. 1939, GSA 150/A 745, Bl. 51.

321 Bartels an Wahl, Weimar, 29. Dez. 1939, GSA 150/A 748, Bl. 44.

322 Wahl an Kurt Metzner (Abteilungsleiter 4 der RSK), 4. Jan. 1940, GSA 150/A 750, Bl. 229; vgl. auch Bl. 230, 232. Vgl. die Briefe von Friedrich Winterholler an Wildgans, GSA 96/3222.

323 V. Wahl, »Historischer Exorzismus«, S. 260, 262. Walter Wolf, Leiter des Thüringischen Landesamtes für Volksbildung, stellte Wahl am 27. Oktober 1945 einen ähnlichen ›Persilschein‹ aus: »Er ist nach starkem Druck 1937 in die Partei gegangen aus Sorge, daß das Lebenswerk des großen Dichters an seiner Stelle von einem nazistischen Pfuscher verfälscht werden kann.« Wolf an die Berliner Zentralverwaltung für Volksbildung, Lehrke (Hrsg.) 1, S. 27. Beide Darstellungen basieren offensichtlich auf Wahls eigenen Angaben, er sei »Ende 1937 oder Anfang 1938, zugleich gedrängt als Vizepräsident der Goethe-Gesellschaft und Herausgeber der Zeitschrift ›Goethe‹ in die Partei ohne Parteibuch und ohne Vereidigung aufgenommen« worden. An Wolf, 10. Dez. 1945, ebd., S. 32. Ein Parteibuch bekam das Mitglied nur auf Antrag; vgl. »Dokumentation. NSDAP-Mitgliederkartei« des Bundesarchivs.

324 Benz, S. 2.

325 Text bei Volker Wahl: »Exorzismus«, S. 262, der dieser Erklärung unkritisch folgt.

326 Anordnung 18/37 vom Reichsschatzmeister der NSDAP Franz Xaver Schwarz, 20. April 1937, Wetzel, S. 76.

327 Vgl. BArch R 9361-VIII Kartei/24800156 (Zentralkartei); Wilson: Verbindungsmann, S. 213–216.

328 Wahl an Rudolf Bach, 7. Sept. 1938, GSA 150/A 742, Bl. 35.

329 Vgl. Kahl (Hrsg.) 2, Nr. 1323–1328.

330 Vgl. Kahl (Hrsg.) 2, Nr. 1326.

331 Dazu und zum Folgenden aus dem Exemplar Nr. XI in der Herzogin Anna Amalia Bibliothek, Signatur G gr 1865, ohne Titel oder Seitenzahlen; vgl. Stenzel: »Buch und Schwert«, S. 99 f.; Schley, S. 279 f.; Kahl (Hrsg.) 2, Nr. 1326.

332 *Goethe* 3 (1938), S. 216.

333 Vgl. Anm. 76.

334 Kaufmann: *Ein anderes Drittes Reich,* S. 13 (ohne Beleg). Noch 2001 gab Kaufmann große Teile der Goethe-Rede Schirachs unkritisch wieder (S. 104–112); er stellt Schirach als eine Art Widerständler dar, der das Novemberpogrom verurteilt habe und dem Himmler einen Prozess vor dem Volksgerichtshof machen wollte (Gegenbeweise etwa bei Mathieu, S. 245–249).

335 Theodor Eicke an Himmler, Berlin, 24. Juli 1937, Kahl (Hrsg.) 2, Nr. 1319; vgl. Nr. 1320 sowie ausführlich dazu Schley.

336 Vgl. Donndorf an Petersen, 26. Feb. 1937, GSA 149/143, Bl. 269 f.

337 Vgl. dazu Schley.

338 Vgl. Rechnung, Deutsche Ausrüstungswerke G.m.b.H. Werk Buchenwald an Goethe-Nationalmuseum, 14. April 1944, GSA 150/A 763, Bl. 173, sowie Kahl (Hrsg.) 2, Nr. 1411, 1414. Vgl. Schley, S. 277.

KAPITEL 5

1 Kershaw 2, S. 65.

2 Vor allem das vom REM geförderte, aufwändige aber nicht mehr realisierte Projekt eines Bilderatlases von Goethes *Italienischer Reise*. Vgl. Riederer, S. 350 f. sowie die Akte GSA 150/A 591 f.; 150/A 758, Bl. 103 ff. sowie Wahls Korrespondenz. Wahl schickte Sonderdrucke seiner Übersetzung eines italienischen Gedichts an italienische Politiker und verfasste am 29. Dez. 1937 einen entsprechenden Begleitbrief an Mussolini, der aber »zurückbehalten« wurde, möglicherweise nach Rücksprache mit dem Auswärtigen Amt oder RMVP (GSA 149/1004, Bl. 109; vgl. 150/M 184a, Bl. 6).

3 Almgren et al., S. 13 und passim; zum Folgenden ebd., S. 20.

4 *Nordische Gesellschaft* 1938–1939, S. 35–42. Ursprünglich waren für Wahl zwölf Vorträge geplant (*Nordische Gesellschaft* 1937–1938, S. 45). Wahl wird zuerst im Bericht 1937–1938 als Mitglied angeführt. Zu Günther vgl. Grüttner: *Lexikon*, S. 66.

5 Vom Protegé Zieglers (und dessen Vertreter im Ortsausschuss der Goethe-Ges.) am Deutschen Nationaltheater Otto zur Nedden, dem Thüringer Kulturbeauftragten des RMVP, Konrad Studentkowski, und Weimarer Gauschulungsleiter Herbert Haselwander (*Nordische Gesellschaft* 1938–1939, S. 32–45).

6 Wahl: Goethes Norden, S. 1 (die nachfolgenden Zitate entstammen den nächsten Seiten). Für die Vermittlung dieses Artikels bin ich Paul Kahl dankbar.

7 Sven Hedin an Wahl, Stockholm, 15. Sept. 1937, GSA 149/194, Bl. 6 (Kahl [Hrsg.] 2, Nr. 1322); vgl. Oberstleutnant Emil Fevrell (Schriftführer, Svensk-Tyska Föreningen) an Wahl, Waxholm bei Stockholm, 28. Juli 1936, GSA 150/A 736, Bl. 9; Wahl an Direktor Naubert (J. J. Weber Verlag), 26. Apr. 1938, GSA 150/A 743, Bl. 491. Mit der Einladung revanchierte sich Hedin wohl für seinen Vortrag in Weimar im März 1936, als Sauckel präsidierte; vgl. *Thüringer Gauzeitung*, 16. März 1936. Wahl war »wohl in Weimar sein [d. h. Hedins] nächster Bekannter« (Wahl an Kappner, 19. Feb. 1938, GSA 149/194, Bl. 33).

8 Vgl. etwa Sievers und Terdenge, Bericht über Gespräch mit dem schwedischen Gesandten Einar af Wirsén, Berlin, 15. Dez. 1927, NAK GFM 33/1773/4178, Bl. 84.

9 Deutscher Gesandter Frederic von Rosenberg: Vertraulicher Bericht »Kulturpolitik anderer Länder in Schweden«, Stockholm, 14. Feb. 1930, NAK GFM 33/1773/4178, Bl. 85

10 Sie kannten sich aus der Zeit, als Kappner in Jena studierte; vgl. Wahl an Kappner, 19. Feb. 1938, GSA 149/194, Bl. 33

11 Kappner (Leiter der DAAD-Zweigstelle Stockholm) an Hans Wahl, 15. Februar 1938, GSA 149/194, Bl. 29–32, hier Bl. 30 f. Zur Krise des Jahres 1938 und Kappners Rolle vgl. Almgren u. a., S. 36–39, zur kulturpolitischen Konkurrenz mit Großbritannien: Deutsche Gesandtschaft Stockholm ([Gesandter Viktor Prinz zu] Wied) an Auswärtiges Amt, 29. Aug. 1934, NAK GFM 33/1773/4178, Bl. 93–96, sowie die Denkschriften Kappners vom 18. Juni 1935 und des Kanzlers a. D. Banse vor 29. Aug. 1934, ebd., Bl. 18–20, 97–116, hier Bl. 100 f. Kappner arbeitete mit dem RVMP zusammen und organisierte die deutsche Kulturpropaganda in Schweden.

12 REM an Thür. Volksbildungsministerium, 5. Feb. 1938 (Kopie für Wahl, gez. Graf von Baudissin); Wahl an Kappner, 19. Feb. 1938; DAAD Berlin an Wahl, 2. März 1938, GSA 149/194, Bl. 20, 33, 54.

13 Kappner: Bericht über Vilhelm Scharp, Stockholm, undat. (Juni 1934), NAK GFM 33/1773/4178, Bl. 90–92, hier Bl. 092.

14 Kappner an Wahl, 15. Feb. 1938, GSA 149/194, Bl. 29–32. Wahl bestätigt die Ausweitung der Reise auf Norwegen im Schreiben an Oberregierungsrat Köhler (Thür. Volkbildungsministerium) vom 23. Feb. 1938, GSA 150/A 743, Bl. 238.

15 Wahl an Kappner, 19. Februar 1938 (durch Eilboten), GSA 149/194, Bl. 33.

16 Kappner an Wahl, 15. Feb. 1938 (Anm. 14).

17 Wahl an Kappner, 30. März 1938, GSA 149/194, Bl. 74; Wahl an NSDAP-Auslandsorganisation in Berlin mit Antwortschreiben, 22. Feb. bzw. 1. März 1938, ebd., Bl. 21, 50.

18 Kippenberg unterstützte »mit besonderer Freude« das RMVP mit vielen Manuskripten für eine Ausstellung zur Kultur der »Ostmark« in Wien (7. Okt. 1938, GSA 50/367).

19 Petersen an Srbik, 23. März 1938, GSA 149/776(2), Bl. 136.

20 Prot. Ortsausschuss, 13. Feb. 1939, GSA 149/28a, Bl. 84–88, hier Bl. 85.

21 Srbik an Petersen, 4. April 1938, GSA 149/776(2), Bl. 134 f.

22 [Kunze:] Hauptversammlung 1939, S. 202.

23 Schüddekopf in *DAZ,* 1. Juni 1939, GSA 149/776(1), Bl. 42.

24 Srbik, S. 229.

25 Herbert Valentin Hupka in *Kölnische Volkszeitung*, 6. Juni 1939, GSA 149/776(1), Bl. 3.

26 Vgl. Castle an Vorstand der Goethe-Ges., 18. Juli 1950, GSA 149/550, Bl. 90.

27 Petersen an Srbik, 23. März 1938, GSA 149/776(2), Bl. 136.

28 Prot. Vorstand, 6. Juni 1938, GSA 149 / 28a, Bl. 47–51, hier Bl. 49. Srbik schlug einen eigenen Kandidaten als Vorsitzenden vor: an Petersen, 4. April und 6. Mai 1938, GSA 149 / 776(2), Bl. 134 f., 132 f.

29 Petersen an Kippenberg, 30. Nov. 1938, GSA 149 / 776(2), Bl. 130. Srbik behauptete später irrtümlich, Castle sei beurlaubt worden »angeblich wegen nicht rein arischer Abstammung seiner Frau«. An Petersen, 4. April und 6. Mai 1938, ebd., Bl. 134 f., 132 f. Srbik berichtete, dass der Vizepräsident »Oberlandesgerichtspräsident a. D. Dr. Engel [...] den Nürnberger Gesetzen nicht genügt und ausscheiden wird«. Castle selbst trug die »Arisierung« des Vereins mit; vgl. Huber / Posch. Zur »Arisierung (die über Sommer ohne Gewaltsamkeit in die Wege geleitet werden soll)« und zur Ernennung des Pg. Dr. Mirko Jelusich, Schriftsteller und Schlüsselperson in der NS-Kulturpolitik in Österreich, als Leiter vgl. Castle an Kippenberg, Wien, 28. Juni 1938, GSA 149 / 34, Bl. 76 (die nächsten Zitate ebd.).

30 Kippenberg an Castle, 30. Juni 1938, GSA 149 / 34, Bl. 74.

31 Kippenberg an Castle, 6. Sept. 1938, ebd., Bl. 69.

32 Prot. Arbeitsausschuss, Frankfurt / M., 26. Aug. 1938, GSA 149 / 28a, Bl. 63–66, hier Bl. 64. Srbik hatte am 4. April 1938 an Petersen geschrieben, »daß sich der Goetheverein nach Ausscheiden der jüdischen Mitglieder schwerlich finanziell werde halten können«. GSA 149 / 776(2), Bl. 134 f.

33 Castle an Kippenberg, 10. Sept. 1938, GSA 149 / 34, Bl. 70; Prot. Vorstand, 29. Mai 1939, GSA 149 / 28a, Bl. 93–97, hier Bl. 96 f. Dass diese Unterlassung nur am Amtswechsel zum neuen Präsidenten Hellmer liegt, ist ausgeschlossen. In der Vorstandssitzung wird beschlossen, dass Kippenberg zur Sicherheit Abschriften des Briefwechsels mit Castle an Hellmer schickt, und auch Srbik soll helfen.

34 Prot. Ortsausschuss, 13. Feb. 1939, GSA 149 / 28a, Bl. 84–88, hier Bl. 87; Hellmer an Wahl, Wien, 14. März 1939, GSA 149 / 1008, Bl. 199.

35 Prot. Vorstand, 29. Mai 1939 (vgl. Anm. 33).

36 Kippenberg an Wahl, 7. Aug. 1940, GSA 149 / 1010, Bl. 269; vgl. den Briefwechsel zwischen Wahl und Castle vom 23. Nov. 1939 bis 15. Feb. 1940, ebd., Bl. 48 f., 70–72.

37 Kippenberg an Kunze, 12. Jan. 1942, GSA 149 / 550, Bl. 106.

38 Castle an Vorstand der Goethe-Ges., 18. Juli 1950, GSA 149 / 550, Bl. 90.

39 Angelloz an Goethe-Ges., Paris, 14. Dez. 1937 (»admirateurs fervents«); Prot. Ortsausschuss, 25. Jan. 1938; Hellmuth Freiherr von Maltzahn an Börries Freiherr von Münchhausen mit Antwortschreiben, Weimar bzw. Paris, 28. Jan. bzw. 7. Juni 1938; GSA 149 / 263, Bl. 175, 173, 172, 168 f.

40 Kippenberg an Schulte Strathaus, 1. Okt. 1938, GSA 149 / 34, Bl. 526 f.

41 [Deetjen u. a.:] Hauptversammlung 1938, S. 213.

42 *Thüringer Gauzeitung*, Weimar, 31. Mai 1939.

43 Paul Kersten in *Berliner Lokal-Anzeiger,* 31. Mai 1939, GSA 149/776(1), Bl. 41.
44 Wehrbezirkskommandeur Oberstleutnant Simon und Kommandeur der 1. Schützen-Brigade Generalmajor Kirchner, beide aus Weimar, GSA 149/776(1), Bl. 77; *Einwohnerbuch* Weimar, S. 2.
45 Gierach vertrat die Deutsche Akademie in München (zu ihm: *IGL* 1, S. 557–559, Jelko Peters). Andere Teilnehmer: Bernhard Payr vom Amt Rosenberg; Erich Buchmann als Vertreter Sauckels; Otto Henning und Rudolf Erckmann vom RMVP; Wilhelm Brüstlin vom Reichspropagandaamt Thüringen; ein Vertreter des Landesstellenleiters für Schrifttum vom Gau Thüringen; OB Koch. GSA 149/776(1), Bl. 77 f.
46 [Kippenberg u. a.:] Hauptversammlung 1939, S. 201 f.; die folgenden Zitate ebd. Er missbraucht Goethes Verse »Bereit zum Handeln [...], zum Kampf« (*Veni creator Spiritus!,* MA 13.1, S. 21).
47 Kershaw 2, S. 235.
48 F. O. Eckardt in *Hakenkreuzbanner,* Mannheim, 3. Juni 1939, GSA 149/776(1), Bl. 48.
49 GSA 50/169, Korrespondenz Kippenberg/Hagemeyer, 1934–1937.
50 Amt Rosenberg an Sauckel, unterz. Hagemeyer, Berlin, 12. Mai 1938, ThLA-HStAW Reichsstatthalter in Thüringen 415 (das nächste Zitat ebd.).
51 Ebd.; das Gutachten ist abgedruckt bei Ehrlich: Gleichschaltung, S. 264–266 (ohne die Hervorhebungen im Original).
52 Sauckel an Hagemeyer, 21. Mai 1938, sowie an Ziegler, 19. Mai 1938, ThLAHStAW Reichsstatthalter in Thüringen 415; vgl. Ehrlich: Gleichschaltung, S. 246.
53 Vermerk von Sauckels Bürochef Erich Buchmann, 25. Juni 1938, auf Schreiben Hagemeyers an Sauckel vom 7. Juni, ebd.
54 Hagemeyer an Sauckel, 29. Juli 1938, ThLA-HStAW Reichsstatthalter in Thüringen 415. Das Amt Rosenberg verpasste die Hauptversammlung: man stand unter dem Eindruck, dass sie am 7. Juli (statt 7. Juni) 1938 stattfand (so auf dem Gutachten, vgl. Ehrlich, S. 264), und ausnahmsweise war Hagemeyer bei den Einladungen – offenbar aus Versehen – übergangen worden, was ihn ärgerte: Payr an Vorstand, z. Hd. Kippenberg, Geschäftsstelle (Anna Günther) an Payr, 27. bzw. 28. Juni 1938, GSA 149/775, Bl. 145, 143. Payr wurde zur Hauptversammlung 1939 eingeladen: GSA 149/776(1), Bl. 78.
55 Urban an Kippenberg, 15. Juli 1938, GSA 149/34, Bl. 21 (Kopie an Sauckel in ThLA-HStAW Reichsstatthalter in Thüringen 415).
56 Kippenberg an Amt Rosenberg, 23. Juli 1938, GSA 149/34, Bl. 22; vgl. Ehrlich: Gleichschaltung, S. 246 f. (eine von Ehrlich erwähnte Rücksprache mit Petersen vor diesem Brief geht aus den von mir gesichteten Dokumenten nicht hervor). – Kippenberg verschweigt mit gutem Grund, dass ein Vorstandssitz schon frei war: Mit Koch, Petersen und Spranger wären drei Berliner Professoren im Vorstand (Petersen zählte vier, das heißt mit Planck), also zu viele.

57 Kippenberg an Petersen mit Antwortschreiben, 20. bzw. 25. Aug. 1938; GSA 149/34, Bl. 467–469, 466.

58 Hagemeyer an Sauckel, 29. Juli 1938 (vgl. Anm. 54); vgl. Ehrlich, S. 247.

59 Das Reichspropagandaamt Thüringen (Studentkowski) schreibt am 10. April 1940 an die RSK, der NSDAP-Kreisleiter Jena habe über die dortige Ortsvereinigung der Goethe-Gesellschaft berichtet: »Nicht befriedigend sei die Tatsache, daß von dem Vorstand dieses örtlichen Vereins nicht ein einziger der Partei angehört. Dieser Vorstand könne durch das Ergebnis des ›Absterbens‹ verbessert werden.« BArch R 56-V/116, Bl. 191.

60 Ehrlich: Gleichschaltung, S. 264 f., vgl. S. 246.

61 Dainat: »Ruhe«, S. 232; vgl. oben, S. 70.

62 Zum Beispiel wendet sich Kippenberg verzweifelt an Schulte Strathaus, da der Gauleiter in Sachsen moniert habe, dass die Goethe-Gesellschaft die der NSDAP vorbehaltene Bezeichnung ›Ortsgruppen‹ verwendet. Diesmal kann Schulte Strathaus nicht helfen, und die Goethe-Gesellschaft musste die Bezeichnung ›Ortsvereinigung‹ einführen (sie wird in dieser Studie für die Zeit ab Ende Oktober 1938 verwendet). Gauorganisationsleiter, Gauleitung Sachsen an Kippenberg, Dresden, 27. Sept. 1938 (GSA 149/14, Bl. 65); Kippenberg an Schulte Strathaus mit Antwortschreiben, 1. bzw. 21. Okt. 1938 (GSA 149/34, Bl. 526 f., GSA 149/14, Bl. 66); Rundschreiben Deetjens an die Ortsgruppenvorsitzenden, 27. Okt. 1938, GSA 149/34, Bl. 526 f. Vgl. auch das Telefongespräch mit Schulte Strathaus (S. 192).

63 Buttmann: Allgemeiner Überblick (vgl. oben, S. 284, Anm. 187), S. 20.

64 Zu Wahl vgl. oben, S. 166–168, zu Deetjen vgl. BArch R 9361-VIII Kartei/5741663. Für von Güntter ist keine NSDAP-Karteikarte überliefert, wohl aber ein Entnazifizierungsverfahren (Auskunft dank Jan Eike Dunkhase).

65 Beutler meinte in einem Brief an Kippenberg vom 5. Aug. 1938, Petersen wolle wegen »Koch-Schmerzen« nicht an der Frankfurter Tagung teilnehmen (GSA 149/34, Bl. 38). Vgl. Kochs von tiefem Ressentiment geprägten Brief an Petersen vom 1. Jan. 1938, DLA A: Petersen, 66.1034/1 (Auszug: Zeller [Hrsg.] 2, S. 271). Spranger hat Koch als seinen Nachfolger als Vorsitzenden während seines einjährigen Japanaufenthalts vorgeschlagen: Prot. Vorstand Berliner Ortsgruppe, 19. Mai bzw. 29. Juli 1936, GSA 149/NZ E 60, Bl. 36 f., 38 f.; Spranger an Petersen, 17. Juli 1936, GSA 149/593, Bl. 114. Koch lehnte ab, da er »zu kurze Zeit in Berlin, noch nicht vertraut mit Menschen u Verhältnissen u. beruflich so stark belastet« sei; Prot. Vorstand Berlin, 20. Okt. 1936, GSA 149/NZ E 60, Bl. 40 f.; vgl. Elsa Karrass an Petersen, 1. Jan. 1937, GSA 149/593, Bl. 112.

66 Prot. Arbeitsausschuss (»Fassung für den Arbeitsausschuss«), 23. Okt. 1936, GSA 149/90a, Bl. 40–45, hier Bl. 42.

67 Ehrlich: Gleichschaltung, S. 247.

68 Golz: Vorbemerkung, S. X; im gleichen Sinne zitiert von Ledebur, S. 122 (»die zuständigen NS-Organe«); Bahr: Society, S. 66 (»the Nazi authorities«).

69 Vgl. Prot. Ortsausschuss, 23. Feb. 1937: »Die Kreispropagandaleitung der NSDAP verlangt wie von allen hiesigen Vereinen auch von uns die Stellung eines Verbindungsmannes. Herr Wahl will es übernehmen, die Verhandlungen mit dieser Stelle hierüber zu führen und gegebenen Falles diesen Posten ausfüllen.« GSA 149/183, Bl. 99.

70 Donndorf an Petersen, 8. Mai 1936: »en Canaille«, GSA 149/143, Bl. 358.

71 Beim Beitritt zum Reichsverband Deutscher Schriftsteller: Fragebogen für Mitglieder, 23. Okt. 1933; BArch R9361-V/39055 (auch Lilienfein war Bürge).

72 Ziegler an Wahl, 13. Feb. 1936, Wahl an Petersen, 18. Mai 1936, GSA 149/190, Bl. 15, 11.

73 Vgl. Donndorf an Petersen, Muldenstein, 17. Nov. 1934, Weimar, 13. Aug. 1935, GSA 149/10, Bl. 41 bzw. 149/141, Bl. 65.

74 Frankfurt/M., undat. (23. April 1936), LATh-HStAW Reichsstatthalter in Thüringen 415, ohne Kontext von Ehrlich zitiert, Gleichschaltung, S. 247. Zum Streit vgl. Donndorf an Petersen, 22. und 25. April 1936, GSA 149/143, Bl. 366 f., 365, mit Bezug auf die Sitzung mit Nobbe am 21. April. Vgl. Prot. Ortsausschuss, 20. Jan. 1936, GSA 149/182, Bl. 265–271, hier Bl. 265; Donndorf an Petersen bzw. an Wahl, 29. bzw. 28. April 1936, GSA 149/182, Bl. 183, 185.

75 Ziegler an Kippenberg mit Antwortschreiben, 30. April bzw. 5. Mai 1940, GSA 50/3854, unfol. Kippenberg betont, ihn habe Zieglers Rede vor der Hitlerjugend »berührt und erfreut« (27. Jan. 1939); am 30. April 1940 schreibt Ziegler mit »freundnachbarlichen Grüsse[n] und mit dem Ausdruck meiner freundschaftlichen Gesinnung«; er freut sich darauf, mit ihm »im Weimarer Künstlerverein« zu »pokulieren«.

76 Ziegler an Kippenberg, 30. April 1940, ebd.

77 Zu ihrer Freundschaft vgl. etwa Stier an Wahl, undat. (wohl 30. Jan. 1940), GSA 150/A 751, Bl. 149; Wahl an Hermann Vogel von Frommannshausen, 15. Mai 1940, GSA 149/193, Bl. 278. Zu Stiers Beistand in der Umwandlung des Jahrbuchs in eine Zeitschrift vgl. Wahl an Petersen, 25. Mai 1935, GSA 149/190, Bl. 149, und zur Abwehr einer lokalen NSDAP-Ortsgruppe, die den Eisenzaun vom GSA haben wollte, vgl. Prot. Verwaltungsausschuss GSA, 8. Dez. 1938, GSA 149/14, Bl. 40–42, hier Bl. 41.

78 Zander (Hrsg.), S. 60; vgl. Buddrus: Einmal, S. 133.

79 Wahl an Marschler, 3. Juli 1942: »Durch die Goethe-Gesellschaft erfahre ich, daß Sie sich als Mitglied angemeldet haben, und möchte Ihnen meine Freude darüber aussprechen und die Hoffnung, daß Sie an den Heften der Zeitschrift GOETHE selbst Gefallen finden möchten.« GSA 150/M 155, Bl. 286 (Dank an Paul Kahl für diesen Hinweis).

80 Petersen an Wahl mit Antwortschreiben, 1. bzw. 11. April 1938, GSA 149/1005, Bl. 480 f.; Kippenberg an Petersen, 20. Aug. 1938, GSA 149/34, Bl. 467–469.
81 Kippenberg an Petersen, 20. Aug. 1938, ebd.
82 Cerff, S. 47.
83 Wahl an Otto Kähler, 14. Juli 1943, GSA 149/193, Bl. 155.
84 Zum Folgenden vgl. Longerich: *Davon*, S. 108–121.
85 Das wurde allerdings erst in der Vorstandssitzung am 5. Juni 1936 offiziell beschlossen (Vgl. S. 287, Anm. 9; Geschäftsstelle an Petersen, 20. Mai 1938, GSA 149/775, Bl. 111).
86 Letzte überlieferte Aufforderung zum Wiedereintritt: Donndorf an Dr. E(rnst) Tobias, Nervenarzt in Berlin, 4. Sept. 1935, GSA 149/273, Bl. 111.
87 Spranger an Petersen, Bacharach, 19. März 1938, DLA D:Petersen/Goethe, D62.721/2 (die nächsten Zitate ebd.). Zu Biermann vgl. oben, S. 120–122.
88 Vgl. oben, S. 33 ff.; unten, S. 233.
89 Spranger an Petersen, Berlin, 3. April 1938, DLA D:Petersen/Goethe, D62.721/3. Nach Angaben Karrass' vom 20. Juli 1938 für die RSK waren es 18 jüdische Mitglieder. BArch R 9361-V/34076.
90 Spranger schreibt an Petersen, als dieser im Aufbruch nach dem Kurort Badenweiler war (ebd.). Aber aus Badenweiler schrieb Petersen an die Geschäftsstelle wegen eines Schreibens von Otto Henning (so an Anna Günther, 4. Mai 1938, GSA 149/143, Bl. 200). Die Geschäftsstelle in Weimar erfuhr vom Ausschluss der Berliner Juden erst aus dem Brief des jüdischen Mitglieds Alice Bachrach und musste deswegen bei Spranger anfragen (vgl. Anna Günther an Spranger, 5. Mai 1938, zit. nach ihrem Brief an Petersen vom 20. Mai 1938, GSA 149/775, Bl. 111). So war Petersen durchaus in der Lage, auch an Spranger zu schreiben.
91 Ortsgruppe Berlin an Mitglieder, 21. April 1938, GSA 149/593, Bl. 103; vgl. Kendzia, S. 27. Spranger war bei der entscheidenden Vorstandssitzung der Berliner Ortsgruppe vom 20. April 1938 nicht anwesend, wohl aber in der Hauptversammlung am 23. April; GSA 149/NZ E 60, Bl. [47 f.].
92 BArch R 9361-V/34076.
93 Verordnung vom 26. April 1938, vgl. Heim (Bearb.), Dok. 29 f.; Friedländer, S. 279.
94 Longerich: *Davon,* S. 112.
95 Prot. Vorstand, 6. Juni, sowie Sitzung der Ortsgruppenleiter, 7. Juni 1938, GSA 149/192(1), Bl. 57–64 (daraus die nachfolgenden Zitate). Am 6. Juni anwesend: Petersen, Bertram, Beutler, Deetjen, von Güntter, Kippenberg, Scheidemantel, Spranger, Wahl; Maltzahn als Schriftführer.
96 Petersen an Anna Günther, 13. Mai 1938, GSA 149/143, Bl. 192.
97 Prot. Vorstand, 5. Juni 1936 (S. 287, Anm. 9), Bl. 160.
98 Das Protokoll dieser Vorstandssitzung sollte ursprünglich nicht an die Mitglieder des Ortsausschusses versandt werden, was dann aber nach Protest der entsprechenden Herren einschließlich Hans Wahls doch geschah (Anna Günther

an Kippenberg mit Antwortschreiben, 12. bzw. 14. Juli 1938, GSA 149/143, Bl. 153 f.). Das wichtigste Mitglied des Ortsausschusses, das nicht auch im Vorstand saß, war der seit 1937 amtierende nationalsozialistische OB Weimars, Otto Koch. Damit kam der Bericht möglicherweise in die Hände anderer leitender Nationalsozialisten in Thüringen, die in den kommenden Monaten Druck auf die Goethe-Gesellschaft ausüben konnten.

99 Prot. Arbeitsausschuss in Leipzig, 16. Nov. 1938, GSA 149/28a, Bl. 76 f. (die nachfolgenden Zitate ebd.).

100 Deetjen hatte 1936 mit seinem Rücktritt als Präsident der Deutschen Shakespeare-Gesellschaft gedroht, sollte sie den ›Arierparagraphen‹ einführen; vgl. Ledebur, S. 134 f.

101 Niederschrift! / Telephonisches Gespräch mit Herrn Schulte-Strathaus, München, am 7. Dezember 1938 morgens ½ 11 Uhr, GSA 149/34, Bl. 525.

102 Der Text der »Ausführungsbestimmung« auf einem gesonderten Blatt wurde mit der Satzung nur an Eintrittswillige in Deutschland geschickt, damit die ausländischen Mitglieder keine Kenntnis von der diskriminierenden Politik gegenüber Juden bekommen sollten. Den Ausländern wurde wie den Deutschen eine Werbekarte mit einem »neutral gewählt[en]« Text gesandt, Schulte Strathaus' Lösung wurde also leicht variiert. Herbert Kunze (Geschäftsstelle) an Kippenberg, 19. Jan. 1939, 28. März 1940, GSA 149/34, Bl. 226, 149/144, Bl. 119.

103 Geschäftsstelle an Vorstandsmitglieder, 30. Nov. 1938, GSA 149/28a, Bl. 83; Schreiben an jüdische Mitglieder, 17. Dez. 1938, GSA 149/258, Bl. 132.

104 Dainat: »Ruhe«, S. 232.

105 Kunze an Kippenberg, 9. Jan. 1939, GSA 149/143, Bl. 95 f.; eine Antwort ist nicht überliefert.

106 Prot. Ortsausschuss, 13. Feb. 1939, GSA 149/28a, Bl. 84–88; Ehrlich (Gleichschaltung, S. 259) erwähnt die konkreten Beschwerden nicht.

107 Anordnung des Präsidenten der Reichskulturkammer über die Teilnahme von Juden an Darbietungen der deutschen Kultur vom 12. Nov. 1938, in Schrieber et al., Bd. 1/III, S. 12.

108 In der Weimarer Lokalzeitung wurde nur berichtet, Goebbels habe »allen Theaterleitungen, Konzert- und Vortragsveranstaltern, Filmtheaterunternehmern, artistischen Unternehmern, Veranstaltern von Tanzvorführungen und Veranstaltern öffentlicher Ausstellungen kultureller Art untersagt, jüdischen Personen den Besuch ihrer Unternehmen zu gestatten. Uebertretungen ziehen für den Veranstalter und besonders für die Juden schwere Strafen nach sich.« Einschneidende Maßnahmen zur Ausscheidung des Judentums aus dem deutschen Wirtschaftsleben […], in: *ATLZD*, 13. Nov. 1938, S. 1.

109 Ehrlich: Gleichschaltung, S. 259.

110 In der kurzen »Geschichte der Goethe-Gesellschaft« auf ihrer Webseite, sowie Golz: Vorbemerkung, S. X.

111 Ehrlich: Gleichschaltung, S. 259.
112 Longerich: *Davon,* S. 135.
113 Friedländer, S. 301 (zu Johannes Popitz); Rosenberg: *Tagebücher,* S. 267; Bankier, S. 62 (zu Hjalmar Schacht). Allerdings ist in den Quellen auch von Einsickern der antisemitischen Propaganda bei der Bevölkerung die Rede; vgl. Longerich: *Davon,* S. 116–120, 129–135.
114 Gauverbandsgeschäftsführer: Aktenvermerk, Bremen, 19. Aug. 1940, BArch R 9361-II/ 516364 (Akte eines NSDAP-Parteigerichts; zum Ausschlussverfahren vgl. dort die übrigen Dokumente). Gair war als Freund Nazi-Deutschlands bekannt; sein Vortrag wurde von den gleichgeschalteten Nordischen bzw. Deutsch-Englischen Gesellschaften veranstaltet. Vgl. *Bremer Zeitung,* 9. Dez. 1938. – Diese Episode in August Kippenbergs Leben scheint nach 1945 völlig vergessen worden zu sein, auch in den Erinnerungen an die Ursprünge der Ortsvereinigung Bremen (vgl. Droß, Kluth); Kippenberg führte sie sogar in seinem Entnazifizierungsverfahren nicht an (Auskunft dank Marion Alpert, Staatsarchiv Bremen).
115 Prot. Ortsausschuss, 13. Feb. 1939 (oben, Anm. 106). Möglicherweise war diese Bemerkung an die Adresse anderer Teilnehmer gerichtet: den seit 1937 amtierenden, linientreuen Weimarer Oberbürgermeister Otto Koch oder den Chefdramaturgen und Parteigenossen Otto zur Nedden (als Vertreter Zieglers). Doch stimmt sie mit Wahls anderen antisemitischen Äußerungen überein.
116 Elsa Karrass an Geschäftsstelle, Berlin, 25. Juli 1939, GSA 149 / 593, Bl. 78 (vgl. Kendzia, S. 28 f.); siehe auch Karrass' Brief vom 29. Juni, ebd., Bl. 81.
117 Kippenberg an Erich Grisebach, 27. Juni 1938, GSA 149 / 640, Bl. 58.
118 Wahl an Kippenberg und Antwort, 20. bzw. 24. Jan. 1939, GSA 149 / 34, Bl. 575 f.
119 Wahl an Dr. Paul Vogt in Hamburg, 25. Jan. 1939, GSA 149 / 193, Bl. 337; vgl. Ulbricht: Wahl, S. 187 f.
120 RSK-Fragebogen für Ortsgruppe Hamburg, 22. Juli 1938, BArch R 9361-V / 8807.
121 Geschäftsstelle an Elsa Karrass, 26. Juli 1939, GSA 149 / 593, Bl. 79.
122 Vgl. oben, S. 31–33 (Goldstein sei »nur 50 %iger Nichtarier«; Vermerk: »Juni 1939 gestrichen«, GSA 149 / 1344, Bl. 38). Vgl. zu seiner Familie: Goldstein, S. 16–23.
123 Die Liste: GSA 149 / 776(1), Bl. 117.
124 Typoskript: Gleimhaus Halberstadt, L3554 (19 S.). Dieser Kurzfassung liegt ein umfangreiches Typoskript zu Grunde: *Goethe in völkischer Sicht. Ein Beitrag zur Freimaurer- und Judenfrage.* Von Dr. jur. Siegfried Goetze, o. O. u. D. (um 1941), Staatsbibliothek preußischer Kulturbesitz, 4 Au 6362 / 2450. Ein Exemplar befindet sich auch in der Deutschen Nationalbibliothek Leipzig. Auch zu dieser längeren Fassung wurde Hans Wahl um ein Gutachten gebeten, was er jedoch ablehnte (GSA 150 / A 752, Bl. 204–208 sowie unten, Anm. 289).
125 Hans Wahl an Bernhard Payr, Amt Schrifttumspflege im Amt Rosenberg, 10. Dez. 1940, GSA 150 / A 750, Bl. 100. Vgl. Teweles, *Goethe und die Juden* (1925).

126 Vgl. auch Wahl an Karl Lüdde, 16. Jan. 1939, GSA 149 / 1008, Bl. 426 (Text in Wilson: Verbindungsmann, S. 206 Anm.). Zu Kochs Vortrag vgl. oben, S. 148–150, und zu Wahls Gutachten von Goetzes Schrift Wilson: Judenfreund, S. 248–251.

127 Wahl an »den Präsidenten der Reichskulturkammer Herr Reichsminister Dr. Goebbels«, 21. Nov. 1942, GSA 150 / A 756, Bl. 412; RMVP (Unterschr. unleserl.) an GSA, 15. Feb. 1943, GSA 150 / A 762, Bl. 84.

128 Vgl. den Briefwechsel zwischen Wahle und Wahl bzw. Hecker, 13. Juni bis 21. Okt. 1938, GSA 150 / A 744, Bl. 479–487.

129 Schlegel, S. 177.

130 Hans Wahl an Else Hirschel, 21. Jan. 1941, GSA 150 / A 749, Bl. 108.

131 Vgl. Wilson: Verbindungsmann, S. 206.

132 Die Implikation von Jochen Golz und Volker Wahl, Hans Wahl habe es gegen die Intention des Regimes durchgesetzt, dass Julius Wahle bis zum seinem Tod seine GSA-Pension erhielt, überzeugt nicht. Wahles Pension wurde fast mit Sicherheit auf Grund der Ausnahmeregelung zum *Gesetz zur Wiederherstellung des Berufsbeamtentums* vom 7. April 1933 weitergezahlt, da er schon vor dem 1. August 1914 Beamter war – auch wenn diese Ausnahme im Dezember 1938 eingeschränkt wurde (in der 7. Verordnung zum Reichsbürgergesetz). Vgl. Golz: Goethe- und Schiller-Archiv, S. 50, sowie Volker Wahl: Hoffnung, S. 19. Die Anregung zu diesen Überlegungen verdanke ich Burkhard Stenzel.

133 Hans Wahl: Gutachten »Zu Siegfried Goetze: ›Goethe und das Judentum‹.« GSA 150 / A 750, Bl. 103–109, hier Bl. 109.

134 Wahle hörte von einer Berliner Bekannten (fast mit Sicherheit Alice Bachrach, vgl. Anm. 90), dass die dortige Ortsvereinigung Juden ausschloss und fragte bei Deetjen über die Maßnahmen der Muttergesellschaft; am 24. November 1938 kündigte er seine Mitgliedschaft. Vgl. Wahle an Deetjen, 10. Juni 1938, GSA 132 / 812, Bl. 4; Schulz-Beer / Wahl, S. 73.

135 Leiter der Reichsstelle für Sippenforschung an Direktor des Goethe-Archivs (sic), 17. Okt. 1939, gez. Wetzel, GSA 150 / A 96, Bl. 20.

136 Hans Wahl an Leiter der Reichsstelle für Sippenforschung, 19. Nov. 1939, GSA 150 / A 96, Bl. 22.

137 Hans Wahl an Reichsstelle für Sippenforschung, 19. Nov. 1939 (ebd.). – Einige Zeitungen brachten Berichte zum 80. Geburtstag Wahles, ohne Kenntnis davon, dass er kürzlich gestorben war. An eine dieser Zeitungen schreibt Wahl: »Er ist von 1922–1928 stellvertretender Leiter des Archivs gewesen in der direktorlosen Zeit nach Professor Schlössers Tod. Wahle war Jude. Es würde uns interessieren zu erfahren, ob Sie aus dem letztgenannten Grunde Beanstandungen des Artikels gehabt haben.« Wahl an Schriftleitung der *Berliner Börsenzeitung*, 3. März 1941, GSA 150 / A 752, Bl. 167. Vgl. Dr. H.-A. Thiele: Der Hüter des Goethe- und Schiller Archivs. Zum 80. Geburtstag von Prof. Julius Wahle, in:

Berliner Börsenzeitung, 21. Feb. 1941; eine Kopie liegt in der DAF-Zeitungsausschnittsammlung, BArch NS 5-VI / 17753.

138 Wahle an den ehemaligen Großherzog Wilhelm Ernst, April 1920, Ellermann, S. 75.

139 Walter Blumtritt (Einhorn Verlag) an Wahl, München, 2. Juni 1943, GSA 150 / A 759, Bl. 104.

140 Hehn, S. 39; zitiert von Chamberlain, S. 720.

141 Gutachten, Anlage zum Schreiben Wahls an Walter Blumtritt vom 12. Juli 1943, GSA 150 / A 759, Bl. 106 f. Wahls Gutachten war vielleicht ein Gefallen, da der Einhorn-Verlag 1923 auch ein Buch von ihm veröffentlicht hatte, aber offensichtlich ist auch Liebe zur Sache im Spiel. Die Ausgabe ist 1943 nicht erschienen, offenbar wegen Papierkontingenten. Geplant war eine Gesamtausgabe der Werke Hehns.

142 Vgl. Hingst, bes. S. 165. Laut Gauleitung Mecklenburg war Eberhards »politische Einstellung vor der Machtübernahme [...] demokratisch«, seine »staatsphilosophische Schriftstellerei abzulehnen [...], da sie nicht in unsere Zeit paßt«. An Landeskulturwalter Gau Mecklenburg, Landesleiter für Schrifttum, Schwerin, 20. Jan. 1939, BArch R 3961-V / 4950.

143 Raimund Eberhard, Landgerichtsrat i. R. an Wahl (GNM), Schwerin, o. D. (eing. 4. Dez. 1934), mit Antwort, 6. Dez. 1934, GSA 150 / A 731, Bl. 108 f. Der Neudruck erschien 1935. Vgl. Eberhards Nachlass in der Landesbibliothek Mecklenburg-Vorpommern.

144 Dr. Erich Loewenthal an Direktor GSA, Berlin, 22. Mai 1938, GSA 150 / A 743, Bl. 357. Die Antwort vom 27. Mai ist nicht überliefert, ihr Inhalt aber in der Postregistrande festgehalten: »Abgelehnt.« GSA 150 / A 786, Bl. 339, zu Nr. 600. Loewenthal wurde zur Zwangsarbeit in die Reichssicherheitshauptamt-Gruppe des später berühmten jüdischen Goethe-Forschers Ernst Grumach eingewiesen. Am 12. März 1943 wurde er nach Auschwitz deportiert und vermutlich ermordet. Zu Goethe und Maimon vgl. Schulz, S. 273 (ob es zur tatsächlichen Unterstützung Maimons durch Goethe kam, ist nicht bekannt).

145 Wahl an Adolf Beck, 11. Jan. 1945, GSA 149 / 1015, Bl. 8.

146 www.goethe-gesellschaft.de / gesellschaft.html (Zugriff 3. Okt. 2017). Die längere Vereinsgeschichte auf der Webseite erwähnt die Kriegsjahre mit keinem Wort (ebd. als PDF). Kaudelka schreibt sogar von »dem erzwungenen Ende der Weimarer Muttergesellschaft im Jahr 1939« (S. 17).

147 Ehrlich, S. 260; die nächsten Zitate ebd. Ihm folgt Bahr: Petersen, S. 148.

148 Otto Kähler an Wahl mit Antwortschreiben, 26. bzw. 28. Juni 1943, GSA 149 / 193, Bl. 157 f. Ähnlich schon Wahl in *Goethe* 6 (1941), S. 94 f. – Wahl hatte mit der Kleist-Tagung am 18./20. Juni 1943 zu tun; vgl. Sekretariat i. A. Wahl an Willy Andreas, 19. Juni 1943, GSA 149 / 1016, Bl. 7.

149 Prot. Arbeitsausschuss mit Vorsitzenden der Ortsvereinigungen, Leipzig,

16. Nov. 1942, GSA 149/193, Bl. 205–209, hier Bl. 205. Die viel kleinere Shakespeare-Gesellschaft durfte zuletzt 1940 eine Hauptversammlung halten (Ledebur, S. 167). Die Mitgliederversammlungen des Schwäbischen Schillervereins in Marbach wurden gleichfalls für die Kriegsdauer verboten: Rundschreiben an Mitglieder, Juli 1943, GSA 150/A 762, Bl. 216.

150 Stargardt, S. 473, 475, 479, Zit.: S. 482.

151 Wahl an Mizi Donner in Berlin, 8. Dez. 1943, GSA 150/A 759, Bl. 251. Vgl. auch Kippenberg an Geschäftsstelle (Kunze), 27. Jan. 1940, GSA 149/144, Bl. 125, vgl. Bl. 126: Entwurf der Bekanntmachung an die Mitglieder; Geschäftsstelle an Mitglieder des Vorstands, 19. Feb. 1940, GSA 149/193, Bl. 283; Wahl an Adolf Beck, 9. Mai 1942, GSA 149/1012, Bl. 11; Prot. Arbeitsausschuss sowie Ortsausschuss mit Vorständen der Ortsvereinigungen, 15./16. Nov. 1942, GSA 149/193, Bl. 210–214, hier Bl. 211; Wahl an Blumtritt, 4. Juni 1943, GSA 150/A 759, Bl. 103; Wahl an Kähler, 14. Juli 1943, GSA 149/193, Bl. 155.

152 Prot. Arbeitsausschuss, 5. April 1941, GSA 149/193, Bl. 254–256 (vgl. Ehrlich: Gleichschaltung, S. 260); Wahl an Kähler, 28. Juni 1943 (vgl. Anm. 148). Wahl setzte sich mit OB Koch in Verbindung, der an Sauckel herantrat.

153 Geschäftsstelle im Auftrag von Kippenberg an die Mitglieder des Arbeitsausschusses mit den Vorständen der Ortsvereinigungen, 12. Aug. 1944, GSA 149/193, Bl. 110; vgl. GSA 149/85, Bl. 241–254 (Bl. 254: »bei den jetzigen Reiseschwierigkeiten«). Zu 1942 vgl. GSA 149/193, Bl. 205–209.

154 Vgl. den Schriftwechsel Wahls, u. a. mit Stier, in GSA 149/193, Bl. 166, 169, 172; Zitat: Reichsminister des Innern (i. A. [Ministerialdirektor] Frhr. von Lukas) an Thür. Minister für Volksbildung (Willy Marschler), 22. Jan. 1944, ebd., Bl 170. Vgl. Wahl an Frick, 6. Jan. 1943, sowie die endgültige Antwort des Ministers (durch Ministerialdirigent Dr. Fuchs), 28. Feb. 1945, GSA 149/708, Bl. 127, 101 und die dazwischenliegenden Dokumente. Die Ablehnung hatte der Oberfinanzpräsident für Mitteldeutschland in Magdeburg ausgesprochen (GSA 149/193, Bl. 166).

155 Dazu und zum Folgenden: Barbian, S. 553–561. Kippenberg schrieb schon 1937: »Ueber die Papierfrage habe ich mit dem Präsidenten der Reichspapierverteilungsstelle gesprochen. Er sagte, dass die Angelegenheit gar keine Bedeutung hätte; wir könnten ruhig die nächsten Hefte in dem bisherigen Umfang erscheinen lassen.« An Geschäftsstelle (Günther), 27. Dez. 1937, GSA 149/999, Bl. 136.

156 Buchheim, S. 363.

157 Barbian, S. 557, Zitat aus einem Gutachten von Rudolf Erckmann.

158 Wahl an Prof. Dr. Ferdinand Weinhandl in Kiel, 12. März 1942, GSA 149/1012, Bl. 561. Vgl. Wahl an Prof. Dr. Johannes Jahn in Leipzig, 4. Dez. 1943. *Goethe* erscheine »als einzige [Zeitschrift] in Deutschland noch im alten Umfange und in der alten Qualität« (GSA 149/1016, Bl. 227). – Kippenberg versichert Wahl am 23. Dez. 1942, dass »uns für den neuen Jahrgang der Zeitschrift holzfreies Papier

bewilligt worden ist« (GSA 149/1016, Bl. 332). Lediglich die ›Schriften‹ mussten eingestellt werden, aber anders als erwartet erst 1942. Kippenberg an Geschäftsstelle (Kunze), 7. Apr. 1941, GSA 149/144, Bl. 86; Wahl an Johanna Schmidt in Leipzig, 2. Sept. 1943, GSA 149/1016, Bl. 541.

159 Wahl an Juga Krannhals-Russell, 22. Dez. 1942, GSA 149/1012, Bl. 331, ähnlich an Paul Schlager, 17. April 1943, GSA 149/1016, Bl. 530, und in weiteren Schreiben.

160 RSK (Ihde) an Insel-Verlag, 15. April 1942, BArch R 56-V/745, unfol.

161 Kippenberg an Wahl, 20. März 1943, GSA 149/1016, Bl. 341.

162 Hans Tümmler an Wahl, Erfurt, 21. Feb. 1944, GSA 149/1015, Bl. 280 (zu Tümmler vgl. das nächste Kapitel). Zu Wahls Sorgen vgl. an Mizi Donner, 8. Dez. 1943 (siehe Anm. 151).

163 Vgl. GSA 149/1015, Bl. 6, 162, 74.

164 Van Linthout, S. 227; zu den im Folgenden beschriebenen Maßnahmen vgl. ebd., S. 227 f.; Barbian, S. 722–732, 558.

165 Wahl an Adolf Beck, 11. Jan. 1945, GSA 149/1015, Bl. 8, sowie an Bertram, 10. Okt. 1944, GSA 150/A 763, Bl. 81. Wahl schrieb am 4. Juli 1944 an Erika Behrend, dass er »bis auf weiteres keine Manuskripte mehr annehmen« könne; zu diesem Zeitpunkt wurde das zerstörte Heft wiederhergestellt (GSA 149/1015, Bl. 13). Möglicherweise hielt Wahl Behrend – dies ist ein häufiger jüdische Name – für eine Jüdin, denn er hat Bertram drei Monate später im angeführten Brief um ein Manuskript gebeten.

166 Vgl. Wahl: Zur Zeit, S. 293.

167 Wahl an Ernst Busch, 9. Feb. 1943, GSA 149/1012, Bl. 52.

168 Zitat und die nachfolgende Statistik: Salzmann, S. 272. Vgl. Wahl an Hans Tümmler, 15. Sept. 1944, GSA 149/1015, Bl. 285, vgl. Bl. 253.

169 Zu Wismanns Vermittlung in der Ludendorff-Affäre vgl. oben, S. 116. Wismann wurde 1937 entlassen, u. a. weil er mit einer Halbjüdin verheiratet gewesen (!) war; vgl. Barbian, S. 173–175.

170 Barbian, S. 218 f. – Die ›Arbeitsgemeinschaft‹ bestand allerdings noch als Untergliederung.

171 RSK (Metzner) an Wahl, 22. Feb. 1940, GSA 149/708, Bl. 232. Zu Metzner vgl. Barbian, S. 210–212.

172 Wahl an Metzner mit Antwortschreiben, 27. Feb. bzw. 1. März 1940, BArch 9361-V/7017, GSA 149/708, Bl. 235.

173 Kippenberg an Wahl, 10. Mai 1940, GSA 149/708, Bl. 247 (zum ersten Gespräch am 9. Mai; das zweite war am 27. oder 28. Mai). Den Ortsvereinigungen wurde ausnahmsweise erlaubt, »Reichswerk Buch und Volk« »in allerkleinster Schrift« unter ihren Namen zu setzen statt, wie vorgeschrieben, umgekehrt. Vgl. GSA 149/708, Bl. 244; GSA 50/371, unfol.

174 Metzner, »Aktenvermerk für Herrn Loth!«, 28. Mai 1940, BArch 9361-V/7017.

175 Wahl an Metzner, 27. Feb. 1940 (s. Anm. 219); er zitiert aus seinem Brief an das Reichspropagandaamt Thüringen vom 20. Feb. Vgl. dazu Reichspropagandaamt (Studentkowski) an RSK, 20. März 1940, BArch 56-V/116, Bl. 192.

176 Vgl. oben, S. 146.

177 Vgl. Präsident der RSK (gez. Metzner) an Ortsvereinigung Hannover, 12. Aug. 1940 (Vordruck), BArch R 9361-V/4857; entsprechende Schreiben an die Ortsvereinigung Hamburg (BArch R 9361-V/8807) und andere Ortsvereinigungen.

178 Geschäftsstelle (Kunze) an Kippenberg, 28. Sept. 1940, GSA 149/144, Bl. 102.

179 Fragebogen für Vereinsvorsitzende, Gruppe literarische Vereine und Vortragsveranstalter (Maximilian Döring), Hannover, 17. Juli 1938, BArch R 9361-V/4857. Der Sicherheitsdienst teilt am 10. Okt. 1939 über Dörings Haltung in der Weimarer Republik mit: »Er machte aus seiner Sympathie für die Bewegung keinen Hehl. Er beklagte sich u. a. über die judenfreundlichen Anweisungen seiner vorgesetzten Behörde [...]. D. wurde wegen seiner bekannten nationalen Einstellung vor der Machtübernahme nicht befördert.« (ebd.).

180 Emil Menke-Glückert an Kippenberg mit Antwortschreiben, 25. bzw. 30. Aug. 1940, GSA 149/706, Bl. 37 f.

181 Offenbar mit Rudolf Erckmann, aber möglicherweise mit Goebbels selbst. Kippenberg an Geschäftsstelle (Kunze), 30. Sept. 1940, GSA 149/144, Bl. 101.

182 Kippenberg an Wahl, (Samstag,) 19. Okt. 1940: »Ich komme Ende nächster Woche [der Eröffnungsvortrag von Rudolf Erckmann (s. u.) war am Samstag, 26. Oktober] für ungefähr vier Tage nach Weimar, um am Grossdeutschen Dichtertreffen teilzunehmen und mit Richard Strauss Skat zu spielen.« GSA 150/A 749, Bl. 198 f.

183 Burte, S. 56 (die nächsten Zitate: ebd., S. 59).

184 Vgl. auch Aktenvermerk in der RSK vom 11. Nov. 1940, BArch R 9361-V/7017.

185 »Dem kann in geeigneter Form, über die noch zu sprechen sein wird, zum gegebenen Zeitpunkt nachgekommen werden.« Metzner, »Bericht [an den RSK-Präsidenten Hanns Johst] über die Reise nach Weimar (24.[10.]-4.11. einschl.)«, Berlin, 5. Nov. 1940, BArch R 56-V/31.

186 Vgl. die Korrespondenz zwischen Erckmann und Kippenberg bzw. dem Insel-Verlag, GSA 50/950.

187 Das Protokoll der Sitzung des Arbeitsausschusses am 5. April 1941 besagt: »Der Präsident berichtet über seine Verhandlungen mit dem Reichspropagandaministerium« in der Eingliederungsfrage (GSA 149/193, Bl. 254); nach Sprangers Zeugnis war von »Verhandlungen mit dem Reichspropagandaminister« die Rede (Spranger an den Präsidenten der RSK, 27. Sept. 1941, BArch R 9361-V/34076).

188 (Rudolf) Erckmann an den Präsidenten der RSK (Hanns Johst), Berlin, 31. Okt. 1940, BArch R 9361-V/7017 (die folgenden Zitate ebd.). Zuerst zitiert (aber irrtümlich Goebbels zugeschrieben) von Ehrlich: Gleichschaltung, S. 258. Zu

Erckmann vgl. Barbian, S. 172, 178. Im Protokoll einer Sitzung des Arbeitsausschusses erscheint das so: »Auf Anordnung des Herrn Reichsministers Göbbels [sic] wird davon abgesehen, die Goethe-Gesellschaft dem Reichswerk einzugliedern.« Leipzig, 5. April 1941, GSA 149 / 193, Bl. 254–256, hier Bl. 254.

189 Erckmann betont auch, dass das »wesentliche Interesse« seiner Dienststelle der Zusammenarbeit der Ortsvereinigungen mit dem Vortragsamt Hennings gelte. Ein Schreiben vom 21. Dezember bestätigt den Ortsvereinigungen die Neuregelung, z. B.: RSK an Ortsvereinigung Hamburg, 21. Dez. 1940, BArch R 9361-V / 8807.

190 Vgl. oben, S. 89.

191 Wahl an Goebbels, 22. Okt. 1937, GSA 149 / 1000, Bl. 240 f.; an Meinecke, 30. Nov. 1937 (vgl. S. 143); an Paul Alverdes, 10. Dez. 1937, GSA 149 / 1003, Bl. 3; an Lektor Dr. Sprengel im RMVP, Presseabteilung der Reichsregierung, 22. Aug. 1940, GSA 149 / 1010, Bl. 412; »Das Goethehaus. Eine Weihestätte des deutschen Geistes«, Weimar, Juni 1942, Kahl (Hrsg.) 2, Nr. 1398; Laudatio auf Kippenberg, 22. Mai 1944, GSA 163 / 24, Bl. 2–8, hier Bl. 7. Noch 1934 sagte Wahl »etwa« ein Zehntel (an Legationsrat Dr. Oster vom Auswärtigen Amt, 10. Jan. 1934, GSA 150 / A 729, Bl. 435). Das »Fünftel« galt im Krieg jedoch wahrscheinlich nicht mehr, da viele ausländische Mitglieder ausgetreten waren (in England waren es fast alle, in den USA, wo die meisten ausländischen Mitglieder gewesen waren, erlitten die Zahlen einen erheblichen Einbruch). Wahl: Rückblick und Ausblick, S. 94.

192 Aus einer deutschen Übersetzung, GSA 150 / A 739, Bl. 470; im Original: »Luther and Goethe« (Schacht: Germany's Colonial Demands, in: *Foreign Affairs* 15.2, Jan. 1937, S. 223–234, hier S. 232).

193 Goethe in der Gegenwart, in: *Zeitschriften-Dienst* 6 (13. Juni 1939), Nr. 209; Mathieu (Hrsg.), S. 132; vgl. Mandelkow 2, S. 82 f. Hans Wahl bekam den *Zeitschriften-Dienst* ab 29. Okt. 1941 (GSA 149 / 1011, Bl. 364).

194 Erckmann, S. 8.

195 Johst, S. 14.

196 Barbian, S. 441 (10. Mai 1941 im *Börsenblatt für den Deutschen Buchhandel*, das Kippenberg gleichfalls kannte).

197 Kippenberg an Geschäftsstelle (Kunze), 13. Jan. 1941, GSA 149 / 144, Bl. 95.

198 Im Rundschreiben der RSK an die Ortsvereinigungen heißt es »Dichterlesungen und sonstigen literarischen Vortragsveranstaltungen«. Muster, 23. Dez. 1940, gez. (Wilhelm) Ihde, GSA 149 / 708, Bl. 223. Entsprechende Schreiben – mit der Stelle zu Goebbels' persönlichem Interesse – sind in den Akten der Ortsvereinigungen im GSA und im Bundesarchiv vorhanden. – Geschäftsführer Ihde und Metzner waren völlig zerstritten, so dass Metzner im April 1941 die RSK verließ (Barbian, S. 212; vgl. BArch R 56-V / 31). Das könnte zum Missverständnis – wenn es das war – beigetragen haben.

199 Erich Grisebach an Geschäftsstelle, 2. Jan. 1941, GSA 149/641, Bl. 251 f. (Grisebach starb am 4. April 1941; ebd., Bl. 246); vgl. Grisebach an RSK, 14. Feb. 1941, BArch R 9361-V/8807. Zu Grisebach vgl. oben, S. 123–125, sowie die Beurteilung der Gauleitung Hamburg: »Sein Verhalten politischen Leitern gegenüber ist nicht gerade sehr entgegenkommend, jedoch kann in politischer und charakterlicher Beziehung über Dr. Gr. Nachteiliges nicht berichtet werden.« An RSK, Hamburg, 27. Okt. 1939, BArch R 9361-V/8807. – Flitner unterschrieb zwar das Bekenntnis der Professoren zu Hitler im November 1933, aber er soll 1935/1937 als Schriftleiter und Herausgeber der Zeitschrift *Die Erziehung* zurückgetreten sein, weil er sonst der RSK hätte beitreten müssen (vgl. Anm. 201). Wegen seiner Haltung sollte er 1937 als Professor entlassen werden, was aber nicht umgesetzt wurde. Vgl. die Beiträge in Nicolaysen (Hrsg.).

200 Grisebach an RSK, 18. Dez. 1939, BArch R 9361-V/8807.

201 Angeblich weil »die Universitätsprofessoren dort nicht Mitglieder sind, und ich darin nicht anders gestellt sein möchte wie meine Kollegen« (Flitner an Kippenberg, 21. Feb. 1942, GSA 149/641, Bl. 240). Vgl. den vorangegangenen Briefwechsel zwischen Flitner (22. Dez. 1941) und Loth in der RSK (13. Jan. 1942), BArch R 9361-V/8807.

202 Kippenberg an Flitner, 2. März 1942, GSA 149/641, Bl. 238.

203 Flitner an RSK mit Antwortschreiben, 4. bzw. 14. Juli 1942, BArch R 9361-V/8807.

204 Flitner an Reichswerk Buch und Volk, Hamburg, 2. Nov. 1942; Präsident der RSK an Ortsvereinigung Hamburg (z. Hd. »d. komm. Vereinsleiters, Herrn W. Flitner«), 1. Dez. 1942, BArch R 9361-V/8807; GSA 149/641, Bl. 226, 200.

205 Prot. Arbeitsausschuss mit Vorsitzenden der Ortsvereinigungen, 16. Nov. 1942 (vgl. Anm. 151), Bl. 205.

206 RSK (Loth) an Spranger, 16. Dez. 1941 bzw. 7. Feb. 1942, BArch R 9361-V/34076.

207 Der Fall Dresden wird in einem Aufsatz des Verfassers besonders behandelt. Die Quellen sind vor allem BArch R 9361-V/28630 und GSA 149/706.

208 Georg Henke, Personalleiter des Stützpunktes Thürmsdorf und Bürgermeister und Zellenleiter von Naundorf: Bericht über Menke-Glückert, 16. Juni 1938 (Abschrift), BArch R 9361-V/28630.

209 Das Verfahren zog sich jahrelang hin und brachte Menke-Glückert doch noch nicht ins KZ (vgl. Reichel; Klemperer, S. 28, 3. Juli 1945; Minister Dr. Reinhard Uhle in *Sächsische Zeitung*, 20. Jan. 1948). Nach einer Familienüberlieferung schützten ihn einige ehemalige Studenten in den sächsischen Behörden. Auskunft dank Wanda Menke-Glückert (Bonn).

210 Donndorf an Petersen, 16. Juni 1936, GSA 149/143, Bl. 350 f.; vgl. oben, S. 123.

211 Ihde an Wahl mit Antwortschreiben, 19. bzw. 27. Sept. 1941, BArch R 9361 V/7017.

212 Prot. Arbeitsausschuss mit Vorsitzenden der Ortsvereinigungen, 16. Nov. 1942 (vgl. Anm. 151), hier Bl. 206.

213 Dresden (Robert Doering-Manteuffel, BArch R 9361-V / 28 620), Chemnitz (Waldemar Ballerstedt: »[…] daß ich alter SS-Mann und Kreiskulturwart der NSDAP bin«, BArch R 9361-V / 3902), Oberrhein (Paul Schmitthenner, s. u.).

214 GSA 149 / 144, Bl. 70; 149 / 193, Bl. 21–23, 210, 561; 149 / 144, Bl. 56 (vgl. Bl. 70); nicht »seit Kriegsbeginn verdoppelt«, wie Wahl an Beutler schreibt, 6. Okt. 1943, GSA 150 / M 155, Bl. 26.

215 Wahl an Spranger, 23. Sept. 1943, GSA 150 / A 762, Bl. 184.

216 Geschäftsstelle (Kunze) an Kippenberg, 23. Jan. 1942, GSA 149 / 144, Bl. 63. Daher stiftet man den Mitgliedern 1940 und 1941 zwei Bände ›Schriften der Goethe-Gesellschaft‹; vgl. u. a. Wahl an Kippenberg mit Antwortschreiben, 10./11. Jan. 1940, GSA 150 / A 749, Bl. 178 f.

217 Kippenberg an Martin Loesche, 20. Jan. 1943, GSA 149 / 1016, Bl. 339.

218 Im Dezember 1940 war allerdings eine Werbekampagne über Annoncen in drei Zeitungen lanciert worden, die überraschend etwa 350 Mitglieder brachte. Geschäftsstelle (Kunze) an Kippenberg, 4. und 20. Dez. 1940, GSA 149 / 144, Bl. 104 f., 98; Prot. Arbeitsausschuss, 5. April 1941, GSA 149 / 193, Bl. 254–256.

219 Wahl nennt am 27. Feb. 1940 zusätzlich Essen und Königsberg (an Metzner, GSA 149 / 708, Bl. 233); Essen war zu diesem Zeitpunkt jedoch eingegangen. Jena existierte kaum noch, Chemnitz stellte Ende Mai 1940 ihre Arbeit ein (Bonitz / Arlt, S. 53), desgleichen Weimar 1938 nach dem Tod des Vorsitzenden. Die Ortsvereinigung Leipzig wurde jedoch am Tag nach Wahls Brief neu gegründet. Vgl. Jahresbericht 1939–1940, S. 219–221.

220 Geschäftsstelle (Kunze) an Kippenberg, 23. Jan. 1942, GSA 149 / 144, Bl. 63; Mitteilungen der Bremer Ortsvereinigung, Jan. 1943, GSA 149 / 610, Bl. 330.

221 Geschäftsstelle (Kunze) an Kippenberg, 2. Juli 1942, GSA 149 / 144, Bl. 70.

222 Ludwig Bäte an Wahl, Osnabrück, 12. Mai 1942, GSA 149 / 1012, Bl. 4.

223 Kunze i. A. Kippenbergs an die Mitglieder des Arbeitsausschusses, 7. März 1940, GSA 149 / 85, Bl. 278; Ortsvereinigung Leipzig an Sekretariat der Goethe-Ges., 8. Nov. 1942, GSA 149 / 1012, Bl. 145.

224 Kippenberg an Wahl, 11. Jan. 1943, GSA 149 / 1016, Bl. 335; Briefwechsel Wahl / Loesche, Dez. 1942 bis Feb. 1943, ebd., Bl. 456, 400–402, 405. Zu einem Streit mit Paul Schlager (dem Leipziger Schriftführer) vgl. Wahl an Schlager, 29. Sept. 1942 (Entwurf?), sowie Loesche an Wahl mit Antwortschreiben, 10. bzw. 17. Okt. 1942, GSA 149 / 193, Bl. 221 f., 219. – Die eingehende Darstellung der Leipziger Gruppe würde eine eigene Untersuchung erfordern; die Akten, z. T. in Loesches Nachlass, sind sehr umfangreich.

225 8. Dez. 1947, Spruchkammer August Kippenberg, Staatsarchiv Bremen, vgl. Kluth, S. 10.

226 Dehnkamp, S. 5.
227 Spranger an Wahl, o. D. (1944), GSA 149 / 1015, Bl. 236.
228 Jahresbericht 1939–1940, S. 220.
229 Z. B. Spranger an Wahl, 19. Sept. 1940, GSA 150 / A 750, Bl. 300; Wilhelm Flitner an Wahl, Hamburg, 30. Aug. 1941, GSA 150 / A 752, Bl. 335.
230 Otto Kähler an Wahl, Hamburg, 4. Juli 1943, GSA 149 / 193, Bl. 156. Schon 1935 hofft man, dass bei Neugründungen von Ortsgruppen »die Zeit der Gesellschaft entgegenkommen werde, da der Hunger nach geistigen Dingen sichtlich wachse.« Prot. erweiterter Arbeitsausschuss *(»Vertraulich«),* 27. April 1935, GSA 149 / 192, Bl. 388–395, hier Bl. 394.
231 Hans von Feldmann (Schriftführer der Bremer Ortsvereinigung) an Kippenberg, Bremen, 11. Juli 1942, GSA 149 / 610, Bl. 346 (Hervorhebung WDW).
232 Kippenberg an Otto Henning (Vortragsamt in der Reichsschrifttumsstelle), 18. Mai 1940, GSA 50 / 371, unfol.
233 Vgl Rohls bzw. Breuer mit der jeweils angeführten Literatur.
234 Vgl. dazu und zum »Trost« Stargardt, S. 487, 495–497.
235 Für die Zeit 1919–1949: Kahl (Hrsg.) 2, Nr. 1015, 1029 f., 1042, 1053, 1060, 1069, 1080, 1104, 1112–1114, 1120, 1123 f., 1130, 1133 f., 1138, (1933–1945:) 1146, 1152 f., 1178, 1189, 1202, 1214, 1224, 1251, 1258, 1316, 1333, 1339 f., 1342, 1345, 1369, 1385 f., 1392 f., 1398, 1401, 1404, 1406, 1409, 1428, 1437, 1439, 1447, 1451, 1454, 1456, (Nachkriegszeit:) 1531, 1555, 1460, 1478, 1484, 1486, 1522, 1530, 1544, 1571, 1576 f., 1579, 1602, 1606.
236 Zu Beutler: Aus der Tätigkeit 1943–1944 (vgl. Anm. 244), S. 212; Loesches Bericht über seine Vortragsreise nach Bremen am 4.–10. Juli 1942, Leipzig, o. D., GSA 149 / 669, Bl. 17–25, hier Bl. 19; das nächste Zitat ebd., Bl. 25.
237 Anton Kippenberg an Hans von Feldmann, 13. Juli 1942, GSA 149 / 610, Bl. 344 f.
238 Geschäftsstelle an Karl Albin Bohacek in Halle, 20. Sept. 1939, GSA 149 / 143, Bl. 26; vgl. Kippenberg an Geschäftsstelle, 21. Sept. 1939, ebd., Bl. 24.
239 Martin Loesche an Wahl, Leipzig, 1. Dez. 1944, GSA 149 / 1015, Bl. 177.
240 August Kippenberg an Wahl, 10. Aug. 1942, GSA 149 / 1012, Bl. 316; ähnlich in Mitteilungen an die Bremer Mitglieder, Nov. 1944: »die reichen Kräfte der Aufrichtung und der Stärkung, die dauernd aus Wesen und Werk des größten Deutschen strömen«. GSA 149 / 610, Bl. 310.
241 Kähler an Wahl, 4. Juli 1943 (vgl. Anm. 230).
242 Vgl. für die Jahre 1886–1926: Leppmann, S. 145–149.
243 Vgl. Stargardt, S. 378, 394, 486 f., 521 f., 553.
244 Von H. Grochtmann, Otto Happach, Georg Bessell, Heinz Kindermann, Hans Henning bzw. Georg Keferstein. Die nachfolgenden Titel wurden den Berichten der Zeitschrift *Goethe* seit 1938 entnommen: Hauptversammlung 1938, *Goethe* 3 (1938), S. 214 f.; Hauptversammlung 1939, *Goethe* 4 (1939), S. 196; Jahres-

bericht 1939–1940, *Goethe* 5 (1940), S. 218; Jahresbericht 1940–1941, *Goethe* 6 (1941), S. 217; Bericht 1941–1942, *Goethe* 7 (1942), S. 323 f.; Aus der Tätigkeit der Ortsvereinigungen 1943–1944, *Goethe* 9 (1944), S. 212.

245 Bericht 1941–1942, S. 324. Der Vortrag war »gut besucht und fand allgemeinen Beifall«: Wilhelm Oest an Wahl, 21. Jan. 1942, GSA 149 / 1012, Bl. 384 f.

246 Bericht 1941–1942, S. 324; Stephan, S. 92.

247 Gerathewohl, S. 19; vgl. Bericht 1941–1942, S. 324; Koch, S. 129 (MA 1.1, S. 532); oben, S. 11.

248 Oest an Wahl, Dresden, 22. März 1942, GSA 150 / A 758, Bl. 8.

249 Sechs gleichlautende Artikel in BArch R 55 / 20 077. Vgl. Goebbels Tagebucheintrag vom 22. Mai 1943: »Ich habe durch meine Maßnahmen erreicht, daß in großem Umfange wieder antisemitische Literatur im Reichsgebiet aufgelegt wird. Sie war vollkommen verschütt gegangen.« (Goebbels: *Tagebücher* II / 8, S. 345.) Vgl. die »Anti-Juden-Sondernummer« im vertraulichen *Zeitschriften-Dienst* des RMVP vom 21. Mai 1943, Nr. 8837–8843. – Der Goethe-Wortlaut stimmt mit demjenigen in Fritschs *Handbuch der Judenfrage* (S. 64) überein, so dass dies wohl die Quelle war.

250 Jahresbericht 1940–1941, S. 216 f.; Bericht 1941–1942, S. 324.

251 Wahl an Spranger, 21. Sept. 1940, GSA 150 / A 750, Bl. 301; Spranger an Wahl, 25. Dez. 1941, GSA 149 / 1012, Bl. 421.

252 Wahl an August Kippenberg mit Antwortschreiben, 30. Sept. bzw. 6. Okt. 1941, GSA 150 / A 753, Bl. 138, 143.

253 Wahl an Beutler, 28. Jan. 1941, GSA 150 / A 752, Bl. 60.

254 Wahl an Weniger, 8. Juni 1940, GSA 150 / A 751, Bl. 239. Vgl. Jahresbericht 1939–1940, S. 218.

255 Vgl. die Analyse bei Ortmeyer: *Erich Weniger*, S. 63–72.

256 Vgl. *Zeitschriften-Dienst* H. 1, Nr. 6 (9. Mai 1939): »Der Südostraum«, dort: »Goethe übersetzte serbischer Volkslieder«; H. 74, Nr. 3204 (20. Sept. 1940); vgl. Jahresbericht 1940–1941, S. 217. Vgl. MA 1.1, S. 276–278; 13.1, S. 389–393, 408–418; 18.2, S. 61–64.

257 Hauptversammlung 1938, S. 213 f.

258 Ebd., S. 215; Vulpius: BArch R 9361-VIII Kartei/ 24 511 136 (aufgenommen 1. Mai 1937)

259 Aus der Tätigkeit … 1943–1944, S. 213.

260 Vgl. Zeller (Hrsg.) 1, S. 282–284; *IGL* 3, S. 1473–1475 (Hans Peter Herrmann); *NDB* 21 (2003), S. 283 f. (Conrad Wiedemann). Nach Herrmann erfolgte Rehms NSDAP-Beitritt nach Pressionen in Gießen.

261 Zu Manes vgl. oben, S. 27; zu Sochaczewers Austritt: Anna Günther an Flodoard von Biedermann, 17. Sept 1934 (GSA 149 / 593, Bl. 328); zur Zusammenarbeit: Manes, S. 90 f., 527, sowie beim Jüdischen Museum Prag die Dokumente »500 Vortragsabende der Gruppe Mannes [sic]« in Theresienstadt: http://collec-

tions.jewishmuseum.cz/index.php/Detail/Object/Show/object_id/153055 und »Vortragsreihe der Gruppe Mannes« (ebd, id/153053) (Zugriff 14. Feb. 2018). Dort werden wenigstens zwölf Aufführungen des erfolgreichsten Bühnenstücks *Der Talisman* des aus der Goethe-Gesellschaft ausgeschiedenen Dramatikers Ludwig Fulda, der im März 1939 Selbstmord beging, dokumentiert (vgl. zu Fulda oben, S. 51).

262 Vgl. L. A. Willoughby an Ella Oswald, London, 4. März 1935: »Cassirer was difficult, but the Germans present seem to have enjoyed him! [...] Did you know Professor Petersen of Berlin, the President of the Weimar Goethe Society was brought up from Cambridge by Professor Williams? He seemed duly impressed by our proceedings.« Archiv der English Goethe Society, Senate House Library, London, E95.3.163. Cassirer hatte am 28. Feb. 1935 über »Schiller und Shaftesbury« vorgetragen; vgl. Richard Alewyn (*Publications of the English Goethe Society* 11, 1935, S. 89–91), der selbst 1932 nach Heidelberg zog und damit aus dem Vorstand der Berliner Ortsgruppe ausschied, statt im Oktober 1933 ausgeschlossen zu werden (vgl. Prot. Hauptversammlung der Ortsgruppe Berlin, 15. Mai 1933, GSA 149/NZ E 60, Bl. 16–18 sowie oben, S. 52).

263 Zu Cassirers Goethe-Vorträgen 1936 in Gotenburg vgl. Hansson/Nordin, S. 243.

264 Franz Koch an Wahl, Berlin, 10. Juli 1939, GSA 149/1008, Bl. 378.

265 Kabitzky, S. 289.

266 Petersen: Schiller, S. 120 f., 129.

267 Bertram: Goethe als Gestalter (vgl. unten, S. 244).

268 Kippenberg an Wahl, 5. Okt. 1938, GSA 149/34, Bl. 585 f.

269 Kippenberg an Grisebach, 11. April 1939, GSA 149/640, Bl. 19 f.

270 Kippenberg an Wahl, 5. Okt. 1939, GSA 149/1008, Bl. 331.

271 Matthaei an Wahl, Erlangen, 19. Okt. 1939, ebd., Bl. 451.

272 Wahl an Kippenberg, 23. Okt. 1939, ebd., Bl. 340–343.

273 Wahl an Matthaei, 25. Okt. 1939, ebd., Bl. 452 f.

274 Wahl an Kindermann, 9. Dez. 1942, GSA 149/1012, Bl. 292, vgl. Bl. 300. Kippenberg hatte in seinem Brief vom 5. Okt. 1939 an Wahl eine Arbeit über Klopstock vorgeschlagen, denn eine »Klopstock-Gesellschaft ist ja unter sehr hohen [sic] Protektorat gegründet worden, und man solle auch an ihren Bestrebungen nicht vorbeigehen« (vgl. Anm. 270). Wahl an Obenauer mit Antwortschreiben, 28. Sept. bzw. 2. Okt. 1939, GSA 149/1008, Bl. 510 f. Zu Pongs und Fricke vgl. Wahl an Kippenberg, 23. Okt. 1939 (vgl. Anm. 272). Zum »Kriegseinsatz« vgl. Simon (Hrsg.): *Germanistik*, S. 34 (mit Literatur) sowie Kahl (Hrsg.) 2, Nr. 1357–1360.

275 Wahl an Kippenberg, 23. Okt. 1939 (vgl. Anm. 272).

276 Wahl an Arturo Farnelli, 9.–14. Aug. 1942, GSA 149/1012, Bl. 83.

277 Wahl an Oberstudiendirektor Dr. K. Gabler, 5. Sept. 1936, GSA 149/996, Bl. 172.

278 Vgl. Fehse: Dauer; Linden: Weltbild; Schulz; H. F. K. Günther an Wahl, Freiburg/Br., 11. Mai 1942, GSA 149/1012, Bl. 157.
279 Tümmler: Carl August, S. 256 f.; vgl. dazu Wilson: Tabuzonen, S. 402.
280 Vgl. Roos, Benz.
281 Vgl. Carossa; Mandelkow 2, S. 86 f.; Dainat, S. 234–236 mit der dort angeführten Literatur. Die Reichsjugendführung war allerdings von Carossas Vortrag begeistert: vgl. Günter Kaufmann an Kippenberg mit Antwortschreiben, 2. bzw. 3. Dez. 1938, GSA 50/389.
282 Beck beantragte die Mitgliedschaft am 7. Juni 1939 in Amsterdam und wurde am 1. Nov. 1939 aufgenommen, doch enthält die Karte unter der Rubrik »Gestrichen wegen:« die Bemerkung: »u[nbekannter] A[ufenthalt] Ausl[and] 1.41/6« (Zentralkartei, BArch R 9361-VIII Kartei/1310152). Wahl bekam am 10. Nov. 1939 die Nachricht von Becks Bruder, dass Adolf »beim Heer« sei (GSA 149/1008, Bl. 27, vgl. Bl. 340; vgl. Martin Vöhler zu Beck: »Keine Mitgliedschaft in der NSDAP«, *IGL* 1, S. 110–112, hier S. 110).
283 Goethe an Sulpiz Boisserée, 22. März 1831; Mendelssohn an Goethe, 5. März 1831; Kippenberg: Hypsistarier, S. 7, 5 f.
284 Prot. Ortsausschuss, 18. Mai 1933, GSA 149/192(2), Bl. 567–571, hier Bl. 571; vgl. Petersen an Donndorf, 1. Feb. 1933, GSA 149/180, Bl. 519.
285 In der *Germanisch-Romanische Monatsschrift* waren 1937 40 Prozent der Aufsätze von NS-Begriffen »geprägt«, 1942 nur 25 Prozent (Almgren, S. 105 f.; vgl. Grüttner: Geisteswissenschaften, S. 24).
286 Vgl. Klee: *Kulturlexikon,* S. 537 f. Eine Fassung von Kippenbergs Aufsatz war in einer Festschrift für Straube erschienen.
287 Mahnung des Hauptreferats Zeitschriften, RMVP, von etwa 3. Mai 1939, GSA 149/13, Bl. 22.
288 Wahl an Generalleutnant von Voß in Berlin, 15. 5. 40, GSA 149/1010, Bl. 480. Der zuständige Referent im Amt Wissenschaft des REM war offenbar Ministerialrat Herman-Walther Frey; vgl. Sekretariat an Frey, 1. Feb. 1944, GSA 149/1015, Bl. 94.
289 Im Juni 1941 beschwert sich Wahl bei Rusts Ministerium über die Bitte des Amtes Rosenberg um ein Gutachten über eine neue, längere Schrift des Ludendorffianers Siegfried Goetze; schließlich habe Goebbels 1936 »alle großen Deutschen der Geschichte unter besonderen Schutz« gestellt. Wahl an Ministerialrat Prof. Dr. (Heinz) Dähnhardt (jetzt beim REM), 23. Juni 1941, GSA 150/A 752, Bl. 204 f.; die Anfrage des Amts Rosenberg am 5. April 1941: GSA 150/A 754, Bl. 144; auf dem Bearbeitungsstempel des GSA steht unter »erl[edigt]« die Angabe »ab«, also wohl »abgelehnt«. Zum Fall Goetze vgl. S. 198. Wahl betonte schon im Dezember 1938, dass »die mit der Goethe-Gesellschaft verbundenen Institute wissenschaftliche sind und als solche dem Reichsministerium Rust unterstehen.« An W(alther) Lampe, 8. Dez. 1938, GSA 149/192(1), Bl. 4 f.

290 Vgl. Wahls Bericht über ein Treffen in der Presseabteilung der Reichsregierung (Anm. 295).

291 Wahl an Dr. Lenore Kühn-Frobenius mit Antwortschreiben, 25. bzw. 28. Juli 1939, GSA 149/1008, Bl. 398 f., 400. Ihr Buch zu diesem Thema, *Das Individuum im Weltbild Goethes und Nietzsches*, wurde erst 1948 veröffentlicht. Unter dem Namen Lenore Ripke-Kühn hatte sie der völkischen Bewegung angehört.

292 So erkundigte sich Wahl bei einem gewissen Oberstudiendirektor Seufert in Bad Godesberg über den Autor eines eingesandten Aufsatzes und erhielt die Antwort: »Dr. Ernst Busch hat wohl bei Prof. Obenauer in Bonn promoviert [1934] und steuert auf den Dr. Habil. zu. Er ist SA-Mann, also sicherlich unbedenklich.« An Wahl, 14. Mai 1939, GSA 149/1009, Bl. 47. Möglicherweise lehnte Wahl den Aufsatz von Erika Behrend während ihres gleichfalls jüdisch klingenden Namens ab: 4. Juli 1944, GSA 149/1015, Bl. 13.

293 Wahl an Ernst Busch, 4. Sept. 1940, GSA 149/1010, Bl.45.

294 Vgl. Hein, S. 32. Obenauer: Neues Goethe-Schrifttum, in: *Zs f. Deutsche Bildung,* H. 1/2, 1942, GSA 149/1012, Bl. 570–574 (er hebt die Arbeiten von Hoffmeister, Hein, Srbik und Günther Schulz hervor). Zu Hoffmeister vgl. *IGL* 2, S. 780 f. (Gabriele Eschweiler).

295 Wahl: »Am Montag war ich bei der Presseabteilung der Reichsregierung, die mich wegen der Zeitschrift zu kommen gebeten hatte. Man hat dort den Wunsch, daß Goethes Wirkung auf die verschiedenen Völker immer wieder dargestellt wird. Zunächst wünscht man das für die Balkanstaaten. Ich habe darauf hingewiesen, daß Kenner der Materie nicht so aus dem Ärmel zu schütteln sind, und daß jede Arbeit ihre Zeit braucht und womöglich dann erst fertig ist, wenn die außenpolitische Lage anders über den Fall zu denken verlangt. Für Jugoslavien [sic] und Rumänien haben wir ja Verbindungen. Im übrigen war der betreffende Referent sehr eingenommen für unsere Zeitschrift und in jeder Weise bescheiden.« Kippenberg dazu: »Der Wunsch der Presseabteilung entspricht ja ganz dem unseren, die Zeitschrift möglichst lebensnah zu halten. Aber ich weiss selbst, wie schwer es ist Mitarbeiter zu bekommen [...]. Ich glaube, dass Geesemann [der Prager Slavistikprofessor Gerhard Gesemann] über Jugoslawien etwas schreiben würde.« 18. bzw. 19. Okt. 1940, GSA 150/A 749, Bl. 197–199. Die Presseabteilung stand unter dem Einfluss des Propagandaministeriums (und offiziell des Auswärtigen Amtes); vgl. Longerich: *Propagandisten,* S. 237 ff.

296 Geschäftsstelle (Graßhoff) an Kippenberg, 14. Aug. 1940, GSA 149/144, Bl. 109 (Text von Max Hecker ausgesucht: *Faust II,* 9335–9338).

297 Wahl in *ATLZD*, 17. Juni 1942, Kahl (Hrsg.), Nr. 1398 (die nachfolgenden Zitate ebd.).

298 FA 2, S. 691, 1209, mit Abb. 23; MA 13.1, S. 127; 13.2, S. 207, 211. Wahl hatte diese Verse zum Lob Hitlers für die finanzielle Förderung des Museumsneubaus

(oben, S. 93) und Kippenberg sie im von Goethe intendierten Sinne verwendet (Kippenberg: Worte; das Bild gegenüber S. 105).

299 Dr. A. Rudolph aus München bittet das Archiv am 25. Juli 1944 um die Quelle für dieses Zitat; vgl. *Paläophron und Neoterpe,* V. 180–189 (MA 6.1, S. 342). GSA 150 / A 765, Bl. 78; 150 / A 786, Bl. 704.

300 Zur Legitimationsstrategie vgl. Rosebrock, S. 209–211.

301 Vgl. Poincaré, S. 23; er verzerrt in der Tat Goethes Hervorhebung seiner Affinität zur französischen Sprache, da er dessen Distanzierung davon an derselben Stelle nicht erwähnt (in *Dichtung und Wahrheit,* 11. Buch, MA 16, S. 512).

302 Petersen: Goethes Elsaß, S. 234, 250.

303 Albert Schmitt-Claden an Wahl, 29. Jan. sowie 22. Aug. 1942, GSA 150 / A 758, Bl. 312, 314; Wahl an Ludwig Bäte in Osnabrück, 26. Mai 1943, GSA 149 / 1016, Bl. 25. Wahl macht bei den notgedrungen kurz gehaltenen Berichten von Ortsvereinigungen in der Zeitschrift *Goethe* »aus kulturpolitischen Gründen eine Ausnahme« für die Elsässer: an Ellen Gruner in Chemnitz, 15. Nov. 1943, GSA 149 / 1016, Bl. 191.

304 Wahl: Gründungsfeier. Zu Burte vgl. oben, S. 206 f.; zu Fricke: *IGL* 1, S. 525–527 (Gudrun Schnabel).

305 SS-Untersturmführer und SS-Führer beim Stab des SS-Abschnitts XXXXV Strassburg (Albert) Schmitt-Claden an Ahnenerbe Berlin, Zell bei Drei-Aehren i. Elsass, o. D. (Okt. 1941), BArch NS 21 / 2311, mit Denkschrift. Vgl. *Dichtung und Wahrheit,* III / 11, MA 16, S. 530.

306 Kippenbergs Festrede, Straßburg, 23. Mai 1943, GSA 149 / 725, Bl. 1–19, hier Bl. 1, 6, 14 f. Dieselben Wendungen hatte Kippenberg 1941 auch in seiner Rede zur Gründung der Bremer Ortsvereinigung gebraucht (s. Bibliographie), doch ohne den außenpolitischen Anlass und das SS-Publikum.

307 Vgl. oben, S. 85.

308 Kippenberg an Prof. Dr. E(berhard) Buchwald in Danzig, 27. Mai 1943, GSA 149 / 613, Bl. 18. Zum Einsatz im Osten gehört die Rigaer Goethe-Gesellschaft, die offenbar keine Ortsvereinigung war, aber starke Verbindungen zur Weimarer Gesellschaft hatte. Vgl. den Artikel des Vorsitzenden, Otto von Petersen (Prof. an der Reichsuniversität Posen): Goethe und der Osten (Teil eines Hochschulkurses in Dorpat für Soldaten), in: *Revaler Zeitung,* 26. Okt. 43, GSA 149 / 1015, Bl. 208, sowie die Akte GSA 149 / 723 und *Goethe* 5 (1940), S. 107–109.

309 Anmeldungen 1938: GSA 149 / 775, Bl. 1–23; vgl. *Mitgliederverzeichnis* 1926, S. 5 (Aschersleben).

310 Oberschulrat Dr. (Fritz) Wendt, Litzmannstadt, Regierung, an Wahl mit Antwortschreiben, 18. bzw. 26 Sept. 1941, GSA 149 / 193, Bl. 248 f. Wendt, damals Oberstudiendirektor in Magdeburg, war 1938 auf der Hauptversammlung (GSA 149 / 775, Bl. 1–23). Vgl. Bericht 1941–1942, S. 326. – Wahl konnte als Leser des *Völkischen Beobachters* ausführliche und widerliche Beschreibungen der

Ghettoeinwohner Litzmannstadts lesen, z. B. Heinz Bürger: Eiserner Besen in Litzmannstadt. Vom polnischen Judennest zur östlichsten deutschen Industriestadt, in: *Völkischer Beobachter*, 1. Mai 1940.

311 Prof. Dr. Hennig Brinkmann (bei einem Aufenthalt in Frankfurt / M.) an Wahl mit Antwortschreiben, 21. bzw. 28. Juli 1944, GSA 149 / 193, Bl. 105 f. Zu Brinkmann: *IGL* 1, S. 272–274 (Helmut Rüter) sowie die Seite des USE-Projekts an der Universität Frankfurt: https://use.uni-frankfurt.de/literaturwissenschaftler/brinkmann/. Zur früheren Bekanntschaft mit Wahl, als Brinkmann in Jena war, vgl. GSA 150 / A 735, Bl. 147 f.

312 Wahl an Kippenberg, 21. April 1941, GSA 150 / A 753, Bl. 102. Wahl wollte den Termin aufschieben, um an der Gründungsfeier der Bremer Ortsvereinigung teilzunehmen; vgl. ebd., Bl. 128.

313 Wahl an Kippenberg, 17. Nov. 1941, ebd., Bl. 114.

314 Wahl an Rittmeister (Woldemar?) Graf von Schwerin, 26. Sept. 1942, GSA 149 / 1012, Bl. 501.

315 Wahl an M. Merck, 17. April 1941, Kahl (Hrsg.) 2, Nr. 1372; vgl. Wahl: Gründungsfeier. Häufige Reisen Kippenbergs und Petersens ins Ausland sind wohl propagandistischer Art; eine solche nach Schweden und Finnland (mit einem Vortrag vor der Wehrmacht) sagte Kippenberg nach der Zerstörung seines Verlagshauses ab: Otto Henning an Kippenberg mit Antwortschreiben (wohl aus Waldenburg / Sachsen), 21. bzw. 31. Dez. 1943, GSA 50 / 371, unfol.; Kippenberg an Auswärtiges Amt, 13. März 1944, GSA 50 / 319, unfol. Der Chef der Sicherheitspolizei und des Sicherheitsdienstes der SS hatte 1943 bestätigt: »Gegen den geplanten Einsatz des K.[ippenberg] im Rahmen der Truppenbetreuung bestehen keine Bedenken.« (BArch R 9361-V / 7017).

316 Der Leiter des studentischen Kriegsleistungskampfes, Der Reichsstudentenführer, Deutsche Studentenschaft (i. V. Morgenstern, Abteilungsleitung) an Wahl, München, 3. Juni 1940, GSA 150 / A 750, Bl. 233; zu den Aufgaben: Wolgast, S. 85.

317 Werbe- und Beratungsamt für das deutsche Schrifttum beim RMVP, Ref. Wissenschaftl. Schrifttum (i. A. Dr. L[udwig] Warmuth) an GSA, mit Antwortschreiben Wahls, 6. Aug. bzw. 17. Sept. 1941, GSA 150 / A 754, Bl. 155 f. – Vgl. in diesem Kontext Wahls Beratung des RMVP zu Goethe-Versen, die ein britischer Sender auf Hitler münzte und sie damit »mißbraucht« habe, so Wahl an Rudolf Erckmann (RMVP), 15. Dez. 1941, GSA 150 / A 752, Bl. 302.; vgl. FA 2, S. 743, V. 817–824.

318 Vgl. den Briefwechsel zwischen Wahl und Schulte Strathaus nach seiner Entlassung, vor allem zum Schicksal des Albums von August von Goethe, das Hitler Weimar versprochen hatte und stattdessen an das Führermuseum in Linz verschenkte: GSA 150 / A 762.

319 Vgl. BArch 19 / 1831. Kippenberg bekam eine gleichlautende Denunziation vom Ludendorffianer Siegfried Goetze (s. oben, S. 189), nun an der Ostfront, ant-

wortete aber nicht. S. Goetze (Unteroffizier in Russland) an Geschäftsstelle, 30. Juli 1944, GSA 149/145, Bl. 103.

320 Vgl. Spranger: Texte, S. 174–176, nicht explizit gegen den NS: S. 187–189.

321 Beispiele: »Da Sie nun über die ›Insel‹ eine Reihe des Geistes gebieten, möchte ich mit Ihnen gemeinsam hoffen, daß unserem Glauben und unseren besten Ahnungen doch noch Erfüllung zuteil wird. Wer möchte ohne solchen Glauben leben?« (27. Dez. 1938); »Manchmal habe ich das düstere Gefühl, daß gerade unsere Generation, schon traurig gelichtet, von innen und außen ruiniert werden soll, damit ein anderer Geist sich um so ungehemmter auswickeln kann. *Diese* Freude wollen wir den Leuten mindestens freiwillig nicht machen. Wenn mich etwas zum Gebot um ein langes Leben veranlassen könnte, so wäre es der jüdische Haß« (26. Feb. 1940; gemeint ist wohl ›Judenhaß‹ der Jüngeren; es geht in diesem Brief um das Geschick eines ungenannten gemeinsamen Freundes). DLA A:Kippenberg-Archiv, 64.1517/8 bzw. 10. – Spranger war (wie Kippenberg) außerdem mit Theodor Litt befreundet, den die Nazis 1937 als Rektor der Universität Leipzig abgesetzt hatten, der aber trotzdem weiterhin Kritik an ihnen äußerte. Vgl. Spranger an Kippenberg, 1. Sept. bzw. 29. Okt. 1941, 31. Jan. 1948; DLA A:Kippenberg-Archiv, 64.1517/13, 15 bzw. 20.

322 Amt Kulturpolitisches Archiv an Deutsches Volksbildungswerk, Vortragsdienst, 24. Aug. 1942, BArch NS 15/254, Bl. 178 (das DVW hatte nachgehakt, Rosenbergs Dienststelle blieb bei der negativen Entscheidung); dass. an Abt. Vortragswesen »im Hause«, 20. Juni 1935, BArch NS 15/256, Bl. 212 sowie Bl. 221 f.

323 Anon.: Professor Spranger denkt »nationalsozialistisch«, in: *Wille und Macht*, 2. Jg., 12. H. (15. Juni 1934), S. 31 f.

324 Tenorth, S. 110.

325 Wahl an Bruno Wachsmuth in Berlin mit Antwortschreiben, 23. Okt. bzw. 4. Nov. 1944, GSA 149/1015, Bl. 300 f.

326 Spranger: *Briefe*, S. 417.

327 Wahl an Spranger, 24. Nov. 1944, GSA 149/1015, Bl. 241; an Bertram, 10. Okt. 1944, GSA 150/A 763, Bl. 81.

328 Susanne Spranger an Wahl, Berlin, 1. Okt. 1944, GSA 149/1015, Bl. 240; Wahl an Wachsmuth, 23. Okt. 1944 (Anm. 325).

329 Wahl an Spranger mit Antwortschreiben, 24. bzw. 27. Nov. 1944, GSA 149/1015, Bl. 241 f.

330 Wahl an Spranger, 29. Nov. 1944, GSA 149/1015, Bl. 243.

331 Kippenberg an Geschäftsstelle (Kunze), 29. Juni 1942, GSA 149/144, Bl. 71. Spranger meinte, es würden vielleicht »Bedenken entstehen«, wenn Wachsmuth ihm einen Aufsatz in *Goethe* widmen sollte; Wachsmuth sagte Spranger, dass »die Goethe-Gesellschaft, die ihn so geehrt habe, wohl keinen Anstoß daran nehmen würde.« Wachsmuth an Wahl, Berlin, 1. Aug. 1942, GSA 149/1012, Bl. 547 f. Die Widmung wurde gedruckt (*Goethe* 8, 1943, S. 98).

332 Spranger an Wahl, 2. Dez. 1944, GSA 149 / 1015, Bl. 244.

333 Stargardt, S. 495, 434; vgl. S. 16 f., 19–23, 425–431, 443–450, und zum »offenen« bzw. »öffentlichen Geheimnis« des Holocaust ebd., Kap. 8; Longerich: *Davon*, S. 201–262 u. ö.

334 Wahl an Reinhard Buchwald, 4. Aug. 1943, GSA 9 / 35, unfol. Vgl. GSA 149 / 1016, Bl. 62–71.

335 Kahl (Hrsg.) 2, Nr. 1351 (1939), 1356 (1940), 1379 (1941), 1388 (1941), 1390 (1942).

336 Walter Schmid als Luftschutzleiter in Weimar: Rundschreiben, 13. April 1944, Kahl (Hrsg.) 2, Nr. 1421; vgl. Nr. 1420, 1425 f., 1430–1432. Zur nicht überlieferten »Anordnung des Führers über die Bergung und den Schutz der weimarischen Kulturgüter« vgl. auch Wahl an Schönborn, Ortsgruppenleiter Lindenberg / Weimar, 27. Sept. 1944, GSA 150 / A 765, Bl. 180.

337 Beutler an Wahl mit Antwortschreiben, 5. bzw. 12. Dez. 1944, GSA 149 / 1015, Bl. 30, 28.

338 Vgl. Beutler: An Goethes hundertundzwölftem Todestage, Kippenberg an Wahl, Walbeck / Südharz, 15. Dez. 1944, GSA 149 / 1015, Bl. 163 f.

339 Vgl. Kahl: *Erfindung*, S. 201–204, sowie die Dokumente in Bd. 2 seiner Edition.

340 Wahl: Weimar. 9. Februar 1945. Vgl. den Kommentar in Mandelkow (Hrsg.) 4, S. 526 f. sowie: Britain Honours Goethe. Government Luncheon at the House und: Goethe and Our Age. Sir J. Simon's Speech, in: *Manchester Guardian*, 23 March 1932, p. 13. Eine adäquate Übersetzung wäre »zu einer neuen Welt *der gegenseitigen Verständigung* und einer freundlichen Zusammenarbeit«.

341 Toni Schwarzbach (1948), Kahl (Hrsg.) 2, Nr. 1549.

342 Anon.: V 2 im Goethehaus? (unbekannte Zeitung), 14. Feb. 1945 (mitgeteilt von Paul Kahl); »die jüdischen Drahtzieher«: *Thüringer Gauzeitung*, 12. Feb. 1945, Kahl (Hrsg.) 2., Nr. 1439.

343 Wahl an Otto Koch, 26. Okt. 1944, Kahl (Hrsg.) 2, Nr. 1430.

344 Stargardt, S. 428; zum »jüdischen Terror«, zumal gegen Kulturdenkmäler, vgl. ebd. sowie S. 430 f., 446, 496 u. ö.

KAPITEL 6

1 Wahl an Ministerialrat (Friedrich) Stier, Thür. Volksbildungsministerium, 17. Mai 1945, GSA 149 / 193, Bl. 91; vgl. GSA 149 / 267, Bl. 1; Lehrke, Nr. 41.

2 Vgl. Lehrke, Nr. 39 mit Verweisen.

3 Wahl an Thür. Landesamt für Volksbildung (Walter Wolf), 23. Okt. 1945, GSA 150 / M 26, Bl. 71.

4 Kahl: *Erfindung*, S. 208; Kahl (Hrsg.) 2, Nr. 1480 f., 1483 f., 1492.

5 Wahl an Günter Schulz, 30. Dez. 1945, Lehrke, Nr. 162, vgl. 127, 157.

6 Vgl. oben, S. 13; Lehrke, Nr. 208, 218, 230, 255, 265.

7 Briefwechsel Wahl und Kippenberg, 22. Mai, 4. Juni, 2. Juli 1946; Lehrke, Nr. 279, 289, 316, vgl. 299.

8 Wahl an Deutsche Wirtschaftskommission, 23. Aug. 1948, Lehrke, Nr. 785, vgl. 832, 874, 878.

9 Wahl an Beutler, 26. Nov. 1945, GSA 150/M 157a, Bl. 115; Kahl (Hrsg.) 2, Nr. 1496; Lehrke, Nr. 525.

10 1. Mai 1945; Kahl (Hrsg.) 2, Nr. 1461; vgl. Schley, S. 280 f.

11 Wahl an Kippenberg, 22. Mai 1946, Lehrke, Nr. 279. – Die anderen NSDAP-Mitglieder im Vorstand waren mit einer Ausnahme (Srbik) 1933 oder früher eingetreten (Ziegler, Buttmann, Güntter).

12 *Thüringische Landeszeitung,* 24. Sept. 1945, Kahl (Hrsg.) 2, Nr. 1485.

13 Wahl an Carl Viol, 31. März 1947, GSA 150/M 157e, Bl. 432; an Otto Kähler, 18. Okt. 1946, GSA 149/1017, Bl. 189; Kahl (Hrsg.) 2, Nr. 1532, vgl. Nr. 1455, 1526.

14 Vgl. den Plan vom frühen November 1945: Kahl (Hrsg.) 2, Nr. 1492.

15 Schon in Klaus Manns Bericht über die Aussage von Hans Wahl, 12. Juni 1945, Kahl (Hrsg) 2, Nr. 1464; vgl. auch ebd., Nr. 1485 f., 1492, 1519 sowie Ulbricht: »Wo liegt Weimar?«, S. 16–18. Zu Hitlers Besuch vgl. oben, S. 20.

16 Kahl (Hrsg.) 2, Nr. 1524; vgl. Kahl: *Erfindung,* S. 211 f.

17 An Wolf, 23. Okt. 1945, Kahl (Hrsg.) 2, Nr. 1489, vgl. Nr. 1492 (Rosenberg) sowie Kahl: *Erfindung,* S. 209.

18 Vgl. oben, S. 140 f.

19 Lee (Alexander Leepin vom GNM), Gutachten zu Hans Wahl, Herbst 1949, Kahl (Hrsg.) 2, Nr. 1597.

20 Leppmann, S. 155; Bahr: Goethe Society, S. 67; vgl. Wahl: Zur Zeit, S. 293; zur Zensur unter den Sowjets vgl. Wahl an Kippenberg, 28. Jan. 1947, Lehrke, Nr. 468 sowie 525.

21 Aus dem Gespräch mit Sulpiz Boisserée vom 5. Aug. 1815, in dem es um Goethes Ansichten zur Pädagogik ging, zitiert Bertram die folgende Stelle, lässt aber den Teil in spitzen Klammern aus: »Er [d. h. Goethe] fühlte recht eigentlich einen Drang, mir über alles dies sein Herz auszuschütten, und es sprach mich gleich an, wie eine Meldung des jüngsten Tages, und die Furcht vor den Russen war mir <beim Namen Sievers, den Cramer als einen der schärfsten Prüfer und größten Rühmer der hiesigen Schule genannt hatte> – in ihrer ganzen Macht aufgestiegen.« Diese Stelle scheint ein Witz um den Namen Sievers zu sein, den ein Lehrer mit einem russischen General teilte. Vgl. *Gespräche* 2, S. 1038, 1120; Bd. 5, S. 511; Bertram: Gestalter, S. 50, vgl. S. 43, 48.

22 Zu Tümmlers Beitrag vgl. Wilson: *Goethe-Tabu,* S. 282–293, und zu Tümmlers NS-Vergangenheit, die er in seiner Autobiographie verfälscht, Wilson: Tabuzonen.

23 Vgl. Wanninger, S. 543–551.
24 Archiv des Instituts für Zeitgeschichte München, 4653/71, ZS-2089–II (1961).
25 Egk an Heinrich Strobel, 28. Jan. 1948, Custodis/Geiger, S. 144 (Dank an Rüdiger Haufe für diesen Hinweis).
26 Klee: *Kulturlexikon,* S. 617.
27 Die Auskunft zu Güntters Entnazifizierung verdanke ich Jan Eike Dunkhase (Marbach), der an einer Geschichte der Deutschen Schillergesellschaft arbeitet; Zitat: Güntter an Wahl, Marbach, 5. Sept. 1946, GSA 149/85, Bl. 207. Auch Spranger fand es »etwas riskant« zu kommen: an Wahl, Tübingen, 4. Sept. 1946, ebd., Bl. 215; vgl. auch Lehrke, Nr. 1044.
28 Klee: *Personenlexikon,* S. 44; Beutler an Wahl, 31. Mai 1946, Lehrke, Nr. 283.
29 Kippenberg an Reinhard Buchwald, 21. Feb. 1949, Lehrke, Nr. 934. Ende Dezember 1949 stellte Kippenberg die weitere Existenzberechtigung der Gesellschaft in Frage (ebd., Nr. 1136 f.).
30 Vgl. dazu Staadt; Ehrlich: Spannungsfeld (und die übrigen Beiträge in diesem Sammelband); Golz: Rede, S. 455–457; Borchmeyer: Stationen, S. 91–94.
31 Vgl. Kunze an Kippenberg, 29. April 1939, GSA 149/143, Bl. 64, mit Beilage, GSA 149/34, Bl. 177–179, sowie Kippenberg an Kunze, 4. Dez. 1941, GSA 149/144, Bl. 73, dazu Bl. 61, 75, und Kiefer.
32 Emil Ludwig gegen Goethe-Gesellschaft. »Verrat am Geist von Weimar« – ein Brief an die »New York Herald Tribune« vom 14. Mai 1947, *DENA Sonderdienst,* GSA 150/M 157e, Bl. 106 f.; Text: Kahl (Hrsg.) 2, Nr. 1536 Anm.
33 Vgl. Kaudelka, S. 10–12, 16 f. (es waren Fritz Hesse und Ludwig Grote; die Auflösung erfolgte am 7. Feb. 1933). In der Akte zur Dessauer Ortsgruppe (GSA 149/616) ist Mitgliederschwund erkennbar; kein anderer Grund wird für die Auflösung angegeben.
34 Das größte Problem wäre gewesen, den Zuschuss der Gesellschaft zum Goethe- und Schiller-Archiv zu ersetzen, aber das hätte der wendige Hans Wahl gewiss bewältigt.
35 Golz schreibt, die Gesellschaft sei gezwungen worden, sich von ihren jüdischen Mitgliedern zu trennen, »die Gesellschaft hätte sonst ihre Tätigkeit einstellen müssen« (Rede, S. 455). Das erscheint für ihn eine unbedingt zu vermeidende Alternative – auch um den Preis der ›Trennung‹ von den jüdischen Mitgliedern. Karl-Heinz Hahn reflektiert dagegen über die möglichen positiven Folgen einer Auflösung (Versäumte Gelegenheit, S. 211).
36 Wahl an Beutler, 26. Nov. 1945 (vgl. Anm. 9) sowie Leepin (vgl. Anm. 19) und Kahl (Hrsg.) 2, Nr. 1499, 1507.
37 Golz: Rede, S. 454.
38 Wahl an Erich Staedler, 2. Juni 1943, GSA 149/1016, Bl. 584. Es handelte sich um eine längere Arbeit über Goethe und Napoleon, und Wahl hatte gemeint, »von zuständiger Stelle« könnte sie »gerade jetzt als wenig erwünscht angese-

hen« werden, doch regt er eine kürzere Fassung an, um die es sich im Weiteren handelt. Wahl an Staedler, 19. Mai 1943, ebd., Bl. 582.

39 Staedler in Dessau an Wahl mit Antwortschreiben, 23. bzw. 27. Sept. 1946, GSA 149/1017, Bl. 361 f.

40 Wahl an Milch, 16. Juni 1937 (vgl. S. 145).

41 Wahl an Goebbels, 2. Juni 1943, GSA 149/1016, Bl. 141.

42 »Organisation der Gesellschaft ab Mai 1933«: Repertorium, GSA 149/1420, Bl. 3; aus späterer Zeit steht neben diesem Eintrag ein Fragezeichen, neben allen anderen ein Pluszeichen. Donndorf erwähnt die Akte mehrmals, z. B. am 12. Okt. 1935 an die Geschäftsstelle zur Akte über »die Arierfragen (›Organisation‹ heiss[t] sie meines Erinnerns)« (GSA 149/141, Bl. 35).

43 Nur die Korrespondenz mit 65 Juden, die in den Jahren 1933 bis 1935 aufgefordert wurden, ihren Austritt zu widerrufen, ist erhalten, denn sie ließ die Goethe-Gesellschaft in einem positiven Licht erscheinen; einer dieser Briefe trägt das Vermerk Donndorfs: »z[ur] A[kte] Nichtarier« (GSA 149/273, Bl. 37 f.). Dieses Konvolut wurde erst nach 1945 gebildet; es besteht nur aus losen Blättern, die also aus der ursprünglichen Akte »Gleichschaltung« herausgelöst wurden. Die eher unangenehmen Dokumente – zum Beispiel die Proteste von drei jüdischen Mitgliedern nach dem Ausschluss im Jahr 1938 mit den Antwortschreiben (oben, S. 192 f.) – waren mit Sicherheit in der entsorgten Akte. Andere Beispiele von brisanten fehlenden Dokumenten: Die von Anna Günther 1933 zusammengestellte »Judenstatistik« (oben, S. 56, vgl. 82, 190, 196); Gleichschaltungsforderungen von Kommunen und Büchereien, 1933 (oben, S. 53); die »Mitteilung der Kleist-Gesellschaft, dass sie sich gleichgeschaltet habe« (Vertraulicher Anhang zum Prot. Arbeitsausschuss, 25. Nov. 1933, GSA 149/10, Bl. 60–62); Rücktrittserklärung Karl Vosslers vom Vorstand, Anfang 1934 (oben, S. 62); der im November 1934 von Petersen erwähnte Brief des Amts Rosenberg (oben, S. 75); der Durchschlag von Petersens Brief an das Amt Rosenberg im Jan. 1935 mit Antwort (oben, S. 117 f.); Max Grauerts Brief zu Gleichschaltungsforderungen im Frühjahr 1935 (oben, S. 279, Anm. 129); Durchschrift von Wahls Schreiben an Goebbels zum Ludendorff-Verbot (zwischen 9. und 12. Feb. 1936; vgl. GSA 149/182, Bl. 240, 150/A 786, Bl. 188 f.; 149/190, Bl. 15); Brief von Goebbels oder Wismann zum Treffen des Letzteren mit Wahl am 11. Jan. 1936 (oben, S. 113, 131); Briefwechsel mit dem jüdischen Mitglied Alice Bachrach im Frühjahr 1938 (vgl. GSA 149/143, Bl. 187; 149/775, Bl. 111).

44 Vgl. Kippenberg an Petersens Witwe Ella, 15. Juni 1949: »Die Zeitungsnotiz, von der Sie schreiben, zeigt, daß gelogen wird in und außerhalb Trojas. Wahls Nachlaß ist niemals beschlagnahmt gewesen, wohl aber hat die sehr sorgsame Frau Kultusminister in Weimar [Marie Torhorst] unmittelbar nach seinem Ableben sein Arbeitszimmer und die Eingangstür zu den Räumen des Archivs versiegeln lassen, damit nicht Unbefugte sie beträten und die Zeit der Verwir-

rung zu bösen Dingen ausnutzten. Noch als ich in Weimar war, wurde die Direktorin eines Museums als kommissarische Betreuerin des Archivs bestellt, und die Siegel wurden wieder gelöst. Frau Wahl arbeitet ungehindert im Nachlaß ihres Mannes.« (GSA 149 / 28a, Bl. 138).

45 Bollenbeck, S. 145; Golz: Rede, S. 454; Borchmeyer: Stationen, S. 90.

46 Vgl. ausführlich dazu Seng, S. 407–427.

47 Diese Informationen verdanke ich Jan Eike Dunkhase.

48 Vgl. Scholz, S. 93–95; oben, S. 56 f., 78–80, 202. Auch die Wilhelm-Raabe-Stiftung hatte sich der NSKG angeschlossen; vgl. Ledebur, S. 130.

49 Vgl. Frenken (doch scheint für die Görres-Gesellschaft die Quellenlage nicht günstig zu sein).

50 Vgl. Müller / Nottscheid, zur Statistik S. 490 (60 der 247 Mitglieder, deren Religionszugehörigkeit ermittelt werden konnte, waren jüdischen Glaubens).

51 Zum Folgenden vgl. Ledebur, bes. S. 87–174. Allerdings verließ sich Ledebur im Wesentlichen auf den Bestand der Shakespeare-Gesellschaft im GSA, ohne etwa das Bundesarchiv heranzuziehen; daher war ihr z. B. nicht bewusst, dass Deetjen NSDAP-Mitglied war. Eine gründliche Untersuchung ist von Christa Jansohn (Bamberg) zu erwarten.

52 Aussage von Vertretern der Vereinigung zwischenstaatlicher Vereinigungen gegenüber W. F. Mueller, Ende März 1940, Ledebur, S. 118.

53 W(alther) Lampe, Wilhelm-Busch-Ges. Hannover, an Wahl, mit Antwortschreiben, 4. bzw. 8. Dez. 1938, GSA 149 / 192(1), Bl. 4 f. – Diese Aussage Wahls widerspricht – jedenfalls bis zu diesem Zeitpunkt – der Angabe Beutlers im Brief an Wahl vom 8. Nov. 1945: »Wie viel haben vor allem Sie, lieber Freund, durch den Gauleiter gelitten! Wie hat man Sie bedrängt und bedroht!« GSA 150 / M 157a, Bl. 114; Kahl (Hrsg.) 2, Nr. 1494.

54 Kahl: *Erfindung*, S. 210.

55 Die Standardbibliographie verzeichnet für die Jahre 1945–1949 nur vier Beiträge eigens zu Goethe und der ›Judenfrage‹, alle in Zeitungen und Zeitschriften und im Umfang von maximal vier Seiten (Goedecke, S. 260).

56 Richard Alewyn: Goethe als Alibi? (1949), in: Mandelkow (Hrsg.) 4, S. 333–335, hier S. 335.

57 Walter Wolf: Gutachten für Hans Wahl, 27. Okt. 1945, Kahl (Hrsg.) 2, Nr. 1490.

58 Vgl. Klaus Manns Bericht (Anm. 14) sowie Kahl (Hrsg.) 2, Nr. 1463, 1516. Zum Thema Goethe und Menschenrechte vgl. Wilson: Goethe-Tabu.

Quellen und Dank

Diese Untersuchung basiert zum größten Teil auf der Durchsicht von mehr als 200 Akten aus dem reichen Bestand Goethe-Gesellschaft (GSA 149) im Goethe- und Schiller-Archiv Weimar. Er wurde ergänzt durch diverse andere Bestände wie den des Archivs des Insel-Verlags (GSA 50), vor allem durch das ›Institutsarchiv‹ der Weimarer Institutionen, darin die Bestände des Goethe- und Schiller-Archivs selbst (GSA 150 / A) und des Goethe-Nationalmuseums (GSA 150 / M), beide mit nahezu vollständiger Korrespondenz des Direktors beider Häuser, Hans Wahl. Die einzelnen Akten sind in der Online-Datenbank des GSA beschrieben: http://ora-web.swkk.de/archiv_online/gsa.entry. Im GSA waren die Archivarinnen – Birgit Fiebig, Barbara Hampe, Silke Henke, Christiane Herrgott, Marita Prell – sowie der Direktor Bernhard Fischer in angenehm unbürokratischer Weise äußerst zuvorkommend. Besonders Karin Ellermann wies mich auf vergessene Dokumente hin: Vor allem die mit ›NZ‹ (Neuzugänge) bezeichneten Akten hatte der GSA-Direktor Karl-Heinz Hahn für seine kleine Geschichte der Goethe-Gesellschaft benutzt und in einem Schrank abgelegt, wo sie nach seinem frühen Tod (1989) blieben. Erst bei der Renovierung des Hauses im Jahre 2009 fand man sie. Frau Ellermann stand mir mit ihrer profunden Kenntnis der Bestände häufig bei.

Mehrere Nachlässe im Deutschen Literaturarchiv Marbach, besonders von Julius Petersen und Anton Kippenberg, ergänzten die Weimarer Schätze. Andere Dokumente entstammten dem Landesarchiv Thüringen – Hauptstaatsarchiv Weimar (Dank gebührt dem Direktor, Bernhard Post, und Archivar Frank Boblenz) sowie, insbesondere für das NS-Regime, den Partei- und staatlichen Beständen im Bundesarchiv in Berlin (BArch); hier spürte der kenntnisreiche Archivar Ralf Engel speziell die in der Forschung unbekannten Akten zu den Ortsvereinigungen auf. Für das Bundesarchiv kann im Online-Katalog Invenio der Zusammenhang der Signaturen ermittelt werden. Vereinzelte Dokumente waren im Besitz des Bayerischen Staatsarchivs (Nachlass Rudolf Buttmann), des Archivs der Schleswig-Holsteinischen Landesbibliothek (Nachlass Hans Friedrich Blunck), der Universitätsarchive Jena und Göttingen, des Instituts für Zeitgeschichte München sowie der National Archives in Kew, Großbritannien. An Bibliotheken sind vor allem die Herzogin Anna Amalia Bibliothek in Weimar, die auch den historischen Bestand der Bibliothek der Goethe-Gesellschaft enthält, sowie die Deutsche Nationalbibliothek in Leipzig und Frankfurt am Main, die Staatsbibliothek preußischer Kulturbesitz in Berlin und nicht zuletzt die British Library in London zu nennen.

Die vierjährige Arbeit an diesem Buch ging hervor aus Forschungen für einen Vortrag auf der Tagung »Hans Wahl im Kontext. Weimarer Kultureliten im Nationalsozialismus«, die im November 2014 von der Klassik Stiftung Weimar veranstaltet wurde. Als Ergebnis dieser Tagung wurde nach jahrelanger Kontroverse die Hans-Wahl-Straße in Weimar, deren wichtigster Anrainer das GSA ist, umbenannt. Für wertvolle Anregungen bin ich den Teilnehmern sowie insbesondere den beiden Organisatoren der Tagung, Franziska Bomski und Rüdiger Haufe, sehr dankbar. Einzelne Erkenntnisse aus meinem publizierten Vortrag an dieser Tagung sind in den vorliegenden Band eingegangen. Die Forschungen wurden von meiner Universität – Royal Holloway, University of London – durch die Befreiung von Lehrverpflichtungen seit 2012 gefördert. Ganz wesentlich trug die Alexander von Humboldt-Stiftung durch die Verleihung des Raimar-Lüst-Preises für internationale Wissenschafts- und Kulturvermittlung, mit Mitteln der Fritz-Thyssen-Stiftung, zu diesem Projekt bei. Für diese Unterstützung sei dem Abteilungsleiter Förderung und Netzwerk der Humboldt-Stiftung, Steffen Mehlich, und dem Vorstand der Thyssen-Stiftung, Frank Suder, herzlich gedankt. Die British Academy gewährte mir ein Forschungsstipendium für die intensivste Zeit der Archivforschungen. Die Klassik Stiftung Weimar (KSW) war Kooperationspartnerin für den Raimar-Lüst-Preis und hat meine Forschungen vor Ort auf vielfältige Weise gefördert; Franziska Bomski vom Referat Forschung sowie dem Präsidenten Helmut Seemann sei ganz besonders gedankt. In Weimar konnte ich mit mehreren sehr kenntnisreichen Forschern in entspannter Runde anregende Gespräche führen: mit Rüdiger Haufe und Sebastian Schlegel vom Projekt Provenienzforschung der KSW; mit Lothar Ehrlich, ehemaliger Vizepräsident der Goethe-Gesellschaft und Verfasser der wichtigsten Aufsätze zu ihrer Geschichte, der Teile des Manuskripts las und wertvolle Anregungen gab; mit Burkhard Stenzel und Justus H. Ulbricht, die bahnbrechende Forschungen zur ersten Hälfte des 20. Jahrhunderts in Weimar und Thüringen veröffentlicht und mein Projekt wesentlich angeregt haben; mit Bernhard Fischer, Direktor des GSA; und, last not least, mit Jens Riederer, Direktor des Stadtarchivs, der in zahlreichen Gesprächen aus seinem tiefen und breiten Wissensfundus zu allen Epochen der Geschichte Weimars schöpfen konnte. Gerhard Lauer und die Teilnehmer an einer Göttinger Diskussion haben mir wesentlich weitergeholfen. Über mehrere Jahre war die Kooperation mit Paul Kahl, der ein Buch und eine Edition zur Geschichte des Goethehauses und des Goethe-Nationalmuseums erforschte, eine große Bereicherung; wir konnten zahlreiche Dokumente und Erkenntnisse austauschen. Während eines Forschungsaufenthalts in Halle und auch später war Patrick Wagner ein anregender Gesprächspartner. In den letzten Monaten der Arbeit leisteten Romy Langeheine, Christian Pönitz und Malte Fischer unentbehrliche Hilfe in Bibliotheken und Archiven. Joachim Seng gab mir hilfreiche Hinweise zur Geschichte des Freien Deutschen Hochstifts, Christa

Jansohn zur Deutschen Shakespeare-Gesellschaft, Jan Eike Dunkhase zu den Marbacher Schiller-Instituten, zu denen er eine Untersuchung vorbereitet; Edmund Steinschulte (Flörsheim) stellte großzügig sein aus den Mitgliederlisten von 1914, 1917 und 1926 zusammengestelltes Verzeichnis zur Verfügung. Die Teilnehmer an zwei Konferenzen in Weimar und bei Vorträgen in Dresden und London gaben wichtige Anregungen. Zu danken ist auch Marion Alpert (Staatsarchiv Bremen), Ehrhard Bahr (Los Angeles), Karl Otto Conrady (Köln), Martin Finkelberger (Bonn), Angelika Handschuck (Universitätsarchiv Göttingen), Margit Hartleb (Universitätsarchiv Jena), Jörg-Peter Jatho (Gießen), Jürgen Kiefer (Jena), Wanda Menke-Glückert (Bonn), Armin Nolzen (Bochum) und Andreas Roloff (Landesbibliothek Mecklenburg-Vorpommern).

Bei DTV vertraute Andrea Wörle von Anfang an auf das Projekt, und die Lektorin Rosemarie Mailänder machte mit bewundernswertem Können und bewährter Geduld aus dem Manuskript ein Buch, das auch allgemeine Leser und Leserinnen interessieren soll. Beiden danke ich ganz herzlich.

Meine Frau Christina von Hodenberg las große Teile des Manuskripts und bereicherte es mit ihrem stilistischen Geschick und historischem Wissen. Zusammen mit unseren Kindern Martin und Lucy ertrug sie geduldig meine Archivreisen und den Stress der letzten Arbeit am Buch. Jeder Ausdruck des Dankes greift zu kurz.

Twickenham / London, im April 2018

Bibliographie

QUELLEN

Adressbuch der Stadt Jena [...] Siebenunddreißigste Folge 1933. Jena 1933.

Amtlicher Führer durch die Ausstellung Deutschland. Berlin 1936, 18. Juli bis 16. August. Ausstellungshallen am Funkturm. Berlin 1936.

Anders, Christina Ada (Hrsg.): *»Vorläufig muß ich leben bleiben«. Alfred Ahner – Aus den Briefen und Tagebüchern des Weimarer Künstlers (1890–1973).* Hildesheim 2014.

Bartels, Adolf: *Goethe der Deutsche.* Frankfurt/M. 1932.

—: Goethe und sein Volk, in: *Goethe* 1 (1936), S. 229–234.

Beck, Adolf; Robert Zilchert: *Goethe und der Olympische Gedanke.* Leipzig 1936. (Enthält Beck: Der Olympische Gedanke, S. 7–106; Zilchert: Die Bedeutung der Leibesübungen in Goethes Leben und Denken, S. 107–176.)

Beck, Adolf: Der »Geist der Reinheit« und die »Idee des Reinen«. Deutsches und Frühgriechisches in Goethes Humanitätsideal, in: *Goethe* 7 (1942), S. 160–169; 8 (1943), S. 19–57.

Benz, Richard: Goethes Anteil am Wiederaufbau des Kölner Doms (zum hundertjährigen Gedächtnis der Grundsteinlegung im September 1842), in: *Goethe* 7 (1942), S. 226–256.

Bergmann, Alfred: Hauptversammlung der Goethe-Gesellschaft vom 8.–11. Juni 1933, in: *JbGG* 19 (1933), S. 264–266.

—: Hauptversammlung der Goethe-Gesellschaft am 25. und 26. Juni 1934, in: *JbGG* 20 (1934), S. 266–268.

Bertram, Ernst: Schiller. Festvortrag, gehalten am 26. Mai 1934, in: *JbGG* 20 (1934), S. 213–249.

—: Goethe als Gestalter deutscher Geschichte und Former deutschen Wesens, in: *Goethe* 9 (1944), S. 24–53.

[Beutler, Ernst:] An Goethes hundertundzwölftem Todestage, dem 22. März 1944, starb auch das Haus seiner Kindheit, starb die Stadt seiner Jugend, in: *Goethe* 9 (1944 [1946]), S. 1–3.

Bohrmann, Hans, u. a. (Hrsg.): *NS-Presseanweisungen der Vorkriegszeit. Edition und Dokumentation.* Bisher 7 Bde. München 1984.

Burte, Hermann: Die europäische Sendung der deutschen Dichtung, in: *Die Dichtung im Kampf des Reiches. Weimarer Reden 1940.* Hamburg 1941, S. 53–75.

Cerff, Karl: Kunst und Glauben. Ansprache [...] in der Morgenfeier der Hitler-Jugend anläßlich des Arbeitslagers des Kultur- und Rundfunkamtes der Reichsjugendführung am 12. Juni 1938 im Nationaltheater Weimar, in: *Weimar. Bekenntnis und Tat. Kulturpolitisches Arbeitslager der Reichsjugendführung 1938.* Hrsg. von Otto Zander. Berlin 1938, S. 47–49.

Chamberlain, Houston Stewart: *Goethe.* München 1912.

Coehn, Alfred: Moria. Eine Betrachtung zu Goethes »Pandora«, in: *Goethe* 2 (1937), S. 4–27.

[Deetjen, Werner, u. a.:] Hauptversammlung der Goethe-Gesellschaft am 7. und 8. Juni 1938, in: *Goethe* 3 (1938), S. 209–220.

Eckart, Dietrich: *Der Bolschewismus von Moses bis Lenin. Ein Zwiegespräch zwischen Adolf Hitler und mir.* München 1924.

Eberhard, Raimund: *Goethe und das Alte Testament.* Wien 1935.

Einwohnerbuch der Stadt Weimar [...] 1939/1940. Weimar 1939.

Erckmann, Rudolf: Sinn und Aufgabe des Großdeutschen Dichtertreffens 1940, in: *Die Dichtung im Kampf des Reiches. Weimarer Reden 1940.* Hamburg 1941, S. 5–10.

Ermatinger, Emil: Wielands geistige Welt. Festvortrag, gehalten am 10. Juni 1933, in: *JbGG* 19 (1933), S. 221–246.

Fehse, Wilhelm: Rückkehr zum Zeichen, in: *Goethe* 1 (1936), S. 105–119.

—: Raabe und Goethe, in: *Goethe* 2 (1937), S. 260–287.

—: Dauer im Wechsel, in: *Goethe* 7 (1942), S. 69–77.

Frank, Walter: Schwert und Feder. (Januar 1930. Deutsches Volkstum, Hamburg), in: W. F.: *Geist und Macht. Historisch-politische Aufsätze.* Hamburg 1937. S. 94–101.

Fritsch, Theodor: *Handbuch der Judenfrage. Eine Zusammenstellung der wichtigsten Tatsachen zur Beurteilung des jüdischen Volkes.* 29. Aufl. Leipzig 1923 (zuerst Hamburg 1907).

Gerathewohl, Fritz: *Goethe in heutiger Sicht.* München und Berlin 1942.

Goebbels, Joseph: *Tagebücher.* 32 Bde. in 3 Teilen. Im Auftrag des Instituts für Zeitgeschichte hrsg. von Elke Fröhlich. München 1993–2008.

—: Rede des Reichsministers Dr. Goebbels bei der vierten Jahrestagung der Reichskulturkammer in Berlin über die Neugestaltung des deutschen Kulturlebens vom 27. November 1936, in: *Deutschlands Aufstieg zur Großmacht.* Hrsg. von Axel Friedrichs. (Dokumente der Deutschen Politik, hrsg. von Paul Meier-Benneckenstein, Bd. 4.) Berlin 1937, S. 319–328.

Goldstein, Ludwig: *Heimatgebunden. Aus dem Leben eines alten Königsbergers.* Hrsg. von Monika Boes. Berlin 2015.

Grumach, Ernst, und Renate Grumach (Hrsg.): *Goethe. Begegnungen und Gespräche.* Berlin 1965 ff.

Hehn, Viktor: *Gedanken über Goethe.* Berlin 1887.

Heiber, Helmut (Hrsg.): *Akten der Partei-Kanzlei der NSDAP. Rekonstruktion eines verlorengegangenen Bestandes. Regesten.* Bd. 2. Hrsg. vom Institut für Zeitgeschichte. Bearb. von Helmut Heiber u. a. München 1983.

Heim, Susanne (Bearb.): *Die Verfolgung und Ermordung der europäischen Juden durch das nationalsozialistische Deutschland 1933–1945.* Bd. 2: *Deutsches Reich. 1938 – August 1939.* München 2009.

Hein, Nikolaus: Goethe in Luxemburg, in: *Goethe* 6 (1941), S. 5–32.

Henning, Uwe; Achim Leschinsky (Hrsg.): Dokumentation einiger Pressereaktionen auf Sprangers Rücktrittsaktion, in: *Enttäuschung und Widerspruch. Die konservative Position Eduard Sprangers im Nationalsozialismus. Analysen – Texte – Dokumente.* Hrsg. von Uwe Henning und Adam Leschinsky. Weinheim 1991, S. 49–90.

Hitler, Adolf: *Mein Kampf. Eine kritische Edition.* Hrsg. von Christian Hartmann u. a. im Auftrag des Instituts für Zeitgeschichte München – Berlin. 2 Bde. München 2016.

—: *Reden und Proklamationen 1932–1945.* 4 Bde. Hrsg. von Max Domarus. Leonberg 1988.

Hohlfeld, A. R.: Die Jubiläumsfeier der Weimarer Goethe-Gesellschaft am 26. bis 28. August 1935, in: *Monatshefte für Deutschen Unterricht,* 27 (1935), S. 276–280.

Johst, Hanns: Der Dichter in der Zeit. Zum Kriegsdichtertreffen 1940, in: *Die Dichtung im Kampf des Reiches. Weimarer Reden 1940.* Hamburg 1941. S. 11–14.

Kabitzky, Günter: Kolbenheyers Goethebild, in: *Goethe* 4 (1939), S. 288–305.

Kahl, Paul (Hrsg.): *Das Goethe-Nationalmuseum in Weimar.* Bd. 2: *Goethehaus und Goethe-Museum im 20. Jahrhundert. Dokumente.* Göttingen (im Druck).

Kaufmann, Günter: *Ein anderes Drittes Reich. Visionen der nationalsozialistischen Jugendbewegung im Spiegel von Dokumenten.* Berg am Starnberger See 2001.

Kessler, Harry Graf: *Das Tagebuch 1880–1937.* Hrsg. von Roland S. Kamzelak, Ulrich Ott. 9 Bde. Stuttgart 2004–2010.

Kindermann, Heinz: Persönlichkeit und Gemeinschaft in Goethes dichterischem Werk, in: *Goethe* 3 (1938), S. 58–84.

Kippenberg, Anton: *Der Briefwechsel mit Julius Petersen 1907 bis 1941.* Hrsg. von Thomas Neumann. Kropp 2000.

—: Worte, gesprochen bei der ersten Versammlung der Bremer Ortsvereinigung der Goethe-Gesellschaft am 27. April 1941, in: *Goethe* 6 (1941), S. 105–118.

—: Die Hypsistarier, in: *Goethe* 8 (1943), S. 3–19.

[Kippenberg, Anton; Hans Wahl u. a.:] Hauptversammlung der Goethe-Gesellschaft am 30. und 31. Mai 1939, in: *Goethe* 4 (1939), S. 191–202.

Kleibömer, Georg: Was ist uns die Goethephilologie schuldig geblieben? in: *Deutsches Volkstum. Monatsschrift für das deutsche Geistesleben,* 19. Jg., 12. H. (Dez. 1937), S. 856–860.

Klemperer, Victor: *So sitze ich denn zwischen allen Stühlen.* Bd. 1: *Tagebücher 1945–1949.* Hrsg. von Walter Nowojski. Berlin 1999.

Koch, Franz: Goethe und die Juden, in: *Forschungen zur Judenfrage,* Bd. 2: *Sitzungsberichte der Zweiten Arbeitstagung der Forschungsabteilung Judenfrage des Reichsinstituts für Geschichte des neuen Deutschlands vom 12. bis 14. Mai 1937.* Hamburg 1937, S. 116–142. (Auch als Separatdruck 1937 erschienen.)

Korn, Karl: *Lange Lehrzeit. Ein deutsches Leben.* Frankfurt / M. 1975.

[Kunze, Herbert:] Hauptversammlung der Goethe-Gesellschaft am 30. und 31. Mai 1939, in: *Goethe* 4 (1939), S. 191–202.

Lehrke, Wilfried (Hrsg.): *Die Weimarer Klassikerstätten [...] Eine Chronik.* [Bd. 1:] *1945–1949.* Bucha 2014.

Linden, Walter: *Aufgaben einer nationalen Literaturwissenschaft.* München 1933.

—: Goethes Gedanke der olympischen Erziehung, in: *Goethe* 1 (1936), S. 195–204.

—: *Goethes Leben und Werk.* (Deutsche Ausgaben, 286.) Bielefeld und Leipzig 1937.

—: Im Ringen um ein neues Goethebild, in: *Goethe* 3 (1938), S. 158–180.

—: Weltbild, Wissenschaftslehre und Lebensaufbau bei Alexander von Humboldt und Goethe, in: *Goethe* 7 (1942), S. 82–100.

Ludendorff, Mathilde: *Der ungesühnte Frevel an Luther, Lessing, Mozart und Schiller. Ein Beitrag zur Deutschen Kulturgeschichte.* München 1936.

Mandelkow, Karl Robert (Hrsg.): *Goethe im Urteil seiner Kritiker. Dokumente zur Wirkungsgeschichte Goethes in Deutschland.* Teil IV: *1918–1982.* München 1984.

Manes, Philipp: *Als ob's ein Leben wär. Tatsachenbericht Theresienstadt 1942–1944.* Hrsg. von Ben Barkow, Klaus Leist. Berlin 2005.

Mathieu, Gustave [Hrsg.]: A Nazi Propaganda Directive on Goethe, in: *Publications of the English Goethe Society* 22 (1953), S. 129–137.

Michels, Victor: Gustav Roethe. Rede zu seinem Gedächtnis gehalten auf der Hauptversammlung der Goethe-Gesellschaft am 10. Juni 1927, in: *JbGG* 13 (1927), S. V–XXIV.

Mitgliederverzeichnis der Goethe-Gesellschaft. Hrsg. vom Geschäftsführenden Ausschuß. Beilage zum 12. Band des Jahrbuchs. Weimar 1926.

Nishida, Kitaro: Der metaphysische Hintergrund Goethes, in: *Goethe* 3 (1938), S. 135–144.

Nordische Gesellschaft. Thüringen-Kontor. Weimar. Bericht über das Geschäftsjahr vom 1. Juli 1936 bis 30. Juni 1937 [bis 1941 / 1942].

Offizieller Rundgang. Deutschland. Ausstellung Berlin 1936, 18. Juli – 16. August. Berlin 1936.

Pappenheim, Diana von; Jenny von Gustedt: *Memoiren um die Titanen. Erlebtes mit Goethe und den Bonapartes im Kreise der Hohenzollern.* Bearb., hrsg. und eingel. von Richard Kühn. 2 Bde. Dresden 1932.

Petersen, Julius: *Die Sehnsucht nach dem Dritten Reich in deutscher Sage und Dichtung.* Stuttgart 1934. (Erweiterter Nachdruck aus *Dichtung und Volkstum* 35 (1934), S. 18–40, 145–182.)

—: Goetheverehrung in fünf Jahrzehnten, in: *JbGG* 21 (1935), S. 1–25. Auszug: Mandelkow (Hrsg.): *Goethe im Urteil* 4, S. 172–175.
—: Goethes Elsaß, in: *Goethe* 5 (1940), S. 234–250.
—: Schiller und der Krieg, in: *Goethe* 6 (1941), S. 118–138.
Petersen, Julius, und Alfred Bergmann: 50. Jahresbericht (Berichtsjahr 1934/35), in: *JbGG* 21 (1935), S. 213–257.
Petersen, Julius; Martin Donndorf, Hans Wahl, Max Hecker: Hauptversammlung der Goethe-Gesellschaft am 6. u. 7. Juni 1936, in: *Goethe* 1 (1936), S. 145–156.
Petersen, Julius; Martin Donndorf, Leopold Eisele, Hans Wahl, Hellmuth von Maltzahn: Hauptversammlung der Goethe-Gesellschaft am 18. und 19. Mai 1937, in: *Goethe* 2 (1937), S. 141–153.
Poincaré, Raymond: Discours de M. Raymond Poincaré, Président de la République, in: *République Française. Université de Strasbourg. Fêtes d'Inauguration 21ff. Novembre 1919.* Strasbourg 1920, S. 20–33.
Poliakov, Léon; Josef Wulf (Hrsg.): *Das Dritte Reich und seine Denker. Dokumente.* Berlin 1959.
Roos, Carl: Deutscher Geist und Dänemark, in: *Goethe* 5 (1940), S. 44–61.
Rosenberg, Alfred: *Die Tagebücher von 1934 bis 1944.* Hrsg. von Jürgen Matthäus, Frank Bajohr. Frankfurt/M. 2015.
— (Hrsg.): *Dietrich Eckart – Ein Vermächtnis.* Hrsg. und eingel. von Alfred Rosenberg. München 1928.
Schirach, Baldur von: Goethe-Rede. Gehalten am 14. Juni 1937 aus Anlaß der Weimarer Festspiele der deutschen Jugend im Nationaltheater zu Weimar, in: *Wille und Macht. Führerorgan der nationalsozialistischen Jugend* 5, H. 12 (20. Juni 1937), unpag. (7 S.). Nachdruck in: Mandelkow (Hrsg.): *Goethe im Urteil* 4, S. 177–184.
—: *Goethe an uns. Ewige Gedanken des großen Deutschen. Eingeleitet durch eine Rede des Reichsjugendführers Baldur von Schirach.* Hrsg. von Günter Kaufmann. München 1938 (Berlin 1943: 121.–170. Tausend).
—: Vom musischen Menschen, in: *Weimar. Bekenntnis und Tat. Kulturpolitisches Arbeitslager der Reichsjugendführung 1938.* Hrsg. von Otto Zander. Berlin 1938, S. 13–22. (Nachdr. in Schirach: *Revolution der Erziehung. Reden aus den Jahren des Aufbaus.* München 1938, S. 181–197.)
—: *Ich glaubte an Hitler.* Hamburg 1967.
Schrieber, Karl-Friedrich; Alfred Metten; Herbert Collatz, Hrsg: *Das Recht der Reichskulturkammer. Sammlung der für den Kulturstand geltenden Gesetze und Verordnungen, der amtlichen Anordnungen und Bekanntmachungen der Reichskulturkammer und ihrer Einzelkammern.* 2 Bde. Berlin 1943.
Schulte Strathaus, Ernst: *Kippiana. Freundliche Begegnungen mit Anton Kippenberg in München 1908 bis 1949.* München 1969.
Schulz, Günter: Der ländliche Wesenszug des jungen Goethe, in: *Goethe* 5 (1940), S. 115–137.

Simon, Gerd (Hrsg.): *Germanistik in den Planspielen des Sicherheitsdienstes der SS.* 2. Aufl. Tübingen 1998 / 2010.
Spranger, Eduard: *Briefe 1901–1963.* Hrsg. von Hans Walter Bähr. Tübingen 1978.
[Spranger, Eduard:] Eduard Sprangers Texte für die Mittwochs-Gesellschaft 1935–1944 [zuerst 1982], in: *Enttäuschung und Widerspruch. Die konservative Position Eduard Sprangers im Nationalsozialismus. Analysen – Texte – Dokumente.* Hrsg. von Uwe Henning und Adam Leschinsky. Weinheim 1991, S. 174–198.
Srbik, Heinrich Ritter von: Goethe und das Reich, in: *Goethe* 4 (1939), S. 211–232.
Staatshandbuch für Thüringen. Hrsg. vom Thüringischen Staatsministerium. Weimar 1931.
Stephan, Hans: Musikfeste und Weltanschauung, in: *Die Musik. Monatsschrift. Organ des Amtes für Kunstpflege beim Beauftragten des Führers für die gesamte geistige und weltanschauliche Erziehung und Schulung der NSDAP* 30, 2 (Nov. 1937), S. 91–93.
Tenorth, Heinz-Elmar; Uwe Henning (Hrsg.): Aufzeichnungen Sprangers zum Konflikt 1933, in: *Enttäuschung und Widerspruch. Die konservative Position Eduard Sprangers im Nationalsozialismus. Analysen – Texte – Dokumente.* Hrsg. von Uwe Henning und Adam Leschinsky. Weinheim 1991, S. 119–131.
Veil, Wolfgang H.: *Schillers Krankheit. Eine Studie über das Krankheitsgeschehen in Schillers Leben und über den natürlichen Todesausgang.* Leipzig 1936.
Volkmann, Ernst: Körperschulung als Erziehungs- und Volksaufgabe in Goethes Leben und Werk, in: *Goethe* 1 (1936), S. 177–194.
Wahl, Hans: Antworten auf häufige Anfragen bei den Goethe-Instituten, in: *Goethe* 1 (1936), S. 74–77.
—: Verfälschtes Goethebild – Memoiren um die Titanen, in: *Goethe* 1 (1936), S. 78–80.
—: Goethe und das Logenwesen. In *Goethe* 1 (1936), S. 234–240.
—: Bekenntnis der deutschen Jugend zu Goethe. In *Goethe* 2 (1937), S. 153–157.
—: Goethes Norden, in: *Der Norden. Monatsschrift der nordischen Gesellschaft* 15, 1 (Januar 1938), S. 1–4.
—: Vom Kriegskommissar Goethe und seinen Soldaten, in: *Goethe-Kalender auf das Jahr 1942.* [Mit einem Vorwort von Ernst Beutler.] Leipzig 1941, S. 1–68.
—: Gründungsfeier der Landesvereinigung Oberrhein der Goethe-Gesellschaft Weimar in Straßburg (Elsaß), in: *Goethe* 8 (1943), S. 204 f.
—: Weimar. 9. Februar 1945, in: *Goethe* 9 (1944 [1946]), S. 218–220.
—: Zur Zeit und zum Bande, in: *Goethe* 10 (1947), S. 293–295.
Weimar Festspiele der deutschen Jugend. 14. Juni bis 2. Juli 1937. Hrsg. vom Kulturamt der Reichsjugendführung (verantw.: Bannführer Otto Zander) unter Mitarbeit der Kulturabteilung des Gebietes Thüringen unter Verwendung des zum Reichsführerlager der HJ. 1937 erschienenen Bildheftes der Reichsjugendführung. Weimar 1937.

Weniger, Erich: *Goethe und die Generale.* Leipzig 1942.
Wulf, Joseph: *Literatur und Dichtung im Dritten Reich. Eine Dokumentation.* Berlin 1989.
—: *Musik im Dritten Reich. Eine Dokumentation.* Berlin 1989.
Wundt, Max: Goethes Gestalt im Wandel deutscher Weltanschauung, in: *JbGG* 13 (1927), S. 347–384.
—: Das Judentum in der Philosophie, in: *Forschungen zur Judenfrage,* Bd. 2: *Sitzungsberichte der Zweiten Arbeitstagung der Forschungsabteilung Judenfrage des Reichsinstituts für Geschichte des neuen Deutschlands vom 12. bis 14. Mai 1937.* Hamburg 1937, S. 75–87.
Zeitschriften-Dienst. Deutscher Wochendienst. [Hrsg. vom Reichsministerium für Volksaufklärung und Propaganda.] Berlin 1939–1945.
Zeller, Bernhard (Hrsg.): *Klassiker in finsteren Zeiten 1933–1945. Eine Ausstellung des Deutschen Literaturarchivs im Schiller-Nationalmuseum Marbach am Neckar.* 2 Bde. Marbach 1983.
Ziegler, Hans Severus: Kulturaufgaben des Nachwuchses. In Ziegler: *Wende und Weg. Kulturpolitische Reden und Aufsätze.* Weimar 1937, S. 1–14.
—: Weimar als deutsche Kulturidee. Rede […] vor der Mannschaft des kulturpolitischen Arbeitslagers der Reichsjugendführung, in: *Weimar. Bekenntnis und Tat. Kulturpolitisches Arbeitslager der Reichsjugendführung 1938.* Hrsg. von Otto Zander. Berlin 1938, S. 25–31.

FORSCHUNG

Adam, Wolfgang: *Dichtung und Volkstum* und erneuerter *Euphorion.* Überlegungen zur Namensänderung und Programmatik einer germanistischen Zeitschrift, in: *Zeitenwechsel. Germanistische Literaturwissenschaft vor und nach 1945.* Hrsg. von Wilfried Barner, Christoph König. Frankfurt / M. 1996, S. 60–76.
Aicher, Florian; Uwe Drepper: *Robert Vorhoelzer. Ein Architektenleben. Die klassische Moderne der Post.* München 1990.
Albrecht, Andrea; Alexandra Skowronski: Hans Wahl und der Kampfbund für deutsche Kultur in Weimar (1928–1933), in: *Hans Wahl im Kontext. Weimarer Kultureliten im Nationalsozialismus.* Hrsg. von Franziska Bomski, Rüdiger Haufe und W. Daniel Wilson. Sonderheft *Publications of the English Goethe Society* 84.3 (2015), S. 174–189.
Almgren, Birgitta: *Germanistik und Nationalsozialismus: Affirmation, Konflikt und Protest. Traditionsfelder und zeitgebundene Wertung in Sprach- und Literaturwissenschaft am Beispiel der Germanisch-Romanischen Monatsschrift 1929–1943.* Uppsala 1997.

Almgren, Birgitta; Jan Hecker-Stampehl, Ernst Piper: Alfred Rosenberg und die Nordische Gesellschaft. Der »nordische Gedanke« in Theorie und Praxis, in: *NORDEUROPAforum* 2 (2008), S. 7–51.

Bahr, Ehrhard: Julius Petersen und die Goethe-Gesellschaft in Weimar zwischen 1926 und 1938, in: *Goethe in Gesellschaft. Zur Geschichte einer literarischen Vereinigung vom Kaiserreich bis zum geteilten Deutschland.* Hrsg. von Jochen Golz, Justus H. Ulbricht. Köln 2005, S. 137–150.

—. The Goethe Society in Weimar as Showcase of »Germanistik« during the Weimar Republic and the Nazi Regime, in: *Nazi Germany and the Humanities.* Hrsg. von Wolfgang Bialas, Anson Rabinbach. Oxford 2007, S. 50–74.

Bankier, David: *The Germans and the Final Solution. Public Opinion under Nazism.* Oxford 1992.

Barbian, Jan-Pieter: *Literaturpolitik im »Dritten Reich«. Institutionen, Kompetenzen, Betätigungsfelder.* Überarb. u. aktualisierte Ausg. München 1995.

Barner, Wilfried: *Von Rahel Varnhagen bis Friedrich Gundolf. Juden als deutsche Goethe-Verehrer.* Göttingen 1992.

Benz, Wolfgang (Hrsg.): *Wie wurde man Parteigenosse? Die NSDAP und ihre Mitglieder.* Frankfurt / M. 2009.

Boden, Petra: Julius Petersen. Ein Wissenschaftsmanager auf dem Philologenthron, in: *Euphorion* 88 (1994), S. 82–102.

Boden, Petra; Bernhard Fischer: *Der Germanist Julius Petersen (1878–1941). Bibliographie, systematisches Nachlaßverzeichnis und Dokumentation.* Marbach a. N. 1994.

Bollmus, Reinhard: *Das Amt Rosenberg und seine Gegner. Studien zum Machtkampf im nationalsozialistischen Herrschaftssystem. Mit einem bibliographischen Essay von Stephan Lehnstaedt.* 2. Aufl. München 2006.

Bomski, Franziska; Rüdiger Haufe: Einleitung. Weimarer Kultureliten in der Debatte, in: *Hans Wahl im Kontext. Weimarer Kultureliten im Nationalsozialismus.* Hrsg. von Franziska Bomski, Rüdiger Haufe und W. Daniel Wilson. Sonderheft *Publications of the English Goethe Society* 84.3 (2015), S. 141–149.

Borchmeyer, Dieter: Goethe, in: *Deutsche Erinnerungsorte.* Hrsg. von Etienne François, Hagen Schulze. Bd. 1. München 2001. S. 187–206.

—: Goethe im Widerspiel von »Nationalitäts-Wahnsinn« und »ökumenischer Internationalität«. Stationen in der Geschichte der Goethe-Gesellschaft, in: GJb 127 (2010), S. 82–94.

Breuer, Stefan: Goethekult – eine Form des ästhetischen Fundamentalismus? In: *Goethe in Gesellschaft. Zur Geschichte einer literarischen Vereinigung vom Kaiserreich bis zum geteilten Deutschland.* Hrsg. von Jochen Golz, Justus H. Ulbricht. Köln 2005, S. 63–79.

Buchheim, Hans: Die organisatorische Entwicklung der Ludendorff-Bewegung und ihr Verhältnis zum Nationalsozialismus, in: *Gutachten des Instituts für Zeitgeschichte* 1 (1958), S. 356–370.

Buddrus, Michael: »Einmal im Leben durch Weimar hindurch.« Das Kulturpolitische Arbeitslager 1938 der HJ in Weimar in Reden und Pressestimmen, in: *Hier, hier ist Deutschland ... Von nationalen Kulturkonzepten zur nationalsozialistischen Kulturpolitik.* Hrsg. im Auftrag der Gedenkstätte Buchenwald und der Stiftung Weimarer Klassik von Ursula Härtl, Burkhard Stenzel und Justus H. Ulbricht. Göttingen 1997, S. 123–142.

—: *Totale Erziehung für den totalen Krieg. Hitlerjugend und nationalsozialistische Jugendpolitik.* 2 Bde. München 2003.

Conrady, Karl Otto: *Völkisch-nationale Germanistik in Köln. Eine unfestliche Erinnerung.* Schernfeld 1990.

—: Ein Junge, der 1944 achtzehn wurde, in: *Jahrgang 1926/27. Erinnerungen an die Jahre unter dem Hakenkreuz.* Hrsg. von Alfred Neven DuMont. Köln 2007, S. 209 f.

Custodis, Michael; Friedrich Geiger: *Netzwerke der Entnazifizierung. Kontinuitäten im deutschen Musikleben am Beispiel von Werner Egk, Hilde und Heinrich Strobel.* Münster 2013.

Dainat, Holger: »Ruhe, nichts als Ruhe, Präsident bleiben wie bisher«. Julius Petersen, Anton Kippenberg und die Goethe-Gesellschaft, in: *Hans Wahl im Kontext. Weimarer Kultureliten im Nationalsozialismus.* Hrsg. von Franziska Bomski, Rüdiger Haufe und W. Daniel Wilson. Sonderheft *Publications of the English Goethe Society* 84 (2015), S. 223–238.

Dehnkamp, Willy: Zum 20jährigen Bestehen, in: *Zwanzig Jahre Bremer Ortsvereinigung der Goethe-Gesellschaft in Weimar. 1941–1961.* Hrsg. von Friedrich Droß, Erich Trittin. Bremen 1961, S. 5.

Droß, Friedrich: Zwanzig Jahre Bremer Ortsvereinigung, in: *Zwanzig Jahre Bremer Ortsvereinigung der Goethe-Gesellschaft in Weimar. 1941–1961.* Hrsg. von Friedrich Droß, Erich Trittin. Bremen 1961, S. 8–10.

Ehlers, Klaas-Hinrich: *Der Wille zur Relevanz. Die Sprachforschung und ihre Förderung durch die DFG 1920–1970.* Stuttgart 2010.

Ehrlich, Lothar: Die Goethe-Gesellschaft zwischen Gleichschaltung und Verweigerung, in: *Das Dritte Weimar. Klassik und Kultur im Nationalsozialismus.* Hrsg. von Lothar Ehrlich, Jürgen John und Justus H. Ulbricht. Köln 1999, S. 245–266.

—: Die Goethe-Gesellschaft im Spannungsfeld der Deutschland- und Kulturpolitik der SED, in: *Weimarer Klassik in der Ära Ulbricht.* Hrsg. von Lothar Ehrlich, Gunther Mai. Köln 2000. S. 251–281.

Ehrlich, Lothar; Jürgen John: »Weimar 1930«. Politik und Kultur im Vorfeld der NS-Diktatur, in: *Weimar 1930. Politik und Kultur im Vorfeld der NS-Diktatur.* Hrsg. von Lothar Ehrlich, Jürgen John. Köln 1998, S. VII–XXXVIII.

Eisermann, Walter: Zur Wirkungsgeschichte Eduard Sprangers – Dargestellt an Reaktionen auf sein Rücktrittsgesuch im April 1933 [zuerst 1983], in: *Enttäuschung und Widerspruch. Die konservative Position Eduard Sprangers im Nationalsozialis-*

mus. Analysen – Texte – Dokumente. Hrsg. von Uwe Henning und Adam Leschinsky. Weinheim 1991, S. 132–161.

Ellermann, Karin: *Weimar den Vorzug zu sichern … Aus der Geschichte des Goethe- und Schiller-Archivs von 1885 bis 1945.* Erfurt, 2011.

Fränkel, Jonas: Verratene Wissenschaft. Ein nichtgedruckter Nekrolog (1941), in: J. F.: *Dichtung und Wissenschaft.* Heidelberg 1954, S. 256–264.

Frei, Norbert: *Der Führerstaat. Nationalsozialistische Herrschaft 1933 bis 1945.* Erw. Neuausg. München 2001.

Frenken, Ansgar: Zwischen vorsichtiger Annäherung und partieller Resistenz. Die Görres-Gesellschaft im Dritten Reich, in: *Nationalsozialismus in den Kulturwissenschaften.* Bd. 1: *Fächer – Milieus – Karrieren.* Hrsg. von Hartmut Lehmann, Otto Gerhard Oexle. Göttingen: Vandenhoeck & Ruprecht, 2004, S. 371–415.

Fuller, Steven Nyole: *The Nazis' Literary Grandfather. Adolf Bartels and Cultural Extremism, 1871–1945.* New York 1996.

Goedecke, Karl: *Grundriss zur Geschichte der deutschen Dichtung. Aus den Quellen.* 4. Bd., V. Abt.: Carl Diesch, Paul Schlager: *Goethe-Bibliographie. 1912–1950.* Berlin 1956–1960.

Golz, Jochen: Das Goethe- und Schiller-Archiv in Geschichte und Gegenwart, in: *Das Goethe- und Schiller-Archiv 1896–1996. Beiträge aus dem ältesten deutschen Literaturarchiv.* Hrsg. von Jochen Golz. Weimar 1996, S. 13–70.

—: Vorbemerkung, in: *Goethe in Gesellschaft. Zur Geschichte einer literarischen Vereinigung vom Kaiserreich bis zum geteilten Deutschland.* Hrsg. von Jochen Golz, Justus H. Ulbricht. Köln 2005, S. VII–XII.

—: Gesellschaften vor der Gesellschaft – frühe Formen der Goethe-Pflege, in: *Goethe in Gesellschaft. Zur Geschichte einer literarischen Vereinigung vom Kaiserreich bis zum geteilten Deutschland.* Hrsg. von Jochen Golz, Justus H. Ulbricht. Köln 2005, S. 81–92.

—: Rede des Präsidenten anläßlich der Festveranstaltung zum 120jährigen Gründungsjubiläum der Goethe-Gesellschaft am 28. August 2005 im Goethe- und Schiller-Archiv, in: *Goethe-Jb.* 122 (2005), S. 449–460.

—: Klassisches Erbe und deutsches Nationalempfinden. Die Kulturpolitik der Goethe-Gesellschaft, in: *Ilm-Kakanien. Weimar am Vorabend des Ersten Weltkriegs. Jahrbuch der Klassik Stiftung Weimar* (2014), S. 117–135.

Grüttner, Michael: *Biographisches Lexikon zur nationalsozialistischen Wissenschaftspolitik.* Heildelberg 2004.

—: Die nationalsozialistische Wissenschaftspolitik und die Geisteswissenschaften, in: *Literaturwissenschaft und Nationalsozialismus.* Hrsg. von Holger Dainat, Lutz Danneberg. Tübingen 2003, S. 13–39.

Günther, Gitta; Wolfram Huschke, Walter Steiner (Hrsg.): *Weimar. Lexikon zur Stadtgeschichte.* Weimar 1998.

Gumbrecht, Hans Ulrich: »Stattliche Gestalt«. Karl Vossler und die Ambivalenzen der ›inneren Emigration‹, in Gumbrecht: *Vom Leben und Sterben der großen Romanisten. Karl Vossler, Ernst Robert Curtius, Leo Spitzer, Erich Auerbach, Werner Krauss.* München 2002, S. 24–48.

Häntzschel, Hiltrud: Fontane im Gepäck der Emigranten, in: *Fontane und die Fremde, Fontane und Europa.* Hrsg. von Konrad Ehlich. Würzburg 2002, S. 307–320.

Hahn, Karl-Heinz: *Die Goethe-Gesellschaft in Weimar. Geschichte und Gegenwart.* (Tradition und Gegenwart. Weimarer Schriften, 34.) Weimar 1989.

—: Versäumte Gelegenheit. Thomas Mann kandidiert für den Vorstand der Goethe-Gesellschaft in Weimar, in: *»Dann ist Vergangenheit beständig …« Goethe-Studien.* Hrsg. von Jochen Golz, Werner Keller. Weimar 2001, S. 199–203.

Hansson, Jonas; Svante Nordin: *Ernst Cassirer. The Swedish Years.* Bern 2006.

Happel, Hans-Gerd: *Das wissenschaftliche Bibliothekswesen im Nationalsozialismus. Unter besonderer Berücksichtigung der Universitätsbibliotheken.* München 1989.

Heiber, Helmut: *Walter Frank und sein Reichsinstitut für Geschichte des neuen Deutschlands.* Stuttgart 1966.

Henning, Uwe; Achim Leschinsky: Unterstützung, Anpassung, Protest, Widerstand. Analyse zeitgenössischer Pressereaktionen auf Eduard Sprangers Rücktrittsaktion vom Frühsommer 1933 [zuerst 1990], in: *Enttäuschung und Widerspruch. Die konservative Position Eduard Sprangers im Nationalsozialismus. Analysen – Texte – Dokumente.* Hrsg. von Uwe Henning und Adam Leschinsky. Weinheim 1991, S. 3–48.

Hingst, Henning: Raimund Eberhard – ein Mecklenburger Patriot, Philosoph und Pazifist, in: *Stier und Greif. Blätter zur Kultur- und Landesgeschichte in Mecklenburg-Vorpommern* 17 (2007), S. 162–167.

Hoecherl-Alden, Gisela: The Development of the Professoriat, 1880–1941, in: *German Studies in the United States,* ed. Peter Uwe Hohendahl. New York 2003, S. 395–409.

Hohmann, Brigitte: Thomas Mann für den Vorstand der Goethe-Gesellschaft nicht tragbar, in: *Thomas Mann Jahrbuch* 24 (2011), S. 195–222.

Huber, Andreas; Herbert Posch: Eduard Castle, in: Gedenkbuch für die Opfer des Nationalsozialismus an der Universität Wien, http://gedenkbuch.univie.ac.at/ (Zugriff 26. Sept. 2017).

Jacobsen, Hans-Adolf: *Nationalsozialistische Außenpolitik 1933–1938.* Frankfurt/M. 1968.

Jasper, Willi: Deutsche Juden als Goethe-Verehrer – eine »faustische« Beziehungsgeschichte? In: *Goethe in Gesellschaft. Zur Geschichte einer literarischen Vereinigung vom Kaiserreich bis zum geteilten Deutschland.* Hrsg. von Jochen Golz, Justus H. Ulbricht. Köln 2005, S. 113–122.

Jatho, Jörg-Peter: *Im Schatten von Goebbels: Dr. Otto Henning – vom Gründer des Goethe-Bundes Gießen zum Leiter des Vortragsamts in Berlin.* Gießen 2003.

Kahl, Paul: *Die Erfindung des Dichterhauses. Das Goethe-Nationalmuseum in Weimar. Eine Kulturgeschichte.* Göttingen 2015.

Kaudelka, Steffen: Bürgerliche Selbstbehauptung in wechselvollen Zeiten – Eine Spurensuche zur Geschichte der Anhaltischen Goethe-Gesellschaft 1925–2015, in: *90 Jahre Anhaltische Goethe-Gesellschaft 1925–2015*. Dessau 2016, S. 9–38.

Kendzia, Hans-Wolfgang: *Geschichte der Berliner Goethe-Gesellschaft (1919–2007).* In Zusammenarbeit mit Lothar Fröhlich. Jahresgabe 2007 der Goethe-Gesellschaft Berlin e. V. Berlin 2007.

Kershaw, Ian: *Hitler.* Bd. 1: *1889–1936.* Übers. von Jürgen Peter Krause, Jörg W. Rademacher. München 1998. Bd. 2: *1936–1945.* Übers. von Klaus Kochmann. München 2000.

Kiefer, Jürgen: »An unsere kulturellen Schlüsselstellungen gehören Menschen, die sich mit Fanatismus für die kultur-politischen Ziele des Führers einsetzen.« Zur Amtsenthebung des Kunsthistorikers Herbert Kunze als Direktor des Erfurter Angermuseums, in: *Zum Ideologieproblem in der Geschichte.* Hrsg. von Erik Gieseking u. a. Lauf / Pegnitz 2006, S. 445–459.

Kirsch, Mechtild: Heinz Kindermann – ein Wiener Germanist und Theaterwissenschaftler, in: *Zeitenwechsel. Germanistische Literaturwissenschaft vor und nach 1945.* Hrsg. von Wilfried Barner, Christoph König. Frankfurt / M. 1996, S. 47–59.

Kirsten, Holm: *Weimar im Banne des Führers. Die Besuche Adolf Hitlers 1925–1940.* Köln 2001.

Klee, Ernst: *Das Kulturlexikon zum Dritten Reich. Wer war was vor und nach 1945.* Überarb. Ausg. Frankfurt / M. 2009.

—. *Das Personenlexikon zum Dritten Reich. Wer war was vor und nach 1945.* Frankfurt / M. [4]2005.

Klönne, Arno: *Jugend im Dritten Reich. Die Hitlerjugend und ihre Gegner.* Köln 1999.

Kluth, Rolf: Fünfzig Jahre Bremer Ortsvereinigung der Goethe-Gesellschaft in Weimar, in: *50 Jahre Bremer Ortsvereinigung der Goethe-Gesellschaft in Weimar. 1941–1991.* Hrsg. von Rolf Kluth. Bremen 1991, S. 10–15.

König, Christoph: Fachgeschichte im Deutschen Literaturarchiv. Programm und erste Ergebnisse, in: *Jb. d. dt. Schillergesellschaft* 32 (1988), S. 377–405.

Ledebur, Ruth Freifrau von: *Der Mythos vom deutschen Shakespeare. Die deutsche Shakespeare-Gesellschaft zwischen Politik und Wissenschaft 1918–1945.* Köln 2002.

Leppmann, Wolfgang: *Goethe und die Deutschen. Vom Nachruhm eines Dichters.* Stuttgart 1962.

Linthout, Ine van: *Das Buch in der nationalsozialistischen Propagandapolitik.* Berlin 2012.

Longerich, Peter: *Propagandisten im Krieg. Die Presseabteilung des Auswärtigen Amtes unter Ribbentrop.* München 1987.

— *Hitlers Stellvertreter. Führung der Partei und Kontrolle des Staatsapparates durch den Stab Heß und die Partei-Kanzlei Bormann.* München 1992.

—: *»Davon haben wir nichts gewusst!« Die Deutschen und die Judenverfolgung 1933–1945.* München 2006.

—: *Joseph Goebbels. Biographie.* München 2012.

Mandelkow, Karl Robert. *Goethe in Deutschland. Rezeptionsgeschichte eines Klassikers.* Bd. 1: *1773–1918.* Bd. 2: *1919–1982.* München 1980, 1989.

Mathieu, Thomas: *Kunstauffassungen und Kulturpolitik im Nationalsozialismus. Studien zu Adolf Hitler – Joseph Goebbels – Alfred Rosenberg – Baldur von Schirach – Heinrich Himmler – Albert Speer – Wilhelm Frick.* Saarbrücken 1997.

Merseburger, Peter: *Mythos Weimar. Zwischen Geist und Macht.* Stuttgart 1998.

Müller, Hans-Harald; Mirko Nottscheid: *Wissenschaft ohne Universität, Forschung ohne Staat. Die Berliner Gesellschaft für deutsche Literatur (1888–1938).* Berlin 2011.

Müller, Erika; Harry Stein: *Jüdische Familien in Weimar vom 19. Jahrhundert bis 1945. Ihre Verfolgung und Vernichtung.* Weimar 1998.

Nagel, Anne C.: *Hitlers Bildungsreformer. Das Reichsministerium für Wissenschaft, Erziehung und Volksbildung 1934–1945.* Frankfurt / M. 2012.

Neliba, Günter: *Wilhelm Frick. Der Legalist des Unrechtsstaates. Eine politische Biographie.* Paderborn 1992.

Neumann, Thomas: »Die Zukunft der Goethe-Gesellschaft erfüllt mich mit Sorge.« Anmerkungen zur Diskussion um die Nachfolge Gustav Roethes, in: *Die Weimarer Republik zwischen Metropole und Provinz. Intellektuellendiskurse zur politischen Kultur.* Hrsg. von Wolfgang Bialas, Burkhard Stenzel. Weimar 1996, S. 57–70.

—: *Völkisch-nationale Hebbelrezeption. Adolf Bartels und die Weimarer Nationalfestspiele.* Bielefeld 1997.

—: »… der die idealen Triebe Ihrer Vorschläge vollauf zu würdigen weiß.« Friedrich Lienhard und die Goethe-Gesellschaft, in: *Weimar 1930. Politik und Kultur im Vorfeld der NS-Diktatur.* Hrsg. von Lothar Ehrlich, Jürgen John. Köln 1998, S. 185–210.

Nicolaysen, Rainer (Hrsg.): *Wilhelm Flitner (1889–1990) – ein Klassiker der Erziehungswissenschaft? Zur 125. Wiederkehr seines Geburtstags. Reden der Festveranstaltung der Fakultät für Erziehungswissenschaft der Universität Hamburg am 22. Oktober 2014.* Hamburg 2015.

Nottscheid, Mirko; Miryam Richter: Hamburger Germanistik und »Berliner Schule«. Ulrich Pretzel und Hans Pyritz, in: *100 Jahre Germanistik in Hamburg. Traditionen und Perspektiven.* Hrsg. von Richter / Nottscheid. Berlin 2011, S. 281–309.

Oellers, Norbert: Goethe und Schiller in ihrem Verhältnis zum Judentum, in: *Conditio Judaica. Judentum, Antisemitismus und deutschsprachige Literatur vom 18. Jahrhundert bis zum Ersten Weltkrieg.* 1. Teil. Hrsg. von Hans Otto Horch, Horst Denkler. Tübingen 1988, S. 108–130.

Ortmeyer, Benjamin: *Erich Weniger und die NS-Zeit. Forschungsbericht.* Frankfurt / M. 2008.

—: *Mythos und Pathos statt Logos und Ethos. Zu den Publikationen führender Erziehungswissenschaftler in der NS-Zeit: Eduard Spranger, Herman Nohl, Erich Weniger und Peter Petersen.* Weinheim 2009.

Payk, Marcus M.: *Der Geist der Demokratie. Intellektuelle Orientierungsversuche im Feuilleton der frühen Bundesrepublik. Karl Korn und Peter de Mendelssohn.* München 2008.

Piper, Ernst: *Alfred Rosenberg. Hitlers Chefideologe.* München 2005.

Plewnia, Margarete: *Auf dem Weg zu Hitler. Der »völkische« Publizist Dietrich Eckart.* (Studien zur Publizistik, 14.) Bremen 1970.

Pöthe, Angelika: Konservatives Kulturideal und Nationalsozialismus. Jenaer Germanistik im Dritten Reich, in: *Kämpferische Wissenschaft. Studien zur Universität Jena im Nationalsozialismus.* Hrsg. von Uwe Hoßfeld, Jürgen John u. a. Köln 2003, S. 850–867.

Post, Bernhard: Die Machtübernahme im Land Thüringen 1932, in: B. P., Frank Boblenz: *Die Machtübernahme in Thüringen 1932/33.* Erfurt 2013, S. 5–54.

Reichel, Andreas: Menke-Glückert, Johann Wilhelm Emil Peter, in: *Sächsische Biografie,* hrsg. vom Institut für Sächsische Geschichte und Volkskunde, bearb. von Martina Schattkowsky, Online-Ausgabe: http://www.isgv.de/saebi/ (Zugriff 13. Okt. 2017)

Riederer, Jens: Die »Städte-Achse« Weimar – Florenz. Von der »Kulturbrücke« zur »Kulturkundgebung der Europäischen Jugend« 1937–1942, in: *Animo Italo-Tedesco. Studien zu den Italien-Beziehungen in der Kulturgeschichte Thüringens.* Hrsg. von Siegfried Seifert i. A. des Präsidiums der Deutsch-Italienischen Gesellschaft in Thüringen, Società Dante Alighieri – Comitato di Weimar. Folge 5/2. Weimar 2008. S. 321–401.

Rohls, Jan: »Goethedienst ist Gottesdienst«. Theologische Anmerkungen zur Goethe-Verehrung, in: *Goethe in Gesellschaft. Zur Geschichte einer literarischen Vereinigung vom Kaiserreich bis zum geteilten Deutschland.* Hrsg. von Jochen Golz, Justus H. Ulbricht. Köln 2005, S. 33–62.

Rosebrock, Tessa Friederike: *Kurt Martin und das Musée des Beaux-Arts de Strasbourg. Museums- und Ausstellungspolitik im ›Dritten Reich‹ und in der unmittelbaren Nachkriegszeit.* Berlin 2012.

Rudolph, Karsten: Untergang auf Raten. Die Auflösung und Zerstörung der demokratischen Kultur in Thüringen 1930 im regionalen Vergleich, in: *Weimar 1930. Politik und Kultur im Vorfeld der NS-Diktatur.* Hrsg. von Lothar Ehrlich, Jürgen John. Köln 1998, S. 15–29.

Ruppelt, Georg: *Schiller im nationalsozialistischen Deutschland. Der Versuch einer Gleichschaltung.* Stuttgart 1979.

Salzmann, Karl H.: Die deutsche Zeitschrift 1953/54, in: *Zeitschriften und Zeitschriftenforschung.* Hrsg. von Andreas Vogel, Christina Holtz-Bacha. *Publizistik. Vierteljahreshefte für Kommunikation,* Sonderheft 3 (2002), S. 261–281.

Sarkowski, Heinz: *Der Insel Verlag 1899–1999. Die Geschichte des Verlags.* Frankfurt / M. 1999.

Schlegel, Sebastian: Warum schenken Verfolgte? Bücher und Zeichnungen aus dem Vorbesitz Julius Wahles und Heinrich Mayers in den Sammlungen der Klassik Stiftung Weimar, in: *Spuren suchen. Provenienzforschung in Weimar. Jahrbuch der Klassik Stiftung Weimar 2018.* Hrsg. von Franziska Bomski, Hellmut Seemann, Thorsten Valk in Zusammenarbeit mit Rüdiger Haufe. Göttingen 2018. S. 107–127.

Schley, Jens: Ein ganz normaler Alltag. Das Konzentrationslager Buchenwald und die Stätten der Weimarer Klassik, in: *Hans Wahl im Kontext. Weimarer Kultureliten im Nationalsozialismus.* Hrsg. von Franziska Bomski, Rüdiger Haufe und W. Daniel Wilson. Sonderheft *Publications of the English Goethe Society* 84.3 (2015), S. 268–285.

Scholz, Kai-Uwe: »Deshalb machte ich von meinem Führerrecht Gebrauch, ganz allein zu bestimmen.« Georg Minde-Pouet und die Kleist-Gesellschaft 1934–1945, in: *Beiträge zur Kleist-Forschung.* Frankfurt / Oder 1996, S. 86–99.

Schütt, Julian: *Germanistik und Politik. Schweizer Literaturwissenschaft in der Zeit des Nationalsozialismus.* Zürich 1996.

Schulz, Günter: Salomon Maimon und Goethe, in: *Goethe* 16 (1954), S. 272–288.

Schulz-Beer, Sigrid; Volker Wahl: Der Literaturarchivar Julius Wahle (1861–1940). Leben und Werk im Dienst an der Weimarer Klassik, in: *Weimar-Jena. Die große Stadt* 9 / 1 (2016), S. 51–87.

Seng, Joachim: *Goethe-Enthusiasmus und Bürgersinn. Das Freie Deutsche Hochstift – Frankfurter Goethe-Museum 1881–1960.* Göttingen 2009.

Simon, Gerd: *Chronologie Buttmann, Rudolf.* Unter Mitwirkung von Ksenia Shturkhetska. Tübingen 2006. https://homepages.uni-tuebingen.de/gerd.simon/ChrButtmann.pdf

Splitt, Gerhard: *Richard Strauss 1933–1935. Ästhetik und Musikpolitik zu Beginn der nationalsozialistischen Herrschaft.* Pfaffenweiler 1987.

—: Richard Strauss' Brief vom 17. Juni 1935 an Stefan Zweig, in: *Die Musikforschung* 58 (2005), S. 406–414.

Staadt, Jochen: »Auf den Zinnen der Partei.« Die SED-Führung plante 1967 eine Spaltung der Goethe-Gesellschaft, in: *Goethe in Gesellschaft. Zur Geschichte einer literarischen Vereinigung vom Kaiserreich bis zum geteilten Deutschland.* Hrsg. von Jochen Golz, Justus H. Ulbricht. Köln 2005, S. 183–202.

Stargardt, Nicholas: *Der deutsche Krieg. Zwischen Angst, Zweifel und Durchhaltewillen – wie die Menschen den Zweiten Weltkrieg erlebten.* Berlin 2015.

Stenzel, Burkhard: »Buch und Schwert«. Die »Woche des deutschen Buches« in Weimar (1934–1942). Anmerkungen zur NS-Literaturpolitik, in: *Hier, hier ist Deutschland … Von nationalen Kulturkonzepten zur nationalsozialistischen Kulturpolitik.* Hrsg. von Ursula Härtl, Burkhard Stenzel und Justus H. Ulbricht. Göttingen 1997, S. 83–121.

—: »Pg. Goethe«? Vom politischen und philologischen Umgang mit einem Weimarer Klassiker, in: *Das Dritte Weimar. Klassik und Kultur im Nationalsozialismus.* Hrsg. von Lothar Ehrlich, Jürgen John und Justus H. Ulbricht. Köln 1999, S. 219–243.

—: *Goethe.* Schwierigkeiten bei der Umwandlung einer literarhistorischen Zeitschrift im Nationalsozialismus, in: *Literaturwissenschaft und Nationalsozialismus.* Hrsg. von Holger Dainat, Lutz Danneberg. Tübingen 2003, S. 127–146.

—: »Drum soll der Sänger mit dem Volke gehen.« Der Schriftsteller Hans Joachim Malberg und die NS-Kulturgemeinde Weimar (1934–1937), in: *Hans Wahl im Kontext. Weimarer Kultureliten im Nationalsozialismus.* Hrsg. von Franziska Bomski, Rüdiger Haufe und W. Daniel Wilson. Sonderheft *Publications of the English Goethe Society* 84.3 (2015), S. 252–267.

Strätz, Hans-Wolfgang: Die studentische »Aktion wider den undeutschen Geist« im Frühjahr 1933, in: *Vierteljahrshefte für Zeitgeschichte* 16 (1968), S. 347–372.

Strickhausen, Waltraud: »Der Wunsch nach Deutschland zurückzukehren ehrt ihn«. Der Exilgermanist Werner Milch und die Marburger »Neuere deutsche Literatur« nach 1945, in: *Germanistik und Kunstwissenschaften im »Dritten Reich«. Marburger Entwicklungen 1920–1950.* Hrsg. von Kai Köhler u. a. München 2005, S. 435–468.

Tenorth, Heinz-Elmar: Eduard Sprangers hochschulpolitischer Konflikt 1933. Politisches Handeln eines preußischen Gelehrten [zuerst 1990], in: *Enttäuschung und Widerspruch. Die konservative Position Eduard Sprangers im Nationalsozialismus. Analysen – Texte – Dokumente.* Hrsg. von Uwe Henning und Adam Leschinsky. Weinheim 1991, S. 91–118.

Terwey, Andreas: *Arthur Eloesser (1870–1938). Kritik als Lebensform.* Diss. Frankfurt / Oder 2010.

Tilitzki, Christian: *Die deutsche Universitätsphilosophie in der Weimarer Republik und im Dritten Reich.* Teil 1. Berlin 2002.

Tyrell, Albrecht: *Vom ›Trommler‹ zum ›Führer‹. Der Wandel von Hitlers Selbstverständnis zwischen 1919 und 1924 und die Entwicklung der NSDAP.* München 1975.

Ulbricht, Justus H.: »Wo liegt Weimar?« Nationalistische Entwürfe kultureller Identität, in: *Hier, hier ist Deutschland … Von nationalen Kulturkonzepten zur nationalsozialistischen Kulturpolitik.* Hrsg. im Auftrag der Gedenkstätte Buchenwald und der Stiftung Weimarer Klassik von Ursula Härtl, Burkhard Stenzel und Justus H. Ulbricht. Göttingen 1997, S. 11–44.

—: Im Herzen des »geheimen Deutschland«. Kulturelle Opposition gegen Avantgarde, Moderne und Republik in Weimar 1900 bis 1933, in: *Weimar 1930. Politik und Kultur im Vorfeld der NS-Diktatur.* Hrsg. von Lothar Ehrlich, Jürgen John. Köln 1998, S. 139–167.

—: Von der »Heimat« zum »Trutzgau«. Kulturgeschichtliche Aspekte der »Zeitenwende« 1933, in: *Das Dritte Weimar. Klassik und Kultur im Nationalsozialismus.*

Hrsg. von Lothar Ehrlich, Jürgen John und Justus H. Ulbricht. Köln 1999, S. 163–217.

—: Das Archiv der Goethe-Gesellschaft. Ein Fallbeispiel, in: *Das Archiv der Goethezeit. Ordnung – Macht – Matrix.* Hrsg. von Gert Theile. *Jahrbuch der Stiftung Weimarer Klassik* (2001), S. 131–155.

—: Hans Wahl – Kultureliten und Politik im Weimar des 20. Jahrhunderts. Ein Fallbeispiel, in: *Die Pforte. Veröffentlichungen des Freundeskreises Goethe-Nationalmuseum e. V.* 6 (2002), S. 172–194.

Wahl, Volker: »Es ist unsere Hoffnung und unser Wunsch, beides, Sammlung wie Kartothek, nicht nur bewahren, sondern auch in Ihrem Sinne weiter führen zu können.« Wie die private Almanach-Sammlung des jüdischen Sammlers Arthur Goldschmidt 1936 in die Obhut des Goethe- und Schiller-Archivs gekommen ist, in: *Hans Wahl (1885–1949). […].* Weimar 2014. S. 11–25.

—: »Historischer Exorzismus« in Weimar. Wo bleibt Hans Wahl? In: *Weimar-Jena: die große Stadt* 7 / 3 (2014), S. 257–276.

Wanninger, Susanne: *»Herr Hitler, ich erkläre meine Bereitwilligkeit zur Mitarbeit.« Rudolf Buttmann (1885–1947). Politiker und Bibliothekar zwischen bürgerlicher Tradition und Nationalsozialismus.* Wiesbaden 2014.

Wetzel, Juliane: Die NSDAP zwischen Öffnung und Mitgliedersperre, in: *Wie wurde man Parteigenosse? Die NSDAP und ihre Mitglieder.* Hrsg. von Wolfgang Benz. Frankfurt / M. 2009, S. 74–90.

Wilson, W. Daniel: *Geheimräte gegen Geheimbünde. Ein unbekanntes Kapitel der klassisch-romantischen Geschichte Weimars.* Stuttgart 1991.

—: Tabuzonen um Goethe und seinen Herzog. Heutige Folgen nationalsozialistischer Absolutismuskonzeptionen, in: *Deutsche Vierteljahrsschrift für Literaturwissenschaft und Geistesgeschichte* 70 (1996), S. 394–442.

—: *Unterirdische Gänge. Goethe, Freimaurerei und Politik.* Göttingen 1999.

—: Goethes Haltung zur Judenemanzipation und jüdische Haltungen zu Goethe, in: *»Außerdem waren sie ja auch Menschen«. Goethes Begegnung mit Juden und Judentum.* Hrsg. von Annette Weber. Frankfurt / M. 2000. S. 19–45, 151–56.

—: Verbindungsmann zum NS-Regime. Hans Wahl, der Antisemitismus und die Goethe-Gesellschaft, in: *Publications of the English Goethe Society* 84 (2015), S. 203–222.

—: Judenfreund, Judenfeind – oder Jude? Goethe und das Judentum im Nationalsozialismus, in: *Goethe und die Juden – die Juden und Goethe. Beiträge zu einer Beziehungs- und Rezeptionsgeschichte.* Hrsg. von Anna-Dorothea Ludewig, Steffen Höhne. Berlin 2018, S. 235–253.

Wolgast, Eike: Die Studierenden, in: *Die Universität Heidelberg im Nationalsozialismus.* Hrsg. von Wolfgang U. Eckart, Volker Sellin, Eike Wolgast. Heidelberg 2006, S. 57–94.

Wortmann, Michael: *Baldur von Schirach. Hitlers Jugendführer.* Köln 1982.

Abkürzungen

ATLZD	*Allgemeine Thüringische Landeszeitung »Deutschland«*, Weimar
BArch	Bundesarchiv, Berlin
DAZ	*Deutsche Allgemeine Zeitung*, Berlin
DLA	Deutsches Literaturarchiv, Marbach
FA	Goethe, Johann Wolfgang. *Sämtliche Werke, Briefe, Tagebücher und Gespräche.* Hrsg. von Dieter Borchmeyer u. a. 40 in 45 Bden. Frankfurt / M. 1985–99.
Gespräche	*Goethes Gespräche. Eine Sammlung zeitgenössischer Berichte aus seinem Umgang. Auf Grund der Ausgabe und des Nachlasses von Flodoard Freiherrn von Biedermann ergänzt.* Hrsg. von Wolfgang Herwig. 5 Bde. Zürich 1965–1987; Nachdr. München 1998.
GJb	*Goethe-Jahrbuch.* Hrsg. von Ludwig Geiger (1880–1913). Im Auftrage des Vorstandes der Goethe-Gesellschaft hrsg. von Helmut Holtzhauer (und späteren Präsidenten) (1972-)
Goethe	*Goethe. Vierteljahresschrift* (seit 1938: *Viermonatsschrift*) *der Goethe-Gesellschaft. Neue Folge des Jahrbuchs.* Hrsg. von Hans Wahl [nach 1949 vom Präsidenten]. (1936–1971)
GSA	Goethe- und Schiller-Archiv, Weimar
HJ	Hitlerjugend
IGL	*Internationales Germanistenlexikon 1800–1950.* Hrsg. von Christoph König, Birgit Wägenbauer. 3 Bde. Berlin 2003.
JbGG	*Jahrbuch der Goethe-Gesellschaft* (1914–1935)
LATh-HStAW	Landesarchiv Thüringen, Hauptstaatsarchiv Weimar
MA	Goethe, Johann Wolfgang. *Sämtliche Werke nach Epochen seines Schaffens. Münchner Ausgabe.* Hrsg. von Karl Richter u. a. 21 in 33 Bden. München 1985–1999.
NAK GFM	National Archives Kew (GB), German Foreign Ministry captured documents

NDB	*Neue deutsche Biographie.* Hrsg. von der Historischen Kommission der Bayerischen Akademie der Wissenschaften. Bisher 26 Bde. Berlin 1953–
NSDAP	Nationalsozialistische Deutsche Arbeiterpartei
NSKG	Nationalsozialistische Kulturgemeinde
Pg.	Parteigenosse
Prot.	Protokoll
REM	Reichsministerium für Wissenschaft, Erziehung und Volksbildung (»Reichserziehungsministerium«, »Reichswissenschaftsministerium«, »Reichskultusministerium«)
RKK	Reichskulturkammer
RMVP	Reichsministerium für Volksaufklärung und Propaganda
RSK	Reichsschrifttumskammer
RTK	Reichstheaterkammer
WA	*Goethes Werke. Herausgegeben im Auftrage der Großherzogin Sophie von Sachsen.* 133 Bde. in 4 Teilen. Teil I: Werke. Teil II: Naturwissenschaftliche Schriften. Teil III: Tagebücher. Teil IV: Briefe. Weimar 1887–1919. (Weimarer Ausgabe)

Register

Register der Werke Goethes

Bild- und Zitatnachweise

Seite 16: © Universitätsbibliothek der Humboldt-Universität zu Berlin, Porträtsammlung: Gustav Roethe (Fotograf: Peter Matzen)
Seite 22: mit freundlicher Genehmigung der Goethe-Gesellschaft
Seite 64: ullstein bild / Heinrich Hoffmann
Seite 94: English Goethe Society
Seite 98: Fotoatelier Louis Held, Inhaber: Stefan Renno, Weimar
Seite 104: Fotoatelier Louis Held, Inhaber: Stefan Renno, Weimar
Seite 108 oben: ullstein bild / imageBROKER / Dr. Wilfried Bahnmüller
Seite 108 unten: ullstein bild / Heinrich Hoffmann
Seite 112: © bpk
Seite 118: ullstein bild / Heinrich Hoffmann
Seite 161: © bpk / Staatsbibliothek zu Berlin / Dietmar Katz
Seite 168: ullstein bild / ullstein bild
Seite 191: Goethe-Museum Düsseldorf
Seite 210: © Wanda Menke-Glückert
Seite 237: Klassik-Stiftung Weimar / Fotothek / Fotograf: Louis Held

Für die freundliche Genehmigung der Verwendung von Zitaten Eduard Sprangers und Ernst Beutlers aus dem Deutschen Literaturarchiv ist den Rechteinhabern, Dr. Johannes Bähr bzw. dem Freien Deutschen Hochstift (Dr. Joachim Seng), zu danken.

Der Verlag hat vertretbare Versuche unternommen, weitere Rechteinhaber ausfindig zu machen. Leider konnten nicht alle ermittelt werden. Für Hinweise ist der Verlag dankbar, damit berechtigte Ansprüche nachträglich abgegolten werden können.